新阶段 新理念 新格局

2021 年湖南发展研究报告

谈文胜 主 编
唐宇文 蔡建河 副主编

社会科学文献出版社
SOCIAL SCIENCES ACADEMIC PRESS（CHINA）

图书在版编目（CIP）数据

新阶段　新理念　新格局：2021年湖南发展研究报告/谈文胜主编. -- 北京：社会科学文献出版社，2021.5

ISBN 978 - 7 - 5201 - 8344 - 4

Ⅰ. ①新… Ⅱ. ①谈… Ⅲ. ①区域经济 - 经济发展 - 研究报告 - 湖南 - 2021 Ⅳ. ①F127.64

中国版本图书馆 CIP 数据核字（2021）第 084055 号

新阶段　新理念　新格局
——2021 年湖南发展研究报告

主　　编／谈文胜
副 主 编／唐宇文　蔡建河

出 版 人／王利民
组稿编辑／邓泳红
责任编辑／桂　芳

出　　版／社会科学文献出版社·皮书出版分社 （010）59367127
　　　　　　地址：北京市北三环中路甲29号院华龙大厦　邮编：100029
　　　　　　网址：www. ssap. com. cn
发　　行／市场营销中心 （010）59367081　59367083
印　　装／三河市东方印刷有限公司

规　　格／开本：787mm×1092mm　1/16
　　　　　　印张：26　字数：433千字
版　　次／2021年5月第1版　2021年5月第1次印刷
书　　号／ISBN 978 - 7 - 5201 - 8344 - 4
定　　价／168.00元

主要编撰者简介

　　谈文胜　湖南省人民政府发展研究中心党组书记、主任。研究生学历，管理学博士。历任长沙市中级人民法院研究室主任，长沙市房地局党组成员、副局长，长沙市政府研究室党组书记、主任，长沙市芙蓉区委副书记，湘潭市人民政府副市长，湘潭市委常委、秘书长，湘潭市委常委、常务副市长，湘潭市委副书记、市长。主要研究领域为法学、区域经济、产业经济等，先后主持或参与"实施创新引领开放崛起战略，推进湖南高质量发展研究""对接粤港澳大湾区综合研究""湘赣边革命老区振兴与合作发展研究""创建中国（湖南）自由贸易试验区研究"等多项省部级重大课题。

　　唐宇文　湖南省人民政府发展研究中心党组副书记、副主任，研究员。1984年毕业于武汉大学数学系，获理学学士学位，1987年毕业于武汉大学经济管理系，获经济学硕士学位。2001~2002年在美国加州州立大学学习，2010年在中共中央党校一年制中青班学习。主要研究领域为区域发展战略与产业经济，先后主持国家社科基金项目及省部级课题多项，近年出版著作主要有《创新引领开放崛起》《打造经济强省》《区域经济互动发展论》等。

　　蔡建河　湖南省人民政府发展研究中心党组成员，二级巡视员。长期从事政策咨询研究工作，主要研究领域为宏观经济、产业经济与区域发展战略等。

前　言

2020 年是极不平凡、极其不易、极为难忘的一年。这一年，在省委、省政府的坚强领导下，湖南省人民政府发展研究中心坚持以习近平新时代中国特色社会主义思想为指导，全面贯彻党的十九大和十九届二中、三中、四中、五中全会精神，认真贯彻习近平总书记关于湖南工作系列重要讲话指示精神，积极落实"三高四新"战略，紧紧围绕湖南省经济社会发展的重大问题资政建言、创新务实，不断加强政策研究、政策解读和政策评估工作，积极为省委、省政府提供高质量的智库成果，为统筹抓好全省疫情防控和经济社会高质量发展、奋力建设现代化新湖南提供了有益借鉴和智力支持。总体来看，过去一年，中心政策咨询工作实现了跨越式发展，主要呈现以下几个亮点。

一　研究成果质量更加过硬

中心政策咨询工作坚持以服务省委、省政府的重大决策为导向，2020 年全年累计完成 149 项调研任务，其中 56 项为省领导布置的重大专题调研，主要包括：学习习近平总书记考察湖南时关于"三高四新"重要讲话精神的系列研究、"十四五"湖南经济社会发展战略系列研究、新冠肺炎疫情对湖南经济社会发展的影响与对策系列研究、"一带一路"区域开放合作的系列研究、长株潭一体化等区域经济协调发展系列研究及社会民生系列研究等。全年各类研究成果累计获得省领导 170 人次肯定性批示、39 人次圈阅，在前两年创历史新高的基础上再次实现超越。在 2021 年全国政策咨询工作会议上，得到国务院发展研究中心党组书记马建堂在大会上的表扬。一年来，在智库成果得到省领导多次肯定性批示或圈阅的同时，也有 10 余项成果被决策层采纳或以政策文件形式下发。比如,《"十四五"经济社会高质量发展的战略和思路研究》中关于"十四五"时期及2021年湖南经济发展目标展望获得省委常委、常务副省长谢建辉肯定性批示,并被湖南省"十四五"规划纲要及省委经济工作会议采纳;由中心牵头完成的一批研究成果,被直接作为政策文件下发或重要观点被相关政策文件采纳,如《关于建立长株潭城市群生态绿心地区生态补偿机制的实施意见》《关于构建更加完善的要素市场化配置体制机制的实施意见》《交通运输领域财政事权和支出责任划分改革实施方案》《关于进一步深化科研院所改革推动创新驱动发展的实施意见》《关于构建市场导向的绿色技术创新体系的若干措施》《关于新时代推进湘西地区开发形成新格局的指导意见》等。

二 政策评估功能更加凸显

作为湖南省人民政府重大决策实施效果评估工作的唯一承办单位,我中心政策评估工作自开展以来已历经六年时间。这些年来,我中心始终紧紧围绕省政府的重大决策部署,聚焦省内重大政策文件,长期深耕政策评估研究,创新方法手段,理顺工作机制,形成了一批高质量的政策评估报告,得到多位省领导肯定。2020年,中心按照湖南省政府的要求部署,完成了省政府关于深化制造业与互联网融合发展、加快推进粮食产业经济发展、洞庭湖生态经济区规划、统筹推进"一湖四水"生态环境综合整治、探索建立涉农资金统筹整合长效机制、"马上办网上办就近办、一件事一次办"改革、疫情暴发以来湖南出台的系列政策等重大决策实施效果的评估工作,完成了省委改革办等单位委托的市州重点工作绩效评价改革第三方评估、"十三五"湘西地区开发效果评估、2020年湖南区域金融生态评估、"一村一园"评估等专项评估工作,帮助决策部门精准掌握政策落地情况,并为下一步工作开展提供了专业化、建设性、可行性的对策建议,有力地促进了政策效率的提高。

三 品牌化建设更加有力

中心紧紧围绕省委、省政府核心智库的功能定位,树立精品意识,强化质量导向，充分发挥研究优势和特色，推动智库品牌化建设取得显著成效。2020年围绕湖南经济社会发展形势及热点难点问题，累计完成了30项形势分析和预测监测报告、3本蓝皮书及1本研究报告、4种决策咨询刊物的编发审核工作。其中，完成各类经济、产业和社会形势分析报告20份，完成湖南与全国、湖南省内各市州经济指标比较研究8份，完成《全国主要经济指标数据解读》2份；编辑出版4部著作，分别是《2020年湖南经济发展报告》《2020年湖南社会发展报告》《2020年湖南生态文明建设报告》《新机遇 新使命 新作为——2020年湖南发展研究报告》；编发《专报》129期、《对策研究报告》124期、《研究与决策》12期、《经济蓝页》34期，为省委、省政府前瞻研判、科学决策提供了重要基础。

四 研究方法更加先进

近年来，我中心顺势而为，抢抓机遇，利用互联网、大数据、人工智能等新技术、新工具，不断提升咨询研究的科学性和精准性，大力推进大数据赋能决策研究。2020年4月，中心挂牌成立湖南省政务大数据研发基地，与湖南联通、中国农业银行湖南省分行等15家企业和机构开展合作，围绕服务政府决策、支持数据共享等方面，进一步加强数据融合，挖掘大数据生产力，开创了部门联动、政企合作的数据分析应用新模式。在此基础上，我中心陆续推出湖南省《就业形势大数据分析》之农民工篇、高校应届毕业生篇和就业困难人员篇等系列报告，为省委、省政府精准决策提供了有力支持，得到了省领导的高度肯定。

五 社会责任担当更加有为

2020年，我中心率先战疫情，在全省智库系统首个发声。疫情暴发之初的2020年1月21日，中心即向省领导呈报了《打赢新型肺炎疫情防控战的对策建议》，由此打响了疫情防控对策研究第一"枪"，报告获得了多位省领导的肯定性批示。在其后的大半年时间里，中心研究人员始终保持使命意识和担当意识，通过以线上调研为主、以实地调研为辅的方式，围绕疫情防控、复工复产复业以及统筹经济社会发展等主题，先后提交了62份对策研究报告，助推省委、省政府相关决策落地，彰显了新时代的智库担当。获得省领导肯定性批示93人次，在全省乃至全国智库系统获得广泛好评。

六　社会影响更加广泛

作为省级核心智库，我中心善谋善为、善作善成，持续深化经济社会发展中全局性、战略性、前瞻性问题研究，不断提升决策咨询影响力。一是课题质量持续跃升，研究成果获得好评。如与国务院发展研究中心合作完成的《湘赣边革命老区振兴与合作研究》获韩正、丁薛祥、何立峰等党和国家领导同志的重要批示；《生态环境保护和两型社会建设研究》获国务院发展研究中心中国发展研究一等奖；《开启湖南全面建设社会主义现代化新征程》获国家经济信息系统优秀研究成果二等奖；《区块链在居民经济状况核对中的应用对策建议》获民政部政策理论研究三等奖；《疫情防控及复工复产系列对策研究》获第三届湖湘智库研究"十大金策"金点子奖，《湖南经济高质量发展系列对策研究》获"十大金策"优秀奖；《2019年湖南社会发展报告》获社会科学文献出版社第十一届"优秀皮书奖"。二是加强与国家高端智库的交流合作，联合开展课题研究。全年先后对口完成了国务院发展研究中心公管所领衔的"推进湖南社会治理体系和治理能力现代化"、上海社会科学院领衔的"湖南省对标国际一流营商环境对策研究"、国家发改委城市中心领衔的"推动长株潭城市群走在中部崛起前列研究"课题组来湘调研协调服务和研究任务，相互借鉴研究经验，分享咨询成果，提升研究水平。三是中心研究人员在《中国社会科学报》《湖南日报》《新湘评论》等报刊上发表多篇文章，申报并完成省社科办、省社科联下达的对接粤港澳大湾区、长株潭一体化、优化金融环境等8项重大和重点智库课题，进一步提升了中心的社会影响力和知名度。

由于篇幅所限，本书只选编了中心完成的部分研究成果，主要包括得到省领导批示肯定、产生了较好社会反响、适宜公开发表的报告。这些研究成果集中体现了中心研究的特点：一是聚焦全省中心工作，适应发展形势；二是重视调研工作，确保研究精确精准；三是创新研究方法，提升对策研究水平。

2021年是中国共产党百年华诞，是"十四五"规划开局之年，也是中心瞄准打造"全国领先的高端智库、全国领先的数字政府支撑平台"目标的初始之年。新的一年，中心将认真贯彻习近平总书记关于湖南工作系列重要讲话指示精神，坚决落实省委、省政府决策部署，立足新发展阶段，贯彻新发展理念，构建新发展格局，努力提升创新力、竞争力、支撑力、影响力，沿着建设全国领先高端智库的目标砥砺前行，在大力实施"三高四新"战略、建设现代化新湖南的新征程中彰显价值、贡献力量。

目 录 ⟋

Ⅰ 疫情防控

Ⅱ 复工复产

Ⅲ　先进制造业高地打造

Ⅳ　科技创新高地打造

Ⅴ　改革开放高地打造

VI　高质量发展

VII　区域协调发展

VIII　社会民生

IX　政策评估

疫 情 防 控

进一步提高湖南省新型冠状病毒检测效率的对策建议[*]

湖南省人民政府发展研究中心[**]

湖南省正在加强新型冠状病毒防控工作，在诸多领域取得积极进展，但仍然要警惕某些环节的瓶颈问题。其中，新型冠状病毒核酸检测精准诊断环节至关重要，已经引起湖南省委、省政府的高度重视。为此，湖南省人民政府发展研究中心调研组对湖南省卫健委、湖南省疾控中心、中南大学湘雅医院、长沙市一医院等单位调研，提出了对策建议。

一 检测过程中存在的问题及原因分析

截至2020年2月5日24时，湖南省追踪到17202位密切联系者，仍有

---

[*] 本报告获得时任湖南省政府省长许达哲，湖南省委副书记乌兰，湖南省委常委、省政府常务副省长谢建辉，时任湖南省政协副主席袁新华的肯定性批示。

[**] 调研组组长：谈文胜，湖南省人民政府发展研究中心党组书记、主任；调研组副组长：唐宇文，湖南省人民政府发展研究中心副主任、研究员；调研组成员：左宏，湖南省人民政府发展研究中心研究人员。

10012 人在接受医学观察，同时不断有新增发热者需要检测，各医疗检测部门压力较大。

1. 检测试剂紧缺情况已显著改善，但检测时间还需要6~9小时或以上，试剂稳定性也待提升

调研发现，前一阶段试剂紧缺情况已经得到显著改善。截至2020年2月4日，圣湘生物日产能可达到50万人份，现有库存72万人份左右，能充足供应湖南本地检测需求。但是，调研发现，现阶段检测过程中仍存在一些问题值得注意。一是检测耗时较长。虽然机器检测时间平均控制在2小时之内，但据医院介绍，标本提取时间需要4~7个小时，因此，从标本到结果出来要6~9个小时。如果加上前期取样以及等待批量检测的时间，时间还要延长数小时。二是试剂稳定性还待提升。有医院反映，虽然圣湘试剂总体水平居行业前列，但鉴于当前试剂研制出来时间较短，稳定性还有待提升。因此，采用2~3家不同公司试剂盒比对确定更能提高准确率。三是武汉临床医生提议将CT影像诊断结果作为标准，不再依赖核酸检测结果，已被《新型冠状病毒感染的肺炎诊疗方案（试行第五版)》采纳。湖南省应高度重视这一情况，进一步提升精准诊断水平。

2. 定点检测机构数量已达30家，但仍然存在场地不足等问题

湖南新型冠状病毒核酸检测定点机构已达到30家，较前期有较大改善，但仍存在一些问题：一是检测场地仍不足，第三方实验室的积极性有待调动。部分机构仍处于满负荷运转状态，场地不足问题突出，需要有符合条件的实验室扩充进来。湖南省实际上有一批达到资质的第三方实验室，如金域、华大基因、卫实、艾迪康等，有必要调动其积极性以缓解检测场地不足的问题。二是机构名单没有对外公布。截至2020年2月，湖南省定点机构名单没有对外公布，不利于居民精准就诊。湖北、云南、贵州等省均公布了定点检测机构名单。三是部分基层检验机构水平有限，缺乏统一规范性指南。检测工作对机构和人员的要求比较高，市州基层检验机构的水平相对有限。据中南大学湘雅二医院检验科反映，经常接到基层检验人员的咨询电话，例如对于国家发布的诊疗方案与检测试剂盒说明书内容等有冲突的地方，不知道以哪个标准为准等。

3. 检测模式有待优化，疑似病人、密切接触者传染隐患需要降低

一是居民需自行去定点机构检测，不能就地取样。现有模式下，发热病人

往往先到非定点医疗机构检查，如果诊断怀疑该病人可能感染，部分医院不能就地取样，而是让病人自行前往定点检测机构检查。在辗转就诊的过程中，这些病人很可能成为"流动的传染源"。二是根据现有程序，必须是相对确诊病例才能申请上门采样。通过旺旺医院、长沙县人民医院等定点发热门诊但非病毒核酸定点检测医院了解到，现有流程是：发现了相对确定的疑似病例，各项检查都支持后才会申请疾控上门采样，而这恰恰失去了早期诊断的意义。很多发烧病人无法确诊，容易引起恐慌。三是密切接触者出现症状后才检测易延误时机。按照当前流程，确诊或疑似病例的密切接触者如果没有出现症状，暂不用检测。这样容易延误救治时机，增加传染风险。

4. 检测相关人员防护物资不足

检测相关人员感染新型冠状病毒的风险比较大，目前防护措施和防护物资还处于严重不足状态。一是基层机构防护物资不足尤为突出。二是前端标准采集人员的防护要求更高，需要强化配备。三是其他非直接相关的科室防护物资也有待充实。其他科室在看病过程中也存在感染风险，不应忽视。四是防护服最为短缺，同时还要考虑对讲机等相关设备资源的配备。

二　对策建议

加快落实习近平总书记指示精神，坚决打好抗疫攻坚战。结合一线医生的建议，提出以下对策。

其一，在 72 小时内集中力量完成对湖南省所有存量疑似病例和医学观察病例的病毒核酸检测及确诊。所有疑似病例和医学观察病例都可能成为"移动的传染源"。通过病毒核酸检测可以将确诊的病例及早集中收治，减少重症病例发生；检测排除的病例就可以继续居家观察，减少医疗资源和防护物资的浪费。消除存量之后，新增病例做到当日完成检测，24～48 小时内出诊断结论。对当日发热门诊每天新收治的疑似病例均进行常规病毒核酸检测，简化检测申请流程，采取就近采样原则，做到 24 小时内完成病毒核酸检测，48 小时内经过 2 次检测后给出诊断结论，减少患者往返定点医院做检测的交叉感染风险。

其二，组织湖南省顶级专家团队编制检测规范性指南。组织湖南省内专家团队出台《湖南省新型冠状病毒检测规范性指南》，并根据形势变化不断修订，规范工作流程，有效指导基层检测工作。

其三，提高检测准确度和覆盖度，遵循"宁错毋漏"的原则。一是将病毒核酸检测作为早期排查的手段，而不只是确诊的手段。对于各类发热病人一律进行新型冠状病毒核酸检测，以此作为早期排查的手段。二是鼓励检测机构采取2～3家试剂盒比对检测，提高准确率。可以考虑将圣湘生物等快速试剂用于发热门诊初筛检测，将基因测序类的试剂用于确诊检测。三是将影像学结果纳入诊断标准，而非只依赖核酸检测结果。CT检查方便、快捷、直观，在基层医院易于普及，覆盖面更广。四是将密切接触人员统一采样送检，而不是等待人员出现症状再送检，减少传染隐患及反复多次送检的情况。

其四，继续新增检测机构或者扩充场地，并将符合条件的第三方检测机构纳入定点资质。在湖南省内全面摸底，根据需求，增加一批定点检测机构。一是加快将一批有资质的实验室扩充为新型冠状病毒检测定点实验室。同时，鼓励一些达到标准的实验室加快申报资质，扩充为新型冠状病毒核酸检测定点实验室。二是鼓励金域、华大基因、卫实、艾迪康等一批第三方实验室加入定点检测机构。同时，也可以采取现有定点检测机构与第三方实验室合作的模式扩充检测实力。三是按照"政府鼓励、专业支持、企业参与、群众自愿"原则，通过政府购买服务、企业群众自愿等多种形式，积极支持鼓励符合条件的第三方检测机构，在确保生物安全的前提下面向社会公众开展核酸检测，为群众自检自防开辟新渠道。

其五，强化防护、检测试剂等物资保障。一是对相关检测人员的防护物资要做到应保尽保，特别是解决基层机构的短缺问题，对于前端标本采集人员的防护措施强化保障。同时，对检测人员需求摸底，配备一批对讲机等相关物资。二是允许重点检测机构根据需求采购2～3家不同试剂产品，由财政给予补贴。

其六，优化采集送检模式。一是开展"就近取样，统一送检"模式。迅速组织尚不具备核酸检测能力但开设了检验科、发热门诊的二级以上医院进行咽拭子采样培训，确保所有疑似病例与医学观察病例就近采样或由疾控部门上门采样。二是建立绿色送检通道。建立从非定点医院到定点检测医疗机构的绿色送检通道，由各市疾控部门统一安排。

其七，在免费检测基础上简化付费模式。在对新冠肺炎病毒全部实行免费检测的基础上简化付费流程，由医保部门按检测数量直接向医院付费。

加强防疫期间物资保障的几点建议*

湖南省人民政府发展研究中心调研组**

2020 年初，新型冠状病毒肆虐，湖南省疫情防控形势也较为严峻，湖南省委、省政府第一时间迅速部署，卓有成效。"兵马未动，粮草先行"——物资保障是此次防控新冠病毒的关键。随着春运返程高峰的来临，应急药品、医疗器械、防护用品、检测试剂等物资缺口势必进一步扩大。为进一步加大湖南省疫情防控物资保障力度，湖南省人民政府发展研究中心调研组提出五点建议。

一 摸底发布"两个清单"，建立高效供需对接平台

由湖南省新冠肺炎疫情防控工作领导小组物资保障组协调相关部门，全面摸清湖南防疫物资供需情况，实时制定发布两个清单。

一是全面摸底防疫物资生产企业清单，掌握"现有 + 潜在"生产能力。充分利用天眼查、企查猫、企查查等大数据信息，搜集全省的生产企业名单及具备潜在生产力的企业名单，精确掌握湖南省生产能力。调研组根据天眼查等大数据发现，截至 2020 年 1 月 30 日，湖南省存续的口罩生产企业至少有 593 家，医疗制造企业有 689 家，其中衡阳市力达康医疗器械有限公司、湖南贝烨医疗器械有限公司、湖南康怡医疗器械有限公司、湖南永康医疗器械有限公司、湖南臻和亦康医疗用品有限公司、邵阳市千康益医疗器械有限公司、邵阳

---

* 本报告获得时任湖南省政府省长许达哲，湖南省委常委、省政府常务副省长谢建辉，湖南省政府副省长何报翔，时任湖南省政协副主席袁新华的肯定性批示。

** 调研组组长：谈文胜，湖南省人民政府发展研究中心党组书记、主任；调研组副组长：唐宇文，湖南省人民政府发展研究中心副主任、研究员；调研组成员：左宏、闫仲勇，湖南省人民政府发展研究中心研究人员。

智康医疗器械有限公司等企业具备生产医用口罩资质，湖南臻和亦康医疗用品有限公司还是湖南省唯一拥有防护服生产资质的企业。

二是实时发布防控物资需求清单，搭建供需对接平台。疫情非常时刻，避免囤积、消化产能的最好办法就是确定需求，政府应该确保征集需求的准确性，建立物资预订机制。建议在湖南省政府门户网站或者湖南省疾控中心网站开通湖南省防疫物资供需平台，实时发布湖南省各地区和医院的防疫物资需求信息，各生产厂商也可以在平台上发布供给信息。可以按照重点防疫单位和非重点防疫单位两栏分开发布，确保重点防疫单位的需求优先级别。允许账户经审核注册，相关单位上传需求信息，后台审核发布。以此为生产企业的精准生产和精准对接提供信息平台。

二　围绕"四个一批"，加大应急物资的供给

一是"挖潜扩产一批"。积极动员和保障现有医疗产品企业及相关上下游企业挖潜提升产能。措施一：政企联动机制。建立工信、药监、医药行业协会和重点生产、流通企业的及时联络、联防联动机制，随时掌握、协调生产供应、库存保障、应急配送等情况，逐一联络名单中的企业以及其他上下游企业，尽快复工生产相关物资，协调解决应急物资生产过程中出现的困难和问题。措施二：要素保障机制。调研组了解到，口罩企业扩产能的主要障碍是熟练工人和原材料不足。因此，建立要素保障绿色通道至关重要，建议重点从原材料、人员、关键设备、资金等方面全面保障企业生产能力，相关部门全面帮助企业协调原料的进货、人员招聘等，财政和金融机构给予资金保障。对于不予涨价的重点物资，要明确给予企业补贴政策。措施三：损失兜底机制。明确企业由扩大生产导致的损失，由财政资金兜底。例如，购置设备形成的未来产能过剩等问题，由政府兜底。

二是"合作提质一批"。全面加强湖南省无生产资质企业与有生产资质企业之间的合作，将一批资质尚未达到医用生产水平的厂房设备，通过合作指导、资质共享等方式，提质升级，迅速提升防疫物资的生产能力。例如，医用口罩和非医用口罩生产工序没有很大的区别，主要区别在于原料和消毒环节，可以通过有资质企业派驻指导及资质合作等方式，对非医用口罩生产厂进行改

造升级以生产医用口罩。同时，资质审核部门加大派出专家进驻企业指导资质升级力度，积极指导更多相关企业进行医用防护服、N95口罩生产资质申报，缩短资质申报时间。

三是"采购畅渠一批"。建立健全与省外地区的采购渠道，提升全球采购能力。一方面，在国内外生产能力较大的地区采购一批防疫物资。如国内疫情相对较轻的天津泰达洁净材料有限公司一天产能达到10吨，可生产700万到800万只口罩；山东目前医用口罩的日生产能力达200万只以上，上海口罩日产能达到180余万只。湖南省要充分发挥大数据中心、电商平台、园区企业等载体作用，建立与省外地区及时联络、联防联动机制和直通车制度，全面疏通面向医疗物资生产能力较大地区的采购渠道。另一方面，进一步发挥涉外企业的境外资源优势，面向全球采购口罩、防护服等急需防疫物资。

四是"捐助接受一批"。可借助湖南省的广电等媒体的影响力，同时积极借助微信、抖音等新媒体，广泛发动全省各界人士，争取海内外公益机构、校友会、湘籍人士等捐赠，加强信息公开，对外公布接受捐赠的地区和医院的情况，允许点对点等多种模式和渠道的捐赠方式，可以在湖南省慈善基金会或红十字会统一报备。

三　保障应急物资运输交付通畅，适时实行物资运输通行证制度

根据疫情的发展态势，可以参考山东省的做法，实行物资运输通行证制度。由省、市、县各级新冠肺炎疫情防控工作领导小组与公安机关联合制发通行证，发放范围主要包括生活物资类、应急物资类、应急处置类三大类[1]。对于放置通行证的车辆，各公安检查站开辟专门的绿色免检通道，启动免检程序，不再进行防疫检查，一律立即放行；在临时设置的执勤点，民警采取优先、快速放行措施，在确保安全的前提下，不受道路限行、禁行等交通管制措

---

[1]　生活物资类包括运输禽肉蛋奶菜等生鲜农产品车辆、运输居民生活必需品车辆和成品油市区配送车辆。应急物资类包括运输医疗、防疫救护器材设备车辆、运输防控疫情相关物资生产原料车辆和运输援助物资车辆。应急处置类包括应急指挥车辆，医疗救护、卫生防疫、工程抢险等特种车辆以及其他用于应急管理的车辆。

施限制。除优先通行外，对持证车辆发生一般以下道路交通事故的，公安交警部门一律按照简易程序快速处理；发生一般以上事故的，必要时积极协助相关部门转运物资，依法快速处理事故，尽快恢复交通。对于未办理通行证的疫情防控和运输生活急需物资的车辆，也要立即进行核查，经核查符合保障条件的，采取优先、快速放行措施。

四　发挥市场和政府两种力量，科学
高效分配应急物资

按照"政府与市场相结合、重点保障和全面覆盖相结合"原则，加快制定《湖南省疫情防控应急物资管理暂行办法》，明确重点防疫物资供应分配方案。一是实施"三层次"分配。第一个层次是医院等防疫主战场物资要应保尽保。以行政调配为主，点对点连线各重点单位，实施应急物资的充分配置。本次防疫战要确保物资供应，对于医生医院物资要做到应保尽保。第二个层次是要重点保障公共服务体系的物资。主要包括公共交通系统、商超市场、写字楼和办公区域以及社区的公共活动区域的医疗消毒物资保障。特别是全面复工之后，要以社区牵头、统一保障的方式，确保公共场所的消毒物资配置到位。第三个层次是百姓的基本防疫物资和生活物资要做到全覆盖。基本防疫物资方面，明确相关药房、社区作为防疫物资发放地点，根据实际需求限量定时供应。安排专人切实做好每天防疫物资的领取、发放、保管、登记和编报计划等工作，做好日常工作和各种信息收集、上报工作。确保基本生活物资保障全覆盖。密切跟踪批发市场、农贸市场、商超等商品供应，确保生活必需品供应不断档、不脱销，确保市场供应充足。强化市场监管，严把食品安全质量关，加强价格监测预警，严防哄抬物价，保持商品价格平稳。在社区、超市、定点安置酒店等设置生活物资市场供应点，以低于市场价格投放政府储备的生活物资，落实疑似病例以及老、弱、病、残等特殊人群和家庭联系人制度，定期上门提供基本生活用品，确保全省人民基本生活物资全覆盖。二是试点"价格双轨制"。对于关键防疫医疗物资可以探索"价格双轨制"。以口罩为例，一方面，政府控制一部分口罩货源，除了医疗卫生机构之外，对普通居民按人数定量分配，不允许涨价，财政给予补贴，具体可以借鉴浙江的做法，在网上开

通口罩预约登记入口，统一配送到家或者定点取件。另一方面，对于市场上其他货源，采取价格区间浮动制，允许一定程度的涨价，但是不能过高，例如不能超过平时价格的 2～3 倍，或者在总成本基础上加成 20%～30%，可以由物价部门制定浮动区间。这样可以在保障百姓正常需求的同时，激励厂商加大供给，同时也可以减轻财政负担（不用给所有产品补贴，只需要给政府控制的货源补贴即可）。

五　近中期，以此次防疫战为契机，在湖南打造一个全国性医疗物资储备中心

此次疫情给我国敲响了警钟，国家层面必然会进一步在全国重点地区建立一批医疗物资储备中心。湖南具有建设成为全国性医疗物资储备中心的显著优势，原因如下：其一，湖南位于中部腹地，辐射半径大，是理想的全国性物资储备中心。特别是长株潭城市群境内有京广、沪昆、浙赣、渝厦（在建）等铁路干线以及京港澳、沪昆、杭瑞等公路，航空资源在全国也位居前列，对全国辐射范围可达 500 公里，覆盖人口 3 亿～4 亿人。其二，湖南医疗医药资源丰富，建立医疗物资生产和储备中心可助力湖南建立区域性医疗中心。

湖南要以防控新型冠状病毒战为契机，联动长沙打造国家区域性医疗中心试点工作，争取国家支持，在长株潭地区打造全国性的医疗物资储备中心。重点摸清辐射半径内地区所需医疗物资品种和数量，储备一批医疗物资，实现医疗物资的集中储备、统一管理、统一调配。集聚全省优质医疗资源，按照不同疾病等设置相应专科类别的区域医疗物资储备中心，建成一批高水平的医疗物资储备基地、高附加值医疗产品生产基地、高层次的人才培养基地、高效率的医疗物资物流配送网络，形成一批以各类别国家级中心为核心的医联体和远程医疗协作网。一方面，加速发展医疗医药产业，大力发展医疗制造装备和设备、医药产业，积极研发远程医疗设备，不断完善医疗物资的品种；另一方面，与周边地区合力发展医药商贸与物流业，完善医疗物资和医药零售网络、交易市场建设，大力发展医疗物资和医药物流，支持医疗物资、药品冷链技术研发，推动医疗物资、药品冷链物流硬件配套建设及运营管理，着力构建现代医疗物资、医药物流网络。

抢抓机遇 用好优势

——把湖南打造为全国性医疗物资储备中心的建议*

湖南省人民政府发展研究中心调研组**

2020 年 2 月 3 日，习近平总书记在中共中央政治局常务委员会上强调，要系统梳理国家储备体系短板，提升储备效能，优化关键物资生产能力布局。此次新冠肺炎疫情后，国家层面必然会进一步完善医疗物资储备体系，建设一批医疗物资储备基地。湖南省应抢抓机遇，率先打造全国性医疗物资储备中心。

一 打造全国性医疗物资储备中心体现了湖南担当

湖南医疗卫生实力在全国位居前列，在新冠肺炎疫情阻击战中表现亮眼，未来更需勇于担当，打造全国性医疗物资储备中心。

1. 打造储备中心是补齐医疗应急体系短板的重大举措

医疗物资短缺已成为新冠肺炎疫情防控的薄弱环节，凸显了全国医疗物资储备和生产能力储备不足的短板。以口罩为例，疫情之前全国口罩最大产量为每天 2000 万个，疫情后增加若干产能后也不到 1 亿个，与全国 10 多亿人的需求相比，缺口巨大。同时，应急物资调度中，存在供需底数不清、管理松散、调配混乱等问题。因此，打造全国性医疗物资储备中心是补齐医疗应急体系短板的关键。

2. 打造储备中心是兜底医疗物资供给的必要手段

国家明确提出，对《政府兜底采购收储的产品目录》中企业多生产的重点医疗防护物资，由政府兜底采购收储。湖南省也明确提出了兜底收储的举

---

* 本报告获得湖南省委常委、省政府常务副省长谢建辉，时任湖南省政协副主席戴道晋的肯定性批示。

** 左宏、闫仲勇，湖南省人民政府发展研究中心研究人员。

措。为了让生产企业放心大胆生产，就有必要旗帜鲜明地提出建立医疗物资储备中心，确保疫情期间生产出来的物资应收尽收，同时也确保可能出现的富余产能不至于浪费。

3. 打造储备中心是满足人民日益增长的健康需求的有效途径

这次疫情将极大提升人民对健康的需求。以口罩为例，邻国日本由于环境污染和多次疫情的缘故，形成了在公共场所佩戴口罩的习惯。数据显示，2018年日本全年口罩需求量达到 55 亿只，平均每人每年 43 只口罩，而 2020 年我国平均每人每年约 5 只口罩。通过打造医疗物资储备中心，可以及时调节和有效满足人民对基本医疗物资的需求。

二　打造全国性医疗物资储备中心湖南优势明显

医疗物资储备中心要与医疗供给和医疗需求两方面匹配，湖南具备打造医疗物资储备中心的条件和优势。

1. 从供给来看，湖南医疗医药资源丰富，医 - 药 - 产 - 储联动潜力大

一是医疗卫生资源居全国前列。湖南在此次疫情阻击战中攻防有序，治愈率在全国各省市中遥遥领先，这得益于拥有丰富的医卫资源。湖南拥有湘雅等一批国家顶尖级的医疗机构，人均医疗卫生床位数在全国位居前列。天眼查大数据显示，截至 2020 年 2 月 16 日，湖南省存续医疗机构和企业多达14347 家，数量位居全国第五、中部第一。二是医药产业实力强。湖南拥有国家级生物产业基地和圣湘生物、九芝堂等一批行业领军企业。此外，全省中药资源蕴藏品种 4000 多种，居全国第二，是全国 8 个中药材种植基地之一。三是医药教研资源丰富。湖南拥有中南大学、湖南中医药大学、湖南省中医药研究院、湖南师范大学、南华大学、长沙医学院等科研机构，汇聚了国家代谢性疾病临床医学研究中心、抗癌药物国家地方联合工程实验室等近百家生物医药研发与科研平台。

2. 从需求来看，湖南区位优势显著，辐射半径大

湖南位于中部腹地，交通运输业发达，全国辐射范围可达 500 公里，可覆盖 3 亿 ~ 4 亿人，是理想的物资储备中心。特别是长株潭城市群境内有京广、沪昆、浙赣、渝厦（在建）等铁路干线以及京港澳、沪昆、杭瑞、许广等公

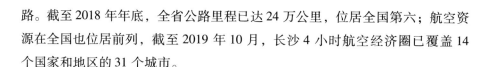

路。截至 2018 年年底，全省公路里程已达 24 万公里，位居全国第六；航空资源在全国也位居前列，截至 2019 年 10 月，长沙 4 小时航空经济圈已覆盖 14 个国家和地区的 31 个城市。

三　打造全国性医疗物资储备中心湖南有所作为

湖南要争取国家支持，围绕打造区域性医疗中心目标，在长株潭地区打造一个"国家级高水平的医疗物资储备基地 + 高附加值医疗产品生产基地 + 高层次人才培养基地 + 高效率医疗物资物流配送网络"四位一体的全国综合性医疗物资储备中心。

1. 摸清医疗物资需求，建立一批医疗物资储备基地

一是建立储备需求数据库。摸清辐射半径内地区所需医疗品种和数量，按照关键、重要、一般等级，逐一建立医疗物品需求清单明细。借鉴美国国防物资的储备经验，每年制定一份"年度医疗物资计划"，依据生产所需的周期，按 2~5 年的需求量进行储备，建立统一的医疗物资储备需求数据库，力争实现"精准储备"。二是分类分级建立储备库。坚持静态储备与动态储备相结合、政府储备与企业储备相结合，针对不同级别的危机，建立不同级别的物资储备基地。依托中央救灾物资长沙储备库和全省三甲医院，按照不同疾病等在长株潭地区设置相应专科类别的区域医疗物资储备中心，形成一批以各类别国家级中心为核心的医联体和远程医药协作网。三是建设"四级储备"的医疗物资储备网络体系。支持交通便利、医疗资源丰富以及易发生公共卫生突发事件的市县、城乡社区建设医疗物资储备库点（库），形成中央和省级储备库、省属区域库和市级储备库、县级储备库、乡镇（街道）储备点"四级储备"的全省医疗物资储备网络体系。

2. 完善医疗物资储备制度，建立三种储备模式

一是完善实物储备模式制度。实物储备是突发事件初期应急物资的主要来源，但过多实物储备易造成资源闲置。为此，要确定需要应对突发事件的规模与级别，各级政府建立相应级别的医疗物资储备基地，明确医疗应急物资的种类与数量。二是完善合同储备模式制度。建议制定医疗物资合同储备企业和个人名录，健全医疗物资政府采购制度，与省内外大型医疗企业、个人签订医疗

物资储备合同，强化监管，确保质量。实施合同企业和个人动态库存制度，一方面按政府计划和需求购买一批医疗物资，不断更新库存；另一方面，及时收购合同企业和个人将到期的医疗物资，保证合同人的利益。三是完善生产能力储备模式制度。生产能力储备是对能够生产、转产或研制医疗物资的单位，通过签订协议，保证其在突发事件后能迅速生产、转产或研制医疗物资。湖南省应建立医疗应急物资生产储备信息系统，提供发布、采购、订单履行、库存管理、运输、配送及验收等全链条信息服务；引导企事业单位等社会资源加入，建立健全医疗物资定点生产制度。

3. 完善医疗物资储备配套体系，大力发展两大产业

一是发展生物医药产业。大力发展医疗装备和设备制造、医药产业，建设医疗物资储备中心产品供给基地。加快建立现代生物医药产业基地，培育特大型医药企业集团，每年遴选 5～10 个科技含量高、临床疗效好、竞争潜力大的产品，给予精准扶持，培育一批亿元级拳头产品。依托省内中药材资源和"湘九味"等"湘药"品牌，开发现代提取纯化技术和制剂技术，打造湖湘中医文化品牌。积极研发远程医疗设备，不断完善医疗物资的品种，做精高端医疗器械和制药机械。研究制定生物医药各类标准机制，掌握发展的主动权；向国家申请组建基因技术领域国家技术创新中心，攻克和转化产业前沿引领技术和关键共性技术。二是发展医疗物流产业。建设集采购、仓储、运输于一体的现代医疗产品物流体系，完善医疗物资和医药零售网络、交易市场建设，大力发展医疗物资和医药物流，支持医疗物资、医药冷链技术研发，推动医疗物资、药品冷链物流硬件配套建设及运营管理，着力构建现代医疗物资、医药物流网络，打造 4 小时医疗物资储备库覆盖圈。

4. 加强物资储备信息技术支撑，推进三大技术应用

一是推进物联网技术应用。通过对医疗储备物资及运输交通工具安装各类传感设备，实现对物资流向的全过程监控管理，确保对应急事件的医疗物资保障需求和物资信息的准确掌握，根据医疗物资的消耗情况及时调整保障计划和供给安排，及时、精确地提供医疗物资，实现医疗物资从"规模储备"向"精确保障"转变。二是推进大数据技术在医疗物资管理中的应用。依托湘雅等医院发展医疗大数据，动态归集医疗物资生产、储备、流调、使用等数据，利用大数据对医疗物资数据进行分析和挖掘，分析研判医疗物资的需求和发展

趋势，实现"精准生产、精准储备、精准调配"。三是推进人工智能技术在医疗物资管理中的应用。推进人工智能技术应用于医疗物资的智能物资分拣、自动货物搬运、智能库存管理，实现无人化仓储作业。通过使用无线射频识别（RFID）标签和阅读器及工业自动调度技术，快速对医疗物资进行读码、分拣和信息记录；利用具有自主路径识别、货物抓取、码放功能的机器人按预设的程序实施自主搬运作业。

学习借鉴浙江经验，加快湖南省疫情防控和社区治理软件开发应用[*]

湖南省人民政府发展研究中心调研组[**]

2020年2月10日，习近平总书记在北京市安华里社区调研时强调，"社区是疫情防控的第一线"。面对新冠肺炎疫情社区管控中存在的工作者压力大、任务重、风险高等难题，民政部基层政权建设和社区治理司司长陈越良在2020年2月10日的新闻发布会上公开恳请阿里、腾讯等互联网公司开发社区公共软件，并称一个有用的公益软件比捐10亿元还管用。建议湖南省学习借鉴浙江经验，尽快推出"健康码"等省级疫情防控小程序，并着眼长远，依托湖南省政府政务服务平台，打造"湖南省智慧社区一键通"，探索建立可供复制推广的湖南省"互联网＋社区治理"经验。

一 抗疫一线，社区工作人员面临三大难题

（一）"人少事多"，工作压力大

一是社区工作人员平均服务居民人数多。据湖南省统计局和省民政厅数据显示，2019年末全省常住人口6918.38万人，全省村和社区总共29259个，社区工作者约17万人，平均每一村（社区）配备社区工作者5.8名，全省平均每名社区工作者服务407名居民。二是工作任务重。以本次疫情来看，社区工

* 本报告获得湖南省委常委、省政府常务副省长谢建辉，湖南省委常委、政法委书记李殿勋，时任湖南省委常委、组织部部长王少峰的肯定性批示。

** 调研组组长：谈文胜，湖南省人民政府发展研究中心党组书记、主任；调研组副组长：唐宇文，湖南省人民政府发展研究中心副主任、研究员；调研组成员：彭蔓玲、王灵芝，湖南省人民政府发展研究中心研究人员。

作人员每天要承担摸底排查、防控宣传、送医协调、消毒消杀、居民劝导、物资发放等大量工作，还要配合各部门的台账、报表、领导检查等工作，人少事多压力大。

（二）"小马拉大车"，动员手段少

一是从动员方式来说，传统方式不能适应特殊时期的治理需要。"上面千条线、下面一根针"，面对各级各部门层层下达的防疫任务，缺乏行之有效的现代化治理工具，上门排查、出入登记、手抄健康统计、人力舆情传达等传统工作模式存在工作量大、感染风险高、灵活性差、摸排效率较低等问题。二是从服务对象来说，对流动人员和无物业小区居民动员能力不足。对社区内的流动人口和开放式的无物业小区居民，社区工作人员无法及时有效精准掌握居民信息，在新冠肺炎疫情中，只有上门排查和电话联系的方式。三是从动员效果来说，社区动员有效性不足。社区作为群众自治组织，在抗疫过程中，没有警服、救援服、隔离衣，没有执法证，针对相关居民不遵守隔离要求、相关商户违规开业、小区物业不配合社区工作等问题，社区工作主要靠平时与居民的情感积累，没有有效的动员方式。

（三）"形式主义"，工作效率低

一是"表格抗疫"屡见不鲜。北京、江苏、广东等多地基层干部反映，防疫期间一天要填报十几份表格，这些表格由不同部门下发，内容基本相同，只是格式、体例稍有差异，社区工作者们经常戏谑自称"表哥""表姐"。二是"迎检大战"屡禁不止。据基层工作人员反映，各级各部门领导今天来检查，明天来慰问，"来了一拨又一拨检查的，就是没看到一瓶消毒水、一只口罩发下来"，据长沙市开福区某社区工作人员表示，"居民担心交叉感染，领导来了也不愿意开门，看我们是社区的，平时混了个脸熟，不然连门都敲不开"。

二　新冠肺炎疫情下，疫情防控软件助力社区治理的相关探索

2020年2月10日，民政部陈越良司长公开喊话阿里、腾讯等大型互联网

公司开发社区公共软件后，一方面，阿里、腾讯等公司积极响应，在已有的研发基础和成果上，纷纷推出疫情防控社区软件；另一方面，以浙江省"浙里办"为代表的政务服务平台推出了"健康码"等防疫新举措。

（一）以阿里、腾讯为代表的互联网公司纷纷推出疫情防控社区治理产品

在民政部陈越良司长公开喊话后，阿里云联合钉钉、支付宝，推出社区疫情防控小程序，腾讯海纳社区也推出了疫情防控平台，包括出入登记、健康打卡、电子通行证、在线问诊、社区生活、患者同行程查询、疫情问答等功能，可以帮助社区一线工作人员实现一部手机管理社区、智慧健康打卡、访客登记、视频关怀、数字巡查、快速上传下达等工作。

——优势：一方面，这些公司具有较好的研究基础，能够快速实现数据的交互、用户体系构建，搭建起基层应对疫情的战力架构。如微信的城市服务在很大层面上能够覆盖社区服务的基本功能。另一方面，用户基数大。如微信和支付宝使用人数都已经超过十亿，两大平台都已经融入居民的日常生活，以小程序的形式推出疫情防控产品，平台巨量的用户可以减少应用阻力，实现产品的短时间高效率普及。

——不足：一是产品重点服务疫情防控，无法为常态化社会治理提供有效支撑。二是无法实现与政务数据的互联互通。三是这些产品主要面向物业，通过物业申请使用，服务群体有限。

（二）以"健康码"为代表的浙江省"浙里办"政务服务平台的创新实践

2020 年 1 月 27 日，浙江省依托"浙里办"政府服务管理平台，全面上线浙江省新冠肺炎公共服务与管理平台，随后推出了"健康码"。杭州市民和拟入杭人员可自行在线申报"杭州健康码"，通过审核后，将产生一个颜色码，"绿码、红码、黄码"分别对应"通行"、"14 天居家隔离"和"7 天居家隔离"等状态，"健康码"与钉钉企业复工平台联通，已广泛运用于外来人员来杭、市民出行、企业复工复产等各个场景，是杭州数字赋能的创新实践。2020 年 2 月 16 日，借鉴浙江经验，国务院办公厅电子政务办指导支付宝加快研发全国统一的疫情防控健康码系统。

——优势：一是权威。"浙里办"是浙江省政府管理服务平台，浙江全省3000多个行政机关、1300余个乡镇（街道）和超过2万个村（社区）都入驻了"浙里办"，市民可凭身份证办理385项民生事项。二是服务高效。在疫情发展初期，2020年1月27日就推出了新冠肺炎公共服务与管理平台，随后在很短的时间内推出"健康码"服务，反应迅速。三是省内普及率高。2019年12月初数据显示，"浙里办"注册用户3000万，超过浙江人口总数的50%，日均访问量超过1500万。在此次疫情过后，"健康码"的推行势必大大提升"浙里办"的普及率。

——不足：一是平台前期推广压力大。不同于已有的成熟软件，"浙里办"经历了在省内群众中从无到有、从少到多，直到大部分浙江人手机里都有这个软件的推广过程。二是平台数据来源较单一。不同于阿里、腾讯等大型互联网企业已有庞大的用户数据库和数据抓取生态链做支撑，政务服务平台个体化数据来源较为单一。

三　学习借鉴浙江经验，加快湖南省社区治理公共软件开发和应用

党的十九大报告指出，要善于运用互联网技术和信息化手段开展工作。新冠肺炎疫情的出现，给传统的社区治理手段和治理模式带来了极大挑战，建议湖南省加快构建社区治理公共软件平台，推动数字治理向基层延伸，以"互联网＋社区治理"助力治理体系和治理能力现代化。

（一）从防疫的近期目标来看，尽快推出省级疫情防控小程序

1. 尽快推出湖南"健康码"

参考杭州市"健康码"工作机制，依托湖南省政府政务服务平台和腾讯、支付宝等企业，让居民通过手机端申领"健康码"，通过不同颜色区分健康人群和需隔离人群，"健康码"可作为小区、交通卡口、商务楼宇等地的出入凭证，减少填表、发卡、检查证件等面对面接触，降低基层工作人员感染风险。

2. 推出"健康打卡"功能

对于建议隔离和观察的人员，通过健康打卡服务，记录每日体温，令其做

好自我健康观察，企业、政府通过后台观测企业员工和辖区居民健康状况，以有效应对复工复产。

3. 联合三大运营商提供个体行动数据

"健康码"通过手机号注册，在得到用户授权的情况下，基于大数据分析，三大运营商向用户本人和后台管理者提供"14天内到访地"记录，帮助有关社区工作人员和企业管理者提高对流动人员行程查验的效率，对重点人群进行排查，实施精准防控。

4. 扩充服务功能

在省委疫情防控工作领导小组统筹下，整合疫情防控各部门职能职责，在一个平台上实现摸底排查、疫情发展、医院就诊、病情救治、防治指南、物资调配、交通保障、救援救助、心理支持、捐资捐物、辟谣帮助等功能，提升疫情防控效率。

（二）从社区治理的长远目标来看，依托湖南省政府政务服务平台，打造"湖南省智慧社区一键通"

坚持省级统筹，借助省级政务服务平台权威、安全的优势，打造"湖南省智慧社区一键通"，推动数字化治理向基层延伸，形成湖南省社区治理公共软件开发和应用的经验。

1. 实现三大目标

一是确保服务主体多元化。平台对社区居民、社区工作者、企业、园区、物业和各级政府等开放，平台旨在为社区居民提供服务，为社区工作提供方便，为企业提供信息，为政府提供数据。二是实现基础功能齐备化。搭建集资源整合、数据收集、动态监测和服务供给于一体的社区服务平台，集政务服务、社会服务、生活服务等功能于一体，将社区承担的通知（公告）、社保、医保、低保救助、社区治安等功能集成于这一个平台，重塑社区工作流程，实现公共服务的智慧化、数据化、便利化和精准化供给。三是推动社会参与温暖化。通过搭建社区网络平台，拓展参与面和参与深度，实现随时在线、互动沟通、长期关注、陪伴成长，增强共同价值引领的归属感和家园意识，建设更有温度的社区生活共同体。

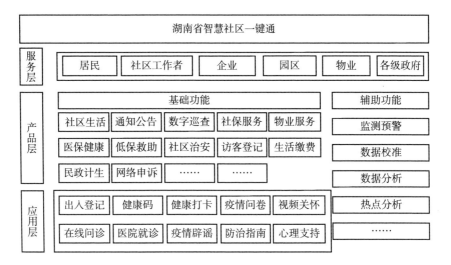

图1　湖南省智慧社区一键通

资料来源：根据相关资料整理。

2. 完善三大服务

功能一：政务服务全覆盖。一是统一政务服务端口，推动政务服务下沉。建立各级政府、各部门数据横向与纵向联动机制，将与社区居民相关的政务服务端口统一到智慧社区一键通平台，居民要办事，不需要下载、注册各部门App，从智慧社区一键通平台进入，可以办理社保、医保、民政等所有相关事项。二是逐步完善政务服务信息精准推送机制。主动及时地为社区居民提供各类信息。为社区居民提供全面、便捷、高效的公共服务，建立起服务型政府主动服务的长效机制。三是大数据帮助政府决策。平台在运行过程中，收集汇总大量的人员、资源、需求、服务数据和工作信息，挖掘分析这些数据，可以为各部门优化公共服务、调整资源分配、强化公共管理及辅助领导决策提供参考。

功能二：社区服务全关联。一是推动社区服务精准便捷。建立社区工作人员与社区内常住居民、流动人口、无物业小区居民、商户、企业、物业等主体的常态化双向沟通机制。二是为社区工作人员减压减负。将所有社区服务统一归口到平台，针对各级政府、各部门要求的统计数据，改变传统社区工作人员的敲门填表方式，数据手机部门直接通过平台后台对接居民群体，实现数据的及时有效收集、校准和处理。

功能三：生活服务全汇聚。一是生活服务全面高效。在平台上集合水、电、气等生活缴费需求，公园广场、游泳、乒羽球馆等锻炼需求，商场、小商户等购物需求，帮助居民更好地融入社区、丰富日常生活。二是催生新型社区商业业态。赋能商家产品网上推广、线下公共服务站产品体验的新零售渠道。

3. 确保"三个坚持"

一是要坚持省级统筹，避免各自为政。社区治理软件的开发，其核心在于数据共享，需要全省一盘棋，集成政务服务、社会服务、生活服务，打通省－市－县（区）－乡镇（街道）－社区（村）纵向渠道，政府各部门单位建立查询专线、数据接口或数据共享机制。二是坚持避免新的形式主义。软件的设计和开发过程中，必然会存在大数据治理理念不强、智能化基础设施不足、智能化治理不平衡不充分、数据资源开放共享不畅等问题，要避免社区治理公共软件不仅没能帮助社区工作者减负，反而成为社区工作者一个新的需要报数据的形式主义载体。三是坚持保证数据安全。现代科技既能为人类社会治理变革创造条件和带来新机遇，也会带来信息鸿沟、网络诈骗、隐私泄露和网络暴力等新挑战。因此，要对平台数据资源进行集中存储、分级管理，对数据资源共享流程的标准化、规范化和高效化等予以规范。

复工复产后，湖南省疫情防控
面临的新挑战和对策建议[*]

湖南省人民政府发展研究中心调研组^{**}

随着疫情防控进入节后人员返程、企业复工复产的新阶段，疫情传播可能呈现新的特点，湖南省委、省政府高度重视，及时调整疫情防控总体思路。为更好地贯彻落实湖南省委、省政府决策部署，建议坚决织密社区、园区、厂区疫情防控网，打好疫情防控"五大战役"。

一 节后人员返程、企业复工后，湖南省疫情防控面临四大挑战

2020年2月10日以来，湖南省逐渐进入返程复工高峰期，行政事业单位正常上班，企业逐步复工复产，大型商业体开门营业，市场超市逐步恢复，人员聚集高峰出现，疫情再度蔓延风险有可能增加，疫情防控将面临新的挑战。

1. 传播方式从疫源输入型向人际扩散型转变，主动精准防控成为疫情防控节点

疫情最开始的传播方式主要是有武汉旅居、接触史人员的输入型传播，在第一阶段的疫情防控工作中，这一部分人员已经基本摸查、管控到位。由于已知病例中病毒潜伏期最长达24天之久，加上大量无症状感染者的出现，复工复产后企业员工间传播、公共空间的传播、社区居民间传播等人际扩散型传播

---

　　*　本报告获得湖南省委常委、省政府常务副省长谢建辉的肯定性批示。

　　**　调研组组长：谈文胜，湖南省人民政府发展研究中心党组书记、主任；调研组副组长：唐宇文，湖南省人民政府发展研究中心副主任、研究员；调研组成员：彭蔓玲、王灵芝，湖南省人民政府发展研究中心研究人员。

成为主要的传播方式。

2. 传播区域从家庭向企业、工厂、园区转变，企业、工厂、园区等成为疫情防控的重点

根据省工信厅统计，截至 2020 年 2 月 10 日，全省已有 5193 户工业企业开复工，累计到岗人数 435139 人。截至 2020 年 2 月 11 日，长沙经开区复工规模以上企业 176 家，复工率 75%；浏阳经开区复工开工规模以上企业 89 家，占比 65%；宁乡经开区复工企业 165 家，复工人数约 11190 人；望城经开区开工企业 254 家，到岗人数 22531 人。大量企业复工复产，城镇社区和工业园区、厂区成为防止疫情扩散蔓延的关键所在，疫情传播的区域也从春节期间的家庭亲友圈向复工以后的企业、工厂、园区转变，尤其是各大园区中劳动密集型企业，员工来自五湖四海，集中吃饭、集中居住、集中办公的工作生活形态对疫情防控形成极大挑战。

3. 传播人群从熟人向陌生人转变，家庭以外的公共空间成为疫情防控焦点

疫情传播的前期，主要是以熟人为主的强关系传播，以有武汉接触史人员的亲人、朋友之间集聚传播为主。据报道，在聚集性疫情中，83% 属于家庭传播。经过 2020 年初的排查，大量确诊病例和疑似病例得到隔离和救治，接下来疫情传播向陌生人传播转变。一是大量人员返程造成交通工具和车站机场的陌生人员接触增多，二是复工复产后办公场所、食堂、电梯等范围内的人员接触增多，三是各类型的商业中心开业后消费群体集聚增多；四是天气渐暖后久宅在家的居民出门散心者增多。大量的陌生人员之间的接触增多，极大地扩大了防疫风险。

4. 社会心态从高度紧张到疲劳放松转变，群众自我防控意识松懈成为疫情防控难点

自新冠肺炎疫情大面积暴发以来，31 个省区市先后启动突发公共卫生事件一级响应，全省民众对新冠肺炎疫情的危险性和严峻形势有了较充分的认识，对做好日常疫情防控工作做出了很多努力。随着时间的推移，企业复工复产，群众的日常生活逐步恢复正常，尤其是在湖南省确诊病例人数逐日下降的趋势下，长时间紧张的社会心态有所放松，心态上的麻痹大意、疲劳放松成为疫情防控的难点。

二 坚决打好湖南省疫情防控五大战役的对策建议

随着人员返程、企业复工，疫情防控的重点和方向急需改变，湖南省要充分发挥基层党组织的战斗堡垒作用，织密筑牢社区、园区、厂区疫情防控网，落实联防联控措施，构筑群防群治的严密防线，以此为契机，推进湖南省社会治理体系和治理能力现代化。

1. 加强联防联控，重点推进"企业园区厂区防疫战"

一是选派党员干部下沉到企业、园区、厂区。在省直、市直、区直单位选派防疫联络员下沉到企业、园区、厂区，对企业、园区、厂区实行属地管理＋主体责任的双责任体系，确保防控全覆盖、无死角。二是建立辖区内企业复工复产情况清单。防疫联络员会同社区、物业、园区工作人员，通过入户走访、电话沟通等方式对企业园区单位进行摸排，了解复工复产时间、复工人数、职工来源等情况，建立辖区内企业复工复产情况清单，鼓励企业开展员工新冠病毒核酸检测。三是严格企业园区疫情报告制度。严格疫情报告，实行日报告、零报告制度，确保早发现、早诊断、早隔离、早治疗，严禁各企业园区瞒报谎报缓报。四是尽量减少办公人员集聚。鼓励推迟开工开业、居家网络办公、弹性值班、错峰上班、分批就餐，减少集中开会次数，减少上下班集中乘坐电梯次数，严格控制办公场所人员聚集。要求企业专人负责疫情防控工作开展和报备，做好体温检测、食堂人员管控、宿舍管理等工作，加强员工防疫知识培训。

2. 强化分类管控，继续打好"社区防疫战"

一是出台社区（村）防控指导规划。根据国务院印发的《新型冠状病毒感染的肺炎疫情社区防控工作方案》，参考北京、深圳等省市的做法，出台《湖南省关于进一步加强社区（村）疫情防控工作的通知》，进一步健全工作组织体系和社区防疫工作程序。二是继续全面推进网格化管理、地毯式摸查。充分利用信息化、数字化管理模式，通过微信、电话、入户等实施动态化、全方位管理，街道不漏社区，社区不漏网格，网格不漏户，户不漏人。三是重点排查返程人员、社区租户，强化人员分类管控。在网格化管理的基础上，对社区人员进行分类管控，入网、入格、入家庭，对于患者、疑似者、患者密切接触者及来自疫情重点地区的人员，社区防控要分门别类作出相应预案，进行精准管理和动态监测，重点加强对由乡返城、外省返程等重点人员的体温监测、隔离观察。四是保证居民基本生活需要。联合社区内物业公司，帮助居民解决快递外卖领取，家庭生活物资采购，水、电、燃气缴费等具体问题，尤其是对辖区内低收入群体、高龄老人群体、残疾人群体要给予特殊关照，及时做好帮扶工作。

3. 控制人员集聚，严格打好"公共空间防疫战"

一是严格控制公共空间人员聚集。严格公共空间管理，对农贸市场、商场、超市、饭店等容易出现人员集聚的区域，要求商户严格实行限流，根据客流情况及时调整收银台，避免顾客扎堆、人员过度集中。二是鼓励商家线上卖货。鼓励商场推出直播荐货、线上直购、建群卖货等方式，让消费者在家也能逛商场、超市、农贸市场，减少公共空间内人员聚集。三是做好公共领域的清洁工作。对一些大型超市、商场出入口进行暂时关闭，只留少量出入口，每个入口配备人员对顾客的体温、口罩佩戴等情况进行检查。做好通风、换气、消毒工作，门把手、扶梯、电梯等公共接触部位每小时消毒杀菌1次，洗手间配备足够的洗手液，保证水龙头等供水设施正常使用，停止使用集中式空调，保持空气流通。

4. 落实群防群控，全面推进"环境卫生整治战"

一是加大城市社区内重点场所卫生整治力度。加大对辖区农贸市场、垃圾中转站等重点场所的卫生清理力度，消除鼠、蟑、蚊、蝇等病媒生物滋生环境，安排专人对重点区域进行消毒杀菌。二是深入开展村庄清洁行动。在农村，以疫情防控为切入点，加强乡村人居环境整治和公共卫生体系建设，避免垃圾乱扔、家禽散养、污水横流等问题，引导农民群众树立健康卫生理念。三是倡导健康生活方式。向社区（村）内业主、租户、商户发放关于新冠病毒的防疫管控函件，严禁居民食用野生动物，加大对健康生活方式的宣传力度，引导群众形成干净、卫生、健康的生活方式。

5. 入脑入心入情，打赢疫情防控"社会心理战"

一是及时主动公示疫情信息，牢牢把握舆论主导权和主动权。"信息公开就是最好的疫苗"。各级政府要坚持公开透明的原则，及时有效公布辖区内疫情感染、人员管控等信息，让事实走在谣言之前，形成与社会公众的良性互动、互信，营造良好的舆论氛围。二是总结优化防控举措，防止群众放松警惕。群众对疫情控制持较好预期，复工复产以后放松了对疫情防控的警惕，自我防控有所放松，社区要充分用好信息化手段，总结优化防控举措，通过社区"小蜜蜂""小喇叭"等群众喜闻乐见的宣传手段，时刻提醒群众在心理上重视疫情防控，把工作做在实处。三是加强疫情防控下的社区心理疏导。在疫情防控的态势下，对疫情感染者、一直连轴转工作的社区工作者、长时间宅在家里的居民、部分居家隔离人员进行心理疏导和压力释放，建议参照浙江出台的《浙江新型冠状病毒感染的肺炎疫情紧急心理危机干预工作方案（试行）》，制定湖南省疫情应对的心理干预工作机制，防止形成不良社会情绪。

复 工 复 产

湖南省基于大数据的复工复产情况分析研究[*]

湖南省人民政府发展研究中心[**]

为准确了解湖南省复工复产情况，湖南省人民政府发展研究中心联合湖南联通基于运营商人口轨迹数据资源，利用大数据位置（职住）分析模型，从省、城市、园区三级区域维度，从返程动态、返岗洞察、劳动力滞留情况等方面，综合分析了在疫情背景下全省复工复产情况，为湖南省经济稳增长提供决策支撑。

一 湖南坐标：基于各省返程返岗情况对比分析

通过对联通用户数据进行统计分析，对比全国各省份返程返岗情况，找到湖南在全国的位置。

---

[*] 本报告获得时任湖南省政府省长许达哲，湖南省政协主席李微微，湖南省委常委、省委统战部部长黄兰香的肯定性批示。

[**] 调研组组长：谈文胜，湖南省人民政府发展研究中心党组书记、主任；调研组副组长：唐宇文，湖南省人民政府发展研究中心副主任、研究员；调研组成员：左宏、闫仲勇，湖南省人民政府发展研究中心研究人员。

1. 全国各省份平均返程率在7成左右，湖南排全国第8位

返程率指标以省份为最小单元进行统计并进行汇总。返程率的统计口径为城市常住人口（2019年累计半年以上居住地在同一城市则判定为该城市的常住人口）在数据统计日，出现在该城市的占总人口的比例。结果显示，截至2020年3月4日，湖南的返程率达到86.64%，高于全国70%左右的平均水平，仅低于重庆市（89.83%）、吉林省（88.79%）、山东省（88.55%）、河北省（87.50%）、山西省（87.29%）、内蒙古（87.12%）、辽宁省（87.11%）。调研组认为其原因在于，排名靠前的省份主要是因为本省份就业比例大，外省来就业的人口比例较少，大部分劳动力都在本地过年，因而疫情之后，本地人口返程受影响较小。北京、上海、广东等劳务输入大省，大量依赖外地务工者支撑当地生产建设，受到疫情影响，大量人员滞留外地，返程率偏低。

表1　全国各省份返程率统计（截至2020年3月4日）

单位：%

省份	返程率	排名
重庆市	89.83	1
吉林省	88.79	2
山东省	88.55	3
河北省	87.50	4
山西省	87.29	5
内蒙古自治区	87.12	6
辽宁省	87.11	7
湖南省	86.64	8
河南省	85.25	9
广西壮族自治区	84.81	10
天津市	84.14	11
黑龙江省	83.90	12
江西省	82.42	13
四川省	82.22	14
甘肃省	81.97	15
陕西省	81.03	16
贵州省	80.58	17

续表

省区市	返程率	排名
湖北省	79.52	18
福建省	79.28	19
宁夏回族自治区	78.62	20
安徽省	78.53	21
青海省	78.03	22
海南省	76.08	23
江苏省	76.01	24
云南省	74.72	25
北京市	70.45	26
广东省	69.90	27
上海市	69.34	28
新疆维吾尔自治区	69.00	29
浙江省	68.11	30
西藏自治区	55.63	31

数据来源：湖南联通公司。

2. 全国各省份返岗率最高不到5成，湖南排全国第8位

在返程率的基础上筛选出已到岗人群，用来计算全国各省份返岗率。分析结果显示：一是湖南省返岗率居全国第 8 位。截至 2020 年 3 月 4 日，湖南省平均返岗率为 32.94%，在全国排名第 8 位，仅低于浙江省（44.66%）、广东省（36.42%）、山西省（36.26%）、内蒙古自治区（35.47%）、四川省（34.32%）、福建省（33.78%）、云南省（33.02%）（见表2）。二是湖南省返岗率提升速度居全国第 3 位。与 2020 年 2 月 20 日相比，湖南返岗率从27%提升了近6个百分点，排位从全国第 29 位提升到第 8 位，提升了 21 位，仅次于浙江（↑22 位）、四川（↑22 位）。分析结果表明，湖南复工复产的政策产生了较好的效果。浙江、广东等劳务输入大省出台了系列复工复产政策，其返岗率已攀升到第 1、2 位，对比 2020 年 2 月 20 日全国复岗率排名，分别提高了 22 位和 9 位。湖南在其中的表现也非常亮眼，说明政策收效显著。

表2　全国各省份返岗率统计

单位：%

省　份	2020 年 2 月 20 日		2020 年 3 月 4 日		
	返岗率	排名	返岗率	排名	排位变动
浙江省	30.00	23	44.66	1	↑22
广东省	36.00	11	36.42	2	↑9
山西省	34.00	14	36.26	3	↑11
内蒙古自治区	35.00	13	35.47	4	↑9
四川省	27.00	27	34.32	5	↑22
福建省	39.00	5	33.78	6	↓1
云南省	34.00	16	33.02	7	↑9
湖南省	27.00	29	32.94	8	↑21
甘肃省	34.00	17	31.27	9	↑8
海南省	33.00	19	31.01	10	↑9
吉林省	35.00	12	30.56	11	↑1
贵州省	27.00	28	29.25	12	↑16
青海省	42.00	3	28.96	13	↓10
北京市	43.00	2	28.72	14	↓12
西藏自治区	37.00	7	28.08	15	↓8
辽宁省	36.00	10	27.94	16	↓6
宁夏回族自治区	37.00	9	27.58	17	↓8
广西壮族自治区	28.00	26	27.31	18	↑8
江苏省	31.00	22	26.80	19	↑3
山东省	34.00	15	25.93	20	↓5
陕西省	28.00	25	25.33	21	↑4
上海市	49.00	1	25.31	22	↓21
重庆市	33.00	20	24.99	23	↓3
河南省	31.00	21	24.67	24	↓3
河北省	37.00	8	21.73	25	↓17
安徽省	33.00	18	21.50	26	↓8
黑龙江省	25.00	30	19.56	27	↑3
江西省	39.00	6	19.40	28	↓22
天津市	41.00	4	17.44	29	↓25
新疆维吾尔自治区	30.00	24	13.29	30	↓6
湖北省	18.00	31	9.67	31	—

数据来源：湖南联通公司，数据截至 2020 年 3 月 4 日。

二 市州对比：各市州返程返岗情况分析

通过对湖南省内各市州的数据对比分析，了解各市州的返程返岗情况。

1. 全省各市州返程率持续上升，外来人口少的市州返程率更高

返程率指标按照市州为最小单元进行统计并汇总，统计口径与第一部分相同。截至 2020 年 3 月 4 日，全省各市州最低有七成人口，最高有九成人口已返回常住地，返程趋势逐步上升。返程率排名前三的市州分别为郴州市（91.23%）、怀化市（91.17%）、娄底市（90.63%）；排名后三位为长沙市（70.02%）、湘潭市（80.14%）、株洲市（85.54%）（见表3）。返程率较高的地市，主要是本地劳动力就业，都在本地过年，疫情之后，未对本地返程复工造成过大冲击。长沙、株洲、湘潭等地的外来劳务输入最大，受疫情影响，大量劳动力滞留外地，影响返程率。这一趋势与全国的情况是一致的。

表3 湖南省各市州返程率统计（截至 2020 年 3 月 4 日）

单位：%

城市	返程率	排名
郴州市	91.23	1
怀化市	91.17	2
娄底市	90.63	3
邵阳市	90.63	4
岳阳市	89.33	5
常德市	88.72	6
永州市	88.56	7
益阳市	88.49	8
张家界市	87.98	9
湘西州	87.57	10
衡阳市	87.40	11
株洲市	85.54	12
湘潭市	80.14	13
长沙市	70.02	14

数据来源：湖南联通公司。

2. 全省各市州返岗率逐步提升，但还需进一步推进

一是从返岗率水平来看，截至 2020 年 3 月 4 日，各市州返岗率最高为 40%，最低为 20% 左右，还有较大的提升空间。二是从返岗率排名来看，返岗率排名前三的市州分别为长沙（40.37%）、怀化（37.65%）、邵阳（34.77%）；排名后三位分别为：岳阳市（20.74%）、湘潭（25.89%）、湘西州（26.02%）。三是从返岗率提升情况来看，长沙市返岗率从 2020 年 2 月 20 日的 20% 左右提升到 3 月 4 日的 40%，从第 9 名提升到第 1 名，其次是常德市（↑7）、张家界市（↑6）、怀化市（↑3）、娄底（↑2）。其原因在于：一是长沙的复工返岗力度较大。长沙市外来务工人员较多，在返程率倒数第一的情况下，能做到返岗率全省第一，排位提升幅度也是全省最快，可见复工复产的力度非常大，政策措施有力。同时，长沙的信息化水平较高，从事 IT 行业人数多，可通过在家远程办公的方式复工复产。二是岳阳的防疫形势相对严峻。岳阳是距离湖北最近的地区，返岗率居 14 个市州末位，一部分是因为疫情期间人员出行受到管控，防疫和复工两难局面更为严峻。此外其产业结构以第一、二产业为主，需要到现场办公场所才可复工。

表4　湖南省各市州返岗率统计（截至 2020 年 3 月 4 日）

单位：%

城　市	2020 年 2 月 20 日		2020 年 3 月 4 日		
	返岗率	排名	返岗率	排名	位次变化
长沙市	21.91	9	40.37	1	↑8
怀化市	24.26	5	37.65	2	↑3
邵阳市	25.09	3	34.77	3	—
常德市	21.04	11	34.61	4	↑7
衡阳市	26.98	1	34.30	5	↓4
永州市	26.35	2	34.00	6	↓4
张家界市	20.12	13	33.07	7	↑6
娄底市	21.58	10	32.86	8	↑2
郴州市	24.69	4	32.04	9	↓5
株洲市	23.65	6	31.82	10	↓4
益阳市	22.90	7	30.69	11	↓4
湘西州	20.18	12	26.02	12	—
湘潭市	22.18	8	25.89	13	↓5
岳阳市	19.66	14	20.74	14	—

数据来源：湖南联通公司。

三　重点载体：21个国家级园区返岗情况分析

各类产业园区和厂区是复工复产的前沿阵地，利用大数据技术，对湖南省21个国家级园区复工返岗人员情况进行分析。在数据选取与测算方面，第一，以统计日园区活跃人员总数占春节前一个工作周园区的平均驻留人数比例作为测算园区返岗率的统计口径。第二，由于很多园区存在多片区的情况，故选取其中代表性片区进行分析，例如衡阳高新区就选取了白沙洲工业园的数据。第三，部分园区数据并不代表其整体水平。例如，长沙高新区主体园区在麓谷，但麓谷片区产城融合程度比较高，居民区与园区的数据难以区分，影响分析精确度，所以选择星沙工业高科技园，不能完全代表长沙高新区的整体水平。数据结果表明：一是湖南省国家级园区返岗率平均为79.37%，返岗情况良好，高于全省30%~40%的平均水平。二是返岗情况排名前三的园区分别为常德高新区（97.99%）、衡阳高新区（白沙洲工业园区）（94.26%）、株洲高新区（金山科技工业园）（92.41%）；后三名分别为岳阳经济技术开发区（70.43%）、长沙黄花综合保税区（70.99%）长沙高新区（星沙工业高科技园）（72.59%）（见表5）。三是非园区企业的返岗率非常低。鉴于国家级园的平均返岗率接近80%，远高于30%~40%的全省平均返岗率，其他工业园区返岗率应该普遍不会太低。由此可以推测，非园区企业的返岗率很低，这一部分企业以第三产业为主，因此要有针对性地引导第三产业的返岗。

表5　国家级园区返岗情况统计（截至2020年3月4日）

单位：%

园区名称	返岗率	排名
常德高新技术产业开发区	97.99	1
衡阳高新技术产业开发区（白沙洲工业园区）	94.26	2
株洲高新技术产业开发区（金山科技工业园）	92.41	3
宁乡经济技术开发区	91.75	4
益阳高新技术产业开发区	90.40	5
怀化高新技术产业开发区	88.68	6
浏阳经济技术开发区	86.60	7
衡阳综合保税区	86.20	8
郴州综合保税区	85.88	9

续表

园区名称	返岗率	排名
湘潭经济技术开发区	84.52	10
娄底经济技术开发区	81.85	11
望城经济技术开发区	81.58	12
常德经济技术开发区	80.71	13
湘潭高新技术产业开发区	80.10	14
郴州高新技术产业开发区(麻田园区)	78.41	15
岳阳城陵矶综合保税区	77.68	16
湘潭综合保税区	74.14	17
长沙经济技术开发区	72.82	18
长沙高新技术产业开发区(星沙工业高科技园)	72.59	19
长沙黄花综合保税区	70.99	20
岳阳经济技术开发区	70.43	21
平　均	79.37	

数据来源：湖南联通公司。

四　供需分析：滞留劳动力与本地需求缺口分析

湖南省一直以来是劳务输出大省，据统计，2019 年湖南省外出打工民工数量为 1396 万人，排名全国第三。2020 年春节前夕，大量务工人员返乡，受疫情影响，务工人员无法外出打工。通过对劳务输出滞留情况以及湖南省劳动力需求缺口进行分析，加大劳动力供需对接。从供给来看，估计有 440 万外出务工人员因为疫情滞留在湖南，未外出务工。其中，滞留人数排前三位的是衡阳市（64 万）、邵阳市（51 万）、永州市（50 万）；后三位是张家界市（8.8 万）、湘潭市（10 万）、株洲（18.8 万）（见表 6、图 1）。从需求来看，参照春节前的情况，湖南省劳动力需求（待返岗人员数）大概在 400 万左右。其中，需求前三位是长沙市（54 万）、岳阳市（40 万）、邵阳市（40 万）。从供需对比来看，加强供需对接，引导劳动力留在本省就业的空间和潜力较大，要加强信息对接，精准搭建劳动力供需平台。

表6 湖南各市州劳务输出滞留情况统计（截至 2020 年 3 月 4 日）

地 市	劳务输出滞留人数 （估计数）	排名
衡阳市	636900	1
邵阳市	513700	2
永州市	499500	3
郴州市	427200	4
怀化市	404900	5
岳阳市	333300	6
常德市	319800	7
湘西州	273400	8
娄底市	248000	9
长沙市	219500	10
益阳市	215500	11
株洲市	188400	12
湘潭市	106600	13
张家界市	87800	14
总计	4474500	

说明：该数据是以联通数据为基础，按照联通用户占所有通信用户比例推导算出。

数据来源：湖南联通公司。

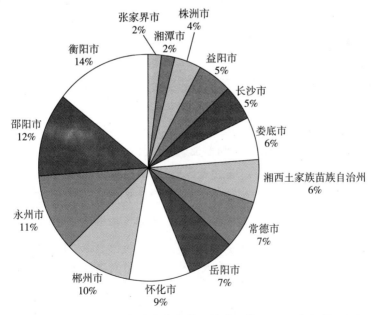

图 1 湖南省各市州劳务输出滞留情况统计（截至 2020 年 3 月 4 日）

表7 湖南省各市州待返岗人员情况统计（截至 2020 年 3 月 4 日）

城　市	待返岗人数 （估计数）	排　名
长沙市	541000	1
岳阳市	403900	2
邵阳市	400100	3
衡阳市	383100	4
郴州市	317900	5
常德市	304300	6
株洲市	284900	7
永州市	261800	8
湘潭市	243500	9
怀化市	217500	10
益阳市	216600	11
娄底市	205100	12
湘西州	148700	13
张家界市	98100	14
总计	4026500	

说明：该数据是以联通数据为基础，按照联通用户占所有通信用户比例推导算出。

数据来源：湖南联通公司。

五 湖南进一步推进复工复产的建议

结合以上分析，调研组就湖南省复工复产情况提出以下建议。

1. 加强大数据检测，做好疫情智能高效防控

一是疫情区域分级防控。通过大数据技术获取疫情地区流入人员位置信息、省内确诊患者位置、省内确诊患者驻留位置等信息，建立高危区域热力分布图，对各网格化区域进行疫情风险分级，指导各街道进行精准防控。对高危区域进行严格的出入管理和温度检测，安排社区人员每天进行核查；未到社区报备并未获取复工证明的企业或个人不得复工；针对高危区域人群每天发送疫情防控精准短信，要求不外出以及做好疫情防控，增强高危区域人群安全意识。对中危区域进行严格的出入管理和温度监测，安排社区人员每两天进行核

查；未到社区报备不得复工；针对中危区域人群，每天发送疫情防控精准短信，提醒做好疫情防控，加强防疫意识。对低危区域进行出入管理和温度监测，安排社区人员每三天进行核查。二是复工区域风险预判，提前布控。通过大数据对各复工区域情况进行分析，包括复工人员数量、疫区驻留人员与否等信息，对复工高危区域提前预判疫情风险，下发相关预测数据到社区及企业，要求社区提前做好防疫检查工作。

2. 精准施策，针对不同行业出台复工复产帮扶政策

进一步细化对各行业的复工复产政策，确保政策的精准精确。一是研究出台针对第三产业复工复产的政策。要对非园区的企业，特别是第三产业开展复工复产出台相关政策。对于餐饮、住宿、旅游、商贸、物流等分别研究出台相关的政策，形成复工复产的精准施策。二是进一步解决中小企业信贷难问题。建议由政府相关部门牵头，面向政府、各类金融机构及企业搭建数据归集、企业大数据产融平台。提供企业融资申报、政策性金融服务、政府相关政策归集发布、金融机构对接企业放贷等功能。通过大数据技术，可对申报疫情的中小企业资料做精准筛选，提升信贷精准率和效率。

3. 信息化技术助力企业复工复产

一是健康 U 码 + 健康证明。员工复工到岗需凭借健康 U 码以及手写签字的健康情况说明，才允许出入工作场所。要求所有复工企业必须收集好员工的健康 U 码和健康情况说明，高风险人员采用远程办公或暂缓复工。要求社区到疫情重点区域检查企业是否按要求落实。二是加强外来人员防控。复工企业对外来人员访问也要加强管控，来访人员必须提供健康 U 码，并做好来访电子化登记，并上报至社区。要求社区人员到复工企业核查每天外来人员防控信息是否准确。

4. 加强劳动力供需匹配

打通滞留人员和需求企业之间的供需通道。一是安排劳动力滞留人员返程专车。通过大数据分析，准确获得湖南各城市或指定区域的劳务滞留人员来源地，各区县政府牵头组织重点企业和工人来源地政府合作，开启复工专车，保障员工安全返程。二是省内开展精准对接，发布招工广告。结合个人的年龄、性别、职业属性、收入、地域、复工条件满足与否等多维元素进行精准分析，获得可能和企业匹配的目标员工。由企业提需求，各区县政府在互联网平台

（朋友圈）中投放各企业的精准招工广告，解决企业用工难问题。特别针对受疫情影响，已返程但无法开工的人员，引导此类人员去重点复工企业进行临时就业，并定点发送招工信息和帮扶政策。三是做好精准帮扶工作。通过大数据分析，获取省内有外出务工需求但受疫情或其他原因影响无法复工的人员信息及分布情况。帮助其返程复工，诸如返程专车、就业指导与创业指导。及时了解因无法复工造成生活困难的家庭具体情况，做好精准帮扶，解决实际困难。

新冠肺炎疫情对湖南省就业的影响及对策建议[*]

湖南省人民政府发展研究中心调研组[**]

新冠肺炎疫情自2019年12月暴发以来，迅速蔓延。截至2020年2月10日，湖南省已确诊病例879例，属于疫情较严重的省份。疫情的发生和快速蔓延对湖南省多方面造成重大影响，随着企业复工复产期的到来，疫情对就业的影响将凸显，湖南省应迅速采取有效措施及时应对。

一　新冠肺炎疫情对湖南省就业的影响

1. 影响哪些行业？服务业首当其冲

尽管疫情持续时间还不长，但是对经济的影响已经充分显现，尤其是旅游、餐饮、电影娱乐、交通运输等服务行业。2019年春节黄金周期间，湖南省共接待游客3074.56万人次，实现旅游收入210.08亿元，但2020年受疫情冲击，湖南省除部分景区大年三十有接待游客外，所有文化场馆、文化娱乐经营场所和旅游景区正月初一后均关闭，各市州原定进行的文化旅游节庆活动全部停止，据各市州综合测算，2020年春节七天全省累计接待各类游客170.37万人次，同比下降94.5%，累计实现旅游收入14.24亿元，同比下降93.2%。2019年除夕至正月初六（2月4日至10日），全省零售和餐饮企业实现销售额近36亿元，而2020年为避免人群聚集，绝大多数餐厅饭馆暂停营业，年夜

* 本报告获得时任湖南省政协副主席袁新华的肯定性批示。

** 调研组组长：谈文胜，湖南省人民政府发展研究中心党组书记、主任；调研组副组长：唐宇文，湖南省人民政府发展研究中心副主任、研究员；调研组成员：彭蔓玲、彭丽，湖南省人民政府发展研究中心研究人员。

饭、聚餐纷纷退订，备菜存货拿出来低价甩卖，餐饮行业损失严重。2019年湖南省春节档票房1.8亿元，2020年原本被誉为"史上最强春节档"，但受疫情冲击，从2020年1月23日（腊月二十九）起，主要影片撤档，大型院线暂停营业，春节档票房收入几乎全无。

根据专家预计，2020年我国短期的经济增速将出现较大幅度回落。从湖南省的情况来看，就业容量最大的是第三产业，而在此次疫情中影响程度最大的也是第三产业。第三产业的就业增长变得极其困难，而原本吸纳就业率就较低的第二产业又不能创造新的就业机会，社会就业空间迅速变小。

2. 影响哪些群体？外出务工人员、小微企业员工、弹性薪酬制员工、大学生受影响最大

疫情对不同微观个体的冲击程度不一样，总体而言，外出务工人员受到的影响最大；其次是小微企业员工和弹性薪酬制员工；对大学生就业的影响也不容忽视。

2020年年初，除湖北外，广东省和浙江省是疫情最为严重的两个省份。据全省农村劳动力转移就业统计数据，2019年湖南省农村劳动力省外就业1074.49万人（珠三角就业555.4万人，长三角就业244.86万人），预计春节期间全省共有1443.87万农村劳动力回流。按照往年惯例，春节假后的春季招聘是解决农民工就业问题的旺季，而2020年年初全国绝大多数城市的人力资源市场现场招聘会全面取消，3月份能否恢复还要等候通知。如果疫情尤其是发达省份疫情得不到有效控制，回流农民工将滞留在湘成为待业或无业人员，部分失去工作的民工面临生活困难。

为防范疫情扩散，全国春节假期延长至2020年正月初九，湖南省规定企业复工时间不早于正月十五。生产和营业停摆，收入和现金流中断，但是房租、工资、利息等费用刚性支付，企业损失巨大，部分体量较小、抗风险能力较弱的中小微企业甚至面临破产倒闭的困境。而像滴滴、快递、外卖以及部分制造业计件工资等弹性薪酬制的员工，在这一时期收入锐减，再次失去工作的风险大大增加。

截至2019年12月底，湖南省离校未就业高校毕业生仍有11万人，2020年高校毕业生也有39万人，疫情使本不乐观的大学生就业形势更加严峻。国际上，美国、澳大利亚相继宣布禁止中国留学生入境，留学生们的毕业及就业

前景也将受到较大影响。同时，大规模集会禁止后，规模性的职业培训、职业介绍、职业技能鉴定等活动也相应取消，在一定程度上打乱了正常的就业格局，阻塞了就业渠道。上述情况增加了高校毕业生找工作的难度，预计2020年湖南省高校毕业生的初次就业率将小于上年的86.3%，其中一部分人实现就业的时间也会比往年延迟。

3. 影响时间有多长？肯定长于疫情结束时间

疫情对就业的近期影响主要表现为减少就业存量，中长期影响到就业的存量和增量。

从近期看，受影响企业因为经济活动的减少或停止，直接的反应是裁减用人，影响就业存量。在疫情发生期间，裁减的主要对象是临时工；如果疫情时间延长，企业裁减的对象可能会波及正式职工。从中长期看，即使疫情能在短期内得到有效控制，其对就业的影响还会延续一段时间。原因是，一是根治新冠肺炎的疫苗从研制到生产使用需要较长时日，这期间人们还不得不采取控制人员流动等相对严厉的措施来防止疫情的扩散；二是受疫情影响停顿的经济活动在重新起步时，需要一段过渡时间，其中，服务业的恢复可能费时更长；三是疫情期间部分劳动者收入减少，也会减少对服务的需求。因此，疫情对就业的影响时间肯定会长于疫情结束时间，不仅影响就业存量，还会影响就业增量。

二 对策建议

1. 立即启动失业预警系统，加强就业形势监测分析

新冠肺炎疫情于2020年1月31日凌晨被世界卫生组织（WHO）列为"国际关注的突发公共卫生事件"（PHEIC）。根据我国《突发公共卫生事件应急条例》的规定，"在突发事件或经济急剧变化中，部分行业、部分地区就业受到剧烈冲击，失业骤然加重，对此，应当由政府明确提出预警，启动紧急工作预案，以稳定就业和防止失业进一步加剧"。因此，在此非常时期，湖南省必须立即启动和加强失业预警系统，监测疫情及经济急剧变化所影响的行业、地区的就业状况，包括失业率和失业周期的变化、停工停产企业员工状态、中低收入人群收入状况、行业景气和就业环境变化等，并进行准确、快捷

的评估。

2. 加大援企稳岗力度，尽量减少失业

全省各级有关部门要因地制宜，采取切实有效措施，帮助企业渡过难关，维护就业稳定。一是加大援企稳岗力度。对受到冲击不裁员或少裁员的参保企业由政府安排资金支付一定的工资补贴（或生活补助），或按照一定比例返还上年度实际缴纳的失业保险费用；对受影响较大的企业允许其在非常时期采取减薪不减员的办法；对在 2020 年正月初十至正月十四进行线上开工的企业，允许其按照正常上班非节假日上班支付职工工资。二是实施就业补贴。对鼓励、组织职工参加各类线上职业培训并取得国家职业资格证书或相关合格证书的企业，给予职业技能提升补贴；对按规定复工的企业，根据企业规模给予一定的疫情防护补贴。三是允许缓交社保。对受疫情影响未能按时办理社会保险缴费业务的企业，可延期至疫情解除后予以补办；在疫情期间逾期缴纳的社会保险费，免收滞纳金且不影响缴费个人的权益。

3. 对受冲击严重的困难群体实施紧急援助

充分发挥社会保障制度的功能作用，对受疫情冲击严重的就业困难群体进行紧急援助，在保障他们的基本生活和基本医疗需要的同时，提供必要的就业帮助。一是给予延迟复工补助。对受疫情影响未能按时返岗的困难务工人员，由企业申报，给予一定的延迟复工补助。二是适当延续优惠政策。对原已实现再就业而在这次受到冲击较大的人员，可适当延续原来享受的税费减免、小额贷款等政策。三是实施再就业援助。对受疫情冲击再失业人员，要纳入再就业工程的统筹规划，给予再就业援助。

4. 积极探索新的就业服务方式

一是大力倡导"互联网＋就业服务"新模式。加强与智联招聘、boss 直聘等大型招聘平台的合作，鼓励倡导用人单位采取线上职位发布、空中宣讲会、线上双选会、语音视频面试等线上模式开展招聘工作。二是协助招工。利用公共就业服务平台及时发布企业招工、复工及就业动态数据图等信息，重点对防疫物资生产企业开展岗位发布、互联网招聘、岗位匹配推送等线上招聘求职对接服务，促进劳动者与用工企业精准对接。三是做好职业培训。利用现代化的信息手段开展远程培训、职业指导、职业介绍；针对疫情稳定后可能产生的就业需求反弹，通过小班等灵活多样的方式做好事先的培训工作。

5. 积极为恢复原有岗位和创造新的就业机会做好准备

有关部门要加紧制定重振计划，为疫情过后迅速恢复原有就业岗位和创造新的就业机会做好准备工作。一是做好就业发展计划。根据旅游业、餐饮业、商业、社会服务业等行业的重振规划，做好人力资源开发和配置工作；研究分析今后一个时期市场需求较旺盛的行业、职业，向社会及时公报。二是做好重点群体的就业指导和服务。精准对接用人单位需求，启动大中专职业学校相关专业毕业生配送和实习计划；在确保安全、按需有序的原则下，组织好农村劳动力进城务工；鼓励民营企业更多吸纳下岗失业人员和高校毕业生。三是积极开发新的就业岗位。根据社会生活恢复正常和企业生产经营复苏发展的需要，大力实施再就业扶持政策，积极发展第三产业特别是劳动密集型产业，千方百计为下岗失业人员再就业创造更多的岗位和机会。

新冠肺炎疫情对湖南省社会发展的
影响及对策建议*

湖南省人民政府发展研究中心调研组**

2020年1月中下旬以来，新冠肺炎疫情迅速蔓延，对湖南省民生、就业、医疗卫生、教育、社会治理等社会各领域产生了不同程度的影响，也对全年实现全面建成小康社会和全面打赢脱贫攻坚战目标带来挑战。此次疫情是对湖南省治理体系和治理能力的一次大考，一季度是防疫情、稳人心、提信心的关键时期。疫情影响下，湖南省社会发展最重要的工作是密切关注疫情和社会动态，紧扣疫情带来的冲击挑战和社会治理关键环节，重点解决社会民生发展中的突出问题，着力完善治理体系、提升治理能力，推进各项社会事业全面发展。

一 当前疫情对湖南社会发展带来的挑战

1. 民生保障压力增大

一是直接影响收入增长。疫情将较大范围地影响居民收入，特别是农民工等大量灵活就业人员和弹性薪酬制员工的收入；疫情也将影响企业收入，经营或财务杠杆较高的企业、线下服务业及融资渠道有限的中小企业等将面临较大现金流压力。收入问题关系到全面小康目标的实现，特别需要谨防无数个市场主体遭遇的暂时困难汇聚在一起，可能引发"共振"效应，将原本很小的局

* 本报告获得湖南省委常委、省政府常务副省长谢建辉，时任湖南省政协副主席袁新华的肯定性批示。

** 调研组组长：谈文胜，湖南省人民政府发展研究中心党组书记、主任；调研组副组长：唐宇文，湖南省人民政府发展研究中心副主任、研究员；调研组成员：彭蔓玲、文必正、王灵芝、彭丽、黄晶，湖南省人民政府发展研究中心研究人员。

部风险放大。二是民生实事任务繁重。从具体民生实事来看，城镇老旧小区、农村公路、农村自来水、农村电网、农村厕所、特困人员集中供养机构等相关问题仍需加大力度解决，农村低保户、残疾人等特定群体也待更高水平的救助。全面小康建设需加大兜底保障和经费投入，19.9 万未脱贫对象主要为贫困老年人、残疾人和重病户，基本上整户无劳动能力。脱贫成果巩固任务较重，全省"两摸底一核准"共摸排出边缘户 4.6 万户、标识脱贫监测对象 2.68 万户，这两类人员有可能返贫或新致贫。"三保障"和饮水安全问题具有一定的隐蔽性、反复性，产业扶贫和就业扶贫也有待加强，易地扶贫搬迁后续扶持还需持续发力。

2. 就业形势较为严峻

一是短期内失业率上升难以避免。为有效遏制新冠肺炎疫情蔓延，湖南省于 2020 年 1 月 23 日启动了重大突发公共卫生事件一级响应。全社会普遍停工、停业、停课，假期延长，多数工厂复工延迟，原定的多场现场招聘会也全部取消，短期内就业冲击较为明显。从行业来看，批发零售、住宿餐饮、交通运输、文化旅游、教育培训、电影等服务性行业就业影响最大，短期内岗位减少、失业风险上升。二是企业招工难与劳动者就业难问题并存。一方面，企业"招工难"呈常态化发展趋势，技能型、高层次人才更为稀缺。另一方面，内部经济下行、中美贸易摩擦、产业升级、"机器换人"等因素导致用工需求减少和对职业技能的要求提高，短期内增加了技术性失业风险和技能结构矛盾。2019 年年末，全省高校毕业生离校未就业的仍有 11 万人。此外，疫情还可能带来农民工大规模返乡回流，增加湖南省就业压力。

3. 医疗卫生短板凸显

一是应对重大卫生公共事件资源不足。这次疫情暴露出我国医疗资源在分配、调度、协同、共享上的不足，同时疫区中心武汉市出现病毒传染性的认定、疫情公布的延迟、封城"窗口期"和人流外溢、疫情暴发后医护资源及后勤保障等一系列问题，虽与湖南省无直接关系，但也值得湖南省自省和警惕。疫情也让湖南省医护人员及防疫物资长期短缺等问题凸显。湖南已抽调近 500 名呼吸、重症、感染科医护人员支援武汉和黄冈，紧接着对口支援黄冈市还将继续派员增援，各大医院发热门诊抽调内科医护人员支援轮转，省内医务人员和医疗资源相对紧张的局面将更加凸显。二是医疗卫生发展不平衡不充分问题仍然突出。如贫困地区和基层的优质医疗资源比较欠缺，乡镇卫生院和村卫生室医务人员和经费均不足；基层卫生人才短缺、服务能力不足的现象仍然突出，基层医疗卫生人员学历、职称、技术水平偏低，全科医生岗位缺乏吸引力；基层医疗资源利用不足，基层诊疗量占比徘徊在20%左右；公立医院改革配套政策尚不完善，缺乏稳定的财政经费保障，一些公立医院公益性淡化，一定程度增加了患者负担。

4. 教育供需矛盾突出

一是突发疫情对教育系统冲击明显。各学校2020年春季学期统一延迟开学，所有培训机构暂停线下授课，正常教学秩序被打乱。为落实停课不停学的要求，线上教育需求高，教学模式面临新挑战，老师、学生、家长都有一个适应过程。二是优质教育资源不足且配置不均。湖南省内"互联网＋"教育在基础条件、教师授课能力等方面，城乡差距较大，疫情或将进一步拉大区域差距。如长沙市中小学正全面开展线上课程，省内很多农村地区尚不具备相关条件。三是学前教育公共资源供给不足。学前教育是湖南省教育短板，供需矛盾明显，主要表现在公办幼儿园占比低，普惠性资源覆盖面不够，优质幼儿园数量不足等。

5. 社会治理面临严峻挑战

一是疫情防控任务艰巨。新冠肺炎疫情具有突发性、高风险和快蔓延特点，其防控难度远超此前历次公共卫生事件，抗击疫情工作涉及医疗卫生、信息发布、疫情应对、抗疫物资供应、后勤保障、社会物品供应、社会稳定以及疫后发展等方方面面，尤其是在舆情管控中，还暴露出湖南省信息公开滞后、信息化水平不高、运用大数据应对疫情手段不足、疫情处置现代化能力不高等问题。随着2020年春节后大范围复工，人群大量流动、聚集，疫情防控形势将更加严峻复杂。二是社会舆情维稳承压。湖南省公共服务发展不平衡不充分问题依然突出，安全生产隐患多、风险高的状况依然存在，社会矛盾隐患不少。再加上突如其来的疫情冲击，多地出现消毒用品、口罩等防疫物资，以及新鲜蔬果等生活物资短缺现象，部分民众陷入流言传播、消极抢购、逃离疫区等"求生式恐慌"，安抚和引导社会情绪、维护社会大局稳定任务十分艰巨。

二 对策建议

1. 加强民生保障，确保全面小康目标实现

一是重点关注受疫情影响暂时失去收入来源的个人和小微企业，有针对性地采取切实有效的帮扶措施。强化对弱势群体的扶助，保证下岗失业人员基本生活，对受冲击严重的困难群体实施紧急救助。对待岗期间个人企业应当按照当地最低工资标准的适当比例（参照外省的70%～80%）支付基本生活费。二是保障民生底线，加强疫情防控条件下的人民群众生活保障工作。强力保障隔离群众生产生活物资供应，落实和完善政府临时储备制度，最大限度把各类生活必需品保障好。加强食品、药品等市场监管工作，密切监测疫情防控物资市场价格，引导经营部门和企业合理确定销售价格，严厉打击哄抬物价、囤积居奇等违法行为，切实解决好群众所需所盼的"口罩难"等民生问题。三是强化对特殊类型地区和农村落后地区的民生保障。建立省级统筹协调机制，加大对贫困地区、革命老区、民族地区、边境地区、老工业地区、资源型地区、生态退化地区等特殊类型地区的基本公共服务财政投入和公共资源配置力度。着力破解城乡二元结构，加快义务教育、公共卫生等制度城乡一体设计、一体实施。

2. 坚持"稳"字当头，积极调整就业政策

一是积极应对疫情带来的就业挑战。加强就业形势监测分析，密切关注全省农民工、应届毕业生等重点群体就业状况和省内外用工需求，充分发挥人力资源市场网络平台作用，及时发布就业信息、企业开复工信息，开展网上招聘。建立返乡务工人员滞留省内就业应对机制，促进与用工企业精准对接。有针对性地实施应对失业的紧急政策措施，指导和帮助受冲击较大的行业和地区制定重振计划。针对疫情稳定后可能产生的就业需求反弹，通过小班、线上等灵活多样的方式做好事先的培训工作。二是积极开发就业岗位。抓紧谋划和推进一批重大项目，加快湘南湘西承接产业转移示范区建设，扶持鼓励灵活就业、新就业形态，创造更多就业岗位、带动更多就业。尤其是在疫情缓解后，要根据社会生活恢复正常和企业生产经营复苏发展的需要，大力实施再就业扶持政策，积极发展第三产业特别是劳动密集型产业，千方百计为下岗失业人员再就业创造更多的岗位和机会。

3. 以疫情防控阻击战为契机，加快补齐医疗卫生体系短板

一是提升医疗卫生专业人才供给的数量和质量，增加优质医疗服务供给。加强落实"人才强卫"行动计划，增大高水平医学类院校的招生规模，重点强化推行住院医师规范化培训。"住培工程"有利于培训临床高层次医师，提高医疗质量，要加大培养规模，完善相关制度设计，加大培养单位和学员的财政补贴力度，确保全省所有新进医疗岗位的本科及以上学历临床医师均接受住院医师规范化培训。二是扩大医疗及公共卫生事业基础设施投资。进一步优化完善疾病防控及医疗卫生体系治理结构，推进公共医疗卫生治理能力现代化。增加政府投入，放开市场准入，鼓励更多的民间资金投入医疗领域，满足人们日益增长的医疗保健需求。各大中型城市应规划建设合理数量的分级、分标准的公共卫生防疫医院，使其成为湖南省应急战略性基础设施的一部分。平常时期作为他用，一旦有大规模传染病疫情暴发，确保能在很短时期内用于防疫治疗。三是切实做好分级诊疗。重点推动"四个分开"，即以学科建设为抓手，做到区域分开；以县级医院为抓手，解决城乡分开；以病种为抓手，解决上下分开；以支付方式改革为抓手，解决急慢分开。四是进一步发挥"互联网＋远程医疗"的作用。拓宽远程会诊应急服务平台的服务对象，面向广大老百姓开展互联网诊疗服务；拓宽省远程医疗平台参与服务主体的范围，广泛招募志愿者，面向社会公众开展新冠肺炎防治等线上答疑。五是深入推进医养结合发展。鼓励发展多种形式的养老服务和老年护理机构，加快探索适合省情的老龄人口服务体系。

4. 切实抓好安全有序复课，促进教育稳步发展

一是做到停课不停学，消除延期开学对学业的不利影响。疫情期间，应统筹整合线上教育资源，合理组织学校开展线上教学，加强教师线上教学的培训与指导，全面推进学校家庭合作共育，为特殊困难群体提供电视教学服务，保障乡村教学。保障正常教学秩序，强化校园卫生安全管理。加强师生信息及校园疫情防控管理，狠抓校园公共卫生环境，合理规划返校安排，确保校园卫生安全。二是大力推动教育信息化建设，促进教育均衡发展。抓住教育信息化2.0建设机遇，转变城乡教学模式，加强乡村"互联网＋"教育基础设施建设，充分利用互联网将优质教学资源输送至欠发达地区，缩小疫情拉大的城乡教学差距。同时，加强乡村小规模学校和乡镇寄宿制学校建设，完善城校带村

校机制，总结泸溪教育改革经验，探索复制及推广的方式，全面提高乡村教育质量，解决返乡农民工子女就学问题。三是发展学前教育，加大公共资源供给。创新学前教育普惠健康发展的体制机制，增加公办幼儿园学位 25 万个，持续推进公办幼儿园建设和城镇配套园治理，引导民办幼儿园高质量办学。

5. 攻克深度贫困堡垒，确保如期实现全面脱贫

一是坚持精准扶贫方略，加大深度贫困人员帮扶力度。对无劳动能力的贫困人口及受新冠肺炎疫情影响较大的贫困地区，强化民生兜底保障，完善大病救助和医疗保险制度，提高社会救助特别是低保和特困人员救助供养标准。深化产业扶贫，推进就业扶贫，开展消费扶贫，坚持扶志扶智，激活贫困人群内生动力，全面解决"三保障"和饮水安全问题。二是全面巩固拓展脱贫成果。加强对已脱贫户的分类管理，建立健全防止返贫监测和帮扶机制，充分发挥城乡社区的社会治理职能，做好致贫问题的主动发现和预防，落实临时救助，协助解决好返贫和边缘人群陷入贫困的问题。做好易地扶贫搬迁后续扶持工作，强化综合性保障措施。探索解决相对贫困的长效机制，实现脱贫攻坚与乡村振兴战略有效衔接。三是落实好中央一号文件精神，补齐"三农"短板。抓好"三农"领域重点工作，加大农村公共基础建设力度，提高农村公共服务水平，加强农村基层治理，稳定粮食生产，加快恢复生猪生产，加快现代农业设施建设，稳定农民就业、促进农民持续增收。

6. 提高应急调控能力，促进社会和谐稳定

一是全力确保疫情防控期间社会大局稳定。坚持把人民群众生命安全和身体健康放在第一位，把疫情防控工作作为 2020 年一季度最重要的任务，加强卫生健康、交通运输、公安政法等部门的联防联控，做好疫情监测、排查、预警等工作，全面落实高等级防控勤务，加强定点医疗机构和人员密集场所安保工作，依法打击扰乱秩序等违法犯罪行为，做好涉疫情矛盾纠纷排查化解工作，维护社会安全稳定。二是提高应急管理水平。全面加强应急能力建设，建立健全应急管理体制机制。严防严控食品药品安全风险，有效防范和遏制较大以上安全事故，尤其是要做好新冠肺炎疫情应急预警、应急决策与处置、信息发布、信息报送、舆情处置、社会动员、善后评估和技术支撑等工作。总结汲取此次疫情中包括武汉封城在内的各种社会动员经验教训，完善湖南省处置和应对其他危机的预案。三是加强社会治理信息化建设。构建全省信息资源共享

体系，更好地利用信息化手段感知社会态势，收集民情民意，畅通沟通渠道，助推科学决策。运用大数据、电子政务和"互联网＋"等现代信息化技术手段提高公共服务水平，特别是在疫情防控特殊时期，构建并扩大"网上办公""网上办事"的网络阵地，利用现代化手段为疫情防范、预警、决策提供信息支撑，借用信息化力量打赢防控疫情攻坚战。

新冠肺炎疫情对湖南省居民生活和工作影响的调研分析及对策*

湖南省人民政府发展研究中心调研组**

新冠肺炎疫情是影响湖南省经济社会最为重要的事件，对此省委省政府出台了一系列有力举措，取得了积极成效。为进一步了解疫情对居民生活和工作的影响，湖南省人民政府发展研究中心调研组通过湖南省政府门户网站及微信等渠道开展问卷调查，从2020年2月4日到2月7日共收到有效问卷2931份，范围覆盖全省14个市州。形成的相关结论及建议如下。

一 精准把握新冠肺炎疫情对湖南省居民的影响

调查显示，被调查居民认为疫情对其生活和工作造成较大影响的占比48.97%，认为影响非常大的占比25.7%。

1. 居民外出消费与活动频次下降幅度高达90%以上，线下线上消费均受到较大影响

为应对疫情，大部分人都减少外出活动次数。居民旅游、探亲访友、市场购物、娱乐、饭店就餐都有较大程度的降低。问卷调查显示，从在外就餐次数来看，再也没去过的占比达到97.86%；从去市场购物次数来看，再也没去过的占比53.1%，减少的占比45.25%；从旅游计划执行来看，全部取消的占比98.23%；从乘坐公共交通情况来看，最近没有乘坐过公共交通的占比

---

* 本报告获得湖南省政协主席李微微，湖南省委常委、省政府常务副省长谢建辉，时任湖南省政协副主席袁新华的肯定性批示。

** 调研组组长：谈文胜，湖南省人民政府发展研究中心党组书记、主任；调研组副组长：唐宇文，湖南省人民政府发展研究中心副主任、研究员；调研组成员：左宏、李迪、闫仲勇，湖南省人民政府发展研究中心研究人员。

94.94%，还是会乘坐但是减少乘坐的占比4.69%。居民的正常需求消费活动受疫情影响都被迫大幅度减少或中断。值得关注的是，线下消费的降低并没有带来线上消费的显著增加。调研显示，疫情期间线上购物没有增加的占37.03%，下降的占31.56%，总体占比达到近70%。这一结果说明，此次疫情对消费的影响是包括线上线下在内的全面影响。

2. 居民生活困难主要为缺乏防疫物资、交通不便等，同时不可忽视特殊群体的特殊困难

疫情对居民生活方面造成的困难依次为：缺乏口罩等防疫物资（76.21%）、脱离人群的不适感（50.42%）、交通不便（48.58%）、服务机构关停导致无法正常采购和消费（37.69%）。同时，值得关注的是：有24.96%的被调查居民选择了基本生活物资难以保障，15.41%的居民选择了就医困难，耽误治疗和体检。此外，在开放式问题中，还有居民面临其他各种困难，反映较多的包括：担忧小孩就学难、特殊群体如孕产妇的生活困难、长期居家封闭带来的心理压抑、小区封闭管理导致快递难以签收等问题。

3. 七成左右居民认为工作和收入受较大影响，复工后的业务开展困难仍很多

根据问卷调查，疫情已经对大多数的居民就业和收入造成较大影响。对工作的影响调查显示，46.42%的居民认为疫情对自己的工作形成较大影响，25.2%的居民认为形成很大影响。对收入影响的调查显示，45.25%的居民收入有大幅下降，19.91%的居民收入略有下降。反映困难主要体现在：一是有些门店、企业关停带来收入下降和失业。二是居民的工作业务难以开展，例如无法出差和调研。三是部分居民还反映自己是接触性从业人员，比如银行工作人员、医生都担心自己有被感染的风险。

4. 湖南省居民对政府举措满意度很高、很有信心，但希望出台更多有力措施

从对政府的防疫措施满意度调查来看，39.5%的居民认为当地政府对疫情的管控非常得力，44.18%的居民认为比较得力，两项相加达到83%以上。在对政府战胜新冠肺炎疫情是否有信心方面，90.6%的选择有，8.59%的不确定，仅有0.81%的选择没有。湖南省稳物价成效较好，同时也要关注部分地区可能存在的物价过快上涨情况。在所在地区物价（菜篮子产品价格）感受

一项的调查显示，51.8%的居民认为物价略微上涨，5.68%的认为没有变化，合计占比57.48%；只有19%的认为物价有较大幅度上涨。在希望政府出台更多举措方面主要有：配发口罩等防疫物资（88.91%），定期对小区消毒（85.78%），公开发布相关信息（疫情信息66.9%、确诊病人轨迹65.7%），进一步延迟开学开工时间（60%），社区统一采购物资（58%），提供网上办公条件（49.3%），加强基层卫生基础设施建设（43.3%），提供房租水电费等基本生活补贴（43.1%），等等。

二　需要重点把握四个"两手抓"

基于调查问卷，调研组认为要重点把握四个"两手抓"。

1. 严防死守疫情的同时要抓居民生产与增收

问卷调查显示，疫情已对大多数的居民就业和收入造成较大影响，67%的居民工作受到了影响，60%的居民收入下降。其中，特别要关注第三产业从业人员和农民工。湖南省2018年末第三产业就业总人数为1439.76万人，占总就业人数的38.5%，其中，餐饮和住宿从业人员为171.57万人，零售业372.07万人。这部分人受到疫情的冲击最大，如果疫情持续控制不住，将出现失业潮。此外，湖南省是劳务输出大省，2019年外出务工人员有771.2万人，受疫情影响，有些地区如无锡就对来自湖南的务工人员进行劝返。这可能带来大量失业或者隐形失业。疫情对当前经济增长的影响，最终也将从企业传导到居民收入方面。以"非典"为例，受疫情影响，全中国居民储蓄存款一季度增加7642亿元，而二季度仅增加3047亿元。

2. 解决普遍困难的同时要关注特殊群体的特殊困难

要积极解决普通居民防疫物资保障、交通不便等日常困难，特别是在防疫物资方面，既要加快生产端的供给，又要在分配端的公平上做文章。同时，要对低收入群体、就医群体、就学群体、孕产妇群体和心理问题群体高度关注、精准帮扶。特别是通过分类施策、精准施策的方式解决具体困难。

3. 解决实际问题的同时要高度重视疫情心理干预

灾难性事件会导致人们出现许多心理上的问题，如恐慌、焦虑、脆弱、头痛、疲劳、盲目性从众等。有资料表明，美国 9.8% 的人在"9·11"袭击事件后的 5~8 周内，出现了紧张、焦虑和抑郁的心理状态。问卷显示，85% 的被调查居民都出现了焦虑和紧张情绪。居民的负面情绪如果不能得到释放，很容形成应激性心理，情绪失控，盲目性从众，形成群体性事件。比如武汉的"红十字会事件"等在网络上形成了舆论洪潮。因此，政府在防控疫情的同时也要重视居民的心理建设。

4. 在发挥政府主导作用的同时要发挥社群组织功能

问卷显示，被调查居民很多表示愿意为抗疫做出力所能及的贡献（38.46%），甚至到抗疫一线工作（27.59%）。而关于"您为抗击疫情做了什么"的问题，很多居民都反映很想为疫情抗击做点事情，但是缺乏渠道。实际上，基层政府和社区物业人员抗疫任务繁重，往往人手不足，短时间内很难把大量的工作做到毫无遗漏。社群组织方面还有欠缺，还需要进一步探索调动群众参与普及知识、募集资金、为患者和医疗人员家属提供服务等工作。

三　对策建议

要落实习近平总书记指示要求，按照湖南省委省政府的总体部署，进一步降低疫情对居民生活生产的影响，打赢下一阶段的疫情防控阻击战。

1. 稳定居民工作收入以"安"民

一是帮助中小微企业渡过难关。尽快出台《应对新型冠状病毒肺炎疫情缓解中小企业生产经营困难的政策措施》，减免中小企业税费，借鉴北京经验，如果中小微企业所承租的经营用房属于国有企业房产，对坚持营业，不裁员或者少裁员的企业可免收房租。二是在严格控制疫情的同时有序恢复经济生产。政府应努力做好复工前期准备工作。在疫情防控的同时针对湖南省不同区域不同行业的实际情况，按照中央"有序复工复产，逐步恢复正常运转"的指示（按照首先恢复困难企业资金流、其次恢复交通物流、再次恢复人流的顺序）做好复工工作。三是缓解疫情对居民群体收入的影响。针对受疫情影响的特殊困难群体和低收入群体发放不同类型的消费券。如购物消费券、教育培训消费券、信息消费券。倡导在企业、大众劳工关系中签订集体合同，用集体合同减弱新冠肺炎疫情对劳动关系的影响。

2. 减轻疫情对居民的影响以"利"民

一是尽快加大口罩等防疫物资的供应。围绕"挖潜扩产一批、合作提质一批、采购畅渠一批、捐助接受一批"做好口罩的供应。尽快出台限制家庭出行的政策，借鉴杭州的做法出台限制措施，在疫情控制期，倡导一户家庭一周出去 3 次，每次一个人。允许口罩等防疫物资适当涨价。二是做好生活物资供应的保障。政府将前期滞销的粮、油、肉、蛋、蔬菜等可供应生活物资情况和城区生活物资主要销售业户情况在政府网站予以公告，引导市场根据需求情况开展产销对接工作。三是针对特殊群体建立全面摸底和热线驰援机制。针对低收人群体、就医群体、孕产妇群体、就学群体等特殊群体针对性采取政策帮扶。以社区为单位全面摸底区域内的特殊群体情况，并开通居民热线，精准帮扶。四是倡导网上办公、办理缴费等业务。政府进一步倡导网上办公、远程办公。引导银行、水、电、燃气等实行网上业务办理和缴费。加大电子政务办理力度，让居民不出门就能办理业务。

3. 建设社会心理机制以"暖"民

一是加大公共卫生保障力度，增强居民安全感。政府加强宣传，坚定抗击疫情信心。对公共交通、公共场所定期消毒。对与居民息息相关的蔬菜和肉等食物供应增加消毒环节认证，增强居民安全感。二是加强政府信息公开，增强居民信任感。政府要及时公布确诊人数和确诊病人的活动轨迹，提高信息发布频次。政府应充分调动自己的资源和能力，把握时机、利用新媒体渠道发布消息，提高声誉与公信力。比如在微博社区中，政府可以主动发起微博话题或对于网络上出现的谣言和问题，及时回应。三是做好开通心理咨询热线等服务工作，消除焦虑感。给在一线抗击疫情的特殊人群提供及时的心理辅导和治疗。政府引导湖南居民对湖北来湘的人员不歧视、不排挤。建立和畅通心理援助渠道，鼓励群众接受心理辅导。还可通过各种文艺活动、群体仪式来纾解社会紧张心理。

4. 壮大社会组织力量以"助"民

一是积极动员社区物业力量。鼓励社区物业统一采购医疗物资和生活物资，为居民提供送菜、送货上门服务。加强社区的消毒防范工作，可以考虑在疫情期间对物业公司给予0.5 元/平方米·月的防疫补贴。二是组建湖湘抗击疫情基层志愿者队伍。动员具有各种专业背景的志愿者参与社会救助，志愿者可以在经过专业辅导后，参与到社区排查疑似病例和照顾隔离人员的支持性活动中来。志愿者帮助宣传防疫知识，把戴口罩、消毒、如何照顾疑似病人和隔离人员的知识张贴在每个楼房单元的门上，做好基础性防控工作。三是引导和壮大慈善组织。利用和抓住疫情契机，由政府提供场地，引导建立公益和慈善组织，加大对公益慈善组织好人好事的宣传力度。

他山之石：疫情防控时期中央部委和外地企业帮扶政策梳理及思考[*]

湖南省人民政府发展研究中心[**]

2020 年 2 月，新冠肺炎疫情突袭之下，部分企业生产经营面临较大冲击和影响，为切实保障疫情防控，促进企业恢复正常经营秩序，中央和外省市相继出台一系列企业减负政策措施。本文在梳理帮扶政策措施的基础上，结合湖南省情况，从理性分析政策、用好既定政策、精准补足政策、抓实落地政策等方面提出思考建议。

一　疫情防控期企业帮扶政策梳理

国家和各省市出台的帮扶政策，主要涉及金融支持、稳岗就业、减税降费、技改和转型升级、政务服务等方面，具有较强的针对性和可操作性。

1. 金融支持

一是加大信贷支持力度。中国人民银行、财政部等提出，对疫情防控相关领域给予信贷支持，全力满足此类企业的技术改造、科研攻关等方面的合理融资需求。对受疫情影响较大的地区、行业和企业提供差异化优惠的金融服务，通过展期、续贷、增加信用贷款和中长期贷款等方式，支持企业战胜疫情灾害影响。二是降低融资成本。下调资金困难的中小微企业贷款利率，给予贷款贴息、债权、融资租赁费用补贴等，取消反担保要求，降低担保和再担保费。三

---

　*　本报告获得湖南省政协主席李微微,时任湖南省政协副主席袁新华的肯定性批示。

　**　调研组组长：谈文胜,湖南省人民政府发展研究中心党组书记、主任；调研组副组长：唐宇文,湖南省人民政府发展研究中心副主任、研究员；调研组成员：袁建四、屈莉萍 、王颖,湖南省人民政府发展研究中心研究人员。

是提高金融服务效率。财政部、北京等地市提出,建立、启动快速审批通道,加强金融服务快速响应机制和网络建设。

2. 稳岗措施

一是采用失业保险稳岗的措施。人社部、教育部等提出,加大失业保险稳岗返还力度,适当放宽标准。北京市政府提出,对受疫情影响较大,面临暂时性生产经营困难且恢复有望、坚持不裁员或少裁员的参保企业,可按 6 个月的上年度本市月人均失业保险金标准和参保职工人数,返还失业保险费。上海市对 2020 年继续不裁员、少减员、符合条件的用人单位返还单位及其职工上年度实际缴纳失业保险费总额的 50%。二是利用专项资金和奖补措施稳岗。人社部提出,统筹使用工业企业结构调整专项奖补资金,用于支持符合条件的受疫情影响企业稳定岗位、保障基本生活等支出;加大创业载体奖补力度,支持创业孵化园区、示范基地降低或减免创业者场地租金等费用。三是延长社会保险缴费期。苏州市对受疫情影响,面临暂时性生产经营困难,确实无力足额缴纳社会保险费的中小企业,许其缓缴养老保险、失业保险和工伤保险费,缓缴期最长 6 个月。

3. 减税降费

一是降低用电用气等成本。浙江省提出,降低小微企业用电、用气、物流等成本,工业用电价格根据国家政策及时调整,工业用水价格、用天然气价格均下调 10%,期限为 3 个月。四川省对参与生活物资保供的商贸流通和防疫药品、医疗设备、物资器材等疫情防控相关生产的中小企业,由企业注册所在地政府按销售目录电价的 30% 给予电费补贴,省财政按地方政府实际补贴额的 50% 给予补助。二是停征减免部分行政事业性收费。北京对疫情期间受影响较大的中小微企业,停征特种设备检验费、污水处理费、占道费。浙江省降低检验检疫费用,对由疫情原因增加的商品检测项目,按照实际成本收取费用,减轻外贸小微企业负担。三是降低房屋租金。河北省对承租国有资产类经营用房的餐饮住宿百货业中小企业免收 1 个月房租,免半收取 2 个月房租。鼓励大型商务楼宇、商场、市场运营方适度减免疫情期间租金。广东省对在疫情期间为承租的中小企业减免租金的国家级、省级创业孵化基地,给予不低于 3 个月的运营补贴,补贴标准为减免租金总额的 30%。四是减免税收和延缓缴税时间。财政部、国家税务局对疫情防控重点保障物资生产企业新购置设备的，允许其在企业所得税税前扣除。对纳税人运输疫情防控重点保障物资取得的收入，免征增值税。受疫情影响较大的困难行业企业 2020 年度发生的亏损，最长结转年限由 5 年延长至 8 年。对纳税人提供公共交通运输服务、生活服务，以及为居民提供必需生活物资快递收派服务取得的收入，免征增值税。延长 2 月份纳税申报期限至 2020 年 2 月 24 日，对申报仍有困难的纳税人可申请进一步延期。重庆对受疫情影响，缴纳房产税和城镇土地使用税确有困难的中小企业，给予不少于 2 个月的应纳税款减免。适用"定期定额"征收的个体工商户生产经营受到影响的，调整定额或简化停业手续。五是暂退部分旅游服务质量保证金。文化和旅游部发布通知提出，暂退范围为全国所有已依法交纳保证金、领取旅行社业务经营许可证的旅行社，暂退标准为现有交纳数额的 80%。

4. 鼓励技改和转型升级

一是发挥技改基金作用。福建省降低技改基金申请门槛，扩大支持范围，积极支持受疫情影响的工业企业进行技术改造融资。南宁市提出降低技改项目申报门槛、加大科技支持力度。二是鼓励企业改造升级。江西省支持传统商贸主体电商化、数字化改造升级，积极培育网络诊疗、在线教育等新兴消费业态和消费热点，大力实施"互联网＋"农产品出村进城工程。河北省支持电子商务、重点工业行业、生物经济等产业，发展壮大数字经济，鼓励钢铁、装备、建材行业转型升级、提质增效。

5. 进一步优化政府服务

一是组织协调企业诉求。商务部指导纺织、轻工、五矿、食土、机电、医保等六家商会，全力做好出具不可抗力证明、法律咨询、参展协调、供需对接等相关服务。济南、青岛等市提出建立帮扶机制和行业专项政策支持机制，建立专班推进机制，协调解决企业生产经营的困难问题。通过政府购买法律服务等方式，为中小微企业提供无偿法律援助，解决企业用工、商业合作等法律风险和纠纷。江西省设立进出口商品绿色通道，确保进出口商品快速通关。鼓励中国信保江西分公司为因疫情遇到困难的出口企业提供风险保障、保单融资等服务。二是提升政务服务效率。河北省对生产疫情防控所需物资的新上投资建设项目开辟一站式全链条并联审批、限时办结的"绿色通道"。江西省充分发挥全省投资项目在线审批监管平台作用，全面推广网上收件、网上审批和网上出件。广东省对疫情防控、能源供应、交通物流、医疗资源、生态环境等在建和新建项目，优先保障用地用林等资源指标。依托"粤商通"平台，及时发布疫情防控期间惠企政策措施。三是以数字化手段精准监测企业员工健康。杭州市建立全市统一的"企业员工健康码"数字平台，对返岗返工的企业员工实现健康在线监测和服务，一人一码，精准服务。

6. 加大政府采购中小微企业产品服务支持力度

北京市预算单位在满足机构自身运转和提供公共服务基本需求的前提下，加大对中小微企业的倾斜力度，进一步提高面向中小微企业采购的金额和比例。依托本市中小企业公共服务平台发放中小微企业服务券，受疫情影响严重的企业采购远程办公、视频会议、法律咨询、在线检测、网络销售等指定服务产品的，对每家企业给予不超过合同额 50% 的补贴，最高额度不超过20 万元。

二　几点思考

在认真梳理各地各部门帮扶政策措施的基础上，应结合湖南省具体情况，细分行业损失类别，用好既定政策，精准补足帮扶施策，抓实帮扶政策的落地。

1. 细分行业损失类别

一是统计疫情下企业损失情况。针对中央和全国各地出台的政策措施，认真梳理，理性分析。仔细研判湖南省企业损失情况，全面掌握疫情下行业影响面。二是细分疫情影响的行业及企业类别。根据疫情期行业企业损失程度和远期预计，通过建立综合指标指数，细分短期和长期影响等级，为实施精准帮扶做好基础工作。

2. 用好既定政策措施

一是做好疫情前促进企业发展政策的落实工作。继续落实好促进企业发展的既定政策，结合当前疫情防控工作，确定文化旅游、医用生产等重点扶持行业企业，政府相关部门要辅导落实相关优惠政策。二是督促湖南省各部门落实好中央部委近期出台的帮扶政策，细化措施。2020 年 2 月，国家各主要部门和湖南省部分部门出台了帮扶政策，为提高政策的可操作性，建议整理成具体的帮扶细则和措施，指导各地市参照执行。

3. 精准补足帮扶政策措施

依照湖南省各行业、企业损失的不同程度，在用好既定政策措施方面，积极制定精准帮扶政策。一是精准施策，制定"急"策。深入了解不同行业损失的具体情况，参考各省市帮扶政策措施，根据湖南省企业急需解决的资金贷款、交通物流等普遍问题，农业物资滞销、种苗采购等特殊困难，精准对标，加快出台针对不同行业、不同规模企业的帮扶政策措施。二是特定施策，开展点对点帮扶。针对特殊行业、重点企业，成立帮扶服务组，加强政企无缝衔接，切实了解他们生产经营中存在的难点和问题，实行点对点帮扶，帮助企业尽快走出疫情冲击带来的困境。

4. 抓实帮扶政策的落地

一是加强湖南省各地市对疫情防控时期政策的落实，建议各地市将各种帮扶政策，进一步细化成针对性和可操作性强的制度措施，制订帮扶政策"口袋本"，发放至中小企业。运用大数据手段监测政策落地，加强跟踪问效，促进疫情下企业及时有效获得帮扶。二是加强重大突发事件政策成效评估，将化解危机、快速反应机制及恢复稳定的经济社会秩序等宏观和微观目标的实现等作为评估政策成效的重要评估指标。

取暖越冬　化危为机

——疫情冲击下湖南省餐饮行业恢复与转型对策研究[*]

湖南省人民政府发展研究中心[**]

餐饮作为服务业的重要组成部分在经济高质量发展中的地位越来越重要。据中国烹饪协会估算，新冠肺炎疫情对全国餐饮行业造成的直接经济损失将近万亿元，疫情对湖南省餐饮行业也造成了巨大冲击。冲击之下，要想把影响降至最低，亟待解决两个问题：一是如何抱团取暖度过漫漫寒冬？二是如何转危为机实现行业蝶变？本文对上述问题进行了探讨。

一　湖南省餐饮行业受疫情冲击巨大

新冠肺炎疫情对湖南省餐饮行业的影响，除了巨大的财务冲击和信心冲击外，还暴露了长期的结构性问题。要避免倒闭潮，必须借危机倒逼行业升级，促进行业健康可持续发展。

（一）总体形势

随着经济结构优化和消费升级的不断推进，多年来湖南省餐饮行业增速一直高于 GDP 增速，餐饮行业对国民经济的影响越来越大。长时间的高速发展掩盖了行业管理不规范、供应链不成熟等结构性问题。

总体来看，主要不利影响有四：一是总量较大，受冲击亦大。2018 年，

---

[*]　本报告获得湖南省政府副省长何报翔的肯定性批示。

[**]　调研组组长：谈文胜，湖南省人民政府发展研究中心党组书记、主任；调研组副组长：唐宇文，湖南省人民政府发展研究中心副主任、研究员；调研组成员：禹向群、李银霞、言彦，湖南省人民政府发展研究中心研究人员。

全省餐饮收入1921.6亿元，同比增长10.7%，总量全国排名第八，与GDP排名相匹配。二是规模普遍偏小，抵御风险能力不强。餐饮行业涉及小微企业较多，经营主体以个体户为主，限额以上营业额仅占行业收入的13%，低于批发零售业整体（限额以上占比33%）以及工业（规模以上占比70%以上）。行业个体经营户的户数和从业人数占所有个体户的比重分别为11.1%、14%，在所有行业中分别排名第三、第二，抵御风险能力不强。三是法人资产少，融资难度大。全省餐饮业企业法人总资产为251.32亿元，户均资产仅330万元，可抵押资产少，得到贷款和政策支持性资金的难度大。个体经营户资产更少，融资难度更大。四是从业人数多，涉及民生社会稳定。餐饮行业带动就业人口较多，疫情持续很容易引发商户及相关从业人员利益受损，家庭收入大幅减少，直接影响全面小康的实现。

（二）三大困难

受疫情影响，湖南省餐饮业主要面临以下三大困难。

1. 现金流周转困难

现金流枯竭是疫情影响下湖南省餐饮行业面临的普遍困难，也是最大危机。主要有以下三个原因。

①营业收入骤降。餐饮行业主要是场景式消费，疫情发生以后，人们处于居家隔离状态，线下人流近乎停滞，占全年营收15.5%的春节黄金周营收就此打了水漂。湖南省餐饮协会调研显示，参与调查的企业中，71.43%的企业退出了春节市场竞争，年夜饭退订率达70%以上，企业营收艰难。出于疫情防控需要，多地接连出台暂停餐饮企业营业的紧急通知，甚至连外卖一同禁止，餐饮行业营业收入直接归零。

②刚性支出不减。按照国家政策，休业期间员工工资照常支付。调研组估算，全省餐饮业一年的人力成本＋房租成本约648亿元，其中3个月的支出压力在162亿元左右，对应3个季度的净利润（见表1）。也就是说，若缺乏后期刺激政策，餐饮企业2020年度净利润可能归零。按照采购惯例，春节期间餐饮企业一般会准备平常3~5倍的备货量，疫情导致储备食材过期损失。以火宫殿为例，按日均100万元营业额计算，春节7天至少备货200万元的食材，全省整个行业食材损失至少数亿元。

表1　湖南省餐饮业一年人力、房租成本及净利润估算值

成本项	估算值
2019年餐饮收入估算(亿元)	2127
人力成本占比(%)	21.11
人力成本(亿元)	450
房租成本占比(%)	9.3
房租成本(亿元)	198
刚性支出(人力+房租)(亿元)	648
净利率(%)	10
2019年餐饮业净利润(亿元)	212.7

资料来源：证券公司研究报告、行业协会报告和湖南统计局。

③融资渠道不畅。疫情到来时，餐饮行业难以从传统金融机构获得融资。主要有以下原因：一是行业集中度低，企业规模普遍偏小，尽调成本高；二是企业淘汰率高，根据美团《中国餐饮报告2018》，餐饮企业平均寿命仅508天，银行放贷风险高；三是缺乏押品信用，餐饮行业为典型的轻资产服务业，固定资产少，动产价值低，缺乏金融机构认可的质押品；四是经营随意性强，内部财务和税务流程不规范，食材采购缺乏稳定的供应链支持，银行监管困难。从历史数据来看，住宿与餐饮业的不良贷款率显著高于行业平均水平。截至2017年底，住宿与餐饮行业的不良率为3.4%，接近行业平均水平（1.74%）的两倍。

2. 行业信心恢复困难

疫情对餐饮行业经营者、从业人员和消费者的信心都造成一定影响，需要一定时间来恢复。对于餐饮经营者，"保生存、平盈亏"是2020年普遍经营目标，对行业前景持悲观态度的比重较往年大幅上升。美团报告显示，在3.2万份问卷中，43.7%的餐饮老板表示信心一般，走一步看一步；5.6%的餐饮老板表示非常没信心；只有50.4%的餐饮老板表示比较有信心，寄望于疫情过后的快速恢复。问卷调查结果还显示9.0%的餐饮商户打算关闭全部店面；6.3%打算关闭部分店面；53.2%打算维持现状；3.7%打算扩张；另有27.8%表示不清楚或没想好。对于餐饮从业人员而言，"保岗位、稳收入"成为现实需求，转岗、降薪有可能对行业从业人员队伍稳定造成影响，不利于行业疫后

快速恢复。对于消费者而言，重拾消费信心需要更长的心理周期。从长期来看，消费者对用餐环境、食品安全将更加苛刻，分餐制、定期消毒、独立包装或成为新的行业规范，对企业经营能力提出了更高要求。

3. 长期性、结构性困难

湖南省餐饮行业一些长期性、结构性问题，在疫情考验下得以暴露。主要有两点：一是税财法保不规范。餐饮行业的税务、财务、法务、社保不规范长期存在，出台的优惠政策很少涉及餐饮行业，疫情冲击将不规范的不良后果进一步放大。餐饮行业以现金交易为主，存在凭证管理混乱、收不入账、虚列支等税务不规范现象。税收不规范虽然短期内降低了税收负担，但让企业陷入"小富即安"的陷阱，限制了长期竞争能力。财务不规范导致难以获得融资支持；法务不规范使企业与上游供应商、民间借贷机构之间存在不规范供货或借贷协议，大量合同纠纷或在疫后集中爆发；社保不规范也是行业长期存在的问题。二是供应链不成熟。湖南省是农业大省，从养殖到屠宰，再到加工、餐饮和销售的全产业链上，各环节联系不密切，缺少具备全链掌控能力的龙头企业。从稳定性看，稳定供应链是餐饮行业的核心竞争能力。疫情导致交通受阻，除少数龙头企业外，诸多生鲜中小商户出现供给不足。从多元化看，外卖、外带、食品化、夜间消费等多样化消费需求，要求供应链提供多频次、多场景、多客群服务。从成本考量，标准化食材和标准化的采购和操作可以节约20%以上的人工成本和2%的能耗成本。经过疫情考验后，湖南省餐饮供应链上的中央厨房、食品成品半成品加工、仓储冷链运输、食品检验检疫等关键节点尚有待进一步完善。

二 对餐饮业应对危机和转型升级的几点建议

湖南餐饮拥有文和友、茶颜悦色等知名网红品牌，以及西湖楼剁椒鱼头、火宫殿臭豆腐等众多独具湖南特色的湘菜品种，行业发展直接影响湖南省经济社会发展。新冠肺炎疫情既是对湖南餐饮企业的挑战，也是行业转型升级的重要机遇，需要积极出台举措，帮助企业过冬，督促企业化危为机。

（一）针对性降低餐饮从业者的负担

在已出台的企业扶持政策基础之上，多渠道降低餐饮企业固定开支负担，扶助企业度过艰难期。首先，积极缓解企业门面租金压力。针对政府性公共资产型物业，降低或部分减免餐饮行业经营者的短期租金。鼓励个人和企业为餐饮企业减免门店租金，利用个人和企业社会责任信用档案，鼓励减租行为，并将实际减租损失纳入个人或单位缴税前扣除。积极调控房地产，鼓励企业加快销售，保障新增入市门面数量，压低租金的市场行情。其次，加大企业流动性资金支持。加大贷款贴息和风险补偿基金的投入，鼓励地方银行加大本地企业流动资金投放，并允许金融机构增加坏账计提和补偿核心资本金。给予餐饮行业一定的税收缓缴期，给予餐饮行业灵活就业人员缴纳五险一金的灵活性，帮助企业缓解资金压力。此外，对于疫情引起的用工短缺，给予一定的路费报销和防控物资方面的支持，积极缓解疫情期间就业不足与用工难、用工不足的矛盾问题。

（二）提升餐饮企业开发网络市场能力

信息化深度融合程度将是未来转型优劣的重要标准。一是积极鼓励餐饮企业深度触网。对湖南省内大型餐饮企业，除了充分利用美团、饿了么等平台提供的资源支持外，还需打破电商平台对网络订餐的垄断，提升餐饮企业线下融合能力。应用微信推送、地图链接等多种方式，加大产品营销力度，更好地获得网络客户和用户的关注，大力拓展网络市场业务。二是加快食品安全的公共区块链建设，满足网络时代的食品安全监管需要。5G 时代来临和区块链技术即将成熟，食品安全管理部门要积极开展与国内领先区块链企业的合作，试点打造食品追溯公链平台，实现食品质量可追溯，保证食品安全。

（三）加快业态创新，打造湖湘美食代工产业群

经历疫情考验后，餐饮企业需要增强灵活性，满足多样饮食需求能力。一是助力大型餐饮企业向现代食品代工中心升级。大型餐饮企业需要具备将自身产品和服务从店铺向外延伸的能力，实现收入来源多元化。餐馆从提供餐食服务向生产定制半成品拓展，满足客户家宴及户外活动餐饮服务新需求，培养一批具有现代企业特质的专业餐饮服务队伍，满足餐饮业新需求。二是利用餐饮行业的大厨资源，助力食堂改革。开展园区、企业、写字楼和政府机关等单位

的食堂市场化改革试点，通过提供标准化的餐饮服务场所，建立严格的准入标准，积极吸引各餐饮企业在食堂开展经营。充分利用疫情期间外出用餐需求得不到满足的机遇，以食堂为阵地，提供特色配餐等多种服务，形成食堂业全方位开放竞争格局。三是结合疫情，开发增强体质和预防疾病的药膳。对社区和医院行动不便群体进行餐饮配送支持，体现餐饮企业的责任担当，做好湖南餐饮行业的品牌塑造。

（四）抱团出海，助力湘菜产业走出去

利用湘菜公共品牌营销，打造湖湘特色美食，助力湘菜拓展外部市场。一是开展湖湘美食评选。评选各餐馆的年度湖湘佳肴，利用湖南政府公共平台及影视娱乐资源，加强公共品牌宣传和推广，形成具有鲜明地方特色的湘菜体系。二是强化省内食品产业链配套能力。提高餐饮企业对高品质食材的省内自给率，加大高品质农产品基地建设，推进农产品生产和加工一体化。三是补齐行业加工制造和研发短板。利用中央厨房和食品生产深加工基地，探索餐饮半成品机械化、自动化生产，创新加工工艺和设备。加强行业保鲜技术研究，满足速食湘菜和半成品更大运输半径要求。引导加工制造与餐饮龙头企业深度合作，加强招牌菜和特色菜、地方菜菜品研发，形成新口味和新产品创新体系。四是鼓励餐饮企业国际化运营。探索中餐标准化，完善质量检验标准，为中式快餐国际化奠定基础，使地道的中国菜更广泛地被世界接受，并成为中国文化载体。

（五）促进餐饮业结构调整，增强行业稳定发展能力

长期来看，餐饮行业活力必然恢复，但在疫情持续期间，应帮助餐饮企业增强抗风性能力，让有潜力的优质餐饮企业存活下来，也要抓紧时机加强行业结构调整，促进产业升级。一是鼓励省内餐饮企业加强与各类资本对接，培育有条件的企业上市，打造湖南版的"俏江南""海底捞"。二是严格食品行业健康和卫生标准，淘汰一批低质餐饮企业，为居民健康保驾护航。三是鼓励餐饮企业组建湘菜联盟或菜系协会，加强行业互学互鉴，培养湘菜大师，提升湘菜国际竞争力。四是鼓励行业内部优胜劣汰，通过引入战略投资人，加速企业兼并重组，帮助一批企业迅速发展壮大，也为部分经营困难的餐饮企业提供产业退出和人员、资产整合机会。

疫情过后湖南省旅游业快速恢复的
对策建议[*]

湖南省人民政府发展研究中心　湖南师范大学　联合调研组[**]

旅游业是湖南省支柱产业之一，2018 年占全省 GDP 的比重就达到 6.12%。受新冠肺炎疫情影响，2020 年第一季度旅游业深受冲击，甚至"零收获"。然而，危机中孕育着机会，有效应对能让湖南旅游业率先走出低谷，抢占发展先机。

一　新冠肺炎疫情对湖南省旅游业的影响

疫情对湖南省旅游业造成的影响显著和复杂。根据湖南省旅游饭店协会预计，受疫情冲击，湖南省景区、住宿损失严重，预计全省住宿业 2020 年一季度总收入下降 115.5 亿元。

1. 景区热度降至冰点

疫情以来，各大景区纷纷关停，营业收入从 2019 年春节黄金周的 210 亿元下降至冰点。根据湖南省旅游饭店协会《关于新冠肺炎疫情对湖南省旅游企业的影响调研》（以下简称《调研》）显示，554 家企业①因疫情导致预订退订产生的直接损失金额为 92496.42 万元。计入统计的 94 家景区（点）损失金额为 34584.3 万元，平均每家景区（点）损失 367.92 万元。

---

　*　本报告获得湖南省委常委、宣传部部长张宏森的肯定性批示。

　**　调研组组长：谈文胜，湖南省人民政府发展研究中心党组书记、主任；调研组副组长：唐宇文，湖南省人民政府发展研究中心副主任、研究员；调研组成员：左宏，湖南省人民政府发展研究中心财金部部长；杨柳，湖南师范大学商学院副教授；闫仲勇，湖南省人民政府发展研究中心财金部副部长；王文武、叶晓欢、郭莹、孙小芳、谢钰璇、俞静文，湖南师范大学硕士研究生。

　①　参与统计的共 630 家企业，其中有 76 家企业因景区（点）免票或数据未核算而未计入统计。

2. 住宿业遭受重创

截至 2020 年 2 月 5 日，全省 87% 以上的酒店已经基本停业。预计 2020 年 2 月份湖南省住宿业营收同比下降幅度超 95%。

表 1　春节假期同期营收对比

单位：万元，%

类型	项目	春节期间		同比
		2020 年	2019 年	
民宿	总营收	19.68	290.70	↓93.23
	平均营收	0.26	3.88	
酒店	总营收	2266.80	16607.93	↓86.35
	平均营收	7.53	55.17	

数据来源：湖南省旅游饭店协会《关于 2020 年湖南省住宿业受疫情影响调研》。

3. 旅行社损失严重

湖南省旅行社协会初步统计，自国家旅游部 2020 年 1 月 24 日要求全国旅行社暂停经营团队旅游及"机票 + 酒店"旅游产品以来，截至 2020 年 2 月 1 日，全省取消旅游团队达 1.4 万余个，涉及旅客 16 万余人次。据调查分析，全省可能倒闭的旅游企业达 105 家，企业经营暂时停顿的有 410 家，经营勉强维持的有 91 家。全省旅行社因前期投入了大量的人力、物力、财力，要承担巨额沉没成本，同时因预订邮轮、机票、酒店、门票，产生了各种违约成本。

4. 疫情后或迎来旅游消费反弹

知名咨询公司凯度（Kantar）通过微信针对全国消费者做了一份问卷，调查结果显示，疫情后，78% 的消费者表示会恢复旅游，77% 的消费者表示会恢复外出娱乐。湖南省要高度关注这一趋势，把握反弹时点，做好充分的应对。

二　重启湖南省旅游市场面临的四个难点

重启湖南省旅游市场还需要解决四个方面的难点。

1. 从硬件来看，与防疫相关的安全设施不足

虽然旅游景点和酒店购买了相关的消毒物品和设施，但对于新冠病毒的高

传染性，必须升级硬件设备。例如，景区缺乏游客定点追踪设施，无法高效追踪管控；全空气的集中封闭式空调系统容易造成感染，应升级采用全新风方式运行；对于通过风机盘管增加新风的集中空调系统，应采取措施保证内部区域的通风换气；全封闭式旅游大巴需要空调系统升级，甚至进行车窗改造；等等。

2. 从软件来看，缺乏防疫安全指南和应急预案细则

截至 2020 年 2 月，无论是全国还是湖南省都还未制定形成科学权威的旅游业应对疫情的防范安全指南。湖南省于 2020 年 2 月 21 日出台了《湖南省 A 级旅游景区疫情防控期间有序开放工作指南》和《湖南省公共文旅服务场所疫情防控期间有序开放工作指南》，还有待进一步细化、具体化。同时，针对疫情的旅游应急预案还需要根据疫情变化进一步更新，且因缺少预案细则，可操作性有待提高。

3. 从经营主体来看，普遍资金压力大，复工复产难

从资金压力来看，旅游企业短期刚性现金支出（主要是员工薪酬与房租成本）基本可以消耗一年的净利润，在缺少营收状况下，旅游业面临较大现金支出压力。调研结果显示，630 家企业中有 92.7% 的企业营业收入减少，80% 的企业流动资金紧张。从复工复产方面来看，调研结果显示，630 家企业中，2020 年 3 月及以后复工的企业 406 家，占比 64.44%；主要面临市场订单减少（占比 83.97%）、骨干员工流失（占比 37.62%）、员工不能按时返岗（占比 53.8%）等问题。

4. 从消费者来看，有安全、时间和费用等方面顾虑

一是健康安全方面。特别是热门景点，人口密集度高，容易成为传染集中地，消费者对于疫情的顾虑将极大降低其旅游的打算。二是时间方面。受疫情影响，学生和工人的春节假期延长，疫情过后存在补工补课的需求，消费者在旅游上的可支配时间减少了。三是费用方面。疫情导致了居民收入水平普遍降低，可能压缩非生活必要支出的旅游消费。

三　对策建议

加快推动湖南省旅游业发展是抗疫稳增长的重要举措，需要统筹各方力

量，精准施策，多方联动。

1. 顶层统筹，出台全省"一盘棋"的旅游振兴实施方案

尽快出台《湖南旅游业振兴发展实施意见》，邀请医学卫生专家、旅游专家、企业、从业人员和相关部门共同围绕疫情后的重建工作开展研讨，起草形成一揽子政策和多部门联动的工作方案，重点在安全软硬设施升级、智慧旅游、旅游宣传、全域联动、产品创新、政策保障等方面助力全省旅游业复苏振兴，打造"锦绣潇湘"升级版。

2. 标准引导，实施旅游业硬软件安全升级计划

在前期两个指南基础上，由湖南省文旅厅指导、行业协会牵头，各景区、企业参与，并邀请公共卫生领域和应急领域的专家一同研究出台并不断修订《湖南省旅游业应对疫情的软硬件安全升级标准指南》，并向全社会公布。一是硬件方面。逐一研究可能风险点，对包括公共旅游设施、景点、酒店、旅游车辆、交通、监测、医疗、应急体系等在内的旅游设施的硬件进行升级，尽可能防范旅游中的传染风险。例如，中央空调系统的滤网设施、清风系统等；再如在景区和酒店设置应急隔离区、医疗点的配备升级。二是软件方面。省级层面尽快出台旅游服务全过程的行动指南。例如游客限流和预约制的规定，日接待量、瞬间流量、确保游客间距等具体规定；宾馆的消毒规范；旅游从业人员的防疫行为标准等。尽可能地细化和标准化，为业内操作提供指导。

3. 创新升级，开展"智慧旅游"试点示范工作

在全省开展"智慧旅游"试点示范，可以选择 10~15 个景区、20~40 个旅游企业（项目），打造一批智慧景区和智慧线路，并逐步向全省推广。主要试点：一是与无人技术深度融合发展。率先试点无人超市、无人售货机、无人管家等"无人接触"服务方式，加快建设咨询、导览、导游、导购、导航和分享评价等无人化智能化旅游服务系统。二是结合 5G、AR/VR 技术的推广应用，大力发展虚拟旅游、景区智慧游、"直播＋旅游"、5G 旅游体验馆等新型产品和服务。三是旅游大数据检测监测。借助运营商和互联网数据，开展游客精准定位和需求分析，监控游客流量、线路、人员密集度和实施体温红外监测等。与高德、百度等公司及交通部门共同开发旅游交通大数据系统，推出"安心出行"和"旅游直通车"等查询业务。四是智能设施全覆盖。实现涉旅场所免费 WiFi、通信信号、视频监控全覆盖，旅游消费场所实现在线预订、

网上支付，实现智能导游、电子讲解、实时信息推送。

4. 把握时序，分区域分类型逐步重启旅游市场

一是分区域启动。按照各地区疫情严重程度、人流量和空间承载力，将景点按照风险的高、中、低分为红黄绿三类，首先开放风险低的区域，其次是中风险地区，谨慎放开高风险地区。二是分旅游类型启动，按照安全性标准评价不同类型的旅游模式，率先启动安全性高的类型，并强化配套设施建设。例如，周边游可能最早复苏，其中，安全系数高的包括自驾游、亲子游、家庭游、户外游等，湖南省应率先开展此类旅游产品优化升级，特别是在满足游客健康需求、家庭需求等类型的产品上精心打磨，做足铺垫。三是分安全级别启动。对于景区和旅行机构进行防疫安全分级评价，根据评价来指导景区和旅行机构逐步开放。

5. 刺激需求，推出新产品系列

一是强势开展宣传策划。借助湖南广电等媒体优势，在疫情结束后，推出"锦绣潇湘"系列宣传短片，对湖湘美景、活动优惠、安全方案等进行宣传。二是推出系列旅游新产品。借助湖南省医疗领域抗疫的出色成绩，重点在康养旅游、定制游、研学游、亲子游、体育及户外运动旅游等领域率先推出一批经典线路。推出面向全国医务工作者等抗击疫情一线人员的免费参观游览政策。三是开展"湘游折扣"活动。开展门票、高速公路5个月内免费，一年内3折计划，并联合住宿餐饮企业发起各项折扣活动，刺激消费。四是推出"锦绣潇湘"全域旅游一卡通预售卡套餐。可以分为1年期、3年期、5年期，全省景点线路联动，鼓励各地居民来湘旅游。五是加强线上线下融合。与国内知名在线旅游平台开展合作，掌握消费者动态，线上推出一批湖南旅游精品活动。

6. 强化保障，加强政策创新和落实落地

一是设立湖南省级旅游抗疫振兴基金。由湖南省财政联合地方财政、吸引社会资本共同参与，以市场化运作的方式专项扶持疫后旅游业重振发展。二是保险创新。鼓励保险公司推出在湘游客疫情保险产品，政府给予一定的补助。三是落实政策保障。加快落实国家和省里一系列扶持政策，特别是针对旅游业中小企业多、资金压力大、劳动力密集等特点，在社保减免、金融扶持、租金减免等方面加大落实力度。

率先布局"宅经济"　助力抗疫稳增长[*]

湖南省人民政府发展研究中心[**]

2003 年"非典"之后，阿里巴巴迎来了一次飞跃发展，中国电子商务由此步入快车道。新冠肺炎疫情让"宅经济"[①]成为广受关注的新业态，不仅成为抗疫的关键举措，还可能成为未来爆发点。湖南省要抢占机遇，化危为机，率先布局"宅经济"，为抗疫和稳增长创造条件。

一　湖南发展"宅经济"正当其时

"宅经济"包括在线消费、在线办公、在线教育、在线医疗、在线娱乐等，以及与之相关的网络、配送、云计算、电子政务等服务体系。

1. 发展"宅经济"是打赢抗疫阻击战的关键举措

新冠肺炎病毒传染性极强，应对的主要举措就是隔离，但也因此带来了生活和工作的不便。湖南省人民政府发展研究中心调研组网上调查显示，被调查居民 95% 以上没有外出就餐行为，53% 以上的不再外出购物，74% 的认为生活遇到较大或很大的困难，71% 的认为工作遇到较大或者很大的困难，还有居民为学习、就医等问题担忧。大力发展在线购物、在线教育、在线办公等"宅经济"，能够在当下确保人们的生活生产学习需求，配合主战场取得抗疫阻击战的胜利。

---

[*]　本报告获得湖南省政协主席李微微，湖南省委常委、省政府常务副省长谢建辉的肯定性批示。

[**]　调研组组长：谈文胜，湖南省人民政府发展研究中心党组书记、主任；调研组副组长：唐宇文，湖南省人民政府发展研究中心副主任、研究员；调研组成员：左宏，湖南省人民政府发展研究中心研究人员。

[①]　所谓"宅经济"是随着网络兴起而出现的新经济模式，是指在家上班、在家兼职、在家从事商务活动、在家接受教育、在家消费等一系列经济活动的总和。

2. 发展"宅经济"是启动新增长点的有效途径

一直以来，"宅经济"属于主流经济之外的一个小众分支，而新冠肺炎疫情催生了相关消费应用场景，或将成为新增长点。生鲜配送方面，2019年除夕至2020年初三，京东生鲜销量环比节前增长超370%，卖出4000多吨生鲜产品，3~6线城市同比增长近300%。在线医疗方面，阿里医疗、健康160、腾讯健康、丁香医生等问诊量骤增。中投顾问预测，我国远程医疗市场规模未来五年年均复合增长率约为27.63%，2022年将达到345亿元。在线办公方面，数据显示，美国超过八成企业引入了远程办公制度，已有3000万人在家中远程办公，占美国工作人口的16%~19%。钉钉称，2020年2月3日有超过1000万家企业使用钉钉办公；腾讯表示，从2020年1月29日至2月6日，腾讯会议总共扩容超过10万台云主机，投入的计算资源超过100万核，在腾讯云历史上尚属首次。在线教育方面，截至2020年2月2日，教育部组织22个在线课程平台免费开放在线课程2.4万余门。其他方面，包括服务机器人、无人超市、AR试衣、无人车（机）配送等场景开始探索商用可能。

3. 湖南具备发展"宅经济"的基础和条件

在线购物（服务）方面，2018年，湖南电子商务交易额达到10623.1亿元，年均增长31.9%。拥有步步高等线上线下相结合的批零企业、58到家等"互联网＋服务"企业。2020年1月，步步高线上到家业务环比增长3倍，平均客单价超过120元，初一到初八线上订单占比超过10%。在线娱乐方面，由湖南卫视形成的线上娱乐生态圈蓬勃发展。芒果TV是国内位居前列的视频网站，2020年热播综艺TOP6的春节七日播放量同比有明显增长；映客直播位列互联网百强企业第47位，2019年已拥有超过2亿的注册用户；马栏山视频文创园已引进570余家企业，实现营收284.25亿元。在线教育方面，潭州教育、拓维信息等在线教育机构在全国具备影响力，同时，湖南教育资源丰富，线上线下结合极具潜力。在线办公方面，湖南近年来的"企业上云"计划卓有成效，树根互联、湖南金蝶等一批平台加速成长。此外，湖南网络设施不断完善。全省100%的城镇和行政村、55%以上的自然村实现光纤网络通达，省内所有城区县乡、行政村及80%的自然村实现4G全覆盖，长沙已完成约700座5G基站建设，5G部署走在全国前列。

二　发展"宅经济"还要破解五个难题

湖南发展"宅经济"还需要在五个方面破解难题，方能取得实效。

——配送环节如何健康可控？配送系统是"宅经济"的支撑要素。在疫情还没得到完全控制的当下，消费者对于配送环节的健康可控还是心存顾虑，特别是食品餐饮类的产品配送要有一整套可信的解决方案。因此，打造一支安全可控的健康配送体系至关重要。

——网络设施如何高效扩容？要支撑起庞大的"宅经济"发展还需要有一个高效安全的网络基础设施作为后盾。湖南省在网络等基础设施上如何进一步升级扩容，需要考虑。

——传统企业如何转战线上？一批传统企业亟须通过线上业务来自救，避免因此次疫情而破产。如何引导和提供服务，帮助传统企业融入"宅经济"元素，需要充分考虑。

——应用场景如何转化为经济增长点？"宅经济"相关的平台公司多数在外省，例如阿里巴巴、腾讯、京东、美团等。"宅经济"发展将创造大量的应用场景和用户，但很可能"为他人作嫁衣裳"。如何把应用场景和用户规模转化为本土的产业规模和经济增长点，是需要破解的难题。

——本土企业如何借势壮大？湖南省"宅经济"总体实力还不强，缺乏一批龙头企业。以在线教育为例，从教育部公布的全国 1928 个教育 App 备案信息可以看出，湖南长沙属于第三梯队，在北京（第一梯队）及成都、杭州（第二梯队）之后，与上海、合肥、武汉等地同属于第三梯队。如何抓住这一契机培育和扶持一批龙头企业是关键难题之一。

三　湖南发展"宅经济"的对策建议

2020 年 2 月 10 日，习近平总书记在北京调研指导新型冠状病毒肺炎疫情防控工作时强调，要扩大网络消费。湖南省要落实指示，大力发展网络消费等"宅经济"业态，形成规模效应。

1. "一个政策"：出台鼓励湖南"宅经济"发展的实施意见

在全国率先出台省级鼓励"宅经济"发展的政策，并与20条新兴产业链政策有机衔接，形成一体化的工作机制。把握消费趋势变化，大力鼓励"宅经济"新业态新模式发展，完善配套体系，以此为契机打造全国"宅经济"产业集聚地和应用示范基地。

2. "五种业态"：重点发展五种"宅经济"业态

一是在线购物，主推同城电商发展。避开阿里巴巴、京东等电商的优势领域，引导本土批零企业发挥线上线下相结合的优势，发展同城在线购物（服务），包括生鲜配送、餐饮到家、线上家政等。重点鼓励步步高、58到家等规模企业做大做强，加速布局扩张。鼓励一批传统生鲜企业、餐饮企业通过电商平台开展线上服务。发挥芙蓉兴盛、千惠等本土便利店的优势，鼓励发展社区团购新模式。二是在线教育，融合本土资源推动线上线下共赢。借助湖南教育资源优势，出台政策引导一批学校借助在线教育平台力量，发展在线教育，打造一批精品网课，探索具有湖南特色的在线教育新模式。鼓励潭州教育、拓维信息等龙头企业抢抓机遇，加快发展。三是在线办公，强化应用场景打造。鼓励政府部门、事业单位、园区、企业等开展在线办公，推进中小企业上云计划，强化电子政务的配套功能。鼓励云服务平台以湖南作为应用场景试验区，挖掘各行业的在线服务需求。四是在线娱乐，打造以视频娱乐为核心的生态圈。以马栏山视频文化园为核心载体，进一步做强做大湖南视频娱乐产业，打造从前端内容制作到后端发行播放的整套生态体系，引入VR等技术，借助5G升级产品，巩固发展具有全国竞争力的在线娱乐集聚地。五是在线医疗，培育一批"云医院"。充分利用"互联网＋"，建设面向患者、医生、医院、保险、药品，线上线下一体化的健康服务新型业态；利用移动互联技术跨界整合医院、医生、患者、设备、药品、数据等资源，探索培育一批"云医院"，形成"大健康、新医疗"互联网＋产业集群。

3. "五大行动"：围绕"宅经济"形成五方面措施

一是配送体系"健康保航行动"。针对新冠肺炎疫情，出台湖南省配送体系的健康标准化指南，形成一套配送人员健康监测、产品消毒、无接触配送的方案。政府引导和帮助配送企业形成安全可控的规范化流程，通过财政补贴率先鼓励快递人员开展核酸筛查。二是基础网络"升级扩容行动"。围绕"宅经济"发展要求，梳理出与网络等基础设施相关的需求，并与湖南省 5G 发展战略相结合，积极推动基础设施升级扩容。发展相关的大数据和云计算产业，为"宅经济"服务配套。三是千企万户"上云提速行动"。继续推进万企"上云上平台"，重点深挖一批传统企业和自由职业者的互联网需求，特别是解决受疫情影响严重的服务业利用互联网开展业务的难题。四是核心企业"引进培育行动"。引进和培育一批"宅经济"核心企业来湘发展，鼓励"宅经济"龙头企业来湖南设立总部或"第二总部"。以长株潭城市群为重点打造一批"宅经济"应用场景和产业基地。五是制度体系"创新容缺行动"。围绕"宅经济"出台系列配套政策，引导和鼓励相关行业发展；围绕现有制度，梳理与产业发展不适应的制度，例如在线教育的审批环节等，推动政策体系助力新产业发展；鼓励容错容缺，以尽职免责的态度鼓励各地区和各部门先行先试。

先进制造业高地打造

打造国家重要先进制造业高地[*]

湖南省人民政府发展研究中心调研组[**]

2020 年 9 月，习近平总书记在湖南考察调研时，赋予湖南着力打造国家重要先进制造业高地的崇高使命。先进制造业是模式先进、技术先进和管理先进的产业门类，是湖南从"制造大省"跃升为"制造强省"的必经之路。湖南要抢抓新格局调整机遇，着力锻长板、补短板，加快形成拥有强大的创新能力、先进的制造模式和具有竞争力的先进制造业体系，强化先进制造业在国民经济中的基础地位和支撑地位，布局打造国家重要先进制造业高地。

一 湖南打造国家重要先进制造业高地恰逢其时

湖南现代工业体系门类齐全、基础雄厚，拥有 3 个万亿级产业、11 个千亿级产业。"十三五"以来，湖南省规模以上工业增加值年均增长 7.47%，高于全国平均水平 1.35 个百分点，且增速优势逐年扩大，其中 2019 年增速居全

---

[*] 本报告获得湖南省政协主席李微微，湖南省委常委、省政府常务副省长谢建辉的肯定性批示。

[**] 调研组组长：谈文胜，湖南省人民政府发展研究中心党组书记、主任；调研组副组长：唐宇文，湖南省人民政府发展研究中心副主任、研究员；调研组成员：禹向群、李银霞、侯灵艺、贺超群、戴丹、言彦，湖南省人民政府发展研究中心研究人员。

国第四，打造国家重要先进制造业高地其时已至、其势已成。

1. 布局高远

早在 2006 年，湖南省第九次党代会就作出大力实施新型工业化带动战略的决策部署，提出把新型工业化作为富民强省"第一推动力"。2016 年第十一次党代会率先提出打造以中国智能制造示范引领区为目标的现代制造业基地，并先后启动实施"135"工程、制造强省五年行动计划、"产业项目建设年"等系列重大决策，影响深远、成效显著。出台资金、技术、人才等多项扶持措施，设立了规模超 10 亿元的制造强省建设专项资金，发布了重点产业链技术创新路线图，实施重大关键共性技术研发攻关，推进"100 个重大产品创新项目"，探索出了一个与省情相适应、与制造业发展阶段相匹配的"湖南模式"。

2. 改革高效

多年来，湖南以深化体制机制改革为抓手，激发市场主体内在活力，改革成果竞相涌现。如科研机构改革的"中联模式"，通过股份制改造和大股东长沙建设机械研究院的科研院所改制，把一个科研院所做到全球工程机械制造商第 13 强，为全国科研院所改革提供了"样本"；推进科技成果权属改革，为科研人员松绑赋能，中南大学教授先后打造出山河智能、博云新材、红宇新材等三家上市公司；鼓励国有企业推行"裂变创新"，推动分拆上市，中车株洲所将竞争力较强的部门进行剥离和独立发展，孵化出时代电子、时代电气、时代新材、时代电动和时代半导体等系列子公司，发挥技术优势，在轨道交通装备市场以外拓展新市场新领域，在国内国际市场占据了较大的市场份额。

3. 产业高端

湖南拥有一批在国内甚至国际上具有影响力的优势产业。包括：全球规模最大的工程机械产业集群，中联重科、三一重工、铁建重工、山河智能 4 家企业入选"全球工程机械 50 强"；全球规模最大、配套最强、技术水平领先的轨道交通制造基地，电力机车产品占全球市场的 27%，居全球第一；全国唯一的中小航空发动机研发制造基地，国内市场占有率 90% 以上，享有"中小航空动力之都"的美誉；IGBT 大功率器件产业链全面突破国际最先进的 IGBT 第六代产品，实现从"跟随"到与国际巨头"并行"的重大跨越；长沙智能制造装备产业集群获批国家首批战略性新兴产业集群，入选国家智能制造试点示范项目、标准化和新模式项目数量居全国前列；华为鲲鹏布局长沙，麒麟芯片与飞腾操作系统共同构建的"PK"体系已成为国内最大的自主IT生态。

4. 技术高精

"十三五"期间，湖南在关键核心技术攻坚方面频频发力，聚焦装备制造、新材料、深海深地深空、新一代信息技术等特色优势领域，取得重大原创成果和前沿技术120余项，解决了一批"卡脖子"技术问题。如全球首条智能轨道列车、全球首个轨道交通转向架智能制造车间、有世界最大起重能力的履带起重机、世界最高曲臂式高空作业平台、全球首台5G遥控挖掘机，技术产品世界领先；最大开挖直径达16.07米的国产最大直径盾构机、国内首台海底60米以上的"海牛"用途钻机、国内首台富钴结壳采矿车"鲲龙2000"等，担起大国重任；基于国产飞腾CPU的安全自助终端、自主可控高性能图形处理器、全国产固态硬盘控制芯片等多项重点技术，为我国信息安全保驾护航；超高强度钢材、高性能沥青基碳材料、第三代碳化硅纤维、深海深空用高性能钛合金和部件等一批新材料……一批批高精尖技术、设备、产品打破国外垄断，填补国内外空白，不断标注出湖南先进制造业的新高度。

二　湖南打造国家先进制造业高地需突破四大"瓶颈"

湖南打造国家先进制造业高地，有基础、有条件，也有优势。但对标制造强国战略，对标高质量发展，还存在一些亟待突破的瓶颈和短板。

一是产业本地配套率不高，配套体系有待完善。湖南制造业配套本地化不高，域外配套增加了采购成本，降低了供应链效率。如，湖南工程机械零部件本地采购率只有20%~30%。大部分主机企业的省外配套率都超过50%，三一集团、铁建重工分别达到了80%、91.4%（见图1）。

二是基础研究相对薄弱，核心部件和关键技术有待突破。湖南制造业研发以应用研发为主，在基础材料、基础零部件、基础工艺等方面的布局相对薄弱。以工程机械为例，技术含量和附加值高的零部件，如高精度、高质量的液压泵、液压阀、液压马达、大功率发动机等核心部件尚需进口。

三是产业集群协同发展能力有待增强。产业集群内部市场主体不够协同，

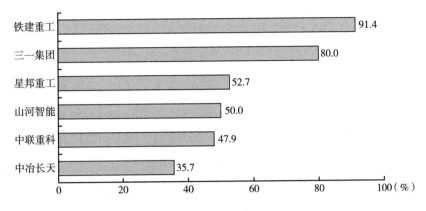

图 1　主机企业省外配套率

数据来源：根据调研结果整理。

对外联合议价能力不足。创新平台的共享机制发挥不足。工程机械行业平台丰富，现有 6 家国家级企业技术中心、4 家国家级工程技术研究中心、1 个国家重点实验室、11 个企业院士工作站，但对中小企业的支持仍然相对不足。对高端人才吸引力不足，专业人才大多集中在北上深等发达地区，湖南省企业在薪酬待遇和发展空间等方面优势不明显。

四是企业运营压力增大。优质产品不能优价，如 2019 年湖南装备工业原材料、用工等各项成本费用全年累计发生营业成本 10085.3 亿元，比上年增长 8.3%。各月机械工业出厂价格指数却始终处于同比下降的状态，且降幅不断加大。12 月机械工业出厂价格同比下降 1.1%，应收账款数额大、回收难。截至 2019 年底，湖南装备工业应收票据及应收账款总额达到 2928.0 亿元，比 2018 年增长 4.8%，占全省规模工业的一半以上。受中美贸易影响，美国三次加税清单（共计 5500 亿美元）涉及机械工业税号已占机械工业全部税号的 98%。受此影响，2019 年装备工业对美贸易普遍下滑。

三　湖南打造先进制造业高地的总体战略

对标落实习近平总书记"打造国家重要先进制造业高地"的定位要求，下一步，湖南要进一步谋求先进制造业"链"的高端和"质"的高端，着力打造世界级先进制造业集群、先进制造业单项"冠军"摇篮、先进制造业"智造"之城，不断强化"领跑"全国先进制造业创新开放的新担当。

1. 提升高端高质高新产业能级，全力打造世界级先进制造业集群

围绕产业链部署创新链，围绕创新链布局产业链，加快高端高质高新先进制造业集聚发展。推动工程机械、轨道交通等优势产业进一步做大做强，推动航空航天、集成电路等战略性新兴产业进一步培育壮大，推动生产性服务业、生活性服务业进一步提质增效，构建市场竞争力强、可持续的现代先进制造业产业体系。加快打造国家高端装备制造产业基地，着力培植工程机械、轨道交通、航空航天等多个世界级先进制造业产业集群，做全国先进制造业创新发展的引领者。

2. 重点扶持具有核心竞争力的特色产业，全力打造先进制造业"单项冠军"摇篮

制造业单项冠军是产业核心竞争力的重要载体，湖南已集聚起工程机械、轨道交通、高端装备、航空航天、集成电路等诸多创新前沿产业。聚焦先进制造业关键基础材料、核心基础零部件等领域，针对主导产品全球市场占有率高、全国市场占有率高的企业，产品手握行业话语权和定价权的企业，重点扶植。力争到2025年，国家级先进制造业单项冠军企业数量翻一番，在攻克关键核心技术、开发重点新产品上实现新突破，单项冠军在全省制造业中所占比重不断提升，建成全国先进制造业单项冠军之城。

3. 提升数字化智能化赋能水平，全力打造先进制造业"智造"之城

充分发挥长株潭国家自主创新示范区、岳麓山国家大学科技城等政策优势，打造国家乃至世界先进制造业技术创新动力源，着力在应用创新、成果转化等领域先行先试，提升聚集和配置全球高端资源要素的开放能级。打造先进制造业产学研融合、校地企合作的协同创新引领区，打造以信息化、智能化、网络化、自动化、融合化、高端化为代表的先进制造业研发生产基地。以长沙高新区、长沙经开区、株洲高新区为主阵地，强化山河智能、三一重工、中联重科、中车株机等骨干企业的"智能化"引领作用，打造大数据智能化引领的先进制造业高地。

四 湖南打造国家重要先进制造业高地的五大抓手

1. 提高产业链现代化水平，锚定高地建设目标

在全球化分工与协作体系中培育新兴优势产业链。20 条产业链都要形成安全可控的关键核心技术、引领性的科创平台和创新联盟、标志性的企业和集群。开展产业链精准招商，谋划实施一批重大强链补链项目，不断提升产业链现代化水平。加快推进产业链项目建设，定期跟踪调度重点项目，以及"港洽周"、央企对接、军民融合推进会签约的产业链项目落地建设情况。做好项目协调服务工作，促进项目尽快投产达产，加大对新兴优势产业链重点项目的支持力度。向制造业企业提供一揽子综合化、专业化金融服务。实施"标准化 +"战略。围绕制造业重点行业和重点领域，探索由政府主导转化为由团体主导的新型标准体系。除政府强制性标准外，大力培育团体标准，鼓励行业协会、产业联盟等社会团体制定满足市场和创新需要的团体（联盟）推荐性标准。推动龙头骨干企业积极参与各类标准修订，提升产业"话语权"；鼓励企业制定并自主公开高于国际、国家、行业标准的先进企业标准，推进专利转化为标准；鼓励龙头企业将供应链上的中小企业纳入共同的质量管理和标准管理。

2. 推进制造业转型升级，提升高地竞争能力

以工业互联网为突破口推进智能化升级。编制全省"上云上平台"规划，加快 5G 基站、工业内外网改造、标识解析体系、大数据中心等新基建，提升工业互联网平台面向不同行业和场景的运营能力，落实工信部"5G + 工业互联网"512 工程，长株潭地区争取创建国家工业互联网创新发展示范区。以公共服务平台为突破口推进服务化转型。以产业园区为主要载体，设立服务业发展引导基金，赋能制造业服务化转型。支持发展科技及信息服务、检测维修、工业和民用设计、人力资源等生产性服务业；支持发展法律、财税、知识产权和科技中介、商务楼宇管理、共享办公等高端商务服务业；鼓励金融机构提升创新能力，引导股权投资机构规模集聚服务园区发展。以旗舰企业为主要载体，鼓励建立产能设备分享平台、创新人才分享平台、新型科技仪器分享平台、教育培训分享平台、创新设计服务分享平台等产业链共享平台。以"三

线一单"为突破口推进绿色化升级。以"三线一单"生态环境分区管控体系为基础，促进制造业绿色化发展。促进产业绿色发展，推进有色、火电、钢铁等传统产业绿色化改造，推广新能源汽车、非电中央空调、高效电机等节能技术装备应用，推广装配式住宅，加快建筑工业化进程。节约集约高效利用土地资源，鼓励园区开展多层标准厂房建设。探索创新土地退出机制，盘活低效闲置土地。

3. 健全制造业创新体系，强化高地发展动能

促进产业链与创新链深度融合。健全创新供给环节，重点发展企业内部供给模式，鼓励企业设立、兼并购海外研发机构；畅通"军转民"供给模式，加快建立保密分级制度，将国防专利及时解密转民用；完善"市场化"供给模式，完善专利交易机制，促进产业链专利供需对接。畅通创新转换环节，促进产学研用合作，完善利益分配机制、风险承担机制和个人约束机制；建立企业新型学徒制，探索校企联合实验室、开源社区等新的合作模式；丰富产业链创新联盟形式，如研发合作创新联盟、专利转让联盟和标准制定联盟等。完善创新服务环节，建立以创新创业大赛、高交会、创业服务中心、科技企业孵化器等为主的企业成长培育体系。加大对"卡脖子"环节的攻关力度。探索科技项目揭榜制度，针对产业链发展急需的科技成果，鼓励支持符合条件且有研究开发能力的单位进行揭榜攻关。组建区域和产业链创新中心。以20条新兴优势产业链为重点，由行业协会和主机企业牵头，联合上下游配套企业以及科研机构、中介机构、金融机构等多方力量，组建产业链创新中心，实施企业化运作，提升产业链整体创新能力。全力支持申报省级、国家级制造业创新中心。

4. 统筹内外双循环市场，拓展高地市场空间

全力以赴扩大消费、开拓国内市场。做好疫后消费反弹期的促消费、拓市场工作。实施湖南制造拓市场行动，引导汽车、健康等消费，提振发展餐饮业、文化旅游业，带热制造产品销售。借力自贸区开拓外循环市场。深入培育"一带一路"沿线市场，支持制造企业面向"一带一路"沿线市场设立跨境寄递服务网络、国际营销和服务体系及全球售后服务中心。鼓励装备制造业企业在自贸区综保区范围内开展"两头在外"的保税维修和进口再制造业务，探索高端装备回收和成品销售"两头在外"的运作模式，完善二手设备再销售出口退税制度，制定二手设备出口税收标准等，提升二手设备交易量。以中非

经贸博览会平台为依托，推进中非跨境人民币中心在湘落地。借力行业性国际展会拓展国际市场新空间。发挥展会效益高、联动性高、导向性强、凝聚性好、专业性强、交融性大等特点，带动相关产业链拓展新兴市场。进一步加大对航空航天、智能汽车、数控机床、电力装备等高端装备的对接会和展览会的支持力度，将长沙国际工程机械展打造成为仅次于德国、美国的世界第三大展。

5. 提高要素资源配置效率，激发高地内生活力

劳动力要素方面，集成重点资源、政策，在全球范围内抢人才、抢团队，对标先进省市人才标准，大胆突破现有政策，对有突出贡献的企业家、科技创新团队，在政治上、经济上、社会上予以优遇。发展职业教育，推动产教融合发展，突出"一校一品"特色建设，协助企业对接职校开展员工技能提升培训，助推企业设立实训基地，建立技能人才培养和输送机制；用好返乡就业创业人才资源，出台系列专门政策，优化返乡人员社保关系转移接续、办理落户、住房保障、子女就学等服务；探索"学历证书＋若干职业技能等级证书"制度试点，深化复合型技术技能人才培养模式和评价模式改革。资本要素方面，推动国家制造业转型升级基金投资湖南优质制造业项目，实现高质量发展。支持中联重科、华菱钢铁、蓝思科技等行业龙头企业以资源、资本、技术、品牌、市场为纽带实施联合重组。引导湘电、威胜信息等上市公司通过拆分上市、激励制度、引进战略投资者等方式实现公司转型。扶持省高新技术企业、省科技型中小企业、专精特新"小巨人"企业、省区域性股权市场科技创新专板挂牌企业进入上市前期程序，壮大上市后备梯队。土地要素方面，开展"标准地＋承诺制"及工业用地"先租后让"改革，缩减审批全流程和项目前期工作周期。实行用地弹性出让、长期租赁、先租后让、租让结合供地等，满足园区的产业项目用地需求。完善园区周转用地管理制度，支持园区在核准范围内提前征收或收购一定数量储备土地，用于重点产业项目建设。数据要素方面，打造行业大数据应用示范工程。围绕地理信息、交通物流、医疗、智慧健康养老、教育、金融、文创产业、智能驾驶、旅游等领域，组织实施一批示范效果突出、产业带动性强、区域特色明显、推广潜力大的产业大数据应用示范工程。

化危为机：积极应对特斯拉国产化*

湖南省人民政府发展研究中心调研组**

祸兮福之所倚，福兮祸之所伏。2020 年初，特斯拉上海超级工厂正式投产，并交付首批 Model 3 电动车，其规模交付的火爆场面与国内低迷的车市形成鲜明对比。2019 年，全国汽车生产量同比下降 7.5%，而湖南下降幅度更大，达到了 8.2%。湖南省人民政府发展研究中心调研组通过特斯拉国产化，分析找出湖南汽车产业当前面临的"危""机"，从而提出推进湖南汽车产业转型升级的对策建议。

一　湖南汽车产业"危""机"并存

1. 湖南汽车产业之"危"

一是汽车产业整体下滑之"危"。2019 年，全国汽车生产完成 2572.1 万辆，同比增长 - 7.5%。其中，新能源汽车生产完成 124.2 万辆，同比增长 - 2.3%。湖南 12 家主要汽车生产企业实现整车生产 95.4 万辆，同比增长 - 8.2%；完成工业产值 1247.4 亿元，同比增长 - 6.0%。除北汽株洲、湘潭吉利分别增长 112.9% 和 23.3% 外，其余乘用车生产均出现不同程度下滑。如长丰、众泰已多月未开工，全年生产同比分别下滑 84.6% 和 58.7%；广汽菲克同比下滑 48.9%，上汽大众和比亚迪分别跌破 30 万辆和 10 万辆，下跌 20.0% 和 30.1%。只有北汽株洲新能源汽车出现了快速增长，全年生产新能

---

*　本报告获得湖南省委常委、省政府常务副省长谢建辉，湖南省委常委、政法委书记李殿勋的肯定性批示。

**　调研组组长：谈文胜，湖南省人民政府发展研究中心党组书记、主任；调研组副组长：唐宇文，湖南省人民政府发展研究中心副主任、研究员；调研组成员：禹向群、李银霞、侯灵艺、贺超群、戴丹、言彦，湖南省人民政府发展研究中心研究人员。

源汽车 18 万辆，同比增长 96.51%；占全国同期产量的 15.03%；实现产值 289.33 亿元，同比增长 39.3%。

二是特斯拉规模交付挤压市场之"危"。2019 年，马斯克仅仅用了 10 个月的时间，就建成了上海超级工厂。2019 年 1 月 7 日，中国工厂制造的 Model 3 实现规模交付。与国内低迷的汽车产销相比，特斯拉产销市场，风景这边独好。特斯拉官网显示，中国工厂制造的 Model 3 将从 35.58 万元降价至 32.38 万元，再加上 2.48 万元的新能源汽车补贴，价格可进一步降至 29.91 万元。2019 年特斯拉中国营收增长 64%，美国虽然依旧是特斯拉第一市场，但已不是涨幅最大的市场，中国一跃成为特斯拉第二大主力市场。有专业公司预计，Model 3 对应的中国市场空间在 50 万至 60 万辆。随着特斯拉本土化率提高，预估国产 Model 3 具备 27%~34% 的降价空间，售价将进一步下探至 20 万元左右。届时，湖南汽车产业受到的冲击将更大。

2. 未来湖南汽车产业之"机"

国产 Model 3 前期零部件本土化率为 30%，预计 2020 年年中达到 70%，年底实现 100%。特斯拉的国产化，对于动力电池、汽车电子、零部件厂商等行业具有深远影响，特斯拉或在未来 5 年颠覆传统汽车产业，新供应链体系有望重塑。

一是动力电池行业受益之"机"。根据预测，国产特斯拉本土化率的提高以及降价将带来销量的提升，从而推动形成未来产业链的风口。如果拆解特斯拉国产化链条，则不得不提及动力电池。动力电池的国产化，也是特斯拉国产化过程中最为重要的一环。汽车价值最高的是动力总成，而在电动汽车动力总成中，价值最高的要属动力电池。资料显示，动力电池约占电动汽车价值链的 30%。按照这个估算，年产 50 万台特斯拉 Model 3，动力电池就有 450 亿元的市场规模。

二是智能管理系统大发展之"机"。特斯拉的核心技术是强大的电池管理系统（BWS），以及基于视觉的低成本路线的自动驾驶。不论是电池管理系统，还是辅助驾驶/自动驾驶，都离不开汽车电子，比如电池管理系统中广泛使用的单片机（MCU）。在特斯拉电源管理系统中，Power Wall 组件、传感器组件、FPC 柔性电路板、薄膜电容器等都是正宗的国产货，湖南电子信息产业有望获得市场机会。

三是汽车零部件需求之"机"。新能源概念追捧了一批动力电池产业链。如，锂、钴材料，以及正极材料、负极材料等，金杯线缆就已经进入特斯拉供应商序列。特斯拉国产化概念涉及更广。凭借科幻的造型、超长的续航能力以及极限的加速能力，特斯拉一出世就颠覆了整个电动车行业，拓展了行业对电动车的理解边界。湖南汽车零部件产业，如车桥、车身（轻量化铝合金车身）、底盘等结构件以及模具等行业将迎来新生。

总之，由于我国特殊的道路、国情需要，以及政策对新能源车的引导，电动汽车是中国未来五年一、二线城市最具增长潜力的市场。如果说，以前有进口关税与国家政策扶持，国内电动车还有喘息空间，那么这次特斯拉在本土建厂，成为一家"中国本土化企业"后，也许留给国产车的时间就不多了。湖南汽车产业急需采取有效应对措施，才能化危为机，推进产业转型升级，实现高质量发展。

二 促进湖南汽车产业化危为机的几点建议

这一轮百年之未遇的产业大变革，不再是单纯的车企间市场份额的抢夺，而是关乎未来几十年甚至百年国家之间在汽车产业上的话语权问题，成则光芒万丈，败则暗淡无光。湖南汽车产业要在此轮变革中破茧成蝶，亟须从三个方面发力。

1. 加快推进现有车企转型升级

一是要贯彻落实好国家相关政策。国家《汽车产业投资管理规定》（以下简称《规定》）明确提出，严格控制新增传统燃油汽车产能，进一步提高新建纯电动汽车企业项目条件，积极引导新能源汽车健康有序发展。《规定》强调了我国汽车产业电动化、智能化发展的方向，无疑为湖南汽车产业发展指明了方向。有分析认为，传统燃油车仅有 10～15 年的市场机会，新能源汽车与智能网联汽车才是未来主流，今后汽车增量要靠新能源汽车来支撑。因此，全省各级党委、政府，要准确把握新能源汽车发展大势，发挥产业引导和市场倒逼机制的作用，把国家相关汽车产业政策落到实处，争取在新能源车领域迎头赶上。二是要因地制宜推进在湘车企动力转型。在新的新能源动力车投产前，鼓励吉利、广汽三菱、广汽菲克、北汽株洲、长丰猎豹、大众长沙公司等主要汽车制造商转型升级。针对主打车型吉利远景、大众朗逸/途安、Jeep自由光/指南者、三菱欧兰德、长丰CS系列、斯柯达柯迪亚克、比亚迪宋max等开展新能源动力改款转换或者双动力产品线储备，以适应全球汽车产业转型发展需要，也为湖南汽车产业注入新的活力。鼓励南车时代电动汽车股份有限公司发挥自身优势，探索生产电动新能源汽车，包括轿车、SUV、MPV等，进一步拓展汽车业务领域。三是要推动新能源车生产线上马。准确把握产业变革风向，探索设立新能源汽车产业发展基金，加快优质企业和项目落地。立足现有纯电动汽车整车制造和动力电池制造产业体系，抢抓新能源汽车产能释放机遇。尽快推动新能源汽车产业做大做强，占领未来汽车产业发展制高点。适时推出新能源汽车产业创新工程，着力推进新能源汽车产业基础性研究、前瞻技术研究、电动化平台研究和全产业链技术研究。同时，着力优化新能源汽车消费环境，完善充电设施规划和建设，引导社会力量共同参与充电站建设，共同推动湖南汽车产业高质量发展。

2. 推动动力电池以及电路集成产业发展

湖南是全国新能源电池重要生产基地，在锂电池生产方面占有重要地位。现有桑顿新能源、杉杉能源科技、妙盛动力、中锂新材料、中伟新能源、长远锂科等100多家新能源电池生产厂商。为此，一是要推进自主创新。积极引导科研院所、高校、新能源汽车制造商、动力电池制造商等多方参与，协同推动动力电池、电机、电控系统技术研发，提高综合集成能力和水平，建立起配套能力强、技术领先的新能源汽车制造配套产业体系。二是要引进消化吸收再创新。围绕动力电池、燃料电池、智能网联、电驱动、汽车电子等领域，大力引进具有国际先进水平的新能源汽车领域相关企业或相关技术，通过产学研合作，着力推进关键技术引进和成果转化。以新能源汽车整车重点企业为龙头，打造具有国际化水准的新能源汽车产业集群。三是要探索建立电池回收体系。适时收购国际先进电池生产厂商，如收购Maxwell，探索研究下一代电池技术。依托市场力量，与世界各地的第三方动力电池回收企业合作处理废旧电池，回收有价值的电池金属。建立电池回收标准和体系，解决电池的后续处理问题。同时，利用湖南"有色金属之乡"丰厚的资源优势，可以在正极材料、负极材料、隔膜、电解液，以及更上游的材料锂、钴等领域抢占产业制高点。

3. 加快零部件全产业链发展

全球汽车工业正在形成以低碳化、智能化为核心的新一轮科技转型，而零部件供应商将成为重要的参与者和推动力。截至 2019 年 6 月，特斯拉中国供应商占 22.5%，美国供应商占 31.5%。按照 Model 3 年产 50 万辆计划，如果实现全部零部件国产化，将极大带动上下游产业发展，倒逼企业创新，冲击整个产业链。为此，一是要搭建科研服务平台。整合高校、企业科研力量，利用长沙经开区、长沙高新区、湘潭经开区等区内零部件企业的设备、材料资源，加快和深化产学研合作，推动产学研项目落地。组织高校与企业就技术、科研成果、人才资源开展对接，跟踪项目落地情况。各园区要设立专门窗口，提供一揽子政策服务，解决零部件企业科研投入分散、规模小、资源不足的困境。二是要扶持一批细分行业龙头企业。结合园区制造业分布情况，各级职能部门加强调研，在专业细分领域，梳理出一批发展基础较好、发展潜力大，且符合产业转型方向的企业，集中政策和资金资源，推动扶持形成细分行业龙头，如蓝思科技、湘江鲲鹏等。深入打造汽车全产业链，鼓励民营企业进行经营模式创新，促进新一代信息技术与现代制造业、生产性服务业融合，推动汽车制造转型升级。三是要推进各类资源共享。梳理汽车相关产业链上下游及关联企业，整合区域物流、贸易、其他工业产业资源，以知名企业为核心，推动相关行业集聚发展。利用湖南工程机械产业优势，鼓励湘电发展电动新能源汽车电动机配套产业。四是要强化对零部件企业的发展指导。鼓励博世汽车、吉盛动力、罗佑发动机、索恩格等知名零部件制造企业转型升级，使湖南汽车制造产业链更加完善。同时，积极引进一批汽车零部件生产企业，拓展和丰富零部件及配件制造品类。稳步发展结构件、车桥、车身、空调、电子电器、火花塞、沙发座椅等基础性零部件，大力发展发动机、变速箱等关键零部件，加快发展汽车板、动力电池材料等相关行业，壮大和优化湖南汽车制造生态圈。

蓄力车联网基建　抢占产业制高点

——加快湖南车联网基础设施建设的对策建议[*]

湖南省人民政府发展研究中心调研组[**]

2020 年年初暴发的新冠肺炎疫情，将具有稳投资和促创新双重作用的新基建推至经济工作的中心。2020 年 2 月，国家发改委、工信部、科技部等 11 部委联合出台了《智能汽车创新发展战略》，提出了车路协同并进的发展路线，意味着车联网基础设施全面升级的浪潮已悄然到来。智能互联汽车产业爆发的奇点已然临近，湖南要以争创国家车联网先导区为近期目标，以抢占智能互联汽车产业制高点为长远目标，按"以基带产"的发展思路和分"四步走"的推进路径，统筹 5G 网端建设和智能车端迭代进程，布局完善高规格的车联网基础设施，带动智能互联设备普及和应用丰富，进而推动湖南省汽车产业在智能化转型中拔得头筹。

一　车联网基建之于湖南经济的重大意义

车联网基础设施包括测试应用示范区、智能化道路、车用无线通信网络、大数据云控平台等，与智能网联汽车共同构成车联网产业链，布局车联网基建有三重意义。

1. 对交通强国战略的有效衔接

交通强国是十九大做出的重大决策，被视作"建设现代化经济体系的先

---

　*　本报告获得湖南省委常委、省政府常务副省长谢建辉，时任湖南省委常委、长沙市委书记胡衡华，湖南省委常委、省政府国有资产监督管理委员会党委书记姚来英的肯定性批示。

**　调研组组长：谈文胜，湖南省人民政府发展研究中心党组书记、主任；调研组副组长：唐宇文，湖南省人民政府发展研究中心副主任、研究员；调研组成员：禹向群、言彦，湖南省人民政府发展研究中心研究人员。

行领域"以及"全面建成社会主义现代化强国的重要支撑",战略高度前所未有。从产业禀赋看,中国长于基建,欧美长于造车。因此,车路协同发展有利于我国获得相对于国外的不对等优势,是我国汽车产业实现弯道超车的重大机遇。2019年湖南入选首批交通强国建设试点,中央政策层面也是谋划已久,顶层制度设计已基本完成。2020年初发布的《智能汽车创新发展战略》,明确提出了产业发展方向。技术路线基本确定,出台"智能网联汽车技术路线图",C-V2X作为5G网络最重要的应用场景之一,在与DSRC的技术路线之争中接近胜出,在技术可扩展性、专利分布上均有利我国。频谱初步划定,规划了频段共20MHz带宽的专用频率资源,用于V2X智能网联汽车的直连通信。标准体系逐步完善,初步形成了覆盖C-V2X标准协议栈、设备和测试规范等各层面的标准体系。技术方案得到验证,2019年末进行了跨芯片模组、跨终端、跨整车、跨安全CA的"四跨"验证示范,主流应用方案和技术成熟度得到验证。各省市积极对接国家战略,争相发力车联网基建。以车联网示范区项目为例,2019年全国新落地的车联网示范项目近30个,连续两年实现翻倍增长,2020年有望迎来多家示范区的后期工程落地。

2. 后疫情时期经济托底稳增的有力举措

新冠肺炎疫情对湖南省经济的短期冲击是显著的。发力车联网基建,有助于稳增长、稳就业,释放经济增长潜力,提升长期竞争力。一是市场规模大。据估算,湖南省仅路侧改造市场2023年就有望达到75亿元的建设总规模;2025年有望达到200亿元的建设总规模。加上示范区建设、乘用车智能网联设备、矿山、货场和园区等特定封闭场景的实施落地,以及远期的RoboTaxi和干线物流自动驾驶等,潜在市场规模庞大,运营前景乐观。二是产业带动性强。车联网基建作为5G、物联网、北斗导航、大数据、人工智能、集成电路技术、云计算等高新技术的集大成产业,涉及交通、汽车、电子、通信、计算机、互联网等诸多行业,对经济的拉动效应远大于传统基建投资。三是投资回报可期。长期来看,车联网将成为5G物联网终端最大的应用领域。根据Gartner提供的预测数据,全球智能网联汽车占5G物联网终端总数的比重,将以39%的份额占据第一位。类似通信行业的基站投资,车联网基建具有可预期的稳定现金流收入,是具有排他性的优质资产。

3. 湖南汽车产业后发赶超的重大机遇

湖南汽车产业发展迅速，长沙更是荣登汽车产业"第六极"。但总体上在产能产量、品牌号召力、研发实力、产业链完整度等方面仍然实力偏弱，车联网是湖南汽车产业后发赶超、蝶变重生的重大机遇。车路协同是未来汽车产业发展的基础，需要车端和路侧的完美配合。其中，路侧基础设施作为整个智能网联系统的数据中继和入口，也是车联网系统的底层支撑，具有一定的公益性质，政府参与投资非常重要，这也是我国制度优势的体现，一旦完善，能有效吸引芯片、模组、主机、系统集成等车端要素集聚，加快形成产业竞争力。从产业基础来看，湖南省已完成 5.8G 天线采集系统、高清车牌自动识别系统、公路极端气象监测预警与行车诱导系统等多项产品和技术的研发。湖南在"取消高速公路省界收费站项目"、湘江新区"双一百"项目中，积累了车路协同和智慧交通建设的经验，在车联网基建上已占得先机。

二　湖南省车联网基础设施建设已占得先手

湖南车联网产业发展前景向好，特别是长沙，扎实推进项目落地，已与沪穗汉深等城市一道进入车联网竞争的"一级赛道"。考虑到车联网产业的集聚特征和产业底蕴差距，要举全省之力加以扶持，把领先优势转化为竞争优势，形成产业优势，带动全省汽车产业智能化转型。

1. 测试环境全国领先

国家智能网联汽车（长沙）测试区是由工信部授牌的 16 家国家级智能网联汽车测试区（自助驾驶测试场）之一，具有以下特征：模拟场景多。拥有模拟城市道路、高速公路、乡村道路和越野道路等测试区，应用于包括 AEB、LDW、ACC，超车预警辅助，行人避碰在内的 228 个智能网联汽车测试场景。截至 2019 年，测试区已承接 2200 余场智能网联汽车测试，总测试里程近 10 万公里，发放开放路测牌照 53 张。5G 覆盖范围广。3.6 公里双向高速测试环境及无人机测试跑道为国内独有，封闭测试区及智慧公交示范线已实现 5G 全覆盖。开放式车路协同高速公路是国内首条基于 5G - V2X 的高速公路。虚拟仿真布局超前。湘江新区与腾讯自动驾驶技术团队合建"智能网联汽车仿真实验室"项目，基于高精度地图和模拟仿真技术，对测试区的地理全貌进行数字化建模，实现在仿真环境下进行安全、高效的智能汽车实验。商业化运营领先。积极布局公交、渣土车、环卫车等专用车辆车载终端基础平台改造，景区、园区、停车场等特定场景的智能网联运营应用。开通了国内首条 7.8 公里的智慧公交示范线。开通了国内智能化改造范围最广、道路类型最全面、安全防护最严密的城市开放道路，开发了国内首个智慧共享出行示范项目。智能重卡、自动驾驶乘用车 Robotaxi 与普通社会车辆一道在城市开放道路和高速开放道路上运营。

2. 产业链条不断完善

与北上广相比，长沙汽车产业底蕴不具优势，但由于在车联网基建上占得先机，率先形成企业引进与生态丰富良性循环的产业闭环。与头部企业展开深度合作。围绕车联网产业链各环节，与头部玩家展开深度合作，洽谈对接智能网联汽车领域重点项目 70 多个。其中，世界 500 强企业 8 家，累计签约德国大陆、舍弗勒、华为、腾讯、百度、京东、中国移动等行业头部企业近 20 家，已有桑德新能源汽车、通达电磁感、中国长城总部基地等 6 个项目开工建设，如表 1 所示。百度 Apollo 与一汽红旗联合研发的"红旗 EV"Robotaxi 车队在长沙示范区首发试运营，与湘江新区携手举办 Apollo 首届生态大会，发布 ACE 王牌城市计划；华为发布的湖南智能网联汽车产业云全球首次落地。

表 1　车联网产业链重点环节引进的头部企业

产业链环节	头部企业
车载及路侧通信	华为、长沙智能驾驶研究院等
自动驾驶底盘及线控转向	舍弗勒
人工智能处理器	地平线
传感器	大陆集团
云控平台	启迪云控
自动驾驶特种车辆	桑德新能源汽车、中联酷哇等

资料来源：根据调研结果整理。

截至 2020 年 3 月，湖南已拥有人工智能算法、芯片、大数据、传感器、电池新材料等基础层企业 229 家；感知、识别技术、自动化等技术层企业 77 家；整车及汽车零部件、工程专用车、无人驾驶车辆等应用层企业 41 家，共

347 家企业，不断巩固智能网联汽车产业生态。夯实产业基础。与本土汽车、北斗导航、储能电池、电子信息、机械制造等产业紧密结合以拓展产业边界。

3. 生态要素加速集聚

政策要素：智能网联汽车是长沙市"三智一自主"产业布局的重中之重。围绕智能网联汽车发展研究"火炬计划"和"头羊企业培养计划"以及"三年行动计划"，拟通过政策引领，率先实施并精耕细作两个"100"工程，形成智能网联汽车全产业链生态。创新要素：引进西电、中车时代、地平线、猎豹移动、速腾等 12 家科研院所，与中南大学等 3 所高校及百度等企业合作共建湘江人工智能学院。制度体系：发布了《长沙市关于进一步促进人工智能产业发展的若干意见》和以《长沙市智能网联汽车道路测试管理实施细则（试行）V2.0》为核心的 6 项涉及智能网联汽车公共道路测试的管理规程。人才要素：长沙 50 余所高校开设了 20 余个与智能网联汽车相关的学科，在校大学生约 8 万人；拥有智能网联汽车相关领域的院士、"长江学者"、享受政府特殊津贴专家等顶级人才 500 多人，人才储备居全国前列。资本要素：长沙市产业投资基金发起设立 50 亿元人工智能相关产业发展子基金；湘江新区财政专项安排产业投入资金 12 亿元，用于扶持智能网联汽车领域自主创新、高端装备、总部项目。此外，2019 年湖南省完成造价高达 27.35 亿元的高速 ETC 改造项目，初步形成了车联网路测基础设施雏形，为车联网基础设施建设和车联网大规模应用打下了基础。

三　推进湖南省车联网基建的路径及对策建议

结合车联网发展趋势与湖南产业基础，调研组对湖南车联网基础设施建设提出三点建议：按照"四步走"的建设路径；重点打造具有全球标识性的示范基地；建立健全车联网基建保障体系，通过基建撬动产业发展落地。

1. 建设路径：示范区升级→路网智能改造→特殊场景应用→车路协同规划

示范区升级：以智能网联汽车（长沙）测试区为依托，争创国家车联网先导区。精耕细作两个"100"工程、加快智能系统检测实验室建设，加强对现有场景的丰富和升级。路网智能改造：路网智能改造是智慧城市建设的重要组成，要推动加快湖南省路网智能改造步伐。支持各市州制定道路设施数字化改造方案，推进道路交通信号灯、交通电子标识等交通标志标识、交通管理信息、道路感知系统的智能化升级和改造，在桥梁、隧道等道路关键节点加快部署窄带物联网（NB-IOT）等网络。总结全省高速 ETC 设施建设经验，推进高速公路侧智能化改造。行驶路段侧主要以投放智能路侧设备为主（如智能测速摄像头等）；出入口/收费站侧针对具体场景实现智能化改造，如智能摄像头、智能存储以及前台车辆识别系统等。特殊场景应用：在部分特殊场景进行试点，一是扩充智慧公交示范线、自动驾驶乘用车 Robotaxi、智能重卡等试点范围和试点场景，加快渣土车、"两客一危"、环卫车等专用车辆车载终端基础平台改造并投入应用。加快在景区、园区、港口、停车场等特定场景的商业运营步伐。车路协同规划：结合湖南省 5G 基站建设进度计划，在 5G-V2X 标准完善、关键产品商用化的基础上，研究规划湖南省基于 5G-V2X 的技术路线应用，逐步构建车联网"人-车-路-云"互联生态体系。

2. 重点项目：率先探索城市级的 5G-V2X 应用试点项目

突出 5G-V2X 的特色应用。在湘江新区率先探索全球领先的城市级车联网（5G-V2X）应用项目。与华为、大唐、移动等领先企业进行深度战略合作，探索建设覆盖部分核心城区、城市快速路、城际高速公路、主要交通路口和开放道路的 5G-V2X 网络。增加测试场景，扩大测试与示范车辆规模，建设功能完备的智能网联汽车测试示范公共服务平台。加强交流合作。发挥省内头部企业的吸引作用，加强 5G 应用研发企业、机构的技术合作，加强在技术引进、产品研发、人才培养、产业发展等领域的国际交流合作；加强部省合作共建国家级项目，积极向上争取业务指导和政策支持；加强与国内外智能驾驶测试区的交流合作，推动试验场数据共享、测试结果互认，探索跨行业标准合作新模式；加快实现跨行业信息共享，通过平台+应用+网络+终端模式引入公安交管等信息平台，实现跨平台信息共享；充分发挥协会、学会、联盟等行业组织的作用，加强国际国内战略合作。

3. 保障体系：创新完善工作推进机制和投融资机制

工作推进机制：建议参照移动互联网产业发展模式，由湖南省工信厅、省交通厅牵头，建立健全省市联动和部门协调的工作机制。出台《湖南省推进车联网（智能网联汽车）产业发展行动计划》，制定支持产业发展的若干意见，明确车联网基础设施建设目标和具体任务。加快完善产业发展、交通管理、道路测试、标准规范、应用示范、安全管控等领域的政策法规，引导产业创新发展。整合制造强省、科技成果转化、智慧城市建设等领域的专项资金，重点向车联网基础设施建设领域倾斜。投融资机制：车联网基础设施建设投资总额大，建设周期逾10年，后期商业变现潜力大，需根据不同阶段的风险收益特征适配多元化的融资工具。前期示范区建设和智能路网改造的公益性、平台性较强，直接投资回报较低，建议以政府性投资为主，社会性投资为辅，通过发行专项债、PPP等多种融资模式募集引导资金，吸引社会资本、金融资本或产业资本进行投资。后期特殊场景应用和车路协同建设项目，投资回报较好，商业变现模式较多，宜以社会性投资为主体，充分挖掘项目商业价值，降低项目的运营和投资成本。

湖南中药产业链迈向千亿产业对策研究[*]

湖南省人民政府发展研究中心调研组[**]

2020年2月，习近平总书记在统筹推进新冠肺炎疫情防控和经济社会发展工作部署会议上明确指出，"中医药是中华文明瑰宝，是5000多年文明的结晶，在全民健康中发挥着重要作用"。在2003年抗击"非典"和2020年抗击新冠肺炎疫情中，中医药都发挥了重要作用，凡是中医药介入较早的地区治愈率均高于其他地区。在新冠肺炎疫情的全球大暴发中，中医药的良好治疗效果，势必带来中医药产业井喷式发展。为促进湖南中药材产业振兴，抓住本轮产业发展机遇，湖南省人民政府发展研究中心调研组分析了湖南中药材产业现有基础，找出了存在的问题，提出了振兴中药材产业的几点意见。

一　湖南中药产业发展现状

1. 野生中药材资源比较丰富

据第四次全国中药资源普查统计，湖南省中药资源共计4123种，居全国第二位，是全国8个中药材种植基地省份之一。其中，药用植物3604种，药用动物450种，药用矿物69种；《中国药典》（包括《中国兽药典》）收载的600余种常用中药材品种中，湖南常产供应品种达240余种，茯苓、玉竹、百合、黄精等在全国享有盛名，其中，邵东玉竹产销量全国占比80%，黄精产量全国占比50%。同仁堂、天士力等省外知名药企都在湖南建立了药材基地，

* 本报告获得湖南省委副书记乌兰，时任湖南省政府副省长吴桂英、湖南省政府副省长陈飞的肯定性批示。

** 调研组组长：谈文胜，湖南省人民政府发展研究中心党组书记、主任；调研组副组长：唐宇文，湖南省人民政府发展研究中心副主任、研究员；调研组成员：禹向群、贺超群，湖南省人民政府发展研究中心研究人员。

充分利用湖南省丰富的药材资源。

2. 中药材产业基础良好

据统计，湖南省中药材种植企业（合作社）达 300 余家，中药材种植面积约 400 万亩，初步形成了茯苓、吴茱萸、美洲大蠊、龙脑樟、蕲蛇、玄参、栀子等一批国家中药材生产种植（养殖）项目基地。主要品种百合、山银花、茯苓产量分别占全国的 70%、60%、60%，吴茱萸产量占全国的 40%，厚朴产量占全国的 35%。林下经济也十分发达，全省林药种植面积近 700 万亩，约占林下经济总面积的 23%。2018 年新认定了安化县、祁东县、平江县、桑植县、新田县、花垣县、桂东县、双牌县等 8 个县为第二批湖南省中药材种植基地示范县。恒康农业、天合农业、沅江益森、株洲神农等种植企业规模效益越来越明显。

3. 中药材精深加工业不断壮大

2018 年，全省中药产业链规模企业 372 家，完成主营业务收入 571.3 亿元，比上年增长 10.7%。根据米内网发布的"中国中药企业 TOP100 排行榜"榜单①，湖南九芝堂、景峰、千金、汉森、天地恒一、天济草堂等 6 家企业入选中药企业榜。九芝堂、方盛制药、正清制药等企业中药生产线现代化水平大幅提高，炎帝生物、绿之韵、希尔药业、绿蔓生物等大健康代表性企业快速壮大。金英胶囊、紫贝止咳颗粒、喉咽清口服液等中药新药不断被开发出来，国家级企业技术中心、国家级技术创新示范企业不断增多。

4. 产品市场影响力较大

全省建设了邵东廉桥、长沙高桥两个国家级中药材市场。2018 年，廉桥镇药材种植面积多达 5000 余亩，廉桥药市交易额超过 70 亿元，成交量在全国药材专业市场中排名第四；有各类中药材经营户 1200 多家，经营药材达 2000 多个品种，畅销全国，远销东南亚等国，已初步形成集生产、经营、加工、种植、仓储、物流、科研于一体的产业链。靖州茯苓、湘潭湘莲、隆回金银花等特色药材集散地的全国影响力正在提升。老百姓、养天和、益丰大药房、九芝堂大药房等"药房湘军"迅速崛起，湖北、江苏、上海、浙江、江西、广东等省都有药房湘军的足迹。

---

① 米内网榜单以市场数据为主。

二 湖南中药产业面临的主要问题

1. 中药各环节质量标准缺失，全产业链发展受限

全省多数中药材生产环节主要是农民或以农民集体组织形式开展的种植（养殖）、初加工与储存，管理松散，缺少专业的药材种植（养殖）过程的技术指导与质量管控。从源头来看，种植散、小、乱，道地性不明晰（盲目引种）、种苗缺管理、栽培不规范（缺乏专业指导）等，重产量轻质量，药性源头失控。从生产来看，生产环节质量标准欠缺，如产地初加工过程中的马路暴晒、硫黄熏蒸，中药材质量得不到有效保障。相对于其他环节，全产业链中的加工和储藏等关键环节投入相对薄弱，导致大宗药材加工水平偏低，无法实现精深加工，原材料综合利用不足，抑制了产业链的有效延伸。加工企业大多规模较小，生产经营成本高，技术装备设施落后，影响产品质量与保质期。

2. 中药材大品种、大品牌较少，中药工业带动力弱

中药单品市场竞争力不强。全省单品种年产值过亿元的只有 28 个，虽已具备一定的市场规模效应，如玉竹产量全国占比 80%、黄精产量全国占比 50%，但由于品牌建设一直未能引起足够重视，市场认知度不高。截至 2020 年 4 月，市场尚未出现年产值过 10 亿元的单品，最大单品种（妇科千金片＋胶囊）年销售额也只有 8.2 亿元，而宁夏枸杞、甘肃当归、云南文山三七等知名品牌，单品年产值达几十亿甚至上百亿元。此外，中药加工旗舰企业不足，全省中药产业链规模企业 372 家，多而不强。根据工信部公布的中国医药工业百强榜①，湖南医药工业企业已在 2014、2015、2016、2018 年连续落榜，2017年仅有九芝堂入榜，排名第 77 位，全省中药产业链建设缺乏带动力强大的旗舰企业。

3. 中药材专业市场粗放式发展，调配功能发挥不够

市场溯源实施落地难。现有商务部的"追溯"试点，以市场为依托，仅追溯到经营户，做不到源头追溯。多数市场经营户都是选择性追溯，参与度低。专业市场尚未配备中药材检测仪等公共服务产品，消费者要检验产品质

---

① 工信部榜单以政府部门统计数据为主。

量，需缴纳较高的检测费用（2018 年为 2400 元/次），打击消费者维权积极性。市场调配功能发挥不够。质量、价格是中药材种植的最大挑战，全省部分中药材产能过剩，市价波动大。调研发现，邵东玉竹受产销失衡、技术脱节等影响，价格已经连续 5 年下跌。实物交易市场建设滞后。尽管全省已经建立一些区域特色中药交易市场，如靖州茯苓、小沙江金银花等药材集散地，但并未做到"一品一市场"或"一县（区）一市场"。在产品营销与市场拓展方面，资金投入过少，实物交易市场建设滞后。现有市场准入制度欠缺，市场经营主体知识结构、守法意识、文明诚信观念参差不齐，市场交易中染色、增重、掺假等问题时有发生，市场监管难度加大。

三 促进湖南中药迈向千亿产业的对策建议

疫情发生以来，中药产业迎来了跨越式发展机遇。湖南只要充分发挥自身资源优势，以"湘九味"道地中药材大品种生态种养基地为抓手，做好中药精深加工专业园区建设，建立健全中药市场体系，培育壮大一批品牌旗舰企业，变资源优势为产业优势，就有望在 2020 年底实现全省中药产业突破千亿元大关。

1. 打造"湘九味"中药材大品种生态种植基地

一是建立道地中药材大品种生态种养基地，争取获得国家级认定。湖南省在百合、玉竹、黄精、山银花、枳壳（实）、博落回、茯苓、杜仲、湘莲等九味中药材种植中，既有道地性，又有产业基础，全国影响力较大。以这 9 个大品种为重点，按照布局区域化、种植规模化、生产标准化、加工集群化、营销品牌化发展方向，集新品种新技术示范、标准化绿色生产、高质量发展于一体，率先建设国内一流的生态种植基地，打造"湘九味"中药材品牌。以龙山县、邵东市、新化县、隆回县、沅陵县、新宁县、靖州县、慈利县、湘潭县及周边县区为主要区域，分别建设百合、玉竹、黄精、山银花、枳壳（实）、博落回、茯苓、杜仲、湘莲等生态种植基地。种植规模视条件而定，可控制在5000 亩至 1 万亩范围之内。

二是创新与保护相结合，强化种养基地发展后劲。依托农村"三变"改革，深化体制机制改革，创新合作发展模式。鼓励中药企业以订单形式稳定生态种植基地，打造利益共同体，实现农民和企业双赢。鼓励医药企业根据自身发展需要，采取委托种植＋预付款的方式，到贫困地区新建中药材种植养殖基地，或设立定制药园，以销定产，稳定市场价格，保证种植户的利益。推进省级野生药材资源保护区建设，加强珍稀濒危野生药材物种保护、繁育研究，开展珍稀濒危中药材的生物转化和人工替代品研究。制订中药材保护目录，保护中药资源良性开发，为产业化提供技术支撑。加快中药资源普查成果转化，建立中药资源动态监测网络和省级药材动植物种质资源库。加大科技创新支持力度，创新建立基地专家负责制，解决基地生产技术问题。

2. 设立中药精深加工专业园区

以长沙国家生物产业基地为核心，充分利用现有现代中药及特色中药、高端原料药及制剂、抗肿瘤药物、药用辅料、生物诊断试剂、功能保健品及食品和动物保健药等基础优势，新建1000亩以上的中药深加工专业园。重点打造以中药及中药饮品为核心、集中药深加工及周边产品开发于一体的综合性产业基地。依托园区内湖南省中药提取工程研究中心，联合九芝堂、千金药业、尔康制药、九典制药、威尔曼制药、华纳大制药、安邦制药、天地恒一、春光九汇、迪诺制药等省级制药龙头企业，深度开发中药资源，探索开展药食同源中药材资源开发利用，延伸产业链条。鼓励中药饮品、中药提取物联合研发，支持产业链向下延伸，打造全国市场认可的本土化高质量健康品牌。

3. 进一步建立健全中药市场体系

一是建立健全质量安全追溯系统。支持九芝堂、时代阳光、千金药业、紫光古汉、正清制药、汉森制药等全国知名本土中药龙头企业试点应用区块链、物联网等技术建设产品质量溯源体系。强化药品企业信用体系建设，促进诚信守法经营。制定相应法律法规，加快追溯体系建设，探索开展包装追溯模式建设，实现重点中药材"从生产到消费"全程可追溯。

二是建立中药材质量分级标准体系。依托现有国家药典标准，建立道地中药材种子种苗、种植技术、产地加工、质量检验等关键环节的质量技术标准体系，规范关键环节生产技术标准。研究建立分类分级质量标准，允许行业和企业建立分级标准，提出有效成分含量标准，规范市场分级交易价格。探索建立中药材第三方质量监测体系，加强中药材标准化研究，建立道地药材生产技术标准体系和评价制度。

三是优化重点中药材流通链条。各级中医药管理局、市场监督局，要建立健全中药材种植户、生产商、经销商审核制度。建立药材产品认证系统，对进入市场的中药材，实行药材质量检测，并进行分级认证。严格市场准入，严禁信誉差的企业和不合规的中药材生产商进入市场。建立健全综合市场和专业市场体系建设，重点支持邵东廉桥、长沙高桥国家级中药材综合市场建设，支持靖州、龙山、隆回、邵阳、新晃、沅江、平江、洪江等单品种专业市场建设。建设中药材全产业链信息化管理系统，实现对大宗地产药材种植养殖、生产加工、销售全过程管理调度。

4. 培育壮大一批品牌旗舰企业

湖南中药综合实力处于全国第一方阵，还缺乏具有强劲带动能力的大企业。2019年全省中药工业有规模企业200多家，进入全国中药工业企业百强的只有九芝堂、千金药业等少数企业。

一是着力支持一批老字号。比如，支持商务部认定的"中华老字号"九芝堂发展，弘扬国家非物质文化遗产，构建"种子、种苗、种植、加工、制药、销售、研发、物流、培训、旅游、文化"的中药全产业链，培育龙头企业、品牌企业，打造现代化大型医药企业。

二是培育壮大新的头部企业。支持中药重点园区、重点企业、重点项目发展，加快培育中药新的经济增长点。加强与国药集团等中国500强企业的沟通衔接，推动中国中药公司在湖南的战略布局，支持国药控股湖南公司在湘搭建中药大健康服务平台，提升中药产业发展质量水平等。

三是鼓励中药企业向上下游延伸。以中药工业企业为引领，向上游发展中药材种植业。如，支持新汇制药在洪江市建设黄精、重楼等万亩药材种植基地，九芝堂与怀化补天药业联合建设靖州茯苓生产基地等。争取研发一批有湖湘特色、在全国有一定影响的中药新药。利用资源优势，主动对接粤港澳大湾区中药项目建设，争取2020年突破千亿元大关。

加快打造湖南商业航天新高地[*]

湖南省人民政府发展研究中心调研组[**]

在国家发改委明确的"新基建"范畴中，卫星互联网与5G、物联网、工业互联网一起并列为通信网络基础设施。在"新基建"建设浪潮下，商业航天迎来重大发展机遇，卫星制造和应用有望进入高成长期。湖南省在商业航天领域具有良好基础，具备一定的比较优势，应把准时机，抢先发展低轨商业卫星产业链，打造商业航天新高地。

一 时不我待，湖南发展商业航天有需要

1. 政策持续驱动力强劲

2014年，国家明确鼓励民间资本进入卫星研制、发射、运营等整个产业链，拉开了我国商业航天的序幕。"十三五"期间，国家相继发布十余项政策文件，推动商业航天产业进入蓬勃发展期（详见表1）。随着卫星互联网成为"新基建"的重要组成要素之一，未来商业航天相关配套项目将进入高速建设期。湖南省也先后出台推进航空航天产业链发展、提升工业新兴优势产业链现代化水平等政策文件，推动全省商业航天产业保持快速发展态势。

---

[*] 本报告获得湖南省委常委、省政府常务副省长谢建辉，湖南省政府副省长朱忠明的肯定性批示。

[**] 调研组组长：谈文胜，湖南省人民政府发展研究中心党组书记、主任；调研组副组长：唐宇文，湖南省人民政府发展研究中心副主任、研究员；调研组成员：李学文、龙花兰、黄玮，湖南省人民政府发展研究中心研究人员。

表1　部分商业航天国家级政策汇总

时间	政策名称	相关内容
2014 年 11 月	国务院关于创新重点领域投融资机制鼓励社会投资的指导意见	鼓励民间资本参与国家民用空间基础设施建设。鼓励民间资本研制、发射和运营商业遥感卫星,提供市场化、专业化服务。引导民间资本参与卫星导航地面应用系统建设
2015 年 5 月	中国制造 2025	加快国家民用空间基础设施建设,发展新型卫星等空间平台与有效载荷、空天地宽带互联网系统
2016 年 5 月	国家创新驱动发展战略纲要	大力提升空间进入、利用的技术能力,完善空间基础设施,推进卫星遥感、卫星通信、导航和位置服务等技术开发应用,完善卫星应用创新链和产业链
2016 年 11 月	"十三五"国家战略性新兴产业发展规划	做大做强卫星及应用产业,加快卫星及应用基础设施建设,提升卫星性能和技术水平,推进卫星全面应用
2016 年 12 月	信息通信行业发展规划(2016 ~ 2020 年)	建成较为完善的商业卫星通信服务体系,强调利用卫星通信提升国家应急通信能力
2017 年 12 月	关于推动国防科技工业军民融合深度发展的意见	面向军民需求,加快空间基础设施统筹建设。促进通信卫星等通信基础设施统筹建设。积极引导支持卫星及其应用产业发展,促进应用服务创新和规模化应用
2018 年 4 月	关于降低部分无线电频率占用费标准等有关问题的通知	缩小卫星运营商的频率占用费缴费规模,免除部分高通量卫星终端用户的占用费,并对列入国家重大专项、开展空间科学研究的卫星系统的频率占用费实行 50% 的减税政策

资料来源:根据公开资料整理。

2. 市场发展潜力巨大

一是市场空间逐年增大。2019 年全球卫星产业总收入 2710 亿美元,规模较 2010 年扩大了 61.2%，发射了 386 颗"商业采购"卫星。艾瑞咨询研究院统计显示，2018 年我国民营机构卫星制造收入爆发式增长，较 2017 年增长 272%。二是资金青睐有加。2018 年我国商业航天领域至少发生 36 笔投融资交易，涉及金额约 36 亿元，其中 1/3 属于天使轮及种子轮投资，这说明商业航天正处于投资风口，部分商业航天企业崭露头角得到资本持续加持，更多的资本也逐渐将目光转向这个行业。未来增长可期。短期看，业内预计"新基建"政策红利有望带来 500 亿元左右投资；中长期看，"国网工程"一期规划 800 颗以上卫星，后续规划超过 5000 颗卫星，加上地面配套设施建设，预计直接投入近万亿元，为整个卫星产业链带来新的巨大增量空间。

3. 卫星产业链条长且应用场景丰富

作为先进制造和高端装备的先行产业，卫星产业对上下游的引领带动能力进一步加大。对产业链上游，带动新材料、芯片制造、机械加工制造、软件等国产自主可控替代的技术提升和产业发展。在产业链下游，卫星技术与 5G、互联网、大数据、人工智能、云计算等先进技术相结合，在城市精细管理、交通运输、物流、制造、旅游等多个领域开展延伸合作和应用变革，将产生智慧城市、智慧交通、物联网、工业互联网、车联网、智慧旅行等多元化应用场景，为经济增长带来新增长点。

4. 各省都在抢占商业航天发展先机

部分省份已经开始在商业航天产业进行统筹和布局，湖南省发展商业航天产业面临"前有强敌、后有追兵"的态势。"前有强敌"，因固有的航天产业基础和科研资源，北京、上海在商业航天领域具备先天优势，全国过半的商业航天企业总部选择落户北京；湖北、陕西较早设立了国家级航天产业基地（产业园），拥有一定先发优势；吉林省借助老工业基地的良好基础，正积极打造"航天省"。"后有追兵"，如重庆抢先引入了东方红卫星移动通信有限公司，并提出打造全国太空互联网总部基地；四川成都预计 2021 年建成年产 200 颗卫星的商业 AI 卫星工厂；河南郑州正建设中国商业卫星研发制造基地；福建加快高分卫星应用步伐，提出打造卫星技术创新应用高地；内蒙古加快构建卫星遥感大数据产业生态，等等。

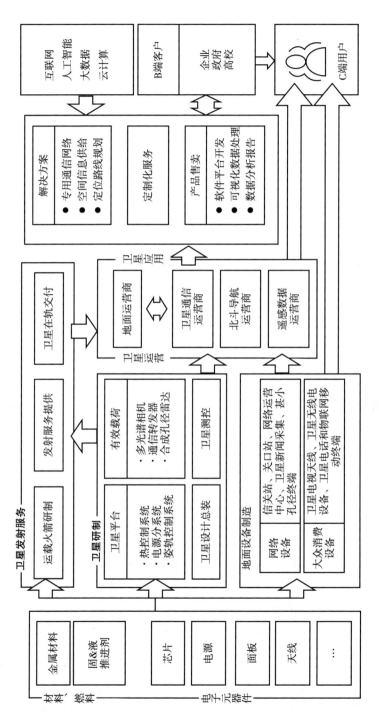

图 1　卫星及其应用产业链结构

资料来源：根据公开信息整理。

107

二　优势突出，湖南发展商业航天有底气

1. 技术水平走在全国前列

一是拥有整星制造能力。湖南省是全国能进行卫星整星制造的少数几个省份之一，在长沙研制且成功发射的微小卫星数量已经跃居全国前列。二是拥有一批具备竞争力的领军企业和先进产品。湖南省有两家商业航天企业连续两年跻身"中国商业航天企业30强"，其中，长沙天仪研究院掌握了微小卫星整体设计与制造关键技术，截至2020年末共成功发射卫星21颗，微小卫星发射数量居国内民营企业首位；湖南斯北图科技有限公司研制的产品进入了航天科技集团、科工集团、中电集团以及多数优势民营航天企业的采购目录，部分模块被纳入了定型卫星平台。湖南揽月生产的卫星姿态控制产品已经进入国际先进行列。湘邮科技研制的北斗邮政服务系统为全国唯一，北斗终端产品独占全国邮政一级二级干线市场。湖南环球信士研制的北斗卫星动物监测系统，其产品占据全国85%以上的市场。以航天068基地、华天惯导、长沙北斗安全研究院、矩阵电子、航天环宇等为代表的团队，研制出激光陀螺、惯性导航、北斗高精度芯片、宇航级天线、航天材料研制设备等国内领先水平产品。

2. 形成了较为完整的卫星制造本地供应链条

在卫星制造领域，湖南省已经形成一条较为成熟完整的生产供应链，商业卫星80%以上的关键部组件可以在长沙高新区自主制造，在整星制造方面具有很高性价比和比较优势。

3. 卫星产业的科研平台和湘籍人才优势明显

一是研发平台基础雄厚。以国防科技大学、中南大学、湖南大学、省军民融合装备技术创新中心、国家高分湖南中心为支撑，依托企业主体，已有省级研究中心、技术中心、联合实验室等创新平台9个，省国防重点实验室4个，重点研究领域集中在导弹及卫星制造总体、超高速冲压发动机、北斗导航系统建设、卫星应用终端核心芯片及组件、卫星测控、高分遥感应用工程化等方面。二是航天领域湘籍人才济济。既有中国工程院院士张履谦、中国载人航天工程总设计师周建平、北斗卫星导航系统工程总设计师杨长风、中国探月工程副总设计师于登云、中国载人航天办公室副总设计师陈善广、"嫦娥四号"生

物科普试验载荷总设计师谢更新、"嫦娥五号"探月工程三期探测器系统总设计师杨孟飞等湘籍航天领军人物,国字号航天企业中也有很多湘籍中坚力量。同时,国防科技大学、中南大学等高校也培养了不少航天领域新生力量。

三 找准问题,湖南发展商业航天有瓶颈

1. 整体实力与先进省市相比仍有差距

与北京、陕西等传统航天强省市相比,湖南省尚未形成覆盖卫星平台、载荷、地面建设、软硬件开发和应用的完整产业体系;具备超强实力的研发机构不多,尤其是宽带通信载荷研发、雷达卫星载荷研发等,整体互补性不强。与中国空间技术研究院(航天五院)、上海航天技术研究院(航天八院)、中国科学院微小卫星创新研究院(上海微小卫星工程中心)等相比,湖南省商业航天企业仍处于"初创期","内力"有待继续提升。

2. 在商业价值最大的卫星服务领域不具备优势

美国卫星产业协会(SIA)将商业航天产业主要划分为卫星制造业、卫星发射业、地面设备制造业及卫星服务业四大部分,2018年四个部分在全产业的占比分别为7%、2.2%、45.1%及45.6%,卫星服务业是商业航天产业中最大的价值组成部分,湖南省在卫星制造领域虽然具备比较优势,但在卫星应用服务领域仍缺乏突出的头部企业和有影响力的企业集群,例如我国A股上市企业中,北斗导航概念股超过40只,但湖南省只有湘邮科技一家。

3. 资金不足和人才引进难制约商业航天企业发展

商业航天产业对资金、人才等要素资源有非常高的要求。湖南省商业航天企业中的民营企业大多属于初创企业,成立年限短,一般为2~5年,走的是"重创新、轻资产"的运营模式,由于缺少抵押品,通过传统渠道获得大额贷款融资的难度较大;同时,商业航天项目存在一定风险,一旦大项目失败,企业发展将面临困难,因此资金是航天民营初创公司面临的一大难点。航天领域有经验的专业人才大多集中在北京、上海、深圳等发达地区,薪酬待遇和发展平台等相对优于湖南省,因此吸引有一定工作经验的专业人才来湘工作,是企业面临的另一大难题,如长沙天仪研究院2020年计划招聘40人,但预计最终完成50%左右的目标。

4.民营企业承接国家航天项目存在天然劣势

不管是"国网工程"还是国家重大军民融合项目，民营企业在承接此类项目时都存在先天弱势，容易遭遇"天花板"，以独个企业之力难以成功，需要抱团作战。但截至2020年8月，政府层面尚未建立高层次、有效率的制度体系，企业之间仍以各自为政为主，尚未形成合力，难以做到对国家重大项目的集体攻关。

四 精准施策，湖南发展商业航天有办法

一是搭台引凤，抢占发展先机。加快布局抢先机。以长沙为中心，以"卫星工厂"整星制造为牵引，从导航、通信、遥感、科学实验四大类卫星入手，研发和生产制造符合国家战略需要的商业卫星产品，提升整星批量生产能力，进一步降低卫星生产成本，强化"商业卫星湖南造"的能力；加快提升配套设施制造和服务的能力，研发和销售面向消费者的卫星应用产品和增值服务，尽快形成平台、载荷、地面建设、软硬件、应用一体的完整产业体系。专业园区巧搭台。借鉴湖北、陕西、吉林等省份设立商业航天产业基地的经验，建议以长沙高新区为主体，高规格高质量建设湖南省商业航天产业园，为众多商业航天企业提供办公场地、生产厂房、测试与实验中心等基础设施平台，并针对性地出台财政、税收、项目、人才等相关配套政策。引凤筑巢谋发展。通过一事一议等额外政策倾斜，以财政专项资金进行贷款贴息、给予重大专项资金和奖励基金、发放研发补贴、发放房租及税收补贴等多种方式，吸引国内外卫星研制和制造领域的高端领军人才来湘创业；吸引国家队的重点实验室和研发基地、有一定实力和技术的民营航天公司来湘设立分部，如中国电子科技集团公司38所、空间电子信息技术研究院（原五院504所）等，与湖南省现有企业优势互补，尽快形成产业闭环。

二是双向发力，打通星地链路。实现从制造业到信息业的链式发展。打通包括上游的卫星和地面零部件配套、中游的卫星研发和卫星互联网系统的建设运营、下游应用服务的星地全产业链通路。整合上游产业链。以整星制造为总抓手，推动商业卫星上游产业的科技创新和技术进步，率先在高频板材、精密电容、高分子材料等"卡脖子"技术上实现自主可控，带动新材料及零部件制造

等企业的产业升级和发展壮大。着力向产业链下游拓展。构建天基信息服务平台，与地面基础设施和通信运营商充分合作，将各种资源数据进行整合，提供给深耕行业、了解业务的应用型公司，率先在车联网、工业互联网等具有先发优势的应用场景上取得突破，推动各类航天新技术新成果和卫星数据应用的产业化。

三是善用资本，打造"头部公司"。政府牵头设立商业航空航天专项产业基金。利用乘数效应撬动社会资本投入，扶持在结构、材料、算法、宇航电子系统等领域具有自主创新能力和领先水平的诚信企业，培育出在全国排名靠前的、拥有核心竞争力的卫星产业龙头企业。支持跨领域技术融合创新，加快培育形成一批专注于航天器制造、空间碎片清理、卫星自动化维修等领域的独角兽企业。鼓励国有资本参股航天产业链企业，尤其是投资具有核心竞争力的商业航天企业，同时，遵循商业航天高风险、高投入的客观规律，对于国有资本参股初创企业可能产生损失给予容错，提升国有资本参股积极性。

四是招才引智，激发智力资源优势。军民深度融合，提升核心竞争力。在确保安全性和保密性的前提下，加快推动"军转民""民参军"，充分激发国防科技大学等高等院校科技和智力资源富集的优势，促进军地优质资源双向流动和优化配置，加快航天领域军民两用技术产品产业化。内育外引，打造"人才磁场"。出台商业航天产业专项人才政策，打好"情感牌、事业牌、待遇牌"，吸引航天领域的湘籍"高精尖缺"人才回归；激发现有人才活力，留住以国防科技大学、湖南大学、中南大学等院校为首的技术领先团队及高端研发人才，壮大中坚力量；推动企业与高校、研究所建立联合实验室，联合培养本省航天专业技术人才，及时补充新鲜血液和有生力量。

五是联盟协作，政企联合攻关。组建商业航天产业联盟。引导湖南省国有航天企业与民营航天机构以股权为纽带建立商业航天产业联盟，鼓励联盟内的国企和民企共同申报国家重大航天项目。加强行业自律，促进联盟内单位按照规则信息共享、数据共享、设备共用、人才互通、经验交流等，协同推动增材制造、大数据、机器人、人工智能等新技术在商业航天领域的应用。政府为民营企业参与国家重大项目背书。借鉴长春市政府协助长光卫星获得国网集团两颗实验低轨宽带通信卫星指标成功经验，建议对湖南省有核心竞争力的诚信航天企业，由省市政府出面为其参与国家级重大项目的竞标提供背书，联合攻关，提高成功概率。

科技创新高地打造

打造具有核心竞争力的科技创新高地[*]

湖南省人民政府发展研究中心调研组[**]

2020 年 9 月习近平总书记在湖南考察调研时，赋予湖南着力打造具有核心竞争力的科技创新高地的新定位、新使命，强调要强化企业技术创新主体地位，完善成果转化和激励机制，提升自主创新能力。为深入贯彻习近平总书记考察湖南重要讲话精神，近期湖南省人民政府发展研究中心调研组围绕打造具有核心竞争力的科技创新高地展开调研，总结了湖南省科技创新的现状，分析了全球科技创新的趋势，并提出了打造具有核心竞争力的科技创新高地的总体战略和具体举措。

一 准确把握湖南省科技创新的现状

"十三五"期间，湖南省大力实施创新引领开放崛起战略，扎实推进创新型省份建设。2019 年湖南科技进步贡献率提升至 58.7%，研发经费投入强度

* 本报告获得湖南省政协主席李微微，湖南省委常委、省政府常务副省长谢建辉的肯定性批示。

** 调研组组长：谈文胜，湖南省人民政府发展研究中心党组书记、主任；调研组副组长：唐宇文，湖南省人民政府发展研究中心副主任、研究员；调研成员：左宏、闫仲勇、张鹏飞、李迪，湖南省人民政府发展研究中心研究人员。

达到 1.98%，增幅名列全国前茅。但与打造具有核心竞争力的科技创新高地的要求还有较大差距，突出表现为"四有四缺"。

1. 有重大技术，缺关键核心

湖南省在先进轨道交通、新一代信息技术、新材料、航空发动机、生物种业、人口健康等特色优势领域部署实施了 20 多个科技重大专项，累计形成专利、论文等成果 2000 余项，形成了一批重大技术。但关键核心技术"卡脖子"问题凸显，如在工程机械主机领域已处于全球第一方阵，但高端液压件、传动件、主泵、底盘、发动机等关键核心零部件依旧依赖从美、日、德等国进口；再如，湖南省虽然基本掌握了轨道交通领域的关键设计技术和制造工艺，但在功耗、可靠性上和国外比还有差距，完全自主化和替代进口还需加大攻关力度；此外，水稻、小麦、玉米等重要物种的基因编辑和改良优化虽然不断取得突破，但应用的底层核心专利仍由美国创造和掌握。

2. 有科技成果，缺成果转化

湖南省涌现出超级杂交稻、超级计算机、超高速列车、超大型履带式液压挖掘机、8 英寸 IGBT 芯片生产线、"鲲龙 500"海底集矿车等一批世界领先的科技成果。《2019 年中国科技统计年鉴》显示，湖南省高校专利申请数量达到 14877 件，位居全国第 8、中部第 2。但湖南省高校专利所有权转让及许可数仅 149 件，占专利申请数的比重仅为 1%，低于湖北的 1.87%、安徽的 1.83%、江西的 1.24% 和山西的 1.4%，与全国 1.95% 的平均水平差距较大，位居全国第 20、中部第 5。

表1　全国及中部六省高校专利所有权转让及许可情况

地区	高校专利所有权转让及许可数占专利申请数的比重	
	比重（%）	中部排名
全国	1.95	—
湖南	1.00	5
湖北	1.87	1
安徽	1.83	2
山西	1.40	3
江西	1.24	4
河南	0.80	6

数据来源：《2019 年中国科技统计年鉴》。

3. 有创新平台，缺应用场景

湖南省积极支持智能制造机器人技术协同创新、航空发动机科研设计仿真中心、先进传感与信息技术创新研发等 25 个重大创新平台建设，推动生物种业创新中心等进入"国家队"，搭建形成了包含 5G 高新视频多场景应用国家广播电视总局重点实验室、国家超算中心、省政务大数据中心、长沙工业云平台、树根互联等国家级、行业级、企业级平台共存互补的体系。但有些平台因缺乏应用场景而变成仅供展示的"阳台"。例如，湖南省多数大数据平台虽积累了较多数据，但数据应用范围窄、场景少。

4. 有创新企业，缺龙头引领

湖南省创新型企业数量较多，高新技术企业总数接近 5000 家，科技型中小企业评价入库 2500 多家。《2019 年中国科技统计年鉴》显示，湖南省有研发机构的企业和有 R&D 活动的企业分别有 1514 家、5979 家，分别位居全国第 8 和第 5、中部第 3 和第 1。但湖南省缺乏引领型头部企业。中国人民大学发布的《2019 年中国企业创新能力百千万排行榜》显示，前 100 强企业中，湖南省只有中联重科、株洲时代新材 2 家；前 1000 强企业中，湖南省企业占比仅为 2.7%，位居中部第 4。

表 2　全国及中部六省创新型企业数量

地区	有研发机构的企业		有 R&D 活动的企业	
	数量（家）	中部排名	数量（家）	中部排名
全国	72607	—	104820	—
湖南	1514	3	5979	1
安徽	4281	1	4468	2
湖北	1318	5	3803	3
江西	2549	2	3547	4
河南	1419	4	3364	5
山西	369	6	445	6

数据来源：《2019 年中国科技统计年鉴》。

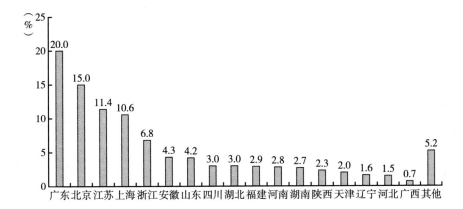

图1 2019年中国企业创新能力前1000强省际分布

数据来源：《2019年中国企业创新能力百千万排行榜》。

二 深刻研判科技创新的发展大势

新一轮科技革命和产业变革步伐加快，双循环新发展格局推动科技创新模式加速调整，企业成为技术要素配置和科技成果转化的主体。

1. 新一轮科技革命和产业革命步伐加快，由导入期转入拓展期

进入21世纪以来，颠覆性技术不断涌现，新产业、新业态和新模式正在蓬勃发展，以人工智能、量子信息、移动通信、物联网、区块链为代表的新一代信息技术加速突破应用，新一轮科技和产业革命正由导入期转向拓展期，新技术正全面向经济社会各个领域渗透，全球经济增长的新动能正在逐渐形成。这一阶段应围绕"配套"做文章：紧紧围绕关键核心技术和创新主体，加快形成与科技创新具有内在联系的政策、制度以及基础设施等软硬件配套体系，逐步打造科技创新发展生态系统。

2. 双循环新发展格局的重大战略部署，推动科技创新模式加速调整

国际发展环境复杂多变，一些国家保护主义、单边主义日益盛行，贸易摩擦、科技摩擦时有发生，没有核心技术的优势就没有核心竞争力。为此，我国提出加快形成以国内大循环为主体、国内国际双循环相互促进的新发展格局，为科技创新模式转变提出了新要求并提供了根本遵循。在双循环新发展格局中，

首先需要尽快弥补关键技术短板，解决国内大循环的断点和堵点问题。其次，需要加快前沿技术研发和应用的进程，积极锻造关键技术"长板"。因此，双循环新发展格局的重大战略部署既需要我们快速形成有利于关键技术"补短板""锻长板"的科技创新模式，又需要构建国际科技创新合作的新模式。

3. 技术要素市场主体发生显著结构性变化

企业成为技术要素配置和科技成果转化的主体。随着企业技术创新主体地位不断夯实，技术要素市场的主体已经发生显著的结构性变化。从 2003 年起，我国企业输出技术合同第一次超过高校院所，此后一直成为技术要素市场的主体。2019 年，我国企业输出和购买技术合同成交额分别占到全国技术合同成交总额的 90% 和 70% 以上。这标志着以市场为导向、企业为主体、产学研相结合的技术创新体系正在加快形成，企业将会成为今后科技创新的主体。

三 打造具有核心竞争力的科技创新高地的总体战略

具有核心竞争力的科技创新是基础研究超前、关键核心技术自主可控并能够显著推动经济社会发展的科学研究和技术创新。"十四五"时期，湖南省要积极对标落实习近平总书记"打造具有核心竞争力的科技创新高地"的定位要求，加快创新型省份建设，围绕产业链部署创新链，以长株潭国家自主创新示范区、湘江新区、岳麓山大学科技城、马栏山视频文创产业园等为平台，着力打造"两心一区"，即综合性国家科学中心、国家技术创新中心、国家科技成果转移转化示范区，打通"基础研究 – 技术研发 – 成果转化"创新链条，努力走出一条关键核心技术自主可控、具有核心竞争力的科技创新之路。

打造综合性国家科学中心。综合性国家科学中心是加强"从 0 到 1"基础研究、建设具有核心竞争力的科技创新高地的核心载体。建议依托岳麓山大学科技城，举全省之力助推长沙创建综合性国家科学中心。深入实施高等院校强基计划，提升重点领域基础研究和应用能力；着重完善岳麓山大学科技城整体规划，理顺体制机制，将岳麓山大学科技城发展纳入省市、湘江新区"十四五"规划，建设具有全球影响力的岳麓山实验室，打造高度集聚的重大科技基础设施群、大学和科研机构，瞄准世界前沿，着力增强原始创新策源功能，力争在基础研究、关键核心技术攻关、战略性新兴产业发展等方面实现新突破。

打造国家技术创新中心。国家技术创新中心是突破关键核心技术、提升重点区域和关键领域技术创新能力的重要科技力量。2020年3月，科技部印发的《关于推进国家技术创新中心建设的总体方案（暂行）》（以下简称《方案》）指出，到2025年，布局建设若干国家技术创新中心。建议按照《方案》提出的建设综合类和领域类国家技术创新中心的要求，以长株潭国家自主创新示范区为载体争创综合类国家技术创新中心，为提升长株潭城市群整体发展能力和协同创新能力提供综合性、引领性支撑。同时围绕20个工业新兴优势产业链，在军民融合（北斗导航）、轨道交通、工程机械、功率半导体、智能制造、现代种业、生物医药等特色优势领域创建若干领域类国家技术创新中心，继续保持工程机械、轨道交通、新材料、优质良种等领域技术优势，并努力在关键材料、基础零部件、核心元器件等领域实现重大突破。

打造国家科技成果转移转化示范区。国家科技成果转移转化示范区是创新科技成果转移转化机制的试验田，是促进科技与经济社会融合发展的先行区。2020年6月，科技部发布《加快推动国家科技成果转移转化示范区建设发展的通知》，明确提出未来五年再布局建设一批创新引领、特色鲜明的示范区。建议紧抓国家示范区布局注重适当向中西部地区倾斜机遇，依托长株潭国家自主创新示范区和湘江新区等现有创新平台以及潇湘科技要素大市场、岳麓山大学科技城技术产权交易中心、马栏山版权服务中心等现有国家级、省级成果转化示范基地，积极争创国家科技成果转移转化示范区，建设一批科技成果产业化基地、国家技术转移示范机构、科技公共服务平台以及专业化众创空间，在军民融合、视频文创、IGBT等特色领域形成全国领先、具有湖南特色的科技成果转移转化新机制新模式。

四　打造具有核心竞争力的科技创新高地的五大举措

以习近平总书记对湖南省提出的打造具有核心竞争力的科技创新高地为总揽，坚持补短板与锻长板相结合，聚焦关键核心技术和创新企业，完善科技创新的软硬件配套体系。

1.建设"一廊一园"，加速推动创新资源集聚

建设湘江西岸创新走廊。长株潭湘江西岸集中了全省主要创新资源，具备

打造创新经济走廊基础。建议以岳麓山大学科技城为核心,向南北延伸,打造北起宁乡和望城经开区,途经长沙高新区、岳麓山大学科技城,南至湘潭九华经开区、湘潭大学城、株洲高新区等的创新走廊,推动长株潭三市科技资源共享、科技创新券通用、院士工作站共建、科技企业孵化基地异地互置、企业分支机构多地同设,建成具有全国影响力的区域科技创新中心、智能制造基地、国家军民融合发展示范区,将其打造成为科技创新内循环的大动脉。

建设湘－粤港澳科创园。紧抓粤港澳大湾区的发展机遇,在创新资源集聚的深圳南山区购置一个2万平方米左右的楼宇,设立"湘－粤港澳科创园",争取将其打造成兼备"研发孵化基地""产业协作平台"功能的"科创飞地园区"。建设一个基地:设立技术转移孵化中心。以科创园为平台,针对大湾区的技术、人才和项目出台专门"政策包",吸引大湾区企业、高校院所在科创园设立研发中心、孵化基地,促进粤港澳大湾区优质创新创业项目在湖南完成产业化落地,实现"孵化在大湾区、产业化在湖南""研发在大湾区、生产在湖南"。搭建一个桥梁:设立湘－粤港澳产学研金创新联盟。依托科创园,推动与香港大学、香港科技大学、南方科技大学、中山大学等大湾区高校院所合作,设立湘－粤港澳产学研金创新联盟,每年开展3~5次科技成果和人才对接专题大会;联合粤港澳大湾区高校举办"双创"大赛,组织对湖南有意向的高校专家和项目负责人到湖南路演、考察交流,促进大湾区高校积累的前端技术和专利成果技术在湖南应用。

2. 实施"三大行动",推动关键核心技术研发转化

以"揭榜挂帅"行动促进关键核心技术研发与转化。在技术研发方面,全面梳理关键核心技术研发需求,按照安全可靠、引进消化、协同开发对关键技术进行分类,分类形成新型显示器件、集成电路、人工智能应用等领域关键核心技术、关键零部件、重要材料和工艺等"卡脖子"技术清单,以项目化形式定期发布关键核心技术机会清单,引导全球高校院所、科研机构、企业对"卡脖子"技术清单揭榜,征集最优研发团队、最佳解决方案解决"卡脖子"难题。在技术转化方面,鼓励省内外高校、科研单位、企业或各类创新平台提供比较成熟且符合湖南省产业需求的重大科技成果,经发榜后,由有技术需求、应用场景且符合应用条件的省内企业进行揭榜转化。

以"百城百园"行动促进关键核心技术转化。全面对接科技部、财政部

近期共同开展的"科技抗疫－先进技术推广应用'百城百园'行动"（以下简称"百城百园"行动），积极开展"百城百园"行动重点项目申报，聚焦疫情防控、医疗装备、智慧城市（社区）、智慧农业、5G网络、人工智能、自动驾驶等主题，重点面向国家创新型城市和国家高新区等科技园区，征集"百城百园"行动重点项目，按照"一城一主题"和"一园一产业"原则，应用一批先进科技成果和创新解决方案。积极开展科技成果直通车"百城百园"专场路演、科技人员服务企业行、科技特派员服务农业行等活动，提升"百城百园"行动整体效能。

以"首台套"专项行动促进关键技术产业化发展。完善市场化风险补偿机制促"敢用"。建立"首台套"设备制造全流程保险补偿机制，争取将"首台套"保险调整为免税险种，以财政补贴资金为"首台套"上保险，缓解用户对"首台套""不敢用"心理。制度层面打破"国产歧视"促"愿用"。规定获得国家级、省级"首台套"认定的产品，视同已有市场销售经验，可获招投标"参与权"，筛查招投标文件中"只限进口产品"等歧视性条款，设置"关键装备国产化率"等考核指标；在发放配置证时为国产"首台套"设置一定配额；完善免责机制，由"首台套"技术故障等客观因素带来的损失，不向决策采购者问责，形成敢买、愿买"首台套"导向。

3. 实施"三大计划"，提升企业科技创新的主导性

以"企业科技创新积分"计划倒逼提升创新能力。制定《企业科技创新积分管理办法》。在企业研发投入、创新人才、创新活动、创新成果等方面制定企业科技创新积分管理计分标准，对企业创新能力进行综合评价。建立企业科技创新积分管理信息平台。引导企业在平台申请科技创新积分，由相关职能部门按照计分标准进行积分审核。强化企业科技创新积分的运用。一方面，将企业创新积分兑现为资助资金，在用地、用电、用水、用气、税收减免等方面给予优惠；另一方面，在企业评先评优方面，定期公布企业科技创新积分排名，根据企业创新积分排行榜，确定年度"科技创新十佳企业"和"科技创新优秀企业"。

以"一龙带百小"计划提升协同创新能力。围绕省市新兴优势产业链，以产业链龙头企业为主体，建立产业链上下游企业联系制度，组建产业创新共同体，加强战略、技术、标准、市场等协作；支持行业龙头企业承担的国家

级、省级重大科研项目通过政府部门向中小企业发榜，协同创新攻关；以行业龙头为主体，联合中小企业成立核心技术研发投资公司，协同解决上游企业技术推广应用问题；利用好国家成立的中国融通集团，支持省内军民融合企业联合中国融通集团，合力打通国防科技大学先进技术在湖南省的转化渠道。

以"龙头企业培育"计划引领创新发展。制定《创新型龙头企业培育计划实施方案》，明确创新型龙头企业培育目标、入选标准；对创新孵化企业，重点要降低企业成本，提升创新孵化载体的服务能力；对重点创业企业，要提高研发投入的补贴比例或上限；对高新技术企业，要完善科技成果转化政策。构建持续有效的挖掘机制，建立统一的服务企业大数据信息平台，结合各类政策申报，建立全面的企业成长档案，深入了解不同行业和不同发展阶段潜力企业需求，对产业规模化的苗头性科技创新企业尽早摸清需求后反馈到政府各部门，促进其成长。

4. 布局"三大设施"，完善硬环境支撑体系

建设大科学装置。一方面，积极推进"环形正负电子对撞机"工程尽快在长沙落地实施，将其打造成具有示范引领效应的标志工程；另一方面，要抢抓国务院近期提出的"鼓励高校、科研院所优先在国家级新区设立科研中心、研发机构等，国家重大战略项目、科技创新——2030 重大项目等优先在有条件的国家级新区布局，建设国家大科学装置"的机遇，争取中科院在湘江新区设立中科院长沙研究院，以便推动中科院重大科学装置在湖南省布局；此外，以建设岳麓山实验室为契机，争取在特色优势领域布局若干大科学装置。

建设"科技新基建"。完善工业互联网平台。加快推进工业互联网标识解析二级节点建设，支持行业龙头企业联合电信企业、互联网企业，建设工业互联网平台测试验证环境和测试床，开展面向工业互联网的技术试验。加快 5G 基站及配套设施建设。将 5G 网络建设所需站址等配套设施纳入各级国土空间规划，加快推进主要城市的网络建设，并向有条件的重点县镇延伸。布局数据中心。重点面向长株潭，统筹布局一批大规模、绿色节能、高效计算的新型数据中心，支持数据中心联合国家超级计算长沙中心开展计算科学前沿探索、多种技术融合研究和未来设施建设试验。

建设"未来场景实验室"。依托岳麓山实验室、5G 高新视频多场景应用国家广播电视总局重点实验室，探索搭建未来新场景试验田和测试场，对符合

未来发展方向或城市建设需求的优秀产品、解决方案或创新模式进行试点试验。联合华为、联通、移动等企业，搭建若干5G＋新经济应用创新联合实验室，挖掘新经济未来的价值场景。

5. 打造"自主创新服务超市"，优化软环境服务体系

打造"自主创新服务超市"。借鉴苏州自主创新服务超市的做法，依托潇湘科技要素大市场线上平台，整合线下线上资源，着力构建"一池四库"（政策池、企业库、服务机构库、服务产品库、资源库），通过找资源、找需求、找服务商、供需撮合匹配、在线交易、能力图谱、政策通（整合分散在人才、发改、科技、工信、人社、市场监管等部门的科技创新政策，形成科技创新政策"一张表""一本通"）、办事大厅等功能，为创新主体提供全链条科技创新综合服务。

创新科技体制机制。推进科技成果权属制度改革，开展赋予科研人员职务科技成果所有权或长期使用权试点；在长株潭国家自主创新示范区研究试点高新技术企业"报备即批准"、境外高端人才个人所得税优惠政策以及技术转让所得税优惠政策，探索"推荐制"人才引进模式；畅通高校院所从事成果转化人员的职称晋升通道，在高校院所设立科技成果转化类高级专业技术岗位；创新科技项目服务机制，对重大科技项目、重点科技人才和创新团队实施服务专员机制；探索新经济"监管沙盒"模式，实施"包容期"管理和柔性监管方式，降低新技术、新产品、新模式准入门槛，对新技术新产品加强事中事后监管，促进新经济发展。

推动湖南省新经济应用场景
从"星火"走向"燎原"*

湖南省人民政府发展研究中心调研组**

新经济以其"新"而不易为人们所理解和接受，从实验室到成熟的商业应用，需要的是市场和应用机会。应用场景通过为新经济提供成熟并产业化的孵化平台、试验空间和生态载体，让新技术、新模式在场景中验证，在场景中迭代，在场景中示范，走完产业落地、成果转化的"最后一公里"。

一 把握大势：应用场景成为新经济"发动机"

新发展阶段，以市场应用为核心的场景逐渐成为新兴产业爆发的原点，成为新经济高质量发展新的动力源泉。

1. 从技术视角看，应用场景是推动成果转化的孵化平台

新技术应用前景未知性强，且从实验室到商业应用需要很长一个过程，迫切需要搭建应用场景，为其路演、修正、完善、终极展示并产业化提供孵化平台，促使新技术更快成熟和找准应用方向。比如，为推动大数据技术在城市治理中的应用，2016 年杭州启动城市数据大脑项目，开放杭州市区、萧山区、余杭区等重点区域空间，为城市大脑交通模块提供红绿灯改造、数据采集优化等试验载体。经过四年发展，城市数据大脑建成了涵盖交通、文旅等的 11 大系统、48 个应用场景，孵化出"便捷泊车""舒心就

---

* 本报告获得时任湖南省委常委、长沙市委书记胡衡华的肯定性批示。

** 调研组组长：谈文胜，湖南省人民政府发展研究中心党组书记、主任；调研组副组长：唐宇文，湖南省人民政府发展研究中心副主任、研究员；调研组成员：左宏、闫仲勇，湖南省人民政府发展研究中心研究人员。

医""数字旅游"①。此外,"健康码"也是其在抗疫期间的重要应用场景,并迅速在全国推广。

2. 从企业视角看,应用场景是培育独角兽的试验空间

企业依托新技术、新手段打造出提升用户体验、提升生活、提升生产效率的产品和服务,进而实现爆发式增长,最终成为独角兽。我国已涌现出大量独角兽企业,成为借助场景创新实现高速成长的标杆。例如,商汤科技着力推动人工智能技术在安防、金融等领域应用,成立仅4年便从"只有一堆论文的人工智能公司"成长为拿下AI领域单笔最大融资、估值超过45亿美元的科技独角兽;此外,蚂蚁集团、滴滴出行均通过开辟新的应用场景成为独角兽企业。尤其是成都近年来通过持续培育企业级场景,已孵化出6家独角兽企业。

3. 从产业视角看,应用场景是孕育新兴经济的生态系统

首先,应用场景是新经济的基础设施,可创造巨大的新需求、新机会与新市场。其次,应用场景是新经济创新中心,可激活新理论、新技术的研发及产业化应用,间接带动跨界研究合作及上下游产业链企业衍生与汇聚。最后,应用场景是新经济的价值网络,可带动核心技术企业集聚,打造完整产业链,形成产业生态。例如,长沙规划建设了湘江新区智能系统测试区作为车路协同发展的应用场景,累计发放无人车测试牌照55张(仅次于北京61张),开展测试业务3000余场,完成了包括公交车、乘用车、商用车和环卫工程车等在内的路测牌照测试;2020年先后发布两批191个智慧交通应用场景,为企业测试、应用、加快商业化进程提供了机会和良好生态,吸引了340多家智能网联汽车头部企业及产业链上下游企业集聚长沙。预计至2020年末,全市整车生产能力达200万辆,产值规模达1500亿元。

二 剖析问题:湖南应用场景建设存在的"四大症结"

虽然湖南省发布了18个5G典型应用场景,长沙市发布了191个智能网联车应用场景、191个软件信息应用场景和部分大数据应用场景,但总体而言,湖南

---

① 便捷泊车:实现先离场后付费;舒心就医:实现跨医院合并支付、最多付一次;数字旅游:实现10秒找房、30秒入住、20秒入园、多游一小时。

省各界对于应用场景的认识不深，新经济应用场景缺少统筹规划，规模有待加大。

1. 对应用场景建设的认识不深，缺少统筹规划

全国发达地区场景意识不断增强，着手统筹规划应用场景建设。北京成立全市加快应用场景建设统筹联席会议，先后出台《北京市加快应用场景建设推进首都高质量发展的工作方案》《北京市加快新场景建设培育数字经济新生态行动方案》，应用场景建设进入"2.0升级版"；浙江密集出台《深入贯彻习近平总书记考察浙江重要讲话精神　加快城市大脑建设与推广工作方案》等5个系列文件，提出以拓展场景为重点，发展新业态；成都成立新经济发展委员会，统筹推动新经济及应用场景发展，出台"七大应用场景"实施方案，印发《关于供场景给机会加快新经济发展若干政策措施》。相比之下，湖南省各界对应用场景的认识不深，尚未形成场景共识，多数职能部门没有场景概念，没有对新经济应用场景落地的相关规划，尚未出台相关专门政策文件。

2. 对新经济的需求了解不透，缺少应用机会

调研发现，湖南省华曙高科、天河国云等龙头企业均反映，企业遇到的最主要制约是产品应用场景少、市场认知度低。总体来讲，湖南省新经济应用场景和机会较少，在很大程度上限制了新经济发展空间，导致湖南省电子信息和移动互联网产值虽然过亿元，但缺少独角兽企业，也在很大程度上将3D打印及机器人产业规模、人工智能核心产业规模限制在100亿元左右。相反，成都通过实施场景示范工程以及每年发布上千条的应用场景供需信息，使独角兽企业从0家增加到6家，正形成电子信息等一批万亿级新兴产业。

3. 对应用场景的布局不优，缺少集聚发展

在应用场景集聚发展方面，北京重点将整个经开区打造成"场景新城"，集聚优势资源，发展5G城市、无废城市①、"飞天"等场景。湖南省的应用场景分布在长沙市的高新区等不同区域，场景碎片化问题突出，没有形成发展合力。如全省14个市州拥有近百个与大数据产业相关的园区和基地，大数据应用场景难以集聚发展，难以形成龙头企业，全省无一家企业入选"2019年

---

① 无废城市是通过推动形成绿色发展方式和生活方式，持续推进固体废物源头减量和资源化利用，最大限度减少填埋量，将固体废物环境影响降至最低的城市发展模式。

中国大数据企业 50 强"。

4. 对应用平台的开发不足，缺少全面应用

为促进新经济发展，湖南省构建了包括 5G 高新视频多场景应用国家广播电视总局重点实验室、省政务大数据中心、长沙工业云平台、树根互联等在内的国家级、行业级、企业级互补的平台体系，但有些平台因缺乏应用场景而变成仅供展示的"阳台"，多数平台仅限于本领域使用，与其他行业融合效果差，难以为新经济提供更多应用机会。据湖南地理信息产业园反映，园区已推出基于北斗导航的"自动驾驶高精地图系统"、自主智能 BIM 系统、HiGIS 高性能地理计算平台，但基于市场需求没有被完全发掘等原因，数据应用场景推广较慢。马栏山视频文创产业园反映，5G 高新视频多场景应用国家广播电视总局重点实验室与教育、医疗和城市管理等领域跨界融合、协同创新的场景不够。

三 抢抓机遇：于变局中开创新经济应用场景发展新局

湖南省要善于在变局中开新局，形成场景共识，统筹建设应用场景，优化软硬环境，打造一批典型"IP"，推动新经济应用场景从"星火"走向"燎原"，为新经济提供动力源泉。

1. 形成场景理念共识，统筹推进应用场景建设

培育应用场景发展思维。各级政府需进一步解放思想，紧跟时代步伐，培养应用场景发展思维，通过加大应用场景宣传力度、开展应用场景示范工程、开展特色场景示范评选等活动，逐渐树立场景意识，推动场景理念融入湖南省重大发展战略。

建立应用场景组织领导体系。依托省工业新兴优势产业链，把应用场景建设列入重要议事日程，组建工作专班，研究制订湖南省新经济应用场景建设实施方案，编制应用场景规划和年度供给计划；建立由科技厅、发改委、工信厅、通信管理局以及相关园区组成的应用场景建设统筹联席会，并在科技厅设立联席会办公室，围绕场景供给计划、场景试点试验、场景示范等重点工作，定期发布应用场景项目清单，推进重点工作落地实施。

2. 实施"一十百"示范工程，打造多场景 IP 地标

1 个场景新城。建设湘江新区"场景新城"，发挥湘江新区"三智一自主"等领域的优势，加快建设智能物流、新能源车充电桩、智能交通地图系统公共底座、大数据中心、工业互联网等基础体系，引导各类新技术新产品在湘江新区"首发首秀"，支持在地标性区域建立创新产品展示体验中心，为新技术新产品提供长期的集中展示和真实场景的应用示范条件；着重打造区块链等科技成果转化场景、共享实验平台等科学创新实验检测场景、全域 5G 场景展示实践区等智能城市功能配套场景，形成一批软件信息、智能驾驶、军民融合、区块链、大数据、5G、人工智能、智慧城市、北斗导航与位置服务等标志性应用场景，以场景示范带动新兴产业发展、消费提档升级、社会治理创新。

"10 +"特色应用场景创新示范区。面向"人工智能 +""大数据 +""5G +""区块链 +"，以及军民融合、文化创意等湖南省优势领域，聚焦全省 20 个工业新兴优势产业链，建设评选车路协同、区块链、软件业、大数据、人工智能及机器人、创意经济、智慧城市、军民融合、5G + 工业互联网、在线经济等"10 +"综合展现湖南优势和重要创新成果的特色应用场景创新示范区，以此促进应用场景的集聚发展。

"100 +"典型示范场景。围绕产业升级、城市管理、民生服务等重点领域，以及长株潭城市群等重点区域，聚焦数字经济、智能经济、在线经济、创意经济、共享经济、夜间经济等新经济形态，在智慧医养、智能防控、智慧家居、在线展览展示、在线教育、宅经济、云办公、移动支付、新型移动出行、新零售、数字文旅、城市大脑、共享制造、共享快递、食品溯源、应用软件等细分领域形成 100 个典型示范应用场景，形成一批具有核心竞争力和商业化价值的示范产品（服务）以及一批标志性应用场景示范工程。

3. 加强制度供给，打造应用场景软环境服务体系

推行机会清单制度。实施"新经济场景机会清单"收集发布制度，探索"政府搭台、企业出题、企业答题"模式，构建公平竞争、择优培育的应用场景供需对接机制。面向全社会征集规划布局、"两新一重"、资源要素供给、公共产品服务提供、重大活动举办、特许经营许可、市场应用推广等场景需求清单；建设创新产品"线上发布大厅"，面向全球定期发布机会清单，并借助

互联网岳麓峰会等重大活动对新经济机会清单进行集中发布，将应用场景具象为可感知、可视化、可参与的机会，推动新技术、新模式、新业态从概念走向实践，实现从"给优惠"到"给机会"的转变。

建立政策激励机制。制定《加快应用场景建设 推进新经济高质量发展的工作方案》等支持政策，从加快应用场景高层次人才集聚、应用场景平台载体建设、新技术和新产品推广应用等方面提出具体的政策措施，在金融服务、数据开放、科研立项、业务指导等方面加强对场景建设的支持。制定新经济创新产品目录，将应用场景建设中验证成功的创新产品（服务）纳入目录范围。特别是对于经过市场考验、发展前景好的应用场景，建议通过政府采购、试点示范、相关牌照优先发放等多种形式，加强推广支持。

完善监管机制。探索建立应用场景建设容错纠错机制，实施"包容期"管理和柔性监管方式，降低新技术、新产品、新模式准入门槛，促进政府确立的各种行业规范与企业创新产品服务供给方式充分对接。以"监管沙盒"模式对应用场景推广进行监管，通过放宽法律授权和准入限制，允许持有限业务牌照的企业，在特定的范围约束边界内，运用真实或仿真的市场环境对新技术、新产品、新模式、新业态进行测试，待测试通过后授予全牌照以支持全面推广，并将其纳入正式监管框架之内。

4. 布局新型基础设施，完善应用场景硬环境支撑体系

搭建"未来场景实验室"。依托岳麓山实验室、5G 高新视频多场景应用国家广播电视总局重点实验室，探索搭建未来新场景试验田和测试场，对符合未来发展方向或城市建设需求的优秀产品、解决方案或创新模式进行试点试验。联合华为、联通、移动等企业，搭建若干 5G + 新经济应用创新联合实验室，挖掘新经济未来的价值场景。

建设概念验证中心。概念验证中心是完成概念验证、跨越从基础研发到企业产品的"死亡之谷"的重要载体，是解决新技术转化"最初一公里"的破题之笔。建议结合高校基础研究的优势和双一流高校建设，选择建有创新创业载体以及科技成果转化平台的高校作为支持主体，建设概念验证中心，每年面向全省征集若干个概念验证场景项目，为技术概念验证提供种子资金、商业顾问、创业教育等个性化服务。

完善数字"新基建"。完善工业互联网平台。加快推进工业互联网标识解

析二级节点建设，率先在新经济领域开展多种场景的工业互联网应用示范。支持行业龙头企业联合电信企业、互联网企业，建设工业互联网平台测试验证环境和测试床，开展面向工业互联网的技术试验。加快 5G 基站及配套设施建设。开展 5G 基站建设"一件事"集成改革，建立 5G 基站用电报装绿色通道，提供"一证办电""网上办电"等便捷服务。布局数据中心。统筹布局一批大规模、绿色节能、高效计算的新型数据中心，支持数据中心联合国家超级计算长沙中心开展计算科学前沿探索、多种技术融合研究和未来设施建设试验，为数据技术大规模示范应用提供场景机会。

顺势而为　打造国家级（长沙）
互联网医疗中心[*]

湖南省人民政府发展研究中心调研组**

新冠肺炎疫情的出现，使互联网医疗有了大展宏图的机会，并爆发出了旺盛的生命力。湖南是全国重要的医疗高地，如何在疫情过后顺势而为，打造国家级（长沙）互联网医疗中心？本文在分析互联网医疗发展趋势的基础上，结合湖南省发展互联网医疗的优势，提出了打造国家级互联网医疗中心的对策建议。

一　发展互联网医疗是新时代大势所趋

1. 产生动力：突出的供需矛盾

一是健康医疗需求的持续增加。居民健康医疗意识的增强和人口老龄化等因素叠加促进了健康医疗需求的持续增加。2014～2018 年，湖南省卫生总费用在逐年增加（见图 1），年均增长率达 13.05%。其中，2018 年全省卫生总费用占 GDP 的比重为 6.25%，比全国平均水平（6.39%）低 0.14 个百分比，远低于全球平均水平（10.05%），表明湖南省卫生费用总量和健康医疗需求还有较大的增长空间。

二是医疗资源仍然紧缺。根据《中国医师执业状况白皮书》，一、二、三

---

* 本报告获得时任湖南省委常委、长沙市委书记胡衡华，湖南省委常委、宣传部部长张宏森，时任湖南省政府副省长吴桂英的肯定性批示。

** 调研组组长：谈文胜，湖南省人民政府发展研究中心党组书记、主任；调研组副组长：唐宇文，湖南省人民政府发展研究中心副主任、研究员；调研组成员：禹向群、戴丹，湖南省人民政府发展研究中心研究人员。

图1　2014～2018年湖南省卫生总费用情况

数据来源：湖南省卫生财务年报、湖南省统计年鉴。

级医院的医生平均周工作时间为48.24、51.13、51.05小时，都显著高于每周40小时的工作时间。同时，各级医院就诊压力也严重不平衡，大多数患者就医首选知名公立医院而非社区医院，"小病进大医院"是目前就医常态。国家卫生部门数据显示，数量占比仅7.63%的三甲医院承担了49.72%的门诊量。以湖南省为例，三级医院的病床利用率达99.07%，一级医院仅为64.11%，见图2。

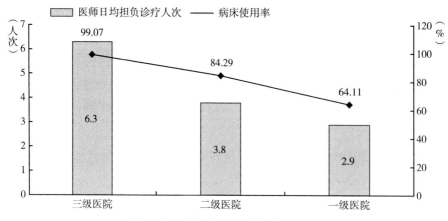

图2　2018年湖南省医院就诊压力情况

数据来源：湖南省2018年卫生健康事业发展统计公报。

互联网医疗可以很好地解决这一矛盾。线上医生对线下用户疾病做初步判断，起到初诊及筛选作用，符合分级诊疗体系建设要求，避免了公众对大型医疗机构的"挤兑"，能有效缓解"看病难"问题。互联网医疗，还可以通过大数据挖掘、构建知识图谱等手段，将简单重复劳动交由智能系统完成，减轻医生工作强度，提高医疗体系接诊能力。

2. 瓶颈化解：政策保障闭环打通

国家对互联网医院的监管经历了"试水探索期—试验试点期—严厉监管期—规范发展期—新的宽松期"五个阶段（见图3）。尤其是2018年9月以来，国家先后出台《互联网诊疗管理办法（试行）》《互联网医院管理办法（试行）》《远程医疗服务管理规范（试行）》《药品管理法》《关于完善"互联网＋"医疗服务价格和医保支付政策的指导意见》等重磅文件，彻底打通了互联网医疗"看病—购药—支付（医保报销）"就医闭环。新冠肺炎疫情的暴发，使互联网医疗走到了疫情防控的前台，国家卫健委4天内两次发文，各地也纷纷出台多个互联网医疗政策，支持互联网诊疗发展。互联网医疗已经迎来发展的春天。

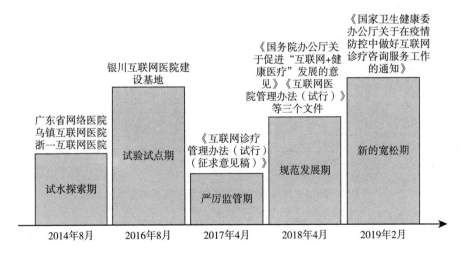

图3　互联网医疗监管政策变化的五个阶段

资料来源：调研组根据网上公开信息整理。

3. 科技助力：加速形成完整医疗生态

过去互联网在医疗服务方面多发挥"寻医问诊"的作用。随着5G、大数据、人工智能、物联网等新一代信息技术的不断应用，互联网医疗开始向更多领域延伸，形成了"医疗健康科普—咨询—导诊—分诊—治疗—康复"整套全流程、一体化的新医疗生态。借助高科技，从最初的图文会诊到精确会诊，再到之后的精密手术等，患者可以足不出户接受治疗。截至2019年10月，我国自主原研手术机器人远程应用，已经辅助医生成功完成了几百例动物实验，在中南大学湘雅三医院进行临床试验阶段，完成了103例人体手术。

4. 市场驱动：产业发展进入爆发期

互联网医疗自2012年进入快速成长期以来，医疗数据和服务逐步完善，细分领域开始出现独角兽，市场增长率快速上升。2016~2018年，三年里平均增长率为46.29%，按此增速，2020年市场规模将过千亿元。2019年，互联网医疗正式被纳入医保范围，加上此次疫情间接培养了人们在线医疗习惯，市场规模将远大于之前的预期值。

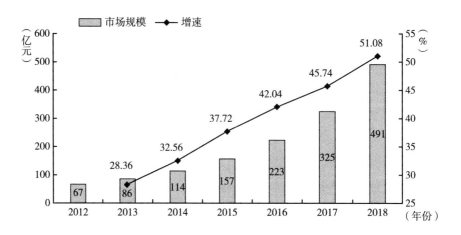

图4　2012~2018年中国互联网医疗市场规模情况

数据来源：前瞻产业研究院。

二　湖南省打造国家级互联网医疗中心的优势

1. 医疗资源在中部领先

以"湘雅"系列医院为首的湖湘医疗群，在医、教、研、管等综合实力方面位居全国前列，尤其是在医学教育和医疗大数据平台建设方面领跑全国。全省共设有国家临床医学研究中心 3 个，全国综合医院国家临床重点专科（100 强）53 个，有省级三级医院临床重点专科 302 个、国家重点学科 9 个。2018 年，全省二级以上医院、执业（助理）医师分别比上年增长 8.3% 和 9.1%，医疗资源总量持续增长。

2. 医疗辐射范围较大

2018 年，来湘门诊外省人数达 112.63 万人，其中人数最多的省份为江西、湖北、贵州、四川、河南，分别为 24.48 万人、16.94 万人、11.96 万人、6.7 万人和 6.3 万人，这五省来湘就诊人数约占总数的 60%。其中，来长沙门诊就医的最多，达 81.85 万人，占 72.67%。从住院人数看，2018 年来湘住院人数为 58520 人，其中人数最多的省份依次是江西、贵州、湖北、广东、四川，其来长沙住院人次达到 35007 人。

3. 互联网医疗发展基础较好

根据腾讯研究院发布的《数字中国指数报告（2019）》，湖南位居"互联网＋数字经济指数"榜单第 9 位，省会长沙在城市 100 强榜单中居于第 8 位，居中部城市第一。在细分领域也表现突出，数字政务、数字生活、数字医疗和数字教育均居全国前十，且大多数领域居中部第一（数字教育中部第二），如表 1 所示。早在 1996 年，湘雅医院率先成立远程医疗中心，是全国最早一批开展远程医学服务的专门机构之一，也是在全国范围内开展术中冰冻切片远程病理会诊最早的单位之一，完成冰冻会诊量处于全国前列。截至 2018 年底，远程医疗协作网络覆盖全国 27 个省份 865 家医院，开展了包括远程会诊、远程病理、远程放射影像、远程超声、远程培训等医疗服务共 10 余项。

表 1　数字中国城市指数排名前十

排名	总指数	数字政务	数字生活	数字医疗	数字教育
1	北京	广州	广州	广州	北京
2	深圳	深圳	深圳	深圳	广州
3	上海	北京	成都	北京	上海
4	广州	上海	北京	成都	深圳
5	成都	成都	重庆	东莞	郑州
6	重庆	重庆	东莞	上海	东莞

续表

排名	总指数	数字政务	数字生活	数字医疗	数字教育
7	东莞	佛山	长沙	长沙	西安
8	长沙	长沙	上海	佛山	成都
9	郑州	东莞	西安	重庆	重庆
10	杭州	杭州	郑州	苏州	长沙

数据来源：腾讯研究院发布的《数字中国指数报告（2019）》。

三 打造国家级（长沙）互联网医疗中心的几点建议

1. 围绕四大消费场景，打造完整的商业闭环

围绕"健、医、药、保"四大消费场景，打造健康管理平台、医疗问诊平台、药品供应和配送平台、医疗保险平台，覆盖诊前、诊中和诊后全场景产业链闭环。

一是建立全省统一的健康管理平台。建立居民电子健康档案和医疗大数据共享应用平台，打破医疗机构之间的信息壁垒，规范在线查询和合法使用，实现区域医疗信息数据互联互通和共享应用。在此基础上，大力开展医疗数据挖掘、数据库建设等工作，充分利用区域内居民"全生命周期"健康数据，让医疗大数据更好地助力互联网医疗服务。鼓励疾控中心探索运用大数据技术，加强传染病等疾病的智能监测，提高疾病流行预测预警能力。

二是建立互联网医疗联合体平台。以湘雅系医院为主体，建立省级互联网医疗联合体，在学科建设、人才培养、技术创新、设备利用等方面共同发展。搭建全省互联网医联体信息平台，对接各医院信息系统，建设云数据中心，共享医联体卫生资源、信息资源、服务资源，实现实时查询和全程可溯。患者可预约线上音视频就诊或线下实地就诊，线上就诊可实时查看病历资料，医生可依据患者病情开具电子处方，并联结医联体距离患者最近的药房进行快速配送。如需进一步到医院就诊，平台可自动分配就近医疗机构。线下就诊，平台可实现疾病诊疗介绍、智能导诊分诊、智能提醒、检查检验结果实时查看，减少就诊环节和等待时间。开通远程高清视频会诊、诊断、手术指导、病历讨论，支持床旁体征参数信息实时传输。

三是统一药品供应与配送。推进互联网医疗联合体平台与药品零售消费信息互联互通、实时共享，促进药品网络销售和医疗物流配送发展。鼓励药品经营企业、配送机构参与互联网医疗药品销售和配送环节。建立专门的药品配送物流专线，尤其是特殊药品的冷链物流专线，保证药品运送安全有效。

四是将互联网医疗全面纳入医保。加强全省医保政策支持，将符合条件的互联网诊疗服务纳入医保。如对偏远地区的患者，将其相关费用纳入医保全额报销，发挥互联网医疗满足群众健康需求、减少群众医疗支出的作用。具备互联网诊疗服务的定点医疗机构，为常见病和慢性病参保患者复诊提供互联网医疗服务，并纳入医保支付范围。推进信息系统数据互通共享，推进医疗费用报销"一件事一次办"，优化整合零星报销、医疗救助等经办环节，实现医疗费用报销"一口受理"。

2. 提前布局标准制定，引领行业和地区发展

互联网医疗服务是一种特殊服务行业，其服务质量与安全由医疗机构、平台机构、医护人员、设施设备、管理制度及连续的诊疗过程等多因素共同决定，急需制定统一的行业标准。

一是规范信息标准。"车同轨、书同文"，标准化是互联网医疗的重要支撑。加快制定统一的互联网医疗行业标准、诊疗数据储存标准、医疗数据资源信息录入标准等，确保医院医疗检测设备达标。统一数据接口，全面推广病例书写规范、疾病分类与代码、医学名词术语"三统一"，为互联网医疗信息互通共享提供标准支撑。

二是制定互联网医疗服务标准。互联网医疗服务标准是互联网医疗服务质量安全的重要保障，可以有效提高医患双方信赖度，促使医疗机构融合和沟通。要尽快制定湖南省互联网医疗服务标准，主要包括互联网医疗平台诊疗操作技术指南、远程会诊管理及处置规范、远程查房管理及处置规范、远程专家联合出诊管理及处置规范等方面。

三是制定通用基础标准体系。充分利用湖南省生物医药装备研发制造的优势，与湘雅医院联合，制定互联网医疗设备及用品统一标准。依据互联网医疗实际，制定互联网医疗硬件和软件产品标准规范，加快实现设备标准化生产，向周边省份和全国输出统一标准的医疗设备。

四是制定绩效评估标准体系。制定互联网医疗服务与实体医院现场诊疗结果的一致性评估、病患者对就医过程最终体验的效果评估规范，及意见收集、处置改进等规范。如：参照实体医院中的诊断准确率和治疗实效率，建立互联网医疗服务质量评价指标体系，规范关键环节和标准制定，保障互联网诊疗过程质量与安全不断提升。

3. 加强行业管理，提高互联网医疗质量

互联网医疗在一定程度上存在医疗质量风险和信息安全风险隐患，需要加强质量和数据安全监管，切实防范医疗卫生事故风险，实现医疗健康服务可持续安全发展。

一是健全相关法律法规。出台互联网医疗服务责任认定标准和规范，明确责任主体，明晰医疗责任。研究制定会诊管理及处置规范、专家联合出诊管理及处置规范等政策，以公平公正原则营造良好的互联网医疗环境。研究制定互联网医疗确权、开放和运用等相关法律法规，及时发现、补充已颁布法律实施过程中出现的新情况、新问题，并将其纳入互联网医疗法律体系，为促进和规范互联网医疗服务产业的健康发展提供法律支撑。

二是完善互联网医疗管理制度。制定互联网医联体协作规章制度，实现行政管理一体化和医疗质量管理同质化。将医联体医疗质量控制标准和评价标准、双向转诊标准、诊疗流程、医疗质量全域实时监控通过制度统一起来。依据各级医疗机构的诊疗水平和特色，确定其在医联体内的职责分工。制定不同种类疾病的双向转诊标准、治疗规范和标准流程，促进"患者"合理、平稳、快速流动。实行一体化的医疗质量控制标准和考核标准，规范线上线下医疗行为，减少医疗差错。发挥政府、市场和医联体单位的多重监管作用，政府负责行政执法监督，市场通过舆论监督进行辅助，医联体内部通过信息平台进行实时监控。

三是确保医疗信息安全。完善信息安全体系架构，出台责任追究制度，做到主体明确、多方协调一致，形成一个立体化、多层级、多部门、多机构相互配合的监察监督体系。出台数据分级分类管理办法，建立完善的信息安全认证平台。通过区块链加密技术、访问控制技术、数据分割、数据授权以及安全监控和身份认证等技术，提高医疗数据传输和存储的安全管理水平。建立健全医疗设备安全审查机制，完善网络隔离措施，提高医疗信息系统安全性。

4. 强化政策保障，营造良好的发展环境

一是对互联网医疗人员进行专业化培训。要定期开展互联网操作业务专业培训，培养一批精通互联网医疗服务和管理的人员，使其能够掌握并熟悉具体的操作流程，习惯这种新型的工作模式。培养一批专业技术人员，从事互联网医疗平台的日常维护和系统更新管理，保障互联网医疗操作平台的稳定性和安全性。医院主管领导要具备互联网医疗服务的知识储备，在出现问题时能够及时做出科学有效的决策，降低互联网医疗风险。

二是多渠道引进发展资金。在确保医联体主导的前提下，积极筹集社会资金，或与第三方合作建设国家级互联网医疗平台。通过争取政策性扶持资金，整合医联体内现有闲置资源，出让无形资产、信用贷款、拍卖引进等方式进行社会捐助或投融资。促进医联体与大型互联网公司强强联合，共同开发医联体信息平台，明确投资比例和优惠措施，将互联网优势继续融合进患者就医的所有环节，做到方便、快捷、安全、高效。

三是健全利益共享机制。坚持开放共赢原则，建立公平合理的利益分配共享机制，促进互联网医疗服务可持续发展。建立与医联体相适应的绩效考核和利益分配机制，拓宽互联网医疗业务，确保医联体各级医疗机构与互联网平台各取所需，最大限度调动有关各方参与互联网医疗服务建设。规范资费标准，保障医生劳动价值，制定互联网医疗健康价格和医保支付政策，加快推动医疗健康服务线上化。

加快实现在线教育产业"大突破"的对策建议[*]

湖南省人民政府发展研究中心^{**}

新冠肺炎疫情影响之下,迅猛发展的在线教育①成为互联网新"蓝海"。通过剖析疫情下在线教育产业发展面临的机遇和问题,湖南省人民政府发展研究中心调研组认为,在线教育是教育科技发展的刚需,"新冠肺炎疫情"只是催化剂,未来市场结构有望加速演进。湖南应该抓住互联网发展机遇,以"移动互联网第五城"长沙为中心,聚焦融合创新,着力做好"五强化、五加快",实现在线教育产业"大突破"。

一 疫情下在线教育产业发展新机遇

受疫情影响,教育部要求所有学校延期开学,禁止各类培训机构线下教学,倡导利用网络平台保障学生学习。由于"停课不停学",疫情在对传统教育产业提出挑战的同时,也给在线教育产业的"突破"带来了新机遇。

一是推动产业规模迅速扩大。新冠肺炎疫情之下,2亿多学生集体上线,对于在线教育的快速普及和推广促进很大,主要地区普及率从之前的不到20%快速提升到接近百分之百,在线教育产业面临发展机遇。如主营教育产业的湖南拓

---

　* 本报告获得湖南省政协主席李微微,时任湖南省人大常委会副主任王柯敏的肯定性批示。

** 调研组长:谈文胜,湖南省人民政府发展研究中心党组书记、主任;调研组副组长:唐宇文,湖南省人民政府发展研究中心副主任、研究员;调研组成员:袁建四、王颖,湖南省人民政府发展研究中心研究人员。

① "在线教育"是通过应用信息科技和互联网技术进行内容传播和快速学习的方法。依照产品形态划分,在线教育包括服务(直播等)、内容(录播、题库等)、工具(答疑、家校互动、O2O)、综合平台(包含服务、内容、工具中两者以上)四大业务类型。

维信息提供"在家上课"平台服务，日均上线量稳定在 1000 万人以上；湖南有线集团在线课堂覆盖全年级全学科，覆盖湖南省 400 多万电视用户。

二是推动产业市场加速下沉。随着近几年在线教育产业的持续推进，目前一、二线城市在线教育模式已较成熟，家长和学生接受度高，因此在线教育主要增量将来自三、四线城市。在三、四线城市，原来对在线教育知之甚少或者不能接受的学生和家长有望通过本次疫情逐渐接受在线直播授课模式，在线教育的市场渗透率不断提升，市场空间不断拓展，为未来产业可持续发展提供了良机。

三是推动产业联动和升级。疫情下，在线教育行业涌入大量用户，阿里、腾讯巨头的入局，给予技术支持和流量辅助；商务类产品"钉钉"发起"在家上课"计划，成为在家教育行业的黑马；抖音和快手等视频产品，携手教育机构共渡难关；今日头条、一点资讯等新闻资讯平台，开展"实事 + 教育"联动。湖南在线教育企业也进行了尝试，其中，潭州教育与产学合作相关高校共享潭州课堂直播平台，并向大学生免费赠送职业类精品课程。湖南拓维信息联合华为云 WeLink，为全国区域教育主管部门和中小学校，提供本地化的线上教学服务和全国名校优质课程资源。

二 湖南在线教育产业面临的难点问题

湖南在线教育产业面临的内外部发展阻碍，主要包括以下几个方面。

1. 发展基础有待增强

一是硬软件基础设施发展根基不牢。调研了解到，湖南中小学生首日"空中课堂"开课，上线量持续增长，造成网络拥挤、卡顿问题，暴露出在硬软件基础设施建设方面有待进一步增强。二是资金不足是在线教育企业反映的普遍问题。一方面，融资能力不强，湖南省融资环境不够完善，企业融资意识稍显单薄，缺乏长远战略规划；另一方面，教育回报周期长、盈利难等问题困扰着企业，在线教育中小微企业，获得资金支持渠道窄、资金支持力度有限，本地的一些民营投资机构数量也偏少，每年投出的项目数量也不多，不利于产业扩大再发展。

2. 产业升级面临挑战

从产业发展方式来看，疫情加快了在线教育推广速度，但对产业融合下实现向精准化、智能化升级发展提出了新的挑战。相较于北京、上海等在线教育产业发展较好的地区，湖南省产业合作联动不足，与互联网平台企业的合作有待增强；深度智能化教育产品欠缺，AI 等技术运用范围有限，阻碍了在线教育产业向智能化转型升级。

3. 培育龙头企业迫在眉睫

腾讯研究院发布的《数字中国指数报告（2019）》显示，湖南位居 2019 年全国数字省级第 9 位，其中长沙数字教育产业在全国城市中排名第 10，远远落后于北京、广州等城市。与其他省份相比，在工具和平台类产品领域，除拓维信息、电广传媒具有一定竞争实力外，其他企业发展业绩平平；在服务及内容产品领域，除潭州教育稍具规模外，其他企业并不突出。因此，如何引导差异化发展，培育、扶持一批龙头企业，打造全国在线教育知名品牌，带动湖南省在线教育产业走出一条突破之路，是急需解决的难点之一。

表 1 2019 年数字产业全国排名前 10 的省份

排名	2019 年数字产业 全国省份排名	排名	2019 年数字产业 全国省份排名
1	广东	6	山东
2	北京	7	河南
3	江苏	8	四川
4	上海	9	湖南
5	浙江	10	福建

数据来源：腾讯研究院发布的《数字中国指数报告（2019）》。

表 2 2019 年数字产业十大细分行业城市 TOP10

排名	数字 零售	数字 金融	数字 交通 物流	数字 医疗	数字 教育	数字 文娱	数字 住宿 餐饮	数字 旅游	数字 商业 服务	数字 生活 服务
1	北京	深圳	北京	广州	北京	北京	上海	北京	北京	上海
2	上海	北京	深圳	深圳	广州	广州	北京	上海	深圳	北京
3	广州	上海	广州	北京	上海	上海	深圳	深圳	上海	广州
4	深圳	广州	上海	成都	深圳	深圳	广州	广州	成都	深圳
5	成都	重庆	成都	东莞	郑州	成都	成都	广州	广州	成都
6	重庆	成都	东莞	上海	东莞	重庆	杭州	杭州	重庆	杭州
7	苏州	东莞	杭州	长沙	西安	东莞	苏州	重庆	杭州	南京
8	东莞	武汉	重庆	佛山	成都	苏州	南京	南京	东莞	天津
9	天津	佛山	南京	重庆	重庆	武汉	天津	苏州	苏州	苏州
10	杭州	郑州	苏州	苏州	长沙	佛山	重庆	天津	武汉	重庆

数据来源：腾讯研究院发布的《数字中国指数报告（2019）》。

4. 外部竞争压力大

在线教育市场的发展，刺激了在线教育机构的迅猛成长。天眼查数据显示，截至 2020 年 2 月，从事在线教育行业的相关企业超过 22 万家。为了更快地抢夺市场，"烧钱"促销现象普遍存在，企业销售费用率高达 40% ~ 50%，竞争异常激烈。湖南省在线教育企业如何站稳脚跟，闯出一条着眼于湖南、放眼国内的产业发展道路，尤其是小微在线教育企业如何顶住较重的运营压力，抗击大企业的冲击？这是当前湖南省在线教育产业面临的重要挑战。

三　加快发展湖南在线教育产业的建议

加快湖南省在线教育产业发展，应抓住"宅经济"契机，做到"五强化、五加快"，实现湖南省在线教育产业"大突破"，尽快成为湖南省数字经济增长的核心极。

1. 强化政策引导，加快金融支持步伐

一是出台政策。依据《湖南省数字经济发展规划（2020—2025 年）》，建议出台湖南省在线教育产业扶助措施，大力鼓励发展在线教育服务类产品、工具类产品、综合平台及相关配套产业，争取将一批具有规模的在线教育企业纳入湖南省移动互联网产业提质工程。成立在线教育产业投资基金，支持一批发展潜力大的小微型在线教育企业发展。建立在线教育优质企业名录，将在线教育资源与服务纳入政府购买服务指导性目录，加大对在线教育企业的支持力度。二是金融支持。针对在线教育资金需求大的实际，探索建立由政府机构承担担保责任的在线教育贷款平台，不断完善产业贷款担保机制，开发定制化融资产品。鼓励银行成立在线教育产业评估小组，在对一些有较成熟商业模式的企业做有效评估后加大贷款力度。

2. 强化保障能力，加快资源整合

一是做好硬件软件基础建设。加强人工智能、工业互联网、物联网等新型基础设施建设，加快 5G 和 IPV6 全面商用部署，加强技术改造和设备更新，促进云计算技术创新性应用，推进教育云平台的发展，加速实体经济数字化转型。二是加快智能化技术的运用，充分利用 VR、AR 等增强现实技术、虚拟现实技术，构建覆盖多场景的在线教育交互平台，驱动在线教育个性化发展，实现智能化精准教学目标，不断推进互联网教育平台向纵深发展。三是深化教育在线资源整合。整合教育资源公共服务体系，加大在线教育资源共享力度，扩大名师课堂的覆盖面，容许非公办类在线教育企业合理使用和免费对外开放这些整合资源。鼓励职业院校、普通高校与在线教育企业实现教育资源整合，推进在线教育产学研用一体化发展。

3. 强化差异化发展，加快品牌培育

一是转化思路，细分本土在线教育企业发展方向。依托湖南省教育和"互联网＋"的发展优势，结合企业发展特点，细分市场，寻求差异化的目标受众群体，打破行业同质化难点，加强在线教育与知识付费模式的结合。着力发展在线基础教育和职业教育，重点开发、升级在线教育工具类产品，做好用户实效反馈服务。二是强调"专""精"发展，做强本土品牌。以高品质发展为目标，增强优质师资力量，加大教学产品的投入，打造优质产品，精准锁定源点用户需求，引导在线教育企业向"专""精"方向发展。实行精准品牌营销策略，以三、四线城市市场为突破口，展开场景营销，建立品质获客体系，实现产品受众的快速扩大和高转化。

4. 强化"筑巢引凤"，加快打造中部在线智能教育基地

促进芒果超媒、中南传媒、映客直播等新媒体企业与在线教育产业联盟，鼓励推动一批具有 VR（虚拟现实）、AR（增强现实）等智能化研发技术的互联网企业与在线教育深度联动，不断加强跨产业、跨平台携手合作，创新商业发展模式，使在线教育与人工智能、大数据及相关产业紧密结合，开发精准度更高的优质课程和在线教育工具类产品，实现湖南省在线教育产业升级。以打造"中有长沙"的移动互联网产业新格局为契机，发挥"互联网＋"产业的优势，大力引入国内外知名在线教育机构，打造中部在线智能教育基地。

5. 强化重点监管，加快规范市场

贯彻落实教育部关于强化在线培训监管的精神，充分发挥信息技术优势，利用大数据、人工智能技术实现动态监管，切实加强底线管理和风险防控，着力构建在线教育综合治理网络。重点加强对提供在线教育服务机构资质的认证、平台教师资格的审核以及教学内容质量的评定等，建立黑白名单和惩处机制，强调在线教育行业自律。

开放共享 深化应用
加快湖南健康医疗大数据产业发展[*]

湖南省人民政府发展研究中心调研组^{**}

健康医疗大数据是国家的重要基础性战略资源。2013 年麦肯锡曾预测，医疗大数据应用可节省美国 3000 亿~4500 亿美元/年的医疗费用。作为人口大省、医疗卫生强省、医药大省和互联网先进省份，湖南加快健康医疗大数据产业发展未来可期。"十三五"期间湖南紧跟中央和国务院部署，陆续出台相关政策、推动健康医疗大数据应用发展，成效良好，但总体上仍处于起步阶段。下一步，应加快推动健康医疗大数据开放共享、深化应用，加速健康医疗大数据产业发展，促进医疗服务能力提升，为建设富饶美丽幸福新湖南提供坚强的健康保障。

一 湖南健康医疗大数据应用发展基础良好

2016 年以来，国家陆续出台政策，加速健康医疗大数据发展从理论研究进入应用，形成了由国家队主导的三大集团公司和"1 + 5 + X"① 医疗健康数

---

* 本报告获得时任湖南省政府副省长吴桂英，时任湖南省政协副主席戴道晋的肯定性批示。
** 调研组组长：谈文胜，湖南省人民政府发展研究中心党组书记、主任；调研组副组长：唐宇文，湖南省人民政府发展研究中心副主任、研究员；调研组成员：袁建四、屈莉萍、刘海涛，湖南省人民政府发展研究中心研究人员。
① 三大医疗健康大数据集团指中国健康医疗大数据产业发展集团公司、中国健康医疗大数据科技发展集团公司和中国健康医疗大数据股份有限公司，主要承担国家健康医疗大数据中心、区域中心应用发展和产业园建设。"1 + 5 + X"，"1"是指设一个国家数据中心，"5"是指建设江苏（东）、福建（南）、贵州（西）、山东（北）和安徽（中）五大数据中心，"X"是指建设若干个应用发展中心。2018 年国家卫健委批复支持宁夏回族自治区建设"互联网 + 医疗健康"示范区。

据中心的总体格局，并涌现出华大基因、卫宁健康、阿里云、腾讯云等一批龙头企业。湖南健康医疗大数据发展虽处于起步阶段，但未来增长潜力巨大。

1. 医疗信息化基础扎实

省级全民健康信息平台初步建成，并与全员人口、基层卫生、妇幼、疾控、卫生监督、电子证照、健康卡、预约挂号、统计决策等信息系统实现对接联通或整合。14 个市州数据分中心建成并投入使用，基于湖南有线网络搭建的卫生计生虚拟专网初步实现省、市、县、乡四级覆盖。在全国率先实现基层卫生信息系统整合，初步打通了医疗与公共卫生、基层机构与县以上医院、基层卫生信息系统与其他条线业务系统的数据共享通道。居民电子健康卡应用加速推进，截至 2020 年 5 月底，全省支持使用电子健康卡的二级以上医院达到182 家，年内有望实现全省跨地域、跨医疗机构看病就医"一卡通用"。

2. 健康医疗数据资源丰富

全省在卫生计生、医疗诊疗、妇幼、疾控、基层公共卫生、健康扶贫等方面储备了较为完备的健康医疗数据资源。其中，全员人口信息资源库汇聚了全省 7000 多万人口信息，全民健康信息平台储存了 6000 多万份居民健康档案，并与省内 416 家二级以上医疗机构院内 HIS、LIS、PACS 等主要业务系统联通，汇聚了 160 多亿条医疗服务数据。妇幼、疾控部门存有的妇女儿童健康数据、疫苗物流和接种数据规模庞大，基层公共卫生基本医疗门诊及住院数据完整。健康扶贫方面，建立了省级健康扶贫动态管理信息系统，贫困人口健康档案、慢病管理数据完备。

3. 健康医疗大数据产业发展起步良好

一是健康医疗大数据企业加速集聚。神州医疗南方大数据中心、华大基因、人和未来落户湘江新区，以基因检验检测和数据存储为核心的产业链条初步形成。2020 年 4 月，中电数据、湘江集团新城医疗、长沙市医疗投公司联合成立中电湘江数据公司，拟建设运营区域健康医疗大数据中心。湘潭昭山示范区也引入万达信息、证通电子公司等企业，建设大数据产业园。二是研发建设进展顺利。医疗大数据应用技术国家工程实验室（中南大学）已成功编制国内第一个医疗大数据相关标准集。湘雅医院"移动医疗"教育部实验室与依图科技签订协议，联合共建医疗健康数据科学研究院，重点研究医疗健康数据科学等领域的应用。

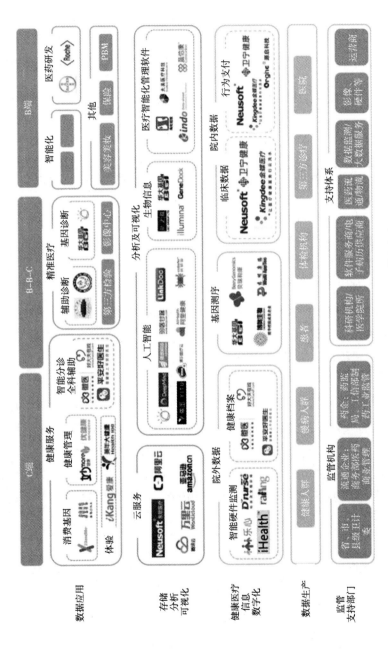

图 1 健康医疗大数据产业链基本框架

资料来源：艾瑞研究院。

4. 市（州）探索健康医疗大数据应用积极踊跃。长沙市基于 PK 体系安全可控技术，在智慧城市超级大脑项目中开展健康医疗大数据应用，形成了医疗健康大数据产业发展的独特优势。益阳市与平安保险合作开展健康医疗大数据整合应用，依托健康医疗大数据，提供参保患者的基本信息、治疗费用等数据应用服务，实现参保患者就诊即时结算服务等。衡阳市引进依图医疗等企业，借力"UP"模式，打造城市级医疗数据开放平台，探索破解"看病难"。

二 湖南健康医疗大数据应用发展的短板分析

1. 产业发展基础相对薄弱

一是数据资源市场开放不足。截至 2020 年 5 月，湖南省卫生计生部门汇集储存的健康医疗数据资源尚未对外开放，除少量用于公益项目外，市场化开发应用基本处于"休眠"状态。缺乏数据来源①，健康医疗大数据产业发展就成为无源之水，举步维艰。二是获取上位政策支持不足。在国家已设立的八个国家级大数据综合试验区中②，湖南未能入围。在国家打造的健康医疗大数据"1＋5＋X"版图中，湖南未能进入区域中心行列，所获取的上位政策资源有限。三是龙头企业培育不足。健康医疗大数据企业主要集中在北上广深杭等高科技聚集地区。据了解，京津冀大数据综合试验区培育发展了百余家健康医疗大数据企业，已成为全国健康医疗大数据高地。IT 桔子数据中心统计显示，截至 2018 年 10 月，健康医疗大数据投融资数量占据全国前五位的依次是北京、广东、上海、浙江、四川，京粤沪浙四省市合计占据全国的 75.9%。相比之下，湖南健康医疗大数据在龙头企业培育、产业规模等方面发展滞后。

---

① 按照数据来源，医疗健康大数据可以分为三类，医疗机构内部数据、医疗机构外部数据和基因数据。医疗机构内部数据包括就诊行为、诊疗数据等；医疗机构外部数据包括个人健康档案、个人健康智能硬件数据及其监测检测等；基因数据由外显子、全基因等组成。现阶段而言，医疗机构内部数据是主体，且质量相对较高。
② 包括一个综合试验区（贵阳），两个跨区域类综试区（京津冀、珠江三角洲）、四个区域示范类综试区（上海、河南、重庆、沈阳）和一个大数据基础设施统筹发展类综试区（内蒙古）。

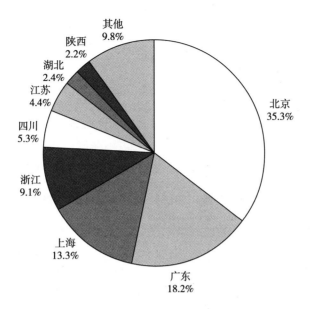

图2　截至2018年10月全国医疗健康大数据相关企业投融资事件分布

资料来源：前瞻产业研究院。

表1　五大区域中心建设基本情况

区域	建设情况
福建	2017年11月，福建省电子信息集团联合福州市属国有企业合资成立福建省东南健康医疗大数据中心建设运营有限公司，建设国家东南健康医疗大数据中心项目和健康医疗大数据汇聚平台。项目总投资达30亿元，所汇聚的数据主要包括门诊收费、电子病历、检验检查数据、医学影像数据等，并将逐步接入医疗保险数据、基因测序数据、健康智能设备数据和第三方健康管理机构数据等
江苏	南京中心设在南京江北新区扬子科创中心，由扬子国资集团运营。扬子集团总投资60亿元，重点围绕"1中心、3基地"加快推进南京健康大数据中心建设，积极打造健康医疗大数据存储中心、应用中心和展示中心三部分。其中，存储中心一期工程存储容量达52PB，存储江苏省8000万人的个人健康档案和电子病历及174家三级医院影像资料等健康医疗大数据。应用中心以基因测序为特色，购置了50台基因检测设备，包括全球第一批Novaseq 6000和PacBio Sequel，引进了诺禾致源、云健康基因、世和基因等一流的基因测序企业入驻，并吸引了一批海内外高端人才，目前是全亚洲最大的基因测序基地，年测序能力达40万～50万人次
山东	济南中心投资约15亿元，终期建设规模20000机架，包括1栋监控中心、4栋机房楼，以及变电站等机电配套。济南中心的使命是覆盖中国北方地区约6亿人口，汇聚从出生到老年的全生命周期的健康医疗数据，从而吸引一批医疗机构和科研机构入驻，为全民全生命周期的医疗服务提供技术支撑

147

续表

区域	建设情况
贵州	提出将深入推进大数据＋大健康融合发展。从"医、养、健、管、游、食"全方位,"研、种、产、购、商"全流程,全面融合大数据与大健康产业,重点推进"大数据＋医疗""大数据＋养生养老""大数据＋医药物流""大数据＋医药制造""大数据＋健康种植"等产业示范工程。此外,还提出了规范健康医疗大数据应用领域的标准、建立大数据应用诚信机制和退出机制等
安徽	合肥中心将拓展健康医疗大数据应用,构建集约化云应用服务系统,按需开放给各个不同类型的机构,引导健康医疗大数据与生物制药、养老等产业融合发展,并建设"国家基因技术应用示范中心",集成基因组学、蛋白质组学等国家医学大数据资源,同时建成若干个区域临床医学数据示范中心

资料来源：根据相关资料整理。

2. 数据采集和开发应用短板明显

一是数据采集难。医疗机构间、医院内科室间数据孤岛、碎片化现象严重,涉及医院的信息系统厂商多、版本多、接口多,健康医疗数据的采集、汇总困难。医疗机构外部数据多由智能硬件或在线医疗企业采集,数据量增长快速,但完整性、标准化程度相对较低,质量参差不齐。基因数据多由企业自行采集,囿于成本并未广泛应用,数据量相对较少。二是健康医疗数据商业应用与挖掘不足。健康医疗大数据仅在健康管理和辅助诊疗方面有较为成熟的商业模式,在临床科研、医药研发、器械生产、分级诊疗、健康养老、医养结合、卫生管理和卫生决策中的应用仍处于探索阶段。

3. 数据合规和安全问题不容忽视

一是数据合规难题亟待破解。健康医疗数据涉及个人隐私,对安全与隐私的保护比其他行业更为严格,但法律上对健康医疗数据的隐私保护仅有零星规定,尚未出台系统的隐私保护法律法规,造成健康医疗数据的归属权和使用权不明确,数据共享开放缺乏规范管理,数据应用缺少准入和退出机制。这也是湖南省公共健康医疗数据资源未对外开放的主要原因。二是数据安全风险隐患增多。全省卫生健康系统信息平台繁多。据了解,截至2020年6月,湖南省卫健委信息中心运行的信息系统平台达五六十个,但因财力投入有限,数据资源尚未做到异地备份,安全运维压力巨大。此外,医疗信息化硬件设施设备国产化程度低,数据互联互通后,带来的安全隐患也不容忽视。

4. 经费投入和人才保障亟待加强

一是经费投入不足。保障健康医疗大数据建设的稳定投入机制尚未建立。据了解，湖南省卫健委信息中心信息系统平台运维经费仅 600 万元/年，经费来源主要靠其他项目节余调节，缺乏稳定有力的保障。市县对卫生健康信息化普遍重视不足，经费配套少，运维保障难。二是复合型专业人才紧缺。医疗和 IT 学科专业性很强，人才培养周期长，从业要求高。湖南省内开设健康医疗大数据相关专业的高校较少，横跨医疗和 IT 的复合型专业人才紧缺。

三　加快湖南健康医疗大数据发展的对策建议

推进健康医疗大数据开发应用需具备三大前提条件：一是政策支持，二是市场认可，三是资本支持。应积极争取国家支持，深化健康医疗大数据开放共享和应用，加快推动湖南健康医疗大数据产业发展。

1. 强化顶层设计，构建"1 + 1 + X"总体格局

重点是由省、市政府牵头，集聚资源，统一谋划。第一个"1"是打造一个中心，即打造湖南健康医疗大数据中心。依托省卫健委信息中心，引入湘投控股、高新创投、轻盐集团等大型省管企业，联合中电湘江，成立湖南省健康医疗大数据中心建设运营平台公司，承担湖南健康医疗大数据中心基础平台搭建、基础资源汇聚管理和基础服务提供。第二个"1"是重点支持建设湘江新区健康医疗大数据产业园，支持产业园引进、培育健康医疗大数据、基因工程等领域龙头企业，推动湖南省卫生信息中心、中南大学湘雅医院大数据中心、长沙市卫生信息中心等落户梅溪湖健康医疗大数据产业园，加速推进健康医疗数据产业资源在园区聚集。"X"是指依托健康医疗大数据中心，打造多个应用平台。如，建设区域检验检查数据交换平台，实现跨区域、跨机构临床检验、医学影像、病理检查等信息共享和结果互认；建设商业健康保险服务和结算平台，实现商业健康保险信息系统与基本医疗保险信息系统、医疗机构信息系统信息共享，优化参保患者就诊、理赔等服务。

2. 破除数据合规和安全掣肘，推动数据资源开放共享

重点是加强治理整理、推进数据归集监管、挖潜大数据应用。一是推进数据标准制定。鼓励医疗卫生机构、科研院所和专家积极参与国家健康医疗大数

据标准制定，推动国家层面尽快出台健康医疗大数据标准体系，统一数据标准、技术标准、业务标准、数据结构标准和数据应用标准等。建立健全标准规范强制性应用机制，医疗卫生机构、企业等在开展健康医疗数据采集中，应严格执行相关规定，做到标准统一、术语规范、准确内容，确保数据质量。二是强化数据安全管理。在健康医疗数据采集、存储、挖掘、应用、运营、传输等环节中，通过对数据分级分类、重要数据备份、加密认证等措施，建立数据容灾备份、定期备份和恢复检测、数据安全等级保护等机制，保障健康医疗数据安全。加快关键信息基础设施和医疗信息系统软件国产替代，确保核心系统自主安全可控。三是强化大数据服务管理。出台健康医疗大数据应用相关规范、标准，在保护个人隐私的同时，完善健康医疗大数据开放共享机制，推动健康医疗数据授权分类分级开放。加快建立健全大数据交易制度，以数据交易服务推动数据资源的资产化，推动形成数据资产交易市场。

3. 推进健康医疗大数据"聚通用"，补齐发展应用短板

重点是实现医疗结果数据化、数据归集标准化、医疗机构协同化。一是加快数据资源汇聚。进一步完善全省全员人口、电子健康档案、电子病历、卫生健康资源四大健康医疗数据库系统，完善省级全民健康信息平台，强化平台数据资源汇聚和整合。二是打通数据孤岛。按业务条线共享与协同，优化功能和服务，推动政府健康医疗信息系统与公众健康医疗数据互联融合、开放共享。制定完善健康医疗体系信息化建设标准，降低健康医疗数据在各系统间调用的难度，提高数据质量，提升数据共享开放水平。三是以面向企业端为主，加强健康医疗大数据市场应用推广。健康医疗大数据的应用推广仍处于探索开发阶段。在行业发展初期，企业端客户的购买需求、支付意愿和能力远大于用户端。因此，应瞄准医疗机构和药物研发、药品流通、保险企业等中间端客户，探索健康医疗大数据商业化应用，并逐步加强健康医疗大数据在消费基因、智慧医疗、健康管理、精准医疗等领域的应用，培育健康管理、慢病管理等面向用户端应用场景，推动用户端市场加速成长。

4. 强化保障支持，营造健康医疗大数据发展良好生态

重点是高层推动，统筹联动，积极争取政策资源。一是建立统筹协调推进机制。建议在省移动互联网产业发展联席会议设立健康医疗大数据产业发展协调小组，统筹推进全省健康医疗大数据产业发展，协调解决具体问题。二是强

化人才保障。积极对接北上广深杭等重点城市，加强与健康医疗数据产业人才的对接，加大专业人才的引进力度。支持中南大学湘雅医学院、湖南中医药大学等医学类高等院校开设健康医疗大数据相关专业，培养复合型专业人才，破解健康医疗大数据复合型人才短缺问题。三是积极争取上位政策支持。支持长沙市、湘潭市争取国家健康医疗大数据应用示范中心与产业园建设试点市政策。四是强化金融支持。鼓励信息化金融机构布局医疗健康领域，推动网络借贷、智能化保险、第三方支付、互助平台等与医疗健康融合，通过新技术提升就医的感受体验，促进大健康与大金融的产业协同发展，构建大健康金融新生态。

重振湖湘动漫雄风，打造
动漫游戏产业高地[*]

湖南省人民政府发展研究中心调研组^{**}

文化产业是朝阳产业。作为文化产业的重要细分领域，"动漫湘军"曾创造了风靡全国的"蓝猫""虹猫蓝兔""山猫"等国产动漫形象，2003～2009年连续七年动漫产量居全国第一。但2009年后，湖南省动漫原创产量不断下滑，动漫产业颓势显现。2015年以来，湖南省动漫游戏产业转型升级进展显著，行业复苏迹象明显。应因势利导、聚合发力，加快动漫游戏产业生态重构优化，重振湖湘动漫产业。

一 湖南动漫游戏产业发展现状

"十三五"期间湖南省动漫游戏产业在转型升级方面取得积极进展，行业呈现起底回升态势，以草花互动、奇葩乐游等为代表的游戏企业增长迅猛，来势喜人。

1. 综合实力重返第一方阵

2019年全省动漫游戏及相关业务年度总产值326.7亿元，同比增长7.1%，占全国动漫游戏产业的比重约为6.5%①。全省从事动漫、游戏、VR/AR及相关业务的企业和机构810余家，相关从业人员7.1万余人。通过国家

---

* 本报告获得湖南省委常委、省政府常务副省长谢建辉的肯定性批示。

** 调研组组长：谈文胜，湖南省人民政府发展研究中心党组书记、主任；调研组副组长：唐宇文，湖南省人民政府发展研究中心副主任、研究员；调研组成员：袁建四、王颖、刘海涛、屈莉萍、曾万涛，湖南省人民政府发展研究中心研究人员。

① 2019年，我国动漫产业已达到1941亿元的总产值规模。另据伽马数据发布的《2019中国游戏产业年度报告》：2019年，中国游戏市场和海外市场出口收入超过3100亿元，增幅达到10.6%。

动漫企业认证资质的企业达到 26 家，其中重点动漫企业 3 家、上市企业 4 家。动漫游戏行业综合实力排在广东、北京、浙江、上海、江苏、湖北之后，列全国第 7 位，位列第一方阵。2020 年上半年，全省动漫游戏及相关业务总产值超过 180 亿元，同比增长约 12.5%。

2. 产业持续复苏

动漫产业回升态势明显。2019 年，全省动漫游戏原创作品、外包制作、图书出版、衍生品加工及销售、品牌授权等收入约 136.64 亿元，同比增长 2.73%。游戏产业顺"市"增长强劲。2019 年，全省手机游戏、客户端游戏、网页游戏、电子竞技游戏、VR/AR 等新业态收入约 190.06 亿元，同比增长 10.5%，部分企业增长势头迅猛。如，成立于 2014 年的湖南草花互动网络科技有限公司，2016 年被游戏工委评为"中国十大新锐游戏企业"，2019 年成为"2019 年中国互联网企业 100 强"企业，公司旗下自营的"草花手游平台"是中国移动游戏领域十佳第三方平台，注册用户数超过 5000 万，市场占有率在省内稳居第一。2019 年公司营收突破 10 亿元，业绩增速高达 669.79%。

3. 原创新作亮点纷呈

2019 年共完成动画 16300.5 分钟（其中网络动画 11000 分钟，电视动画 5300.5 分钟），比 2018 年增长 12.4%。以金鹰卡通、山猫吉咪、漫联卡通、草花互动为代表的动漫游戏企业持续发力，创作了多部优质作品，亮点突出。如，金鹰卡通原创的"中国梦"主题动画片《翻开这一页》《五子炮——渊子崖保卫战》等获中宣部发文点赞。《八仙过海》《杨家将》入选中宣部、原广电总局第二批"中国经典民间故事动漫创作工程"重点动画片项目。2020 年播出的《23 号牛乃唐》收视表现亮眼，单集最高收视率达 1.72%，省级卫视排名第一；山猫吉咪制作的《金刚山猫侠之丝路传奇》采用全高清 3D 制作，并引入中国武术"山猫功夫"等创新元素，开创"中国动漫 + 传统文化"新兴模式。草花互动 2020 年自主研发完成《荒古奇谭》《中餐厅》《集结吧！三国》《街机恐龙》《全线警戒》等多款手游上线产品，品牌影响力不断提升。趣动文化新产品《名将无双》在韩国上线，备受韩国玩家追捧，onestore 排名第一。

4. 跨界融合加速扩容

全省动漫游戏产业链条不断延伸，动漫数字创意新模式、新业态不断涌现，动漫游戏周边产品开发加速扩容。如，荣智文化将湖湘红色文化、非遗文

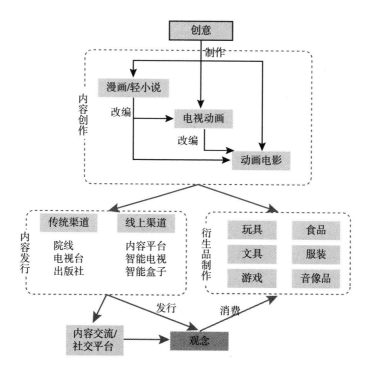

图1　动漫产业链结构示意

资料来源：根据相关资料整理。

化、民俗文化内涵形象化，融合时代气息开发动漫衍生商品，成功塑造了红星小宝、小兵阿荣等星漫形象和滩头门神系列等国漫形象；湖南善禧文化股份有限公司 2019 年合作了《庆余年》等十余部影视综艺作品，开发的动漫衍生产品品类超过 500 种，营收突破亿元；株洲方特将动漫卡通、电影特技等国际时尚元素和中国传统文化精妙结合，取得良好成效；长沙可塑品牌设计有限公司和金鹰卡通联合打造麦咭超级 IP 魅力人格体，从麦咭 IP 核心动漫形象设计开始，不断为麦咭 IP 塑造内容，持续开发麦咭 IP 系列衍生产品，深受 9 亿中国亲子家庭的喜爱。虚拟现实和增强现实技术研发实力也显著增强，如视不可挡传媒公司的综合 VR 虚拟体验馆 2019 年收入突破了 1000 万元。

5.平台建设取得新突破

北辰文创园动漫游戏聚集区入驻动漫游戏及相关产业企业 220 多家，共吸引 8000 多人来湘投资创业；长沙天心文化（广告）产业园漫游味数字文创体

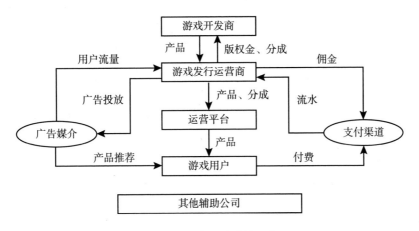

图2　游戏产业链结构示意

资料来源：根据相关资料整理。

验馆突破性地将动漫游戏等数字文化产业的科普知识、作品展示、制作体验、衍生产品销售相融合，实现了产业链与创新链的紧密结合，在全国尚属首创；自2015年起，连续五年举办湖湘动漫月，2019年与华谊兄弟（长沙）电影小镇景区合作办展，举办15场专业活动，1000余家企业参加，达成项目合作意向近400个（国际50余个），现场达成200余项授权业务项目签约，带动产业增加值达30亿元。

二　主要问题

1. 原创实力有待提升

一是原创品牌不强。湖南省动漫游戏作品数量尽管增速较快，但外包合作作品仍占据主导，真正有自己品牌的不多，缺乏当年"蓝猫""虹猫蓝兔"等现象级的原创作品。二是内容创新不足。大部分动画题材取材于神话故事、民间传说，剧情多由小说、漫画改编，内容较为单一。三是目标观众群体范围狭窄。从2018年以来湖南省原创动漫作品来看，作品主要是少儿类，以低龄儿童为目标群体，难以满足不同年龄层次观众需求。从省动漫游戏协会调研了解到，约有76.9%的从业者赞同剧情枯燥、题材低龄、受众单一是湖南动画片难有活力的主要原因。

2. 高端人才保障有待加强

一是高端专业人才不足。动漫游戏产业是集创意、文化、艺术于一体，艺术和现代信息技术相结合的新兴产业，经过近几年的人才体系建设，中低端人才匮乏的问题已初步解决，但内容创意、技术制作人才、复合型与创新型等高端人才仍然缺乏。加上北上广深等城市行业整体优势明显，本土人才成长起来后，易外流至一线城市。二是高端人才培养滞后。全省高校中开设动漫游戏相关专业的学校不少，但教学中多注重动漫游戏制作，而非创意、策划、编剧、导演、大型项目管理等高端人才培养。

3. 企业发展信贷融资难

据了解，经典动漫作品《大圣归来》耗资约 6000 万元，《疯狂动物城》耗资约 1.65 亿美元，《哪吒之魔童降世》耗资约 5000 万元。从 2019 年动漫游戏企业产值来看，湖南省动漫游戏企业年平均产值仅 4000 余万元，绝大部分属中小企业。中小动漫游戏企业在制作原创作品时常面临资金不足，而动漫游戏企业生产的是文化产品，其核心资产主要是知识产权、版权、商标、创意产品等，难以像工业企业一样通过产品或固定资产抵押获得信贷资金支持。企业只能依靠自身原始积累来发展，难以做大做强。相比之下，北京、广州等地的文投公司接受知识产权抵押，中小动漫游戏企业获贷相对容易。

4. 政策环境短板明显

一是财政扶持力度弱。2005 年，长沙市在全国率先出台《关于进一步加快动漫产业发展若干政策的意见》（长政发〔2005〕19 号），促进了动漫产业蓬勃发展。但后续政策乏力，未能形成持续支撑。2009 年长沙原创动漫播放量从全国第一位下降到第四位，一个重要原因就是杭州、无锡、南京等城市对当地企业播出的动漫片给予 3000 元/分钟的财政补贴，导致湖南省优秀企业和人才外流；2009 年成立的湖南省扶持动漫产业领导小组运转机制实质上已经停止。省文化产业引导资金对动漫游戏产业扶持力度近年来也有所弱化。2013 年动漫游戏企业获引导资金扶持超过 1000 万元，2018 年仅 350 万元，2019 年只有 500 万元。相比之下，上海、深圳、杭州、厦门、武汉等地持续发力，从技术及服务平台建设、动漫节展、进出口贸易、人才、原创作品、衍生品授权合作、资本等方面出台多项政策支持动漫游戏产业发展，政策优势明显。二是审批环境亟待优化。企业反映，在动漫企业认定、动漫作品发行许可、游戏企业许可资质等审核方面，湖南省偏于严格保守。审批流程复杂，周期长，致使部分动漫游戏企业选择在外省注册公司、进行申报。以游戏行业为例，全省拥有《网络出版服务许可证》（旧称《互联网出版许可证》）的企业仅有 6 家。2019 年全国累计有 1570 款游戏通过审批获得版号，湖南省仅《正义荣耀》等几款游戏获得版号，与广东、上海、成都等地差距极大。

三　对策建议

湖南省动漫游戏产业正处于转型升级、融合发展的关键时期，应从顶层设计、支持原创、要素支撑、产业服务平台建设等方面聚合发力，重振湖湘动漫产业，打造动漫游戏产业高地。

1. 强化顶层设计，优化产业布局

一是加强高位推进。重构湖南省扶持动漫游戏产业发展领导小组，明确工作协调机制，细化成员单位职责，并制定《湖南省动漫游戏产业发展中长期规划》，明确产业定位、战略目标和发展方向。二是优化产业布局。提升长沙动漫游戏产业首位度。坚持扶优扶强，推动优质资源聚集长沙，将长沙打造为"动漫游戏原创之都"。加快常德、怀化、郴州、株洲、衡阳等市州动漫游戏产业发展，推动形成"一主多辅、协同发展"的产业发展格局。

2. 强化原创支持，做强龙头企业

一是培育壮大龙头企业。突出扶优扶强扶精，重点扶持山猫传媒、漫联卡通、草花互动等一批原创能力较强、发展前景较好的本土动漫游戏龙头企业。二是打造原创精品。鼓励企业充分挖掘湖湘历史、民间传说、红色经典、少数民族故事等方面题材，促进动漫作品"全年龄段"发展。建立原创资源库，对已完成知识产权保护、具有发展基础和发展潜力的动漫、游戏、AR/VR 作品或项目，从源头上进行资金、政策扶持，力争打造 3 ~ 5 个现象级原创作品。并依托强势原创品牌，积极开发文具玩具、服饰装饰等相关衍生产品，拓展市场空间。三是加快"走出去"步伐。积极响应国家"文化出海"号召，以"一带一路"沿线国家为重点，支持一批有品牌影响力和市场竞争力的优秀动漫游戏企业，通过境外投资并购、联合经营、设立分支机构等方式拓展海外市场，推动龙头企业在国际合作中发展壮大。

3. 加大财政支持力度，增强发展活力

一是加大财政扶持力度。参照杭州、广州等地动漫游戏产业财政补助实施标准，出台相应扶持政策，对原创作品在电视台播出、电影票房、出版物发行、获奖等方面加大奖补力度。二是优化审批生态。动漫游戏产业是一个自由度高、创新意识强的新兴产业，应积极借鉴深圳、上海等地审批经验，通过建设网络游戏出版申报服务平台、测试平台等功能性平台，优化审批流程，提高审批效率。三是加强知识产权保护。加大对动漫游戏作品及其衍生产品的知识产权保护，开展打击侵权盗版专项行动，规范动漫游戏产业版权秩序，促进产业良性发展。

表1 杭州、广州动漫游戏产业财政补助实施标准（摘选）

项目	杭州	广州
原创支持	电视台播出补助。对在中央电视台、卡通上星频道或省级卫视频道播出的原创动画作品，按其在以上电视台的销售额，给予1:1配套补助，每部作品补助额最高不超过50万元	原创动画电视：在中央电视台或副省级以上电视台黄金时段播出，按照播出时长（500分钟以下、500~1000分钟、1000分钟以上），分别予以30或20万元、40或30万元、50或40万元补贴
	电影票房补助。对原创动画电影在全国院线放映，经综合评估，票房达到1000万元的，给予补助50万元；达到3000万元的，给予补助100万元；达到5000万元的，给予补助200万元；达到1亿元的，给予补助300万元	原创新媒体动漫：本类别扶持项目数量为10个。对网络媒体、手机媒体年度点击量经公证达到1亿次以上（含1亿次）的动漫作品给予10万元扶持
	出版物发行补助。对原创漫画作品（指单行本、系列漫画绘本）发行量达到2万套的，给予补助5万元；达到4万套的，给予补助10万元；达到6万套的，给予补助15万元；达到10万套的，给予补助30万元	原创游戏产品：对拥有自主知识产权或合法取得国内原创动漫、影视、文学作品版权进行研发，已投入市场运营且年收入达到500万元以上（含500万元）的网络游戏产品，给予20万元扶持
获奖补助	对优秀原创动画漫画作品、游戏作品，获得国内外奖项的，根据其获奖等级和等次，按相关标准给予补助。如获国际级奖项，根据奖项类别（最佳奖、单项奖、最佳奖提名），分别给予100万元、50万元、30万元奖补	建立奖项库，并根据现实条件进行动态调整。对获得奖项库中的国际、国家级、省、市动漫作品综合奖（含单项奖）的单位，给予10万元奖励。同一作品不重复给予奖励

	杭州	广州
其他	贴息补助:对动漫游戏企业从与市文创办(市节展办)签订战略合作协议的在杭银行业金融机构，或从市文创办(市节展办)参与发起的债权类产品中获得贷款的，给予贴息。经认定，公益性项目给予全额贴息，经营性项目给予50%贴息，贴息金额参照当年人民银行同类同期基准利率核定，最高不超过50万元	参展扶持:对参加中国国际漫画节动漫游戏展的市内动漫游戏企业和机构实际产生的展位费给予补贴，补贴最高不超过5万元;对参加国外(境外)主办的动漫游戏专业节展的动漫游戏企业和机构实际产生的展位费给予补贴，补贴最高不超过10万元

资料来源:《关于推进杭州市动漫游戏产业做优做强的实施意见》(市委办〔2017〕77号);广州市时尚创意(含动漫)产业发展专项资金管理办法(穗文广新规字〔2018〕2号)。

4. 强化金融人才保障，夯实发展根基

一是推进文化金融合作。探索建立政府拨、银行贷、外资引、企业筹、社会集、上市募、风险投的投融资机制，促进动漫游戏企业与国有银行、国内民营资本、海外银行和风险投资机构沟通合作，着力解决动漫游戏企业融资难的问题。支持商业银行设立文化特色银行，为文化企业提供创新性、专业化、精准化的金融服务。设立总规模20亿元的文化产业创新创业投资基金，针对动漫游戏等文化类企业轻资产特点，探索开展知识产权、版权、专利、技术等无形资产质押和收益权抵(质)押贷款等业务。二是强化人才保障。强化高端人才引进和培养，制定并实施动漫游戏类专业人才职称评审制度和评定标准，构建更加开放、更具竞争力的动漫游戏产业人才环境。鼓励动漫、游戏人才来湘创业、投资，并在子女教育等各个方面提供便利。加强本土人才培养，在高职院校、中专职业学校开设动漫游戏专业，大力培养动漫游戏一线人才。

5. 加强公共平台建设，完善配套服务

重点搭建好四大平台:一是行业服务平台。充分发挥省动漫游戏协会等社会组织的作用，搭建行业之间的交流合作桥梁，实现资源共享，增强整体实力。二是产业聚集平台。以北辰文创园、创谷·天心文创园、创梦乐谷(长沙)动漫游戏产业园等为重点，支持龙头企业发挥引领作用，聚集上下游企业，打造动漫游戏专业园区。三是媒体播出平台。充分利用好金鹰卡通、芒果

TV 等播出平台，增加本土优秀原创动漫播出比例和时间，并在芒果 TV 增加动漫游戏专栏专区。四是展览展示平台。继续办好湖湘动漫月、数字文化创意创新创业大赛等品牌展会活动，为企业搭建好展示交流平台。继续组织动漫游戏企业组团参加深圳文博会、日本东京动漫展等国内外重点展览展会，扩大动漫湘军、游戏湘军品牌影响力。

改革开放高地打造

打造内陆地区改革开放的高地[*]

湖南省人民政府发展研究中心调研组[**]

2020 年 9 月，习近平总书记来湘考察时提出"打造内陆地区改革开放高地"的要求，为湖南推进改革开放指明了方向、路径和遵循。打造内陆地区改革开放高地，要抓住重点领域和关键环节，推动一批牵引性大、穿透力强、精准度高的改革举措落地；要以制度创新为核心，不断拓展开放的范围和层次，建设法治化、国际化、便利化营商环境，率先构建开放型经济新体制、内陆开放型经济发展新模式。湖南需强化系统集成协同，突出试点示范，在全面深化改革中勇争先，在推动更高水平开放中走在前，让湖南成为内陆地区改革开放的示范和前沿。

一　打造内陆地区改革开放高地湖南有探索有成效

"十三五"以来，湖南省委、省政府深入实施创新引领开放崛起战略，全省改革开放工作取得了显著成效。

---

[*] 本报告获得湖南省政协主席李微微，湖南省委常委、省政府常务副省长谢建辉的肯定性批示。

[**] 调研组组长：谈文胜，湖南省人民政府发展研究中心党组书记、主任；调研组副组长：唐宇文，湖南省人民政府发展研究中心副主任、研究员；调研组成员：唐文玉、刘琪、田红旗、周亚兰、罗会逸，湖南省人民政府发展研究中心研究人员。

（一）重点领域改革亮点频出

1. 供给侧结构性改革实现转型闯关

坚持深化供给侧结构性改革，积极推进关停并转，依法依规引导钢铁、煤炭等领域过剩产能、"散小乱污"企业加快退出，全省淘汰落后规模工业企业3000多家。认真清理涉企收费，降低大工业电价和一般工商业电价，全面落实国家减税降费政策。对全省房地产市场因城因地施策，既化解了过多的库存，又控制了省内重点城市房价的过快上涨，打造了房地产调控的"长沙样本"。

2. "放管服"改革成特色品牌

湖南省持续推进简政放权。2019年，取消各类行政权力105项，下放省级行政权力31项；出台《湖南省"一件事一次办"服务规范》；企业和群众办事申报材料、办理环节、办理时间分别减少60%、70%和80%以上；省直部门审批服务"三集中三到位"改革加快推进；企业开办时间压减至3个工作日。

3. 国资国企改革取得突破

截至2019年底，推动6家企业重组整合；启动董事会职权试点及职业经理人试点工作，全面推进国企劳动、人事、分配三项制度改革；推进混改及员工持股试点，省国资委混合所有制企业584户，占比为51%；推进剥离办社会职能和历史遗留问题处理，全面启动国企退休人员社会化管理工作。

4. 农村土地改革扎实推进

加大城乡建设用地增减挂钩改革力度，不断完善新增耕地指标网上流转交易机制，截至2019年底，全省累计批复城乡建设用地增减挂钩项目38.99万亩。加快推进农村宅基地使用权确权登记颁证，大力探索农宅合作社试点，探索开展经营性资产股份合作制改革试点。浏阳市圆满完成农村土地制度改革三项试点任务。

5. 财税金融改革稳步推进

全面推开营改增，实施资源税从价计征改革，明确了资源税具体适用税率等事项；积极推动预决算改革，湖南省地方预决算透明度持续位居全国前列；深度整合专项资金，省级专项由98项整合到47项，深入推进涉农领域"大专项+任务清单"管理改革；出台基本公共服务、医疗卫生领域省与市县共同财政事权和支出责任划分改革办法；优化省对下转移支付制度，2019年一般性转移支付比重提高到81.1%。深化金融业改革，首家民营银行获批开业。在区域性股权市场设立科技创新专板，为挂牌企业提供多方面的政策支持服务；2019年有4家企业申报科创板并获受理，申报科创板企业数居全国第9位；远大住工在香港联交所主板上市，为近五年来湖南省第一家境外上市企业。

6. 科技创新制度改革成效显著

完成了涉及高新技术和科技成果转化及长株潭自创区等方面的4部地方性法规的修订、制定；着力推进省级科研经费管理、人才评价管理等改革，建设潇湘科技要素大市场和科技金融服务中心；科技创新计划被整合为创新型省份建设专项，省财政科技投入年均增长30%以上，研发经费投入强度从2015年的1.43%增长到近2%。以"芙蓉人才行动计划"为指引，实施长株潭高层次人才聚集工程等人才计划，湖南省科技创新工作已连续4年4次获国务院表彰激励。

（二）开放发展之路不断拓宽

1. 外向型经济增速喜人

2016～2019年，进出口总额年均增长35.65%，增速长期保持在全国前列，2019年位居全国第1。这三年全省进出口总额连续突破2000亿元、3000亿元、4000亿元大关；新增世界500强企业16家，截至2019年底，存续500强企业达175家；境外投资企业突破1600家，对外经济合作国别（地区）拓展到92个，投资规模近年来稳居中部6省的首位。

2. 开放通道逐步畅通

水运口岸开通了岳阳至香港直航和至东盟接力航班，日韩江海联运、东盟澳洲接力航线稳定运营；从湖南发出的中欧班列不断开拓新路线，开通欧亚线路10条，物流覆盖沿线30个国家40多个城市；全省航空口岸开通了10条国际全货机航线，全面对接欧盟、美国、东盟三大贸易体。湖南通达全球的国际货运网络初步形成。

3. 开放平台体系不断完善

截至 2019 年底，全省拥有 16 个国家级园区、3 个国家一类口岸，7 个海关特殊监管区（为中西部地区最多）。首届中非经贸博览会成功举办并长期落户湖南，中国（湖南）自贸区、长沙岳阳湘潭郴州跨境电商综试区、长沙高桥大市场采购贸易试点等国家级开放试点平台相继获批，阿治曼中国城获批国家级国际营销服务公共平台。

二　打造内陆地区改革开放高地湖南有困难有制约

（一）体制机制上还存在不少难以克服的困难

"放管服"改革仍存在诸多制约因素。湖南省部分"放管服"改革缺乏统筹规划，事中、事后监管权责体系有待健全，部门间信息共享缺乏相应的技术支撑。深化国资国企改革面临不少困难。未形成科学、系统的国有资产管理法规政策体系；国有企业创新意识不强、治理结构不完善、决策效率较低。要素市场发展滞后。信息不对称、不透明导致要素资源错配；各种显性和隐性的市场分割导致资源配置效率低下；仍存在一些阻碍要素市场化的体制机制障碍。财税体制亟待改革。减税降费的拉动效果不明显，2019 年其乘数仅为 0.61；事权和支出责任划分改革依然滞后；市、县存量债务包袱沉重。科技创新体制亟待改革。科技创新活动市场动力不足；科技、经济"两张皮"的体制机制未有根本变化；分配制度僵化，产权关系改革滞后。

（二）开放发展的质量和水平仍有待提高

开放型经济规模不大。2019 年，湖南外贸依存度 10.92%，远低于全国平均水平（33%）。开放领域有待优化。部分新兴优势产业的外向度不高，在现代物流、金融保险、中介服务等领域引资步伐较慢。开放平台作用弱。各类平台间联动不够紧密，缺少带动力强的龙头企业和大项目。7 家综保区、保税物流中心外贸进出口额占全省的 23.7%，远低于同期河南新郑、四川成都两大综保区外贸进出口额占比（均为 60% 以上）；全省省级以上园区中有 27 家实际利用外资为零。

（三）改革的协调配合机制不畅

跨部门配合落实难。各部门职责存在交叉，跨部门的工作容易出现规避或转移责任的现象。政策协调机制不畅。规范部门协调配合机制的法律法规制度较缺乏；协调方式还不规范，协调层级不够明确，操作性有待增强。政策效果不理想。有关部门先后出台的关联政策协同性不够，影响政策实施效果。

三 打造内陆地区改革开放高地湖南要抓关键促创新

要全面落实习近平总书记"打造内陆地区改革开放高地"的新定位要求，下一步，湖南要进一步围绕"放管服"、要素市场化配置、国企国资、财税体制等重点领域，加快破除深层次体制机制障碍，推动改革走实走深；要进一步聚焦构建开放大格局、服务高质量发展，推动更高水平的开放；要进一步强化改革开放举措系统集成，向改革要动力、向开放要活力，不断探索内陆地区改革开放的湖南路径。

（一）持续深化放管服改革，提升政务服务效能

大力推进行政审批制度改革。进一步下放省级审批管理权限，除法律法规规章明确规定外，基层有承接能力的必要事项一律下放市县实施；对所有涉企经营许可事项按照四种方式分类推进改革。突出"照后减证"，全面落实涉企行政审批事项"证照分离"改革。深入推进"一件事一次办"改革。从"以部门为中心"的单个事项改革转向"以个人、企业为中心"的集成化流程再造，进一步优环节、减材料、缩时限、降成本，推动"一件事一次办"服务标准化、规范化。完善市场监管体制机制。强化事中事后监管，以"双随机、一公开"为重点，加快推进市场监管改革，推进跨部门联合监管和"互联网＋监管"。

（二）全面深化要素市场化配置改革，激发与增强经济活力

完善土地管理体制机制。研究制定湖南省农村集体经营性建设用地入市实施意见，加快建设城乡统一的建设用地市场。健全市场化用地供应机制，盘活

利用存量建设用地，推进二、三产业混合用地。促进劳动力有效供给。深化户籍制度改革，分类放开放宽城市落户限制，加快农业转移人口市民化。完善居住证制度，建立城镇教育、就业、医疗等基本公共服务与常住人口挂钩的机制。充分利用多层次的资本市场。健全精准培育企业上市机制，深入开展资本市场县域工程，支持湖南股交所试点区域性股权市场创新。有序开展企业资产证券化，不断完善多层次、广覆盖的金融服务体系。创新科技资源配置方式。探索赋予科研人员职务科技成果所有权，落实其长期使用、成果评价和收益分配等方面的权益。改革科研项目立项和组织实施，全面推行科技攻关"揭榜制"，同步推行首席专家"组阁制"、项目经费"包干制"。完善科技与金融结合机制，健全"首投、首贷、首保"科技金融投资体系。积极争取国家知识产权金融先行先试。加快培育数据要素市场。研究出台《湖南省数据条例》，在数据权属、定价交易及市场监管等方面形成规范性制度规则。加快数字政府建设，健全政府数据开放共享、社会数据开发利用和安全保护等机制，提高数据质量和规范性，依法保护个人信息。

（三）有序推进国有企业改革，提升国企国资竞争力

推进国有资本优化布局和结构调整，紧密对接全省20个工业新兴优势产业链，加大对战略新兴产业的投资力度，推进钢铁、煤炭、有色等传统优势产业拓展国际产能合作市场，有效推进企业战略性重组和专业化整合。健全现代企业制度，增强国有经济竞争力和抗风险能力。深入推动董事会职权、经理层任期契约化及职业经理人制度等试点，加快剥离企业办社会职能，妥善处理历史遗留问题。稳妥推进国企混合所有制改革，全面提速二级及以下子企业混改，重点推动企业集团层面的混改，继续探索员工持股试点。积极推进国有资本投资、运营公司改革试点。

（四）纵深推进财税体制改革，逐步完善现代财税制度

推进省以下财政事权与支出责任划分改革，逐步规范并减少省与市县共同财政事权。完善转移支付制度，大幅压减专项转移支付、加大一般性转移支付力度。强化全过程绩效预算管理信息公开和结果应用。落实国家税制改革部署，及时将各类减税降费政策调整到位、减免到位。巩固省级涉企行政事业性

收费项目"清零成果",定期公布行政事业性收费和政府性基金目录清单,强化乱收费投诉举报查处机制。深化投融资体制改革。规范发行、使用地方政府债券;扎实推进政府融资平台公司改革转型,依法剥离其政府融资职能,分类推进其市场化转型发展;积极审慎推动政府和社会资本合作(PPP),试点推进基础设施领域不动产投资信托基金(REITs)。

(五)深度融入"一带一路"建设,拓展对外开放格局

成立省"一带一路"综合服务中心,统筹推进重要事项和重大工程,协调解决合作建设中的重大问题。突出重点国别、重点企业和重大项目,聚焦湖南省传统优势产业和重点发展产业,分类建立完善全省参与"一带一路"建设重点项目库。鼓励企业抱团"走出去",培育对外投资合作重点项目,大力支持境外经贸合作园区建设。依托中非经贸博览会,探索中非经贸合作新路径、新机制,打造中非经贸深度合作先行区。推动建设中非经贸合作公共服务平台,建设非洲在华非资源性产品集散和交易中心,探索开展中非易货贸易,创新对非经贸合作金融平台和产品,推动建设中非跨境人民币中心。

(六)全面对接国家区域发展战略,优化国内开放格局

充分发挥"一带一部"区位优势,建设联通长江经济带和粤港澳大湾区的国际投资贸易走廊。积极对接粤港澳大湾区建设,加强湘粤港澳四地在先进制造、文化创意和金融服务等产业领域的合作。发展湘粤港澳智能物流,打造面向国际的货运集散中心。完善长江中游城市群区域协同开放机制,全面推动湖南融入长江经济带,积极承接长三角地区产业梯度转移,实现合作共赢。探索省际合作新路径,扎实推进湘赣边区域合作示范区、湘黔高铁文化旅游经济带建设。

(七)加强开放平台建设和联动,提升省域开放格局

以中国(湖南)自贸区建设为突破口,创新开放崛起的体制机制,统筹推进各项重点改革试点任务,确保改革措施落地落实。强化中国(湖南)自贸区、湘南湘西承接产业转移示范区和国家跨境电商综合试验区等对外开放平台的战略协同,推进全省全方位开放。进一步完善水陆空基础设施网络,围绕

长沙、岳阳等关键节点，构建江海、铁海、陆航等出省出海出境开放通道体系，加快建设多式联运和通关贸易一体化综合物流枢纽。对标对表沿海发达地区，切实加强各类开放口岸和园区等的建设、运营和管理。强化各类园区与机场、码头、铁路等口岸平台的协调互动，实现与沿海"进境同价到港，出境同价起运，通关同等效率"。

（八）培育新动能新业态，推动对外贸易创新发展

依托现有综保区、省级以上园区创建国家外贸转型升级基地、国家进口贸易促进创新示范区，强化贸易和产业的互动，加快外贸综合服务体建设，培育若干产业链条完整的出口产业示范集群。加快长沙、岳阳、湘潭、郴州等市跨境电商综合试验区建设，加快推进产业链集聚，鼓励传统制造和商贸流通企业融入境外销售渠道，支持相关企业在重点国别、重点市场建设海外仓。加速拓展数字贸易新模式新业态，探索建设特色服务出口基地，推动加工贸易与服务贸易、"互联网＋"融合发展，依托优势产业大力发展研发设计、检测维修和国际结算等新兴服务贸易。建设高水平的国际贸易"单一窗口"，将出口退税、服务外包和维修服务等事项逐步纳入，创新贸易综合监管模式，推动数据协同、简化和标准化。

（九）优化外商投资环境，有效提高利用外资质量

贯彻《国务院进一步做好利用外资工作的意见》，出台具体措施，落实外商投资准入前国民待遇加负面清单管理制度。完善外商投资信息报告制度，推进部门数据共享，实行市场监管、商务和外汇年报"多报合一"。完善投资便利化机制，建立外商投资一站式服务联络点。健全外商投资企业投诉机制，使其依法适用湖南省支持企业发展的各项政策。聚焦传统和新兴优势产业及生产性服务业重点领域，大力引进外资。积极稳妥引进各类金融机构和配套专业服务机构，着力集聚培育金融全产业链。鼓励各市州创新合作和运营开发模式，探索建设一批产业特色鲜明的国际合作园区。

（十）聚焦协同高效，推动改革开放举措系统集成

注重系统集成的整体设计。坚持用全局意识推进改革系统集成，对改革举

措、路径和方式等进行整体设计，厘清各项改革的逻辑关系，联动推进各项改革，最大限度提高改革效能，巩固和深化改革成果。抓好重大改革统筹衔接。盯住当前湖南省各领域改革推进面临的堵点和难点，完善改革配套文件和实施细则，把最有节点效应的关键举措串联起来，实现重点突破。实时跟踪最新动态，及时优化改革施工图，最大化弥补设计缺陷。鼓励地方和基层探索创新，挖掘和总结各地改革创新经验，及时在全省范围推广。健全科学合理的评估机制。进一步优化工作方法，充分发挥督察利器、第三方评估、考核"指挥棒"作用，把政策评估贯穿于改革探索全过程。落实"三个区分开来"的要求，建立和完善改革的容错纠错机制，最大限度汇聚改革正能量。

激发技术供给活力　释放经济增长动力

——技术要素市场化配置改革对湖南的影响及对策研究*

湖南省人民政府发展研究中心调研组**

技术是从传统要素驱动转向创新驱动的关键，是长期经济增长的动力所在。2020 年 3 月 30 日，党中央、国务院印发《关于构建更加完善的要素市场化配置体制机制的意见》（下文简称《意见》），提出加快发展技术要素市场。2020 年政府工作报告再次提出培育技术和数据市场，激活各类要素潜能。为此，湖南省要充分利用技术要素市场改革释放的红利，不断激发技术要素的供给活力。

一　湖南技术要素市场化配置存在的"三个不紧密"

湖南省技术要素市场化配置存在技术与市场结合不紧密、成果与应用结合不紧密、科技与财政金融结合不紧密等问题。

1. 技术与市场结合不紧密

一是科技中介服务市场发展较为滞后。湖南省科技中介服务机构存在"小、散、弱"等突出问题，尤其是缺少专业化水平较高的知识产权评估、技术评价等服务机构。以知识产权服务机构数量为例，天眼查大数据显示，截至 2020 年 4 月，湖南省知识产权服务机构有 553 家，远低于安徽（1667 家）、河

---

　*　本报告获得湖南省政府副省长朱忠明的肯定性批示。

　**　调研组组长：谈文胜，湖南省人民政府发展研究中心党组书记、主任；调研组副组长：唐宇文，湖南省人民政府发展研究中心副主任、研究员；调研组成员：左宏、闾仲勇，湖南省人民政府发展研究中心研究人员。

南（826 家）、湖北（653 家）等地。

二是技术输出额远高于吸纳额，技术外溢较为明显。科技部网站资料显示，2019 年湖南省技术输出额居全国第 12 位、中部第 2 位，而本地市场吸纳的技术额仅排在全国第 19 位、中部第 5 位；输出技术额与吸纳技术额之差达到 147 亿元，排在全国第 8 位，技术外溢明显；这也表明湖南省本地市场不足以承载所有领域的技术成果落地转化，造成"墙内开花墙外香"。

表1　2019 年全国及中部六省知识产权服务机构数量、技术输出额和吸纳额情况

地区	知识产权服务机构		技术输出额		技术吸纳额	
	数量（家）	中部排名	数值（亿元）	中部排名	数值（亿元）	中部排名
全国	19423	—	22398.4	—	17697.4	—
湖南	553	4	490.6	2	343.7	5
安徽	1667	1	449.6	3	610	2
湖北	653	3	1429.8	1	944.8	1
河南	826	2	231.9	4	415.5	4
江西	390	5	148.6	5	298.8	6
山西	240	6	109.5	6	444.7	3

数据来源：科技部、天眼查等网站。

2. 成果与应用结合不紧密

一是"重论文、轻应用"的科研评价导向导致部分成果与应用脱节。在现行的管理制度和职称评定制度中，湖南省"重论文、重发表，轻市场、轻应用"的科研格局并未得到根本扭转，造成高校大量成果与应用脱节，转化率极低。2018 年湖南省高校专利申请数量达到 14877 件，居全国第 8 位、中部第 2 位，但专利所有权转让及许可数仅 149 件，转化率仅 1%，仅为全国平均水平的 51%，在全国 28 个地区（西藏、青海、新疆缺数据）排在第 20 位，在中部地区排在第 5 位。

二是技术转移转化机构体制障碍导致部分成果转化的积极性不高。近年来，湖南大学、中南大学、长沙理工大学等先后成立科技成果转移转化或技术转移机构，但这些机构多数隶属于高校，缺乏对从事成果转化人员的激励机制，多数机构不允许盈利，导致这些机构对成果转化的积极性不高。

表2　2018年全国及中部六省高校专利所有权转让及许可数占专利申请数比重

单位：%

地区	比重	中部排名
全国	1.95	—
湖南	1.00	5
安徽	1.83	2
湖北	1.87	1
河南	0.8	6
江西	1.24	3
山西	1.4	4

数据来源：2019年中国科技统计年鉴。

3. 科技与财政金融结合不紧密

一是财政科技支出比重相对较低。2018年湖南一般公共预算支出为7479.6亿元，科学技术支出不足130亿元，占全省一般公共预算支出的1.74%，不到全国平均水平（2.77%）的63%（见图1）。比湖南省一般公共预算支出低的湖北、安徽、江西（三地一般公共预算支出分别为7258.3亿元、6572.2亿元、5667.5亿元），其科学技术支出分别达到268.5亿元、294.8亿元、147.1亿元，分别是湖南省的2.1倍、2.3倍、1.1倍。同时，湖南省科学技术支出也低于同为中部地区的河南（155.67亿元），在中部省份中排名倒数第2位。

二是金融机构支持成果转化的内生动力有待提升。在现行的金融制度、技术条件下，金融机构缺乏与成果转化有效沟通的桥梁和对行业领域分析判别的能力，造成资金供需双方信息不对称，金融机构支持成果转化的动力不足，科技型中小企业融资难融资贵问题普遍存在，尤其是新三板企业数量偏少。天眼查大数据显示，截至2020年4月，中部地区的湖北、安徽、河南新三板企业数均超过400家，而湖南省仅有269家，居中部第4位。

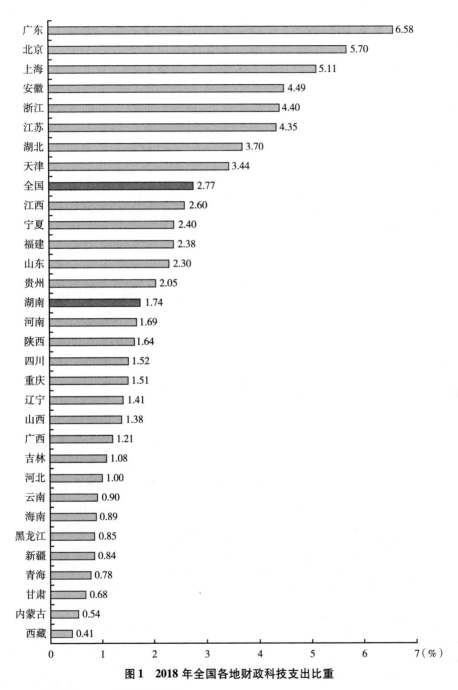

图 1　2018 年全国各地财政科技支出比重

数据来源：2019 年中国统计年鉴。

表3　2019年全国及中部六省财政科技支出及新三板企业数量

地区	财政科技支出		新三板企业数量	
	金额（亿元）	中部排名	数值（家）	中部排名
全国	5206.38		—	
湖南	129.94	5	269	4
安徽	294.81	1	424	2
湖北	268.49	2	444	1
河南	155.67	3	422	3
江西	147.09	4	182	5
山西	59.08	6	99	6

数据来源：2019年中国统计年鉴、天眼查等。

二　《意见》将进一步促进技术要素实现"三个激活"

针对当前技术要素配置存在的主要问题，《意见》提出了5项体制机制改进意见，可以归纳为"三个激活"。

1. 激活职务技术产权激励

虽然湖南省在2019年修订了《促进科技成果转化法》实施办法，明确担任领导职务的科技人员可以获取奖励；但由于湖南省多数知名高校隶属于教育部，受到国家政策的约束，仍存在担任领导职务的科技人员对科技成果转化"不敢转、不愿转"的现象。而《意见》则从全国层面提出要健全职务科技成果产权制度，开展赋予科研人员职务科技成果所有权或长期使用权试点，并行推进职务成果"三权"改革和所有权改革试点。这将极大提升湖南省高校院所科研人员尤其是担任行政职务人员进行成果转化的积极性，打通科研成果从实验室到商业化的"最后一公里"。

2. 激活科技中介服务活力

湖南省先后培育了千余名技术经纪人，但缺乏对技术转移人才的专项职称认定、评审等激励政策，导致专业技术转移人员从业愿望不高，熟悉技术转移业务的跨学科、高素质的复合型服务人才严重缺乏。《意见》提出要培养一批技术转移机构和技术经理人，支持科技企业与高校、科研机构合作建立技术研发中心、产业研究院、中试基地等新型研发机构，建立国家技术转移人才培养体系等。这将进一步促进湖南省科技中介服务机构的发展，提高湖南省技术经纪人从事技术转移的积极性。

3. 激活技术与资本的融合渠道

技术与资本融合渠道不畅已经成为湖南省的"阿喀琉斯之踵"。《意见》提出积极探索通过天使投资、创业投资、知识产权证券化、科技保险等方式推动科技成果资本化，鼓励商业银行采用知识产权质押、预期收益质押等融资方式，为促进技术转移转化提供更多金融产品服务。这将激发湖南省金融机构支持成果转化的内生动力，拓展技术与资本的融合渠道，进一步促进湖南省技术要素与资本要素的融合发展。

三　激发技术供给活力的五大举措

在技术要素市场化配置方面，着力从建设新技术应用场景、打造成果转化平台、建立成果评价制度、促进科技与财政金融融合、培育引进科技中介机构等五个方面激发技术供给活力，促进科技成果转化。

1. 推进新技术应用场景建设

一是以机会清单制度推进新技术应用场景建设。新技术、新产品更需要的是市场和机会，而不是资金支持等。建议实施"新技术机会清单"制度，深度了解和搜集企业产品技术研发和需求情况，定期发布新技术应用场景机会清单，借助互联网岳麓峰会、世界计算机大会、长沙国际工程机械展览会、湖南-粤港澳大湾区投资贸易洽谈周等重大活动对新技术机会清单进行集中发布，引导全球新技术、新产品在湖南"首发首秀"，为全球投资者、企业及人才在湖南发展提供市场和机会，将新技术应用场景具象为可感知、可视化、可参与的机会，实现从"给优惠"到"给机会"的深刻转变。

二是建设湘江新区"新技术场景新城"。发挥湘江新区"三智一自主"（智能装备、智能网联汽车、智能终端、自主可控及信息安全）、军民融合、大数据、区块链等技术领域的优势，争取在软件、智能驾驶、军民融合、区块链、大数据、5G、人工智能等方面规划构建新技术应用场景区域，率先在湘江新区试点建设一批新技术应用场景示范区，通过培育"头羊企业"推动形成一批新技术应用场景，通过布局5G、人工智能、工业互联网、物联网等新基建带动形成一批新技术应用场景，引导鼓励各类新技术在湘江新区"首发首秀"，支持在地标性区域建立新技术展示体验中心。

2. 打造促进科技成果转化的两大平台

一是以岳麓山大科城为载体打造区域性的科技成果交易中心。以岳麓山大科城为载体，以高校成果转化为特色，依托潇湘科技要素大市场，打造全国有影响力的区域性的科技成果交易中心，主要为高校、科研院所和企业提供科技信息共享、成果评价、知识产权运营、资本对接、人才对接、成果转移转化、项目孵化等全链条一站式科技成果交易创新服务。

二是建设概念验证中心。美国等高校科技成果转化率高的一个重要原因就在于以"概念验证中心"跨越从基础研发到企业产品的"死亡之谷"。"概念验证中心"在技术创新的第二个阶段——概念验证阶段就开始对技术转化进行扶持，是解决新技术转化"最初一公里"的破题之笔。建议制定《湖南省概念验证中心建设实施方案》，结合湖南省高校基础研究的优势、特色和双一流高校建设，优先选择建有创新创业载体以及科技成果转化公司/平台的高校作为支持主体，建设由社会力量主导的若干专业化概念验证中心，为高校技术概念验证提供种子资金、商业顾问、创业教育等个性化支持服务，打造科技成果转化的全链条服务支持体系。实施湖南省"概念验证支持计划"，设立概念验证中心专项支持资金，每年面向全省征集若干个概念验证项目，对每个项目给予财政资金支持。

3. 建立完善科研成果评价制度

一是优化高校院所科研评价导向体系。破除"唯论文"导向，畅通高校院所从事成果转化工作人员的职称晋升通道。可考虑在高校院所设立科技成果转化类高级专业技术岗位，在专业技术职务评聘、岗位等级晋升、年度考核等方面，将取得的科技开发、技术应用、成果转化等业绩作为重要依据。将技术合同成交额等纳入对高校"双一流"建设的考评指标，并对科技成果转移转化绩效突出的相关单位给予资金支持。

二是将成果转化作为企业职称评审的重要内容和依据。加快落实近期人力资源和社会保障部发布的《关于进一步做好民营企业职称工作的通知》，制定实施细则，开展民营企业专业技术人才职称评审，拓宽民营企业专业技术人才职称申报渠道，将专利成果、技术突破、工艺流程、标准开发、成果转化等情况作为企业职称考核评价以及确定岗位、考核、晋升、绩效、薪酬等的重要内容和依据，提升企业科技人员进行成果转化的积极性。

4. 推进科技与财政金融的深度融合

一是创新财政科技投入机制。采取直接拨款以外的间接方式，形成多元化的财政投入机制，如制定财政担保制度或建立湖南科技研发担保基金，以政府信用为基础，对于具有较大的外部效应且市场前景良好的科技创新提供财政担保；完善投入方式，从原来的"评项目、前补助"向"定门槛、后补助、普惠制"转变，积极推行普惠性以奖代补和后补助，按照企业研发投入的一定比例给予补助，发挥财政资金的杠杆作用，引导企业加大自身研发投入。调整财政支出结构，重点向科技研发支出倾斜，力争未来5年将科学技术支出占一般公共预算支出的比重提高到2%~2.5%。

二是构建多层次科技创新创业投融资体系。建立和完善覆盖科技研发、科技孵化、科技创业、科技产业化等不同阶段、不同特点的多元化、多级次科技创新创业投融资体系。尤其要建立起覆盖创新创业项目从种子期–早期/成长期–成熟期诸阶段，包含天使投资、风险投资、上市前投资等在内的全阶段创投体系。充分利用和发展多层次资本市场，扶持湖南省股权交易所快速壮大，畅通本省创新创业企业与新三板、创业板和中小板市场对接的渠道。加强对企业知识产权、科技成果的评估，采用大数据建立企业信用体系，开展知识产权质押、预期收益质押以及商业信用贷款等多元融资方式，为促进技术转移转化提供更多金融产品、服务。

5. 加强市场化科技中介机构的培育、引进、管理

一是加强科技中介服务机构的培育和引进。通过前资助、后补助和政府购买服务等方式，大力培育、引进和发展科技成果转化、人才交流等各类科技中介服务机构，建立形成全省科技中介机构库。鼓励国内外技术转移机构在湖南省设立法人单位或分支机构，支持更多的专业团队创建科技成果转移转化机构。

二是加强科技中心服务机构的管理。建议加快出台《湖南省科技中介服务条例》，编制科技中介服务机构目录，建立科技中介服务机构信誉评价体

系，制定科技中介服务机构职称评定、考核评价等办法，引导科技中介服务机构规范、有序发展。围绕科技成果转化链条的各个环节开展大范围、多层次、有针对性的培训，建设一支有技术专长、懂经济、会经营、具有评估技术作价能力的科技中介服务人才队伍。

双向投资 互利共赢 深化湖南与"一带一路"沿线国家的合作[*]

湖南省人民政府发展研究中心调研组[**]

自"一带一路"倡议提出以来，我国国际区域合作发展迎来重大机遇。"一带一路"沿线包含我国在内的 65 个国家（地区），2019 年，区域内人口占全世界的 62%，土地面积占全世界的 39%，GDP 占全世界的 31%。加强湖南省与"一带一路"沿线国家的双向投资合作，对于提升湖南省企业国际竞争力、助推省内产业转型升级和经济高质量发展具有重要意义。

一 成效明显：双向投资合作取得积极进展

1. 双边投资合作的支撑体系日渐完善

一是政策支撑体系不断完善。湖南省先后出台对接国家"一带一路"倡议的工作方案和实施方案、加快推进国际产能合作的意见、推动"走出去"抱团发展的意见、境外经济贸易合作园区认定和年度考核办法等政策文件，为加强湖南省与"一带一路"沿线国家投资合作提供了有力保障。

二是金融服务能力不断增强。湖南省统筹中央外经贸发展资金和省开放型经济发展专项资金，积极支持企业开展对外经济合作，共安排对外投资合作资金 8458 万元。由湖南建工集团作为牵头发起单位，成立湖南"一带一路"产业促进基金，总规模 200 亿元。中国信保支持承保湖南省"一带一路"沿线

---

* 本报告获得湖南省委常委、省政府常务副省长谢建辉的肯定性批示。

** 调研组组长：谈文胜，湖南省人民政府发展研究中心党组书记、主任；调研组副组长：唐宇文，湖南省人民政府发展研究中心副主任、研究员；调研组成员：唐文玉、刘琪、周亚兰、罗会逸，湖南省人民政府发展研究中心研究人员。

重点项目 10 个，累计承保金额达到 9.6 亿美元。

三是服务平台建设不断推进。湖南省"湘企出海 ＋"综合服务平台为湖南省企业"走出去"提供全面的"一站式"线上境外投资备案申报、信息资讯、政策法规、项目发布以及金融等服务。境外经贸合作园区建设加快推进，为湖南省中小企业对接"一带一路"建设提供了良好平台。截至 2020 年 7 月，湖南省重点推动建设的境外经贸合作园区有 12 家，以现代农业为主，其次是装备制造、生物医药、商贸等。其中纳入商务部统计的有 3 家，分别是阿治曼中国城、北欧湖南农业产业园、泰国湖南工业园。邵阳东盟科技产业园于 2019 年 6 月动工建设，成为湖南省首家面向"一带一路"沿线国家的国际合作产业园，有望进一步打通湖南与东盟地区的经贸合作通道。

2. "一带一路"沿线国家成为湘企"走出去"热点地区

2019 年，湖南省在"一带一路"沿线国家新增境外企业 34 家，占全省总数的 40.5%；新增中方合同投资额 5.86 亿美元，占全省总量的 58.9%，比 2015 年高出 38.0 个百分点（详见表 1）。投资领域从传统的贸易、批发、农业等延伸到加工制造业，中联、三一、蓝思等龙头企业均已在"一带一路"沿线国家投资。对外承包工程方面，2019 年，湖南省在"一带一路"沿线国家新签对外承包工程项目合同 35 个，占全省总数的 57.4%；新签对外承包工程项目合同金额 15.8 亿美元，占全省总量的 59.2%；新签项目完成营业额 3.01 亿美元，占全省总量的 51.1%，均超过半壁江山（详见表 2）。

表 1　2015 ~ 2019 年湖南在"一带一路"沿线国家投资情况

年份	新增境外企业数量（家）	占比（%）	新增中方合同投资额（亿美元）	占比（%）	主要国家	主要行业
2015	58	32.1	4.51	20.9	老挝、越南、缅甸	贸易、农林牧渔业
2016	58	34.7	7.06	26.9	越南、老挝、泰国	批发、农林牧渔业、建筑装饰
2017	22	23.9	1.54	7.3	泰国、越南、柬埔寨	商务服务业、批发业、电气机械和器材制造业

年份	新增境外企业数量（家）	占比（%）	新增中方合同投资额（亿美元）	占比（%）	主要国家	主要行业
2018	34	40.0	1.12	18.5	泰国、柬埔寨、越南	贸易、商务服务业、农林牧渔业
2019	34	40.5	5.86	58.9	越南、泰国、柬埔寨	机械设备制造业、贸易、农林牧渔业

数据来源：湖南省商务厅。

表2　2015~2019年湖南在"一带一路"沿线国家承包工程情况

年份	新签对外承包工程项目合同数量(个)	占比（%）	新签对外承包工程项目合同金额（亿美元）	占比（%）	新签对外承包工程项目营业额（亿美元）	占比（%）
2015	50	56.2	5.07	35.0	7.17	55.5
2016	42	70.0	11.13	48.5	15.99	81.5
2017	54	62.8	9.52	3.6	14.69	69.7
2018	39	58.2	9.74	58.2	5.65	61.8
2019	35	57.4	15.80	59.2	3.01	51.1

数据来源：湖南省商务厅。

3. "一带一路"沿线国家来湘投资意愿不断增强

"一带一路"沿线国家在湖南省设立的外资企业数目呈上升趋势，2019年达到48家，是2015年的4.36倍。2019年，"一带一路"沿线国家实际对湘投资3.01亿美元，比上年增长18.4%（详见表3）。沿线国家中，新加坡对湘投资较多，占比60%左右。

表3　2015~2019年"一带一路"沿线国家在湘投资情况

年份	设立外资企业数量(家)	实际使用外资金额（亿美元）	增幅（%）
2015	11	5.77	18.0
2016	17	3.01	-47.9
2017	10	4.24	41.1
2018	20	2.54	-40.0
2019	48	3.01	18.5

数据来源：湖南省商务厅。

4. 湖南企业抱团"走出去"成绩喜人

一方面，湘企与央企合作"借船出海"。湖南省通过举办"落实'一带一路'高峰论坛精神、湖南与央企合作对接会"等活动，推动建筑、电力、农业等领域部分重点"走出去"湘企与央企建立了双向互动交流机制和项目合作机制，在"一带一路"沿线国家合作共建了一批重大项目。比如：湖南炫烨生态农业发展有限公司与中国航空技术北京有限公司合作共建老挝生态农业产业园；湖南省交通勘察设计院与中建五局合作共建伊朗阿巴斯港－克尔曼高速公路等。

另一方面，湘企抱团"驾船出海"。湖南省出台专门政策鼓励企业抱团"走出去"，对联盟抱团推进的"走出去"项目，给予前期费用优先支持和项目融资贴息支持，引导"走出去"企业形成抱团开拓海外市场的合作机制。湘企抱团"走出去"成效明显，比如：湖南建筑业组织省内65家特、一级以及行业优质企业，成立"走出去"战略合作联盟，通过组织企业参加国内外各类活动、开展国际经营管理人才培训、组织政银企对接交流会等形式，在"一带一路"沿线国家成功打响"建筑湘军"品牌。

二　困难突出：双向投资合作仍有掣肘和不足

1. 服务机制有待进一步健全

一是推进力度与其他省份比尚有差距。一方面，工作机制有待完善。"一带一路"重大项目推进情况尚未被纳入对部门和市州的绩效考核，没有形成有效的奖惩机制。涉外投资审批流程和时间与广东、浙江等省相比仍有优化空间。另一方面，缺乏针对具体国别、具体行业的差异化支持政策，在平台建设、重点项目培育等方面的财政支持力度与其他省份相比有差距。如湖南省对中欧班列的补贴力度仅为重庆的1/3、武汉的1/10。

二是驻境外商务代表处的作用有待进一步发挥。驻境外商务代表处是推动国际经贸合作的重要平台，云南省设立超过30个境外商务代表处，实现了对南亚、东南亚国家的全覆盖，有力地推动了云南建设面向南亚、东南亚的辐射中心。而湖南省驻境外商务代表处于2020年2月底已到期失效，亟须重新设立一批新的境外商务代表处。

三是融资难瓶颈有待进一步破解。湖南省境外投资项目规模多数低于2000 万元人民币，难以从境外金融机构获得贷款支持，而国内金融机构普遍不接受境外资产作为贷款担保。国家"一带一路"和国际产能合作基金门槛较高，很少支持地方企业或民营企业主导的项目。湖南省由省建工集团发起成立的"一带一路"产业促进基金，由于缺乏政府引导资金进入，吸引社会投资难度很大，目前仍只有湖南建工、交水建、新天地等首批发起单位出资，基金尚未正式开始市场化运作。融资难度大，后续资金不足，导致湖南省部分境外投资项目不得不暂缓进行或被迫终止。

2. 合作质量有待进一步提高

一是合作领域有待进一步拓展。湖南省在装配式建筑、环保机械、新材料、输变电设备、光伏等领域具备比较优势，这些产业符合"一带一路"沿线国家旺盛的基础设施建设需求，但湖南省在"一带一路"沿线国家基本上还没有建设生产基地，没能实现优势产能的有效释放，与"一带一路"沿线国家在资源开发、科技创新等方面的合作，尚处于起步阶段。

二是合作深度有待进一步拓展。湖南省在"一带一路"沿线国家开展投资活动的主体是民营企业、中小型企业，"一带一路"沿线国家在湘投资项目也普遍规模较小，投资项目较为分散，以外资、外经带动外贸发展乃至产业升级的联动效应不明显。境外经贸合作园区企业入驻率较低，离形成集聚效应尚有较大差距。截至 2020 年 7 月，湖南建工集团在全球 30 多个国家和地区有海外业务，但仅在 3 个国家有 3 个以上的项目，在绝大多数国家仅有 1 个项目。

3. 新冠肺炎疫情全球蔓延对双向投资合作带来较大冲击

新冠肺炎疫情在全球范围内仍在蔓延，"一带一路"沿线国家中印度、俄罗斯、土耳其、伊朗等国都是重灾区，疫情引发的出入境管控和对境外投资日趋严格的审核，对湖南省与"一带一路"沿线国家的投资合作带来了较大冲击。一方面，影响新项目开发和签约。2020 年 1 ~ 5 月，"一带一路"沿线国家在湘设立外资企业 8 家，同比下降 42.9%；合同外资 1643 万美元，同比下降 58.7%。同期，湖南省在"一带一路"沿线国家新签对外承包工程项目合同仅 7 个，只相当于 2019 年全年的 20%；新签对外承包工程项目合同金额 3.9 亿美元，只相当于 2019 年全年的 24.7%。另一方面，影响现有项目推进。调研中，不少企业反映海外企业、项目处于停工停产状态，企业在面临房租、员工工资等巨大成本压力的同时，还面临工期延误引发的违约风险。

4."一带一路"沿线国家的高风险阻碍合作深入

"一带一路"沿线国家涉及地理范围广阔，且以新兴经济体为主，政治和经济局势较为动荡，宗教文化及社会情况十分复杂。根据中国社科院发布的《2020年中国海外投资"一带一路"沿线国家风险评级》报告，"一带一路"沿线国家中，低风险国家仅有新加坡，中等风险国家较多，而中东、南亚、中亚地区部分国家风险较高。湖南省企业对"一带一路"沿线国家的投资，大项目主要集中在基础设施、能源资源领域，项目金额大，建设周期长，容易受东道国政局和政策环境变动的影响。而参与"一带一路"沿线国家投资合作的中小型企业，由于跨境经营能力、经济实力都相对较弱，抵御风险能力更差。《湖南省对接"一带一路"战略行动方案（2015～2017年)》的62个境外项目中，有近30%的项目因东道国政治经济环境发生变化而暂缓实施。

三　多措并举：推进双边投资合作深入开展

1. 以优化制度安排为引领，强化合作推力

一是完善推进机制。充分发挥省推进"一带一路"建设工作领导小组的作用，健全重大事项定期会商、信息通报制度。统筹推进重要事项和重大工程，协调解决合作建设中的重大问题，建议借鉴浙江省的做法，成立省"一带一路"综合服务中心，为企业提供综合性服务。将"一带一路"重大项目推进情况纳入对部门和市州的绩效考核，强化跟踪督促和目标考核。

二是加强政策支持。结合中国（湖南）自贸区的申报建设，在投资管理、金融、事中事后监管措施及海关特殊监管区域制度创新等方面加大改革力度。严格落实《外商投资准入特别管理措施（负面清单）（2020年版)》，尽快编制和公布湖南省外商投资项目指引（2020年版)，推进外商投资管理和对外投资管理领域的"放管服"改革，进一步简化审批流程，健全外商投资服务体系。进一步加大对企业抱团"走出去"、对外投资合作重点项目培育、境外经贸合作园区建设等领域的政策支持力度。

三是坚持项目驱动。按照"在建一批、推进一批、谋划一批、储备一批"的思路，分类建立完善全省参与"一带一路"建设重点项目库，强化重大项

目的示范带动作用。加强项目跟踪服务，明确责任单位、责任人，制订时间表、路线图，提供重点支持，打造精品项目。对项目库实行动态管理，对优质项目在推荐纳入国家"一带一路"重点项目库、信贷保险、政策资金等方面给予倾斜。

2. 以深耕扩链升级为核心，提高合作质量

一是差异化推进投资合作。加强对重点国家发展战略、政策、产业、市场等方面的研究，针对各个国家的不同需求，差异化寻求合作。对于互补性强、有合作基础的东南亚、南亚，着力推进全产业链合作，解决融资渠道不畅等问题；对于中亚、中东欧等经贸往来不够密切的地区，通过举办大型展会等形式寻找合作机会，通过援助建设实施一批示范项目。加强与"一带一路"沿线国家在卫生应急、传统中医药等领域的合作，通过帮助沿线国家抗击疫情，深化了解互信，拓展合作领域。多渠道保障境外企业项目的原料物资设备，为境外企业提供应对疫情短期融资服务。鼓励省内企业与发达国家企业以重大项目为载体，以专业分工为纽带，通过联合投标、共同投资等方式，在"一带一路"沿线国家开展合作。

二是培育壮大跨境产业链。科学研判后疫情时代全球产业链、供应链重组带来的机遇和挑战，聚焦装备制造、轨道交通、新能源、现代农业、生物医药、装配式建筑、文化传媒、资源开发等传统优势产业和重点发展产业，鼓励湖南省企业在"一带一路"沿线国家积极参与境外并购，建立境外生产基地，设立境外研发机构、设计中心和高新技术企业，融入全球研发设计、生产制造、营销服务链条。在"一带一路"沿线交通枢纽和节点，建立自主营销网络、售后服务中心、仓储物流基地和分拨中心，构建集生产制造、营销推广、物流配送、售后服务等于一体的跨境产业链体系。

三是推动国际工程承包升级。充分发挥湖南建工集团、湖南路桥集团、中建五局等龙头企业的带动作用，在投建营一体化上探索新模式，引导和支持企业从单纯的工程施工向提供设计、建造、安装、融资、运营、管理等全方位服务转变，从项目承包商向综合服务商转变。鼓励引导工程承包龙头企业加强与湖南省对外投资项目和境外经贸园区的合作，与省内工程机械、装配式建筑、建筑材料等生产企业建立有效沟通机制，带动外贸发展，全面提升对外经济合作水平。

3. 以建设合作园区为重点，搭建合作平台

一是做大做强境外合作园区。制定完善境外经贸产业合作园区的规划布局、国别引导、保障机制、资金支持等各项政策。重点推动湖南省新能源、轨道交通、智能制造、现代农业、装配式建筑、环保装备等优势产能与"一带一路"沿线国家的资源禀赋、市场要素相结合，在沿线重点国家和地区主动布局共建境外园区，加强与东道国有影响力的企业合作，推动境外经贸合作区属地化经营。积极探索境外合作园区"重资产投资运营"和"轻资产管理输出"有效模式，加大增资扩股、项目落地、模式创新、人才支撑等关键事项的推进力度，搭建境外经贸产业合作区海外投资统保平台，引导省内高校、职业院校为境外园区定制培养翻译人才、海外营销策划人才、国际经贸和法律人才。

二是推动建立省内国际合作园区。借鉴浙江、四川等省的成功经验，出台湖南省《关于加快国际产业合作园发展的指导意见》。围绕湘南、湘西承接产业转移示范区建设和中国（湖南）自贸区的申报建设，在先进制造、战略资源综合利用、清洁能源、现代服务业、特色农业、文化创意等领域，深化与东盟、俄罗斯、乌克兰等"一带一路"重点国家的合作交流，鼓励各市州创新合作模式和运营开发模式，加大制度、土地、融资等要素的保障力度，以各类开发园区为依托，探索合作建设一批产业特色鲜明的国际合作园区、重大境外并购项目回归产业园。深入研究合作国家的产业特点，加强对产业的上下游全面分析，精准定位招引项目，在大力引进实体产业项目的同时，推动各类商品展示中心和贸易平台建设。

4. 以完善交流网络为抓手，拓宽合作渠道

一是完善合作交流机制。利用领导高层互访、经贸组织对接等活动，推动高层对话、部门对口、智库对接，支持社会团体、民间组织等开展多种形式的人文交流活动，加快建立完善全社会共同参与的交流合作机制。进一步推动与"一带一路"沿线国家建立国际友好省州、城市等合作关系，加强双、多边友城合作机制建设。发挥好援助援建、遗产保护等各类合作平台的作用，更好地服务于经贸合作交流。

二是健全合作交流机构。尽快出台新的《湖南省驻境外商务代表处管理办法》，依托境外园区、驻外机构、企业，在"一带一路"沿线重点国家设立

一批境外商务代表处,推动有条件的国家(地区)在湘设立商务代表处。加强与境外商协会、经贸网点等的交流合作,对有条件设立海外办事处或招商办公室等离岸国际合作机构的园区,给予一定资金支持。

三是充分利用展会平台。充分利用中非经贸博览会和对非投资论坛平台,在推进与非洲国家经贸合作的同时,辐射带动与"一带一路"沿线国家的合作。积极争取全国上市公司共建"一带一路"国际合作论坛暨跨国投资大会等规模大、影响广的国际经贸合作活动落户湖南。组织参加中国–东盟博览会、中国–亚欧博览会、中国–俄罗斯博览会、丝绸之路国际博览会等展会,以特色产品展、专题活动、项目对接等形式,支持湖南企业构建经贸合作网络。扩大长沙国际工程机械博览会、郴州国际矿博会等省内展会的国际影响。

5. 以强化综合服务为支撑,增强合作能力

一是强化金融支撑。建议对省"一带一路"产业促进基金给予一定比例的财政引导资金支持,提升基金的引导性和示范效应,吸纳优质合伙人。鼓励企业开展境外融资,加大对优质境外上市资源的培育和支持力度。支持企业申请国家"一带一路"产能合作专项贷款、"两优贷款"、境外投资基金等。

二是强化中间服务。依托"湘企出海+"综合服务平台,进一步整合全省涉外政务、商务和信息资源,完善部门、企业、金融机构、省市之间的交流平台。加快培育面向境外投资和跨国经营的中介服务机构,鼓励相应服务企业以新建或并购国外服务企业的方式,提供知识产权保护、国际专利申请及境外法律、国别风险、信用咨询、标准制定等相关服务。

三是强化风险防范。建立包括国别风险评级、国别投资限额、国别投资风险报告等在内的沿线国家风险预测预警机制和国别风险管理架构,并及时更新风险评级。积极融入国家救援响应体系,建立健全湖南省境外投资项目应急反应机制和财产、人身安全保障机制。创新和强化出口信用、海外投资、工程建设、企业财产、航运、巨灾等各类保险合作,为企业提供国别、项目风险咨询和保险服务。加强境外企业经营投资监测,建立重大项目专项检查和随机抽查机制。

关于建设中非跨境人民币中心的
对策建议[*]

湖南省人民政府发展研究中心调研组^{**}

2019 年 6 月首届中国－非洲经贸博览会期间，中国人民银行提出在湖南设立"中非跨境人民币中心"，为蓬勃往来的中非经贸提供切实可行的金融载体。2020 年 9 月，《中国（湖南）自由贸易试验区总体方案》提出设立中非跨境人民币中心的任务。建设中非跨境人民币中心，对提高湖南开放水平、建设区域金融中心，扩大中非间贸易和投资、推动中非产业合作，构建国内国际双循环相互促进的新发展格局具有重要意义。当今世界正经历百年未有之大变局，经济全球化遭遇逆流，保护主义、单边主义上升。跨境人民币中心是扩大人民币的国际使用，推进对外贸易与金融发展一体化的重要手段，因此高水平建设中非跨境人民币中心更具紧迫性。

一 中非贸易合作不断向纵深发展为构建
中非跨境人民币中心提供了坚实基础

1. 中非经贸发展迅速

2019 年中非双边贸易额达到 2087 亿美元，其中，自非进口 955 亿美元，对非出口 1132 亿美元；进出口总额比 2000 年增加了 20 多倍，中国已连续 11 年成为非洲第一大贸易伙伴。从主要进出口国家来看，进出口额排名前十

---

* 本报告获得湖南省委常委、省政府常务副省长谢建辉的肯定性批示。

** 调研组组长：谈文胜，湖南省人民政府发展研究中心党组书记、主任；调研组副组长：唐宇文，湖南省人民政府发展研究中心副主任、研究员；调研组成员：左宏、张鹏飞，湖南省人民政府发展研究中心研究人员。

位的非洲国家分别是南非、安哥拉、尼日利亚、埃及、阿尔及利亚、加纳、利比亚、刚果金、刚果布和肯尼亚；这十国与中国的进出口贸易额合计约达1416.15亿美元，占2019年中国与非洲国家进出口贸易总额的67.86%。从投资看，截至2019年底，我国对非投资总额达4630亿美元。从中企走进非洲看，2019年我国企业在非新签承包工程合同额559亿美元，完成营业额460亿美元。

2. 中非合作潜力巨大

中非贸易具有韧性，中国对非洲有大量能源、资源等需求，而非洲大陆处于快速发展时期，互联互通等基础设施建设需求迫切，双方具有很强的互补性。2019年7月，非洲大陆自由贸易区正式运行，这一有非洲联盟54个成员签署的协议有望形成一个覆盖12亿人口、生产总值合计2.5万亿美元的大市场。随着非洲各国更积极参与共建"一带一路"，中非合作能为这片"年轻大陆"的丰富劳动力创造大量就业，帮助非洲大陆全面实现自由贸易，促进非洲经济长远发展。

3. 湖南对非贸易活跃

湖南省被商务部称为对非经贸合作最活跃的省份之一。"十三五"期间，湖南与非洲的贸易、投资快速增长，贸易连续五年保持50%以上的增速，2019年超过40亿美元。湖南在非洲投资的企业超过120家，实际投资总额达12亿美元。在现代农业、工程机械、风能、太阳能和轨道交通行业，湖南具有明显的比较优势，非洲国家拥有巨大的市场需求，产业互补性强，合作潜力大。

二 需要关注的几个问题

1. 现有金融合作基础薄弱

中非跨境人民币中心的建设基于中非金融合作。从合作模式看，中非金融合作仍主要体现为输血性金融合作。从合作形式看，双方主要是通过政策性金融、商业性金融、多边开发金融、股权投资基金等形式展开，为非洲经济输血和造血（见附录）。从金融机构合作看，与中非之间的经贸合作和投资快速增长相比，金融机构合作滞后，主要表现为政策性金融机构介入占比大、互设金融机构覆盖面窄、投融资方式单一等问题，无法满足中资企业走入非洲过程中的结算便利和投融资需求，也使人民币在非洲国际化缺乏足够的金融机构支撑。同时，非洲金融业发展落后，这些都会给中非人民币结算的便利性和人民币向产业链的拓展等带来不利影响。

2. 进出口企业的货币使用"惯性"

与贸易大国地位不相适应的是，我国进出口贸易中，主要的结算货币是美元和欧元。这种"贸易大国"和"货币小国"对立的矛盾给企业和国家造成了很大的风险。2019 年，我国跨境贸易人民币结算规模 6.04 万亿元，仅占全年进出口总额 31.54 万亿元的 19.2%，大幅低于美元、欧元、日元、澳元在本国贸易中的使用程度。从中非贸易人民币结算来看，根据非洲规模最大的商业银行——标准银行数据，在中非贸易中，人民币的结算比例 2017 年仅为 11%。在中非跨境人民币中心建设之初，交易参与者出于交易习惯和交易成本等多种因素的考虑，会延续货币使用的历史惯性，这些因素会降低人民币在贸易与投融资过程中的便利度与接受度。如何尽快拓展业务规模，吸引更多企业使用人民币，成为不可回避的问题。

3. 非洲政治不稳定带来的风险

货币在特定领域、区域和职能上发挥国际作用，必会受到相关政治格局的影响。中非跨境人民币的使用，不是孤立的经济金融活动。政治形势不稳定，将给中非跨境人民币中心的业务稳定和投融资安全带来较大风险，远期也不利于人民币在非洲的国际化。从非洲的政治形势看，一是非洲国家政治体制、文化历史和宗教状况差别较大，部分地区民族矛盾、内部纷争时有发生。如 2020 年 8 月，西非国家马里发生政变，总统遭扣押。二是民粹主义思潮抬头，部分非洲国家在社会层面出现排外、仇外情绪。以南非为例，2019 年下半年该国出现主要针对尼日利亚移民的大规模骚乱，给南非国内秩序和国际合作造成负面影响。三是非洲正成为全球反恐"最前线"。据统计，2018 年撒哈拉以南非洲地区因恐怖袭击造成的死亡人数位居全球第二，首次超过西亚北非地区。受民粹主义抬头、恐怖主义转向等影响，非洲内部政治安全形势的不确定性正在上升。

4. 湖南金融开放和对非合作基础不强

中非跨境人民币中心，兼具开放和金融属性。一方面，湖南金融开放基础薄弱。从跨境人民币业务发展情况看，2019 年，湖南省共计办理跨境人民币业务 699.9 亿元，占同期湖南省本外币跨境收支的 18.1%，仅占全国跨境人民币结算业务总量的 1.16%。从金融机构看，截至 2019 年底，外资银行在华共设立了 41 家外资法人银行、114 家母行直属分行和 151 家代表处，其中仅有 6 家在湖南设立分支机构。另一方面，湖南还未形成对非经贸活动的集聚。从直通非洲客货运航线数情况看，根据航空数据服务商 OAG 公司统计，中非航线每年航班数量达到 2616 个。从长沙的实际情况看，客运方面，仅在 2019 年 6 月开通长沙到非洲的定期航线（长沙 - 内罗毕），每周两班；货运方面，尚未有运营主体申请开通货运航线。较弱的金融和开放基础，将使中非跨境人民币中心短期内业务量难以形成规模，同时，也缺乏建设中非跨境人民币中心所需要的国际化金融专业人才。

三 对策建议

1. 高位推进、高起点谋划中非跨境人民币中心

随着中非经贸合作的不断深化、中非经贸博览会永久落户湖南，以及中非经贸园区、中非客货运集散中心、非洲在华非资源性产品集散和交易中心等平台在湖南的建设与布局，湖南建设中非跨境人民币中心具有坚实基础。一是高位推进。建议借鉴广西建设中国—东盟跨境人民币业务中心的经验，积极争取中国人民银行、国家发改委、财政部、商务部、海关总署、银保监会、证监会、外汇管理局等中央部门支持，将中非跨境人民币建设纳入国家金融改革开放、人民币国际化的大局中，允许湖南在非金融服务上先试先行、大胆创新。二是高起点谋划。围绕中非经贸合作，发挥中非命运共同体和利益共同体的传统优势，以"中国–非洲经贸博览会"机制永久落户湖南为依托，加快推进贸易和投资便利化、金融生态环境优良化、金融监管协同高效，构建起与中非经贸合作相匹配的现代金融体系，将长沙建设成为我国面向非洲的金融开放门户。三是组织协调。建议成立中非跨境人民币中心建设协调领导小组，精心组织、统筹规划、协调推进，研究制定实施细则，明确分工和责任，做好监督评估，定期跟踪落实，稳妥有序推进中非跨境人民币中心建设。

2. 以功能实现方式推进中非跨境人民币中心建设

从人民币国际化的大背景看，货币国际化在功能上具有"贸易结算→金

融交易→货币储备"的递进关系。推进中非跨境人民币中心建设，建议采用功能推进方式，分三步走，由易到难，逐步发挥人民币在非洲作为清算货币、投资货币和储备货币的功能。第一步，建立中非跨境人民币结算中心，实现贸易结算功能。以中非企业为服务对象，引导中非金融机构在长沙设立分行或子行，开展人民币结算业务，为中非客户提供线上线下一体化服务。持续简化跨境人民币业务办理流程，不断优化支付结算体系，提高人民币跨境支付的清算效率，增强人民币使用的便利性。探索建立中国—非洲区域支付清算一体化和本外币合一的银行账户体系。对中非企业开展人民币结算方面的政策、操作培训。第二步，建立中非跨境人民币投融资中心，实现投融资功能。一是支持域内银行业金融机构在宏观审慎框架下，开展金融创新，为中非企业或项目提供信贷服务。二是设立中非经贸合作产业基金。以服务中非经贸为核心，通过股权投资，撬动社会资金投入中非企业发展。三是研究探索建立中国—非洲跨境征信合作和模式，鼓励征信机构在非洲设立分支机构，开展跨境征信业务。四是推进资本项目收入支付便利化，不断简化结汇和支付管理方式，完善操作流程，为中非投融资主体提供本外币一体化的投融资服务。五是加强对人民币远期、期货、期权等衍生产品的研发，为非洲人民币持有者提供汇率避险工具。第三步，服务人民币国际化战略，实现计价功能和储备货币功能。如不断扩大人民币在非洲使用范围，推进可可等大宗商品以人民币计价，推进人民币作为非洲国家央行储备货币地位的提升等。

3. 做好"四个"对接

一是对接人民银行。积极对接中国人民银行，将人民币在非洲的国际化置于人民币国际化的顶层设计之中，不断就贸易结算便利、投融资创新、人民币挂牌交易、大宗商品人民币计价、人民币外汇储备等问题进行探索。二是对接金融机构。中非跨境人民币中心的成功，离不开金融机构的集聚。建议对接政策性银行、四大国有商业银行和亚投行、中非发展基金、中非产能合作基金、非洲共同增长基金等国内主要开展中非金融合作的机构在长沙设立分支机构或开展对非业务。三是对接跨境人民币业务系统。建议组织域内银行业金融机构对接人民币跨境支付系统和人民币跨境收付信息管理系统。同时，探索区域性跨境人民币业务平台。例如，南宁区域性跨境人民币业务平台依托广西金融电子结算综合业务系统，整合各银行机构跨境人民币业务清算（结算）系统及其境外代理行资源，自主打造的以南宁为枢纽，辐射港澳、东盟和南亚国家的资金汇划"高速路"。截至 2019 年底，该平台共链接 1000 多家境外代理行，境外业务覆盖越南、柬埔寨、新加坡等东盟和南亚国家，广西 47 家银行机构 2500 个营业网点可通过该平台办理跨境人民币支付业务。四是对接上海、北京、深圳跨境人民币中心。上海、北京、深圳三地人民币跨境收付量位列全国前三，三地在推进人民币跨境交易、投融资等方面积累了大量可复制的经验，对中非跨境人民币中心建设有重要的可借鉴意义。如深圳前海自贸区率先推进跨境人民币贷款、跨境双向发债、跨境双向人民币资金池、跨境双向股权投资和跨境资产转让的五大业务在国内实现。

4. 探索建立跨境人民币区块链平台

一是争取国家跨境金融区块链试点。建议中国人民银行长沙支行和国家外汇管理局湖南省分局积极对接国家外汇管理局，争取跨境金融区块链服务平台试点。跨境金融区块链服务平台是国内级别最高、规模最广的区块链应用，平台致力于解决跨境业务企业的"融资难、融资贵"问题，先后推出"出口应收账款融资（发货后）"和"企业跨境信用信息授权查证"两个业务场景，主要利用区块链可信的技术特点，实现实物流、信息流、资金流"三流合一"，降低银企信息不对称，构建跨境金融领域信用生态环境。截至 2019 年底，在广东、四川、重庆、广西、陕西、新疆等 19 个省份开展试点。二是推进区块链等金融科技在跨境人民币中的应用。加快跨境人民币金融基础设施建设，探索区块链、大数据和人工智能等技术在跨境人民币业务中的应用，简化人民币跨境支付业务的渠道和手续，将人民币交易系统的报价、成交、清算以及交易信息发布等功能延伸到境外金融市场。例如，招商银行联手永隆银行、永隆深圳分行，成功实现了三方间使用区块链技术的跨境人民币汇款，这也是全球首笔基于区块链技术的同业间跨境人民币清算业务。三是争取国家法定数字货币试点。中国人民银行自 2014 年开始研究法定数字货币，目前已进入在内部封闭试点测试的阶段。中国人民银行推出数字货币，无论是对国内还是对国际，都是一场重大的货币体系变革。建议湖南依托中非跨境人民币中心建设，积极争取数字人民币试点，推进区块链技术在区域自由贸易中的应用，探索建立基于数字人民币的区域贸易数字交易中心。

5. 夯实基础支撑

一是人才引进方面。探索建立国内外高层次国际化金融人才引进制度和高水平国际化金融人才培训机制，加强与非洲金融人才的培育与交流合作。二是跨境监管方面。跨境人民币结算涉及的部门有工商、海关、财税、商务和外汇管理等，要明确各部门分工，加强部门间合作和沟通。通过跨部门、跨行业、跨市场金融业务监管合作，完善反洗钱、反非法融资、反逃税机制，建立涵盖事前、事中、事后的完整监管链条。三是开展非洲制度研究。由于跨境结算和投融资等，涉及不同国家的经济文化背景、法律体系、政治制度、金融制度和汇兑制度，在进行投资贸易交涉时难以避免冲突。建议成立非洲国家制度的专门研究机构，对结算、创新投融资服务等方面进行指导和协调，尽可能消除制度差异对金融业务创新的影响。

附录

附表　中非金融合作情况

序号	合作形式	金融机构	合作方式
1	政策性金融合作	中国进出口银行	截至 2019 年 7 月,对非业务已覆盖 47 个非洲国家,有贷款余额的对非项目超过 600 个,贷款余额超过 3400 亿元,对非贷款余额年均增速超过 40%
2		国家开发银行	截至 2019 年 9 月,累计向 43 个非洲国家近 500 个项目提供投融资 600 多亿美元,设立 60 亿美元非洲中小企业发展专项贷款,向 32 个非洲国家发放贷款 20 亿美元,直接为非洲当地创造就业机会 21 万个,带动贸易额 48 亿美元
3		中国出口信用保险公司	截至 2018 年 7 月底,中国信保累计承保中国企业对科特迪瓦、加纳两国业务 31.8 亿美元,累计支付赔款近 2000 万美元,对加纳业务 51.38 亿美元,累计支付赔款达 7336 万美元
4		中国人民银行	截至 2020 年 4 月,与中国签订货币互换协议的非洲国家包括南非、摩洛哥、埃及、尼日利亚等

续表

序号	合作形式	金融机构	合作方式
5	商业银行	中国银行	截至 2020 年 5 月,已在南非、安哥拉、赞比亚、毛里求斯、肯尼亚、摩洛哥、坦桑尼亚等 7 个国家设立分支机构;截至 2018 年 6 月末,中国银行对非洲提供的公司贷款余额约 320 亿元人民币
6		中国工商银行	2008 年中国工商银行用 55 亿美元收购了南非标准银行 20% 的股份,2008~2018 年双方合作的 10 年间,为在非 40 家中资企业提供 85 亿美元的融资援助,涉及金额达到 300 亿美元
7		中国建设银行	截至 2019 年 6 月,已累计为 14 个非洲国家的 22 个基础设施项目提供融资支持
8		中国农业银行	2015 年 10 月中国农业银行、刚果(布)政府、国家石油公司和私营企业合资建立中刚非洲银行
9	多边开发金融机构	亚投行	截至 2020 年 5 月,已经加入亚投行的非洲成员国(非区域成员国)有:贝宁、科特迪瓦、加纳、阿尔及利亚、埃及、埃塞俄比亚、几内亚、马达加斯加、苏丹等
10		新开发银行(也称金砖国家开发银行)	2014 年由中国推动成立的,旨在便利金砖国家间的相互结算和贷款业务,也是中非金融合作的重要多边机制
11	股权投资基金	中非发展基金	截至 2019 年 9 月,规模为 100 亿美元的中非发展基金,累计对非洲 36 个国家投资近 50 亿美元,带动中资企业对非投融资超过 240 亿美元
12		中非产能合作基金	首批资金 100 亿美元,由中国国家外汇储备持股 80%,中国进出口银行持股 20%,以股权、债权投资为主
13		非洲共同增长基金	2014 年中国人民银行与非行联合设立的,资金规模为 20 亿美元。截至 2018 年 9 月已跟投 12 个主权贷款项目,承诺出资 4.6 亿美元
14	非洲金融机构与中国的合作		截至 2018 年末,摩洛哥、埃及、尼日利亚、喀麦隆、南非等国银行都在中国设立了分行或代表处

注:根据公开资料整理。

海南自由贸易港建设对湖南省的影响与对策[*]

湖南省人民政府发展研究中心调研组[**]

海南自贸港建设是党中央做出的重大战略决策，将对区域发展产生深远影响。湘琼两省合作基础良好，在热带农业、文化旅游、区域医疗、基础建设等领域合作紧密，南繁育种、聚星超媒、中建五局等合作成效显著。随着自贸港建设持续推进和实力提升，有五个方面将对湖南省产生影响并逐渐扩大，湖南省应不断拓展两省间务实合作的新领域，共享海南改革开放的新机遇。

一 海南进入自由贸易港建设的新时代

（一）海南省发展状况

海南省是我国最南端的省级行政区，从长沙到海口的陆路距离 1000 多公里。海南 1988 年建省，全省陆地面积 3.54 万平方公里，其中海南岛面积 3.39 万平方公里，海域面积约 200 万平方公里，辖 4 个地级市，15 个省直辖县。1992 年，设立洋浦国家级开发区，享受保税区政策，2007 年设立洋浦保税港区，2009 年获批国际旅游岛，2018 年，全岛建设自贸区，2020 年 6 月，中共中央、国务院印发《海南自由贸易港建设总体方案》，海南岛全岛升级为自贸港，探索建设全球规模最大的自由贸易港，海南迎来重大发展机遇。

---

[*] 本报告获得湖南省政府副省长何报翔的肯定性批示。

[**] 调研组组长：谈文胜，湖南省人民政府发展研究中心党组书记、主任；调研组副组长：唐宇文，湖南省人民政府发展研究中心副主任、研究员；调研组成员：袁建四、徐涛，湖南省人民政府发展研究中心研究人员。

2019 年，海南常住人口 940 万人，城镇化率 59.2%。地区生产总值 5309 亿元，产业结构 20.3∶20.7∶59，进出口总额 905 亿元，人均 GDP 5.65 万元。2019 年，包括油气、低碳制造、互联网、旅游、医疗健康、热带特色高效农业、金融服务、会展等产业在内的 12 个重点产业，对经济增长的贡献率达到 65%。

表 1　2019 年湘琼两省经济发展情况比较

省份	面积（万平方公里）	人口总数（万人）	人口密度（人/平方公里）	GDP（万亿元）	2000~2019年均 GDP 增长率(%)	产业结构
海南	3.54	940	265	0.53	10.0%	20.3∶20.7∶59
湖南	21.18	6913	326	3.98	10.8%	9.1∶37.6∶53.3

省份	进出口总额（亿元）	外贸依存度（%）	人均 GDP（万元）	居民人均可支配收入（元）	城镇化率（%）	
海南	906	17.1	5.65	26679	59.2	
湖南	4342	10.9	5.75	27680	57.2	

资料来源：两省统计年鉴。

海南岛内的基础设施完善，交通较为便捷，全岛环岛高速公路、环岛高铁已建成运营，高铁从北边的海口至南边的三亚只需 1.5 个小时，通过粤海铁路与内地相连。航运靠近国际海运主航道，全岛万吨级以上深水泊位 33 个，有一批深水良港和国际邮轮码头，有 4 座民航机场。

（二）海南自由贸易港建设的重要意义

一是国家发展的重大战略决策。支持海南推进中国特色自由贸易港建设，建立自由贸易港政策和制度体系，是习近平总书记亲自谋划、亲自部署、亲自推动的改革开放重大举措，是党中央着眼国内国际两个大局做出的战略决策。对加强南海开发、加强与东南亚国家交流合作、促进与粤港澳大湾区联动发展有重要作用。《海南自由贸易港建设总体方案》的推出，标志着这一重大战略进入全面实施阶段。

二是海南发展的重大机遇。海南自然资源丰富，位于东亚和东南亚的中心位置，面向太平洋和印度洋，地理位置独特，背靠超大规模国内市场。建省办经济特区后，其间也走了一些弯路，特别是房地产业畸形发展。随着海南自贸港建设实施，海南又迎来一次重大的发展机遇。一是海南的发展已上升到重大国家战略。有国家顶层支持，政策含金量高，覆盖全岛。二是全面深化改革开放。海南将成为新一轮改革开放的前沿，提升贸易、投资、资金、人才、运输的自由便利化程度，促进数据安全有序流动，在税收政策方面有更大突破，建立有中国特色的自贸港政策和制度体系。三是产业发展更科学。摆脱房地产依赖，是全国唯一实行商品住房现房销售的省份，聚焦发展旅游业、现代服务业和高新技术产业。探索城乡协调发展、生态和经济效益兼顾的新路径，成为旅游天堂、购物天堂、生态天堂。四是"流量经济"作用更加凸显。零关税、低税率、免签入境、离岛免税等自由港政策，有助于吸引人、钱、物大规模流入，把全世界的商品、资金、技术和人员吸引到海南来。

（三）海南自由贸易港建设的主要内容

1. 制度设计"6 + 1 + 4"

制度设计包括 11 个方面 39 条具体政策。其中，便利要素流动的有 6 个方面，即贸易、投资、跨境资金流动、人员进出、运输来往以及数据安全有序流动；产业发展有 1 个方面，即构建现代产业体系，大力发展旅游业、现代服务业和高新技术产业；制度建设有 4 个方面，即加强税收、社会治理、法治、风险防控等。

《海南自由贸易港建设总体方案》明确：（1）贸易、投资两个自由化便利化是重点。（2）按照零关税、低税率、简税制、强法治、分阶段的原则，逐步建立与高水平自由贸易港相适应的税收制度，这是一种特殊的税收制度安排。（3）在关税监管上，2025 年"封关"后，全岛将作为封关运作的海关监管特殊区域，实行"一线"放开、"二线"管住、岛内自由。海南与中国关境外其他国家和地区之间设立"一线"，实行负面清单管理，货物、物品自由进出；海南与中国内地之间设立"二线"，货物从海南进入内地，照章征税或依法实施减免。岛内自由更接近于境内关外的实质，自贸港内企业自由生产经营。（4）投资自由便利方面，对外商投资实施准入前国民待遇加负面清单管理制度，严格落实"非禁即入"，原则上取消许可和审批，建立健全备案制度。（5）立法权方面，制定实施海南自由贸易港法，支持海南充分行使经济特区立法权。

2. 发展过程三阶段

第一阶段，到 2025 年，打基础、做准备，形成早期收获。早期收获包括三个方面，第一方面，在洋浦保税港区率先实行一线放开、二线管住的政策措施。第二方面，在全岛封关运作前通过"一负三正"清单对部分进口商品实施"零关税"政策。第三方面，制定跨境服务贸易的负面清单。初步建立以贸易、投资自由便利为重点的自贸港政策制度体系，适时启动全岛封关运作。第二阶段，2025 年全岛封关运作后，在简并税制的基础上，对进口征税商品目录以外的所有进口商品免征进口关税，实现"零关税"的最终制度安排。到 2035 年，自贸港制度体系和运作模式更加成熟，成为我国开放型经济新高地。第三阶段，到 21 世纪中叶，全面建成具有较强国际影响力的高水平自由贸易港。

3. 六个不允许

海南自贸港是中国特色社会主义制度的自贸港，不允许危害国家安全，不允许破坏社会主义制度，不允许走私，不允许搞黄赌毒，不允许破坏生态环境，不允许产生腐败、不廉洁的行为。

二 海南自由贸易港建设对湖南省的影响分析

海南自贸港建设刚刚起步，新的离岛免税政策已经产生立竿见影的效果。随着自贸港建设持续推进和实力提升，在以下五个方面，其对湖南省的影响会逐渐扩大、逐步加深。

（一）传递坚持改革开放和高质量发展的声音

当今世界正在经历大变局，经济全球化遭遇更大的逆风和回头浪。将海南打造成为引领我国新时代对外开放的鲜明旗帜和重要开放门户，显示了党中央反对贸易保护主义，推进我国高水平开放，打造法治化、国际化、便利化营商环境，建立开放型经济新体制，促进国家全面发展和国民福祉提高，支持经济全球化、构建人类命运共同体的决心。这对湖南省以改革开放推动全省经济社会进一步发展有重要的指导意义。

（二）是湖南省居民新的旅游购物热点目的地

一方面，海南岛旅游资源丰富，是全国唯一获批的国际旅游岛。2012～2019 年，海南省旅游收入年均增速都保持在 13% 以上。海南省推动游艇、体育、展会、养老等产业与旅游产业相结合，未来五年，海南将建设成为中华民族的四季花园、中外游客的度假天堂、中老年人的养生福地。另一方面，新的离岛免税政策将大大提升赴海南旅游购物热情。2019 年，我国境外旅行支出达 1.7 万亿元，但国内免税品市场规模不及我国居民境外购买免税品规模的 1/3。新的离岛免税政策，大幅改善了消费者购物体验，释放政策红利，对促进海外消费回流、吸引国内外游客将起重要作用。据统计，2020 年 7 月 1 日至 31 日，新离岛免税政策实施第一个月，海南省免税销售额约 25 亿元，人均消费 5527 元，同比分别增长 240% 和 82%。湖南省居民赴海南购物旅游的热情也被大大激发出来。据飞猪 App 大数据显示，赴海南航线的出发地，湖南省长沙市拔得了头筹，超过杭州、上海、成都、广州。

（三）是湖南省企业新的业务拓展地

一是在基础设施建设中寻找机会。交通方面，跨海通道、岛内交通、港口、园区、通信等基础设施建设会逐步推开。房地产方面，不动产价值长期看好，房地产市场长期看好。产业设施建设方面，产业投资机会主要在"大消费、大健康、大农业、高技术、生产性服务业"等方面和产业的转型升级上，可以在产业设备生产、销售、建安过程中寻找新的机会。区域发展方面，海南自贸港建设将带动琼州海峡经济带建设，辐射粤西、广西地区，其中蕴藏了大量机会。二是在产业发展中寻找机会。为促进投资自由便利，推出了大量面向企业的优惠政策，《海南自由贸易港建设总体方案》中，仅税收减免退方面就至少出台了十五条政策。符合条件的企业、个人的所得税率最高只有 15%，税制简化，进口"零关税"。此外，原产地规则、负面清单政策、免签入境政策、优化营商环境政策等，都会强烈地吸引企业去海南进行产业投资。

（四）是湖南省外贸进出口新的转口基地

海南具有发展远洋海运的天然优势，作为自贸港，其转口贸易优势更加突出。原产地规则，可以吸引企业进口中间品，经加工增值 30% 以上后，免税进入庞大的国内市场；跨境电商可以将海南作为进出口的中转仓储、分装地；前店后厂模式下，内地企业产品经由海南，扩大对东盟、南海及印度洋地区国家的出口规模。另外，前厂后店模式下，依托国内庞大市场，经由海南，国外及海南岛生产的产品可作为进口产品进入内地市场。

（五）是新经验新做法的重要借鉴地

海南自贸港对标全球一流标准，作为自由度更大的自贸区形式，是我国推进对外开放的新高地。在建设过程中需要不断进行体制、机制、做法上的改革创新，除了一些与其自贸港地位相关的举措外，有许多新经验和新做法是可复制、推广、移植的，特别是在建设和保持一流的生态环境、营商环境、政策环境，加强制度集成、鼓励创新，促进产业开放发展、城乡协同发展等方面。另外，作为全国唯一的自贸港，在思想解放、观念更新上会走在全国的前列，因此，也会成为湖南省思想观念更新的重要对标地，同时，也是各类优秀人才引进的重要来源地。

三　政策建议

（一）坚持改革开放创新，集中精力做好湖南自己的事情

一要一如既往地坚持改革开放创新，坚持经济全球化发展思想，反对贸易保护主义，坚决打破反华势力的围追堵截。二要集中精力做好湖南省自己的事情，始终以发展作为主旋律，保持湖南省经济持续向好的发展势头。要有应变意识，加强识变、应变、改变的前瞻性主动性。要抓好常态化疫情防控，面对经济形势的新变化，做好"六稳""六保"工作，打好三大攻坚战。深刻理解"以国内大循环为主体、国内国际双循环相互促进"的双循环发展思想。三要采取措施激发国内需求，通过改善结构、增加基层民众收入、开拓新的消费热

点来扩大消费需求；通过发展新基建、壮大实体经济、生态治理、鼓励创新来扩大投资需求。四要保持湖南省外经外贸的良好发展态势，利用海南自贸港建设的有利机遇，积极加强与东盟、欧洲、非洲、南美洲等的经济联系，扩大双方商品、投资交流规模，提高进出口水平；积极开拓"一带一路"国家的商品、投资市场，创造条件，鼓励湖南省企业走出去，全面提升湖南省开放型经济发展水平，形成中部地区开放型发展的新高地。五要坚持高质量发展，促进城乡一体化发展、区域平衡发展，保护青山绿水，不断提高群众的幸福感、获得感、归属感。

（二）高度关注海南自由贸易港的建设发展，建立广泛交流合作机制

一是政府、商（协）会、民间等加强与海南自贸港的工作交流、人员往来。政府智库及旅游、工信、商务、交通、海关、人社等部门要建立相应的工作机制和部门，关注、了解和研究海南自贸港的建设。二是要鼓励引导湖南省企业、资本去海南开拓新的发展空间。要增强市场敏感性和进取精神，在海南和琼州海峡两岸经济区发展中寻找发展机会。要抓住海南大规模先导性项目建设的机遇，积极参与当地的基础设施建设；要加大对海南的产业投资力度，积极参与海南的育种、杂交水稻、生态农业、深海开发、海洋经济、深空特色产业发展；积极参与物联网、人工智能、区块链、数字贸易等信息产业的发展；积极参与生态环保、生物医药、新能源汽车、智能汽车等先进制造业的发展；积极参与旅游、会展、金融、咨询、健康休闲、文化科教、物流仓储、跨境电商等服务业发展。做好政策跟踪，为湖南国货精品入场自贸港做好准备。要研究自贸港 11 个重点园区的差异化发展定位，有针对性地寻找商机。三是要通过海南窗口招商引资。以海南为窗口，利用海南自贸港的资本、技术、人才、产业发展和服务业开放的新优势，加大招商引资力度，引资引人引智，促进湖南省经济社会进一步发展。四是加强旅游业沟通联系。利用离岛免税新政及各自旅游资源优势，开展相互间的旅游合作。五是更新思想观念。从世界范围来看，自贸港建设的基本原则是"少干预、零关税、零壁垒、零补贴"。要坚决破除"等靠要"的思想，主动参与和适应市场竞争。六是建立更加便利的交通联系。从长沙到海口 1000 多公里，直达列车耗时约 20 个小时。目前，到海

口的高铁通道规划主要有两条，一是包海高铁，一是沿海高铁。湖南省要积极动作，争取将张海高铁（张家界－海口）列入国家近期规划，建设湘琼陆路便捷通道。

（三）促进湖南省综合保税区等海关特殊监管区的发展，提升外向型经济发展水平

截至 2020 年 9 月，湖南省有 5 家综合保税区和 2 家保税物流中心，另有 2 个保税仓和出口监管仓。保税区主要是面向企业，由于没有免除行邮税等进口关税，对消费者的吸引力有限。保税区建设要重点发挥保税区出口加工、保税仓储、转口贸易的功能，各保税区要发挥各自特点，将保税区建设成为与国际接轨的重要平台和外向型经济发展的重要载体，促进技术创新、高科技产业和跨境电商的发展。要充分消化、吸收、落实全国自贸区 202 项可复制推广的改革试点经验以及海南自贸区建设的 70 多项制度创新成果，围绕"货物"流转，提升海关特殊监管的商事服务效率，降低流转成本。积极争取获批自贸区，同时，关注国家综合保税区扩围，利用向中西部倾斜的政策利好，争取在湖南省更多地区建设综合保税区。

（四）着力推动海南自贸港好经验和做法的落实，打造湖南省全国最优营商环境

一是确立法治的基础地位。法律法规公平公正，实现有法可依，依法而行，建设公平、透明、可预期的政策环境，稳定市场主体的预期。二是转变政府职能。以法治化、便利化为总体要求，推进政府职能转变，"有事必应""无事不扰"，提升政府商事服务效率，更多地将营商环境好坏的评判权交给市场主体。三是建设一套优良的制度生态体系。克服制度与政策碎片化问题，在系统性、集成性创新上下功夫，发挥出制度生态系统的集成效益，实现高水平开放、高质量发展。四是建设清正廉洁的行政环境。构建"亲""清"的正常政商关系，政府清廉高效，尊重企业、尊重企业家，不断提升政府社会治理水平。

加快发展多式联运
优化湖南省运输结构[*]

湖南省人民政府发展研究中心调研组[**]

物流是国民经济的命脉。推进多式联运发展，是优化运输结构、促进货运服务集约高效发展、降低物流成本的重要举措。湖南省人民政府发展研究中心调研组在对《湖南省物流业降本增效专项行动方案（2017—2020 年）》实施效果评估的调研中发现，湖南省发展多式联运有基础、有市场、有政策，但也存在一些问题。本文在进一步深入调研和系统研究的基础上，提出了湖南省加快发展多式联运的几点建议。

一 摸清家底：湖南省发展多式联运
有基础、有市场、有政策

1. 有基础：综合交通运输格局为湖南省多式联运发展提供了基础

湖南省基本形成了陆路通、空运快、水运畅的综合交通运输格局，具备发展多式联运的交通基础。

公路方面，2018 年底全省公路总里程 240060 公里，居全国第 6 位、中部第 3 位；高速公路 6725 公里，居全国第 4 位、中部第 1 位。2019 年全省公路货运量 21.82 亿吨。

水路方面，2018 年底全省内河航道通航里程 11496 公里，居全国第 3 位、

---

* 本报告获得湖南省人大常委会副主任、党组书记刘莲玉的肯定性批示。

** 调研组组长：谈文胜，湖南省人民政府发展研究中心党组书记、主任；调研组副组长：唐宇文，湖南省人民政府发展研究中心副主任、研究员；调研组成员：龙花兰、夏露，湖南省人民政府发展研究中心研究人员。

中部第 1 位，内河港口拥有生产用码头泊位 1107 个。2019 年全省水路货运量 2.01 亿吨。

铁路方面，铁路营业里程 5070 公里，居全国第 10 位、中部第 3 位。2019 年全省铁路货运量 4554.15 万吨。中欧班列（湘欧快线）长沙、怀化、株洲三市已经开通。2017 年至 2019 年 6 月，湖南"中欧班列"货运量 59.4 万吨。2019 年中欧班列（长沙）发运量在全国排名第 5，跻身中欧班列"第一方阵"，是全国少数几个实现往返满载率达 100% 的城市。

表 1　2018 年底中部六省运输线路长度比较

单位：公里

	公路里程	其中：高速里程	内河航道里程	铁路营业里程
湖南	240060	6725	11496	5070
湖北	275039	6367	8470	4341
安徽	208826	4836	5641	4324
江西	161941	5931	5638	4278
河南	268589	6600	1403	5410
山西	143326	5605	467	5441
湖南省在中部六省排名	3	1	1	3
湖南省在全国排名	6	4	3	10

数据来源：国家统计局。

航空方面，积极推进长沙四小时航空经济圈构建。截至 2020 年 3 月，已通达圈内 16 个国家（地区）的 34 个城市，长沙黄花机场国际全货机航线达到 6 条，全年国际货运吞吐量 5.1 万吨，较 2019 年增长 73%。长沙黄花机场拥有了冰鲜水产品口岸、进境可食用水生动物口岸、药品进口口岸、进境水果口岸等四个资质。

综合性物流枢纽的集聚、服务等作用日益增强。长沙市、岳阳市、衡阳市、郴州市和怀化市 5 市被列为国家物流枢纽承载城市。长沙霞凝港、岳阳城陵矶港发挥公路、铁路和内河交会聚集优势，已形成港口和物流园区的一体化联动模式。长沙金霞物流枢纽是中部地区唯一的铁水公管多式联运的集中连片发展区。城陵矶港是省内最大的水路中转港口，铁水联运和"五定班轮"已常规化。

2. 有市场：庞大的物流需求为湖南省发展多式联运带来了市场

全国多式联运市场来势很好。2018 年中国规模以上港口完成铁水联运货运量 450 万标箱，同比增长 29.4%，"十三五"期间年均增长率为 27.8%。根据《关于进一步鼓励开展多式联运工作的通知》等文件的要求，2020 年多式联运货运量将超过 30 亿吨，运量规模占全社会货运量的 6% 左右。2020 年我国多式联运市场规模可达 3000 亿至 4000 亿元。

全省多式联运需求不断显现。全省货运量、社会物流总额呈现平缓上升态势。2019 年全省货运量 24.41 亿吨，比 2009 年增长 89.3%，货运周转量 4593.26 亿吨公里，较 2009 年提高 82.8%。2019 年全省社会物流总额 118561.9 亿元，比 2018 年增长 7.5%，快于全国增速（6.2%）。对外交流和贸易货运需求不断增加，2019 年，全省进出口总值达 4342.2 亿元，较 2018 年增长 41.2%，增速全国第一。全省集装箱吞吐量 69.1 万标箱。

3. 有政策：政策支持为湖南省加快多式联运发展带来了机遇

多式联运已经上升为国家战略。2017 年 1 月，交通运输部等 18 个部门联合印发了《关于进一步鼓励开展多式联运工作的通知》，提出了我国多式联运发展的目标，指明多式联运发展的行动路线，是我国第一个多式联运纲领性文件，标志着多式联运发展上升为国家战略。《国务院办公厅关于进一步推进物流降本增效促进实体经济发展的意见》《国务院办公厅关于印发推进运输结构调整三年行动计划（2018—2020 年）的通知》《交通强国建设纲要》等都明确提出，推动多式联运发展，优化运输结构。

2017 年以来，湖南省对发展多式联运更加重视。《湖南省实施开放崛起战略发展规划（2017—2021 年）》提出，加强各种运输方式的规划衔接，构建多种运输方式高效衔接、高效通达的集疏运体系。《湖南省物流业降本增效专项行动方案（2017—2020 年）》提出构建多式联运体系。2019 年印发《湖南省推进运输结构调整三年行动计划实施方案》，提出推动多式联运提速行动等。示范工程的获批推动了湖南省多式联运的提速。湖南省有 3 个项目获批国家多式联运示范工程，数量居中部第 2 位（与河南省并列），仅次于湖北省（5 个）。包括湖南城陵矶新港水公铁集装箱多式联运示范工程，传化智联商品车及集装箱铁水公联运示范工程，武陵山片区四省联动共推"一带一路"、长江经济带战略集装箱公铁水联运示范工程。

二　直面现实：湖南省发展多式联运需应对四大挑战

在湖南省运输结构中，公路运输占比常年在88%以上，水路、铁路运输占比仅约10%，而铁路、水路货运量和货物周转量均有下滑趋势。湖南省多式联运发展水平较低，主要面临四大挑战。

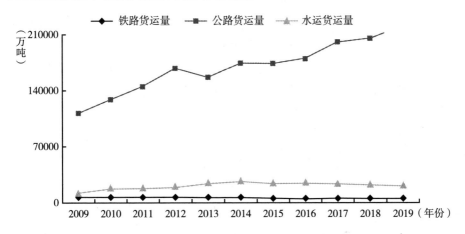

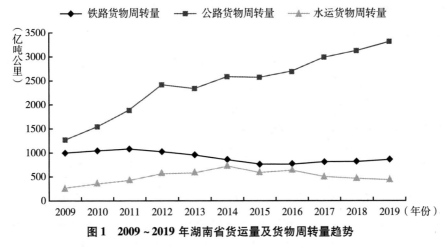

图1　2009～2019年湖南省货运量及货物周转量趋势

数据来源：湖南省统计局。

1. 多式联运交通基础：存在"三个不畅"的问题

湖南省的交通基础设施的供给与多式联运的需求还有差距，存在通道不畅、枢纽不优、衔接不畅，多式联运衔接功能较差。水运航道通行不畅。2018年全省内河等级航道 4219 公里，占总里程的 35.3%，其中三级（可通航 1000 吨）及以上航道 1111 公里，占总里程的 9.3%。连通周边省市的水路外网尚未打通，船舶大型化与湖南省航道等级水平总体不高的矛盾日益凸显，加上受湘江枯水期的影响，湘江下游的浅点急需疏通，以保障枯水期船舶的正常通行。枢纽站场布局有待优化。对枢纽站场缺乏统一规划和协调，造成衔接不畅、重复低质建设和资源浪费等问题，难以发挥物流集约化运作效益。如在岳阳，大多物流企业自发散乱分布在马路停靠区、厂矿企业区等地，一些物流园则集中在主城区，大货车进出主城区造成城市交通拥堵。"最后一公里"衔接不畅。湖南省具备公铁水多式联运中转服务能力的物流基地少，交通运输通道与物流园区、枢纽站场、港口码头、分拨配送中心等物流网络节点有效对接的"最后一公里"问题有待解决。截至 2020 年 3 月，省内除企业自用码头外，株洲、益阳、常德、衡阳等地区港口均无入港铁路。

2. 多式联运能力：存在"两个支撑不够"的问题

湖南省多式联运能力存在装备、信息化支撑不够的问题。一方面，装备水平不高。先进的物流装备应用不多。标准化运载单元运用不足。在湖南省的运输车辆中，高耗低效的中、小型货车占比较大，占车辆拥有量的 52.95%。专用车、集装箱运输车的标准化车型占比小。欧美发达国家的经验表明，标准化的集装箱多式联运已成为国际范围内的最优运输方式。而湖南省集装箱运输车辆 6238 辆，只占车辆拥有量的 2.14%。转运设施装备短缺。实现多式联运的转运设施装备，如龙门吊、桥吊、集装箱堆高机等装备应用程度低。另一方面，多式联运信息化建设滞后，各种运输工具、设施设备、信息平台系统分散，数据资源整合与共享难，跨运输方式的信息交换共享、互联互通尚未形成。

3. 多式联运企业：存在"两个不足"的问题

多式联运的发展有赖于专业、智能化的货运企业，但湖南省货运企业专业化、智能化均不足。专业化的市场主体较少。从天眼查网站了解到，截至 2020 年 3 月，湖南省经营多式联运业务（含代理代办）专业化的市场主体数量较少，企业共 50 家，比湖北省少了 94 家，中部排第 6 位。整体不具规模，缺少成本和效率优势。企业智能化水平不高。企业科技创新活动的总量较低，难以适应多式联运供应链在智能运输、智慧仓储等方面的要求。

表2　中部六省经营多式联运业务的企业数量比较（含代理代办）

单位：家

	湖南	湖北	安徽	江西	河南	山西
企业数量	50	144	111	57	112	64
中部排名	6	1	3	5	2	4

数据来源：天眼查网站。

4. 多式联运政策：存在"两个力度不大"的问题

一是政策文件的规格不高。尽管湖南省很重视多式联运发展，但没有专门出台高规格的文件。而湖北专门出台了《湖北省人民政府办公厅关于推进全省多式联运发展的实施意见》，提出组建多式联运企业联盟，促进多式联运协作与集群化发展，打造长江中游地区多式联运企业总部基地和"双创"发展孵化平台。二是政策扶持的力度不够。而河南省推出国际标准集装箱车辆通行费优惠70%，浙江省在全省范围内对从事内河集装箱运输的船舶免收船闸过闸费。

三　抢抓机遇：实施"多式联运提速行动升级版"

加快多式联运发展、调整运输结构与产业转型升级密切相关，可以为推动经济高质量发展提供有力支撑。建议湖南省实施"多式联运提速行动升级版"，具体从以下几个方面着手。

1. 打通堵点，进一步提升多式联运衔接功能

打通水运通道。向外要加快融入"一带一路"水上通道和长江全流域黄金水道建设，打通北面到长江的淞虎—澧资航道，疏通西面到贵州的沅水航道，建设东面到江西的渌水航道，探索开辟南面到广西的湘桂运河，连通水路外网，加快"一纵五横十线"高等级航道建设，构建国际物流大通道；对内要对航道进行优化升级改造，疏通浅点，优化通航条件。打造功能齐全的多式联运物流节点。支持长沙推动中欧班列枢纽节点建设，打造国际物流多式联运中心。支持岳阳市、衡阳市、郴州市、怀化市规划建设或改造多式联运枢纽站场，形成能覆盖全省、辐射周边省市的物流网络中心。支持和引导传统铁路、公路、港口货运枢纽节点向上下游延伸服务链条，如完善港口熏蒸场、辐射探测设施等口岸功能。

打通多式联运的"最后一公里"。在省内重要港口、公路货运站和大型物流园区引入和完善铁路专用线；畅通集疏运通道，确保节点与公路专用线或国家公路网的无缝对接，进一步提高港口、铁路、机场与公路之间的衔接水平。积极推动长沙黄花机场航空港与黄花综保区的"港区一体化"建设，连通航空货站和综保区海关邮货监管区，实现综保区货物快速进、出港，提高货物运行效率。

2. 强化支撑，增强多式联运"装备、信息化"保障能力

一方面，支持先进物流装备在仓储、运输、转运等场景的应用。推广使用标准化运输载体。对标准化运载单元、快速转运设施设备等制定详细的技术标准，支持推广甩挂运输、集装箱运输、托盘化单元装载和智能化管理技术，实现不同运输方式间快速转换。加大对多式联运中转转运设施设备的投入，尤其是用于公铁联运、公水联运的专用吊装转运设施设备和集装箱吊装机械及各类装卸设备，强化枢纽站场多式联运的转运功能、可直接换装的越库作业功能。另一方面，加大物流信息共享力度，建设统一的多式联运物流公共信息平台。借鉴四川省全国首个多式联运一单制跨境区块链平台"中欧e单通"，通过连通物流、银行、企业等多方数据，实现跨境供应链的全程监控。

3. 弥补不足，培育高质量的多式联运市场主体

加快培育3~4家龙头骨干多式联运经营企业，引进1~2家国内、国际大型物流企业。支持多式联运第三方物流企业发展。扶持可签发"联运提单"，提供全程联运服务，具有服务多功能、综合性的多式联运第三方物流企业，着力整合多式联运服务链。加速企业智能化进程。鼓励多式联运企业结合移动互联网、物联网、大数据、云计算、5G、区块链等先进技术，打造线上线下一体化的公铁水航联运服务模式。

4. 加大力度，提高多式联运政策的获得感

一方面，专门出台高规格的推进全省多式联运发展的实施意见。将实施"多式联运提速行动升级版"纳入湖南省交通运输"十四五"发展规划。另一方面，提升政策的"含金量"，如出台减免多式联运企业税费和给予补贴等政策鼓励公路运输企业从单一公路货运向铁水、公铁等组合运输模式转变；出台"散改集、杂改集"补贴政策，积极引导煤炭、矿石、建材、石油、钢铁、粮食等大宗货物转向集装箱和半挂车等标准运载单元的多式联运，主要港口煤炭、矿石、焦炭等大宗货物中长距离运输原则上由铁路或水路运输。

高质量发展

湖南国有企业混合所有制改革的问题分析和对策建议[*]

湖南省人民政府发展研究中心调研组[**]

2020 年是国有企业混合所有制改革的关键之年，分类推进混合所有制改革（以下简称混改）是这一年国企改革的重点，也是必须破解的难题。为此，湖南省政府发展研究中心成立专题调研组，围绕推进湖南省国企混改，重点访谈了部分企业，并有针对性地开展问卷调查，共回收有效问卷 104 份，在此基础上深入分析研究，并借鉴外省成功经验，提出几点对策建议。

一 湖南省混改过程中存在的主要问题

调查问卷结果显示，影响湖南省混改最主要的问题依次是：历史遗留问题多（65.38%）、配套政策不完善（55.77%）、战略投资者和非公有资本引入难度大（47.12%）、各方面思想顾虑多（46.15%）、资产评估机制不健全

　* 本报告获得湖南省委常委、省政府国有资产监督管理委员会党委书记姚来英的肯定性批示。
　** 调研组组长：谈文胜，湖南省人民政府发展研究中心党组书记、主任；调研组副组长：唐宇文，湖南省人民政府发展研究中心副主任、研究员；调研组成员：彭蔓玲、文必正、王灵芝、彭丽、黄晶，湖南省人民政府发展研究中心研究人员。

（29.81%）以及改革成本高（28.85%）等。

1. 历史遗留问题多

65%的被调查者认为国企历史遗留问题多，是影响混改进展的最主要因素。其中，71%的被调查者认为分离办社会职能（如员工安置等）是最困难的问题，59%的被调查者认为业务整合重组是急需解决的问题，一半的认为债权债务及土地等资产处置和变更登记等问题十分棘手，此外，还有法律纠纷等其他历史遗留问题。

2. 配套政策不完善

调查显示，近60%的被调查者认为配套政策不完善是影响混改进程的重要原因。其中58%的认为国有资产定价机制还需进一步完善，55%的认为包括可行性研究、混合所有制改革方案、决策审批程序、审计评估、资产核销、企业注销、资产过户、引进投资者等在内的混改操作细则亟须明确；一半左右的被调查者认为国有企业分离办社会职能政策、土地等资产处置变更登记政策以及财税政策有待健全；另外，还有40%的被调查者对放宽资本引进、优化审批制度有更高的期待。

3. 战略投资者和非公有资本引入难度大

近一半的被调查者认为引入合适的战略投资者难度很大。一是国有企业吸引力不够，"引不来"。市场上合适的战略投资者或合格的非公有资本越来越成为稀缺资源，竞争更加激烈。调查显示，42%的国企被调查者认为湖南省部分产业前景弱，比较优势不明显，信息渠道不畅；40%的被调查者认为缺乏引入标准，难以找到"志同道合"的战略投资者。二是非公有资本合作意向不强，"不愿来"。65%的被调查者认为混改后企业的决策方式和管理模式不变，现代企业制度不完善，经营管理不顺，担心投资权益得不到保障；57%的被调查者认为民资进入后，地位不平等，缺乏话语权；36%的被调查者认为市场准入门槛过高，难以符合条件。

4. 各方面思想顾虑多

问卷调查中，46%的被调查者对混改存有顾虑。认为国有企业都有复杂的形成原因和特定的历史背景，用今天的规章来解决历史上的问题，难度非常大。其中，近半数的被调查者认为现有的容错纠错机制不完善，担心混改之后被追责问责；一些调查对象则担心引入非公有资本，尤其是失去控股权之后，会造成国有资产的流失；另外，改革后身份变化以及企业文化融合等问题也受到了较高关注度。

5. 资产评估机制不健全

问卷调查中，78% 的被调查者认为资产定价机制不合理，57% 的被调查者认为监管机制有待完善，56% 的被调查者认为评估程序欠规范，还有一半的认为评估机构独立性不强。

6. 改革成本高

混改推进过程中涉及土地作价出资、补办手续、资产调整、股权变更、挂牌交易等环节，会造成多项税费负担，给企业混改造成很大压力。问卷调查显示，76% 的被调查者认为改革中员工安置等分离办社会职能费用很高，近 60% 的被调查者认为改制重组会增加企业税费，43% 的被调查者认为改制造成的交易费不少，22% 的被调查者认为寻找合作企业产生的相关费用也不容忽视。

此外，还存在混改后民营资本比例受到限制，其反应快、决策灵活等优势难以有效发挥，完善法人治理、转换经营机制任务艰巨等问题。

二 外省推进国企混改的典型经验

1. 天津市全面推动集团整建制混改，股权结构实现新突破

天津市全面启动市管企业集团整建制混改，完成混改的 13 家市管企业，共引进资金 447.5 亿元，带动二级及以下混改企业近 400 户。天津市国资委以市场为导向，坚持"国有资本可控可参，可进可退，不求所有，但求所在"的混改要求，在股权结构上放开产权，敞开大门，只要符合"国有资产不能流失、职工妥善安置、确保企业扎根天津发展"三条底线，竞争领域的国有企业最高的百分之百的股权都可以转让，国资不再追求控股地位。天津一商集团为启动混改，进行整合重组，直属企业缩减 50%，三级企业瘦身 25%，先后清退 36 家壳企业，完成了 30 户全民企业公司制改制，淘汰 20 余个弱势品牌，排除了集团整体混改的障碍。在接触战略投资者、对接市场的过程中，一商集团混改的理念和思路在持续更新，从让出控股权，到保留 35% 制衡权，最后方大集团以 22.69 亿元受让一商集团全部股权。

2.上海市发挥资本市场优势，深化以公众公司导向的改革

上海市依托资本市场，以公众公司为平台，大力推进竞争类企业整体上市或核心业务资产上市，功能类和公共服务类企业符合条件的竞争性业务上市发展。通过完善国有资本投资运营公司运作机制，采取股权注入、资本运作、收益投资等运作模式，丰富放大国有资本投资运营公司的股权持有、股权管理、股权投资等投资运营功能，加大资本运作和资源配置力度，提高国有资本运作效率和水平。上海市以整体上市推动混改企业真正建立起现代企业制度，进一步完善形成有效制衡、平等保护的公司治理结构，通过创新的设计和制度安排，赋予各类股东相应的参与决策的权利。2019年9月，上海地方控股的境内外上市公司的总市值达到2.8万亿元，国有股的市值近1.2万亿元。截至2018年底，上海混合所有制企业占市国资委系统企业户数的73.2%、资产总额的87.1%、营业收入的89.5%、净利润的93.5%。

3.山东省出台混改免责政策，鼓励国企"一把手"大胆探索

2015年，山东省国资委发布《关于支持和鼓励省管企业改革创新建立考核免责机制的意见》，对企业领导在体制机制创新、改制重组、投资管理等方面非主观故意造成的失误，给予免责，对企业领导人员和其他有关人员在改革创新、经营管理等过程中出现失误或造成损失的，区分不同情形进行免责认定，并强调免责认定意见将作为企业评价考核和责任追究工作的重要参考依据。山东省审计厅制定《关于落实容错免责要求激励干部担当作为的实施细则（试行）》，对推动改革创新、先行先试的，不得以"无先例"、法外无相应规范为由否定改革探索；对基层借鉴外地改革创新的经验做法，国家没有明令禁止的，不得要求整改纠正。山东省财政厅也出台相关政策，要求国企每年做预算时新设创新准备金，并允许一定比例不产生效益。

4.江西省先行出台混改操作指引，严格规范混改操作

早在《中央企业混合所有制改革操作指引》以下简称《操作指引》发布之前，江西省已出台《江西省国资委出资监管企业混合所有制改革操作指引（试行）》，走在全国前列。《操作指引》消除混改"模糊地带"，明确了包括提出改制申请、制定改制方案、履行决策程序、开展"清、审、评"、实施产权交易、办理工商变更登记等主要环节具体操作流程，还重点聚焦了改制必要性和可行性、战略投资者的选择、清产核资、财务审计、资产评估、产权交

易、职工安置、改制后公司章程管理、社会稳定风险评估、混合所有制企业党建、合法合规性审核、混合所有制改革涉税事项等方面。2013 年至 2018 年，江西省属国有企业新增混合所有制企业 92 户，新增上市公司 4 家，混改率由 50.2% 提高到 77.2%。2019 年，江西启动百户国企混合所有制改革攻坚行动，计划到 2021 年底省属国企混改率达到 80%。

三 深化湖南省国企混改的建议

1. 加强对混改的整体规划和顶层设计，高位推动

建议湖南省委、省政府高度重视，将国有企业混改作为全省推进供给侧结构性改革、推动经济高质量发展的战略抓手，迅速制定《湖南省国有企业混合所有制改革三年行动计划》，对不同类型的企业分层分类分阶段提出混改模式路径、股权结构和目标任务。建议借鉴《中央企业混合所有制改革操作指引》和北京、江西等地先进经验，尽快出台《湖南省国有企业混合所有制改革操作指引》，规范操作流程、决策程序、产权交易"清、审、评"等环节，消除混改的模糊地带。开展国企混改攻坚行动，推动全省混合所有制改革向纵深发展。

2. 下放权限，建立容错机制，消除改革者顾虑

一是建议借鉴上海和山东经验，转变国资监管职能，修订完善国有资本监管的权力清单和责任清单，下放国企混改审批权限，除一级集团公司外，建议省国资委对二级及以下企业混改方案只备案不审批，以事中和事后监管为工作重点履行监管职责，提高监管效能。二是建议借鉴山东经验，采取纪检部门、组织部门和国资监管机构联合发文等形式，严格按照"三个区分开来"标准，出台混改免责的条例和实施细则，对企业领导在体制机制创新、改制重组、投资管理等方面非主观故意造成的失误，给予免责；对推动改革创新、先行先试的，不以"无先例"、法外无相应规范为由否定改革探索。

3. 优化评估交易，建立由市场决定国有资产投资价格的机制

一是优化评估方法，合理确定国有资产价值。在"清、审、评"过程中，不简单套用"重置成本"的传统做法，不偏重账面资产，充分尊重意向战略投资者对企业市场前景、创新能力、盈利能力、品牌价值等的预判评估，采取

科学合理的方法确定国有资产的投资价格，不低估，不虚高。二是实行国有资产投资价格和意向战略投资者无形资产的双向评估。除对意向战略投资者硬实力评估外，还应对其软实力进行综合评估，通过筛选比较，好中选优。对软硬件条件俱佳的意向战略投资者，同等条件下优先考虑。三是完善最终定价机制。国有资产进入产权交易市场，应遵循、认可市场定价原则，应提前规定授权，一旦出现流拍，允许二次降价，最后以市场价格为准，避免没人摘牌就停摆的尴尬局面。

4. 探索更加开放的股权设置模式，创造条件引入战略投资者和非公资本

根据国企在国民经济和社会发展中的作用和功能定位的不同合理确定股权比例。建议参照天津做法，对省内一般竞争领域国有企业，只要符合"国有资产不流失、职工妥善安置、确保企业扎根湖南"三条底线，股权转让比例最高可达到100%，国资不再追求控股地位；对功能类企业，保持国有资本控股地位，但部分领域国资持股比例可最低降至34%（34%国有股份拥有否决权）；对公益类企业国资持股比例不低于51%。借鉴天津做法，搭建国有资本与非公资本对接平台，设立国企混改产业基金，积极吸引各类社会资本参与。

5. 注重混改实际成效，做好"后半篇文章"

混改，"混"是手段，"改"是目的，必须在思想、产权、组织、管理、技术上持续变革、不断突破。一是做好资本引入与产业升级相结合的文章。充分利用外部渠道获得的关键技术、核心资产、知名品牌、市场渠道，提高企业资源配置效率和核心竞争力。通过强化战略规划和主业管理、制定投资负面清单、核定非主业投资控制比例等，引导企业聚焦主责主业，引导国有资本向优势产业、优势主业集中，推动产业重组升级，放大国有资本功能。二是做好股权结构优化与治理机制完善相结合的文章。借鉴上海经验，竞争类企业全部建立外部董事（股权董事、独立董事）占多数的董事会；探索建立职业经理人制度，从市场化薪酬体系、严格契约化管理、市场化退出三方面完善职业经理人制度。加快形成有效制衡的公司法人治理结构。三是做好管控考核与利益共享并重的文章。为混改企业量身定制新的监管制度；加快建立灵活高效的市场化经营管理机制，优化业绩考核制度，创新激励机制，用好用活股权激励、分红激励、员工持股等激励政策，开展员工持股试点，适当提高员工持股比例，调动各方积极性，推动"混""改"有机融合。

推动湖南政务数据共享与应用对策研究[*]

湖南省人民政府发展研究中心调研组[**]

加快推进政务数据共享与应用工作，是进一步深化改革、转变职能、创新管理的重要抓手，对于增强政府公信力，提高行政效率，提升服务水平，具有重要意义。在湖南省委、省政府的正确领导下，湖南省在政务数据归集、共享交换、挖掘分析应用等方面取得了一定成绩，但也存在不少不容忽视的问题。为进一步推进全省政务数据共享与应用工作，湖南省人民政府发展研究中心专题调研组组织召开了相关部门的座谈会，深入了解湖南发展现状，分析其不足，并赴广东、福建等地学习成功经验，提出有针对性的对策。

一 湖南推进政务数据共享与应用的进展

湖南省在政务数据共享与应用方面的进展，体现在以下几个方面。

1. 政务数据共享和应用环境逐步成熟

一是出台了《湖南省人民政府关于印发〈湖南省政务信息资源共享管理办法（试行）〉的通知》（湘政发〔2017〕34 号）、《湖南省人民政府办公厅关于印发湖南省政务信息系统整合共享实施方案的通知》（湘政办发〔2017〕78号）等文件。在此基础上，于 2020 年 11 月 28 日正式出台了《湖南省政务信息资源共享开放管理办法》（省政府规章）。二是明确了部门职责。在省级层

* 本报告获得湖南省委常委、省政府常务副省长谢建辉的肯定性批示。

** 调研组组长：谈文胜，湖南省人民政府发展研究中心党组书记、主任；调研组副组长：唐宇文，湖南省人民政府发展研究中心副主任、研究员；邓仕军，湖南省人民政府发展研究中心副主任；调研组成员：唐文玉、柳松、罗小阳、刘琪、王亮雏、刘铸、黄君、戴丹、罗会逸，湖南省人民政府发展研究中心研究人员。

面，全省设置了由省长任组长的湖南省党政信息化工作领导小组，各有关单位负责人任组员；明确了各个部门的基本职责，充分显示了省委、省政府对党政信息化工作的高度重视。三是初步形成了工作推进机制。省政务管理服务局、省发展改革委、省政府发展研究中心会同有关单位，初步建立了工作推进机制，开展了政务信息系统整合共享工作。

2. 政务数据共享基础设施日趋完善

一是电子政务外网已实现了省、市、县、乡 100% 全覆盖，已接入 155 家省直部门及二级机构、14 个市州和 122 个县市区，连通率和应用率位列全国前茅。二是搭建完成政务数据共享交换体系，纵向连接国家、市州，横向覆盖省直部门。三是省级云平台已具备一定规模，计算能力达 23000 核，存储能力超过 10027 太字节（TB）；由主数据中心、同城双活中心、异地灾备中心组成"三地四中心"的高可用架构。四是省政务大数据中心建设日趋完善。政务信息资源目录体系已基本建成；已搭建大数据处理平台、数据管理服务平台；建设了 8 个基础库和主题库。五是信息安全进一步加强，省级电子政务外网统一云平台通过了公安部的安全等保三级检测。

3. 政务基础数据汇聚加速推进

一是自然人信息大平台初具数据共享服务能力，截至 2020 年 2 月，共归集 23 家部门自然人数据 285 项、9.37 亿条数据，经治理后数据量已达 13.28 亿条。二是法人信息大平台已建成，已归集 508 万法人主体数据。另外，已归集到 11 个单位的法人相关数据，共计约 2.7 亿条。三是自然资源和空间地理信息数据库汇聚了 35 类自然资源数，数据量达 600 太字节，主要用于发改、交通、水利、环保和重大工程设计等。四是电子证照系统已投入使用，与国家电子证照系统对接，汇聚 110 种 1258 万证照数据到国家电子证照库；与省直部门和 13 个市州完成了系统对接。五是互联网数据库数据持续增长，共采集约 5800 个网站 12 大类的互联网数据，目前数据量达 580 吉字节（GB）。

4. 政务数据共享与应用成效显著

一是支撑了"互联网＋政务服务"平台。省"互联网＋政务服务"一体化平台完成开发部署，省直部门和市州共发布政务服务应用 238 个；省、市、县三级事项入库总量 31 万项，向国家平台上传政务服务事项 31 万项，证照 1074 万件。二是支撑了"互联网＋监督"平台。省"互联网＋监督"平台获取了 14 个部门 39 类资源，近 2 亿条基础比对数据。同时，已共享资金数据 2184 万条，对接村财数据 1781 万余条、发票图片 688 万余张。三是支撑了省财税综合信息平台。省财税综合信息平台已接入 47 个部门单位，共计 6.79 亿条数据信息。

二　当前存在的突出问题与成因

湖南省政务数据共享与应用工作虽然取得了较大进展，但与先进省市比较，仍然存在不少差距。主要表现在以下几个方面。

1. 顶层设计有待完善

一是法律法规配套滞后。国家层面出台了《政府信息公开条例》，但湖南省尚未制定相关政策法规，对政务数据共享的内容和范围，数据采集、流通与使用的规范，以及数据产权、安全和隐私的保护等方面的规定均不明确。即使已共享的数据，应用也极为有限。如湖南省电子证照的应用还局限于极小范围，亟须出台管理规范来指导厘清。

二是统筹管理不到位。湖南省政务数据资源管理政出多门，没有建立部门联席会议制度和定期指导督办的工作机制，数据共享责任不明，各部门相互推诿，极大地阻碍了全省政务数据共享与应用。

三是考核问责机制待完善。湖南省尚未将数据资源归集、共享和应用纳入绩效考核，没有形成有效的奖惩机制，各部门数据共享工作缺乏刚性约束，工作协调成本很高。

2. 数据汇聚共享有待加强

一是数据共享动力不足。有些部门本位主义严重，把本部门产生的政务数据视为权力的承载物；一些部门对"不予共享"和"有条件共享"类数据，没有按国务院文件要求提供法定依据；也有些部门简单依靠互联网物理隔离保障安全，导致业务专网林立，数据"孤岛"现象严重。

二是全面汇聚数据有困难。政务数据汇聚是个基础性工作，需要投入大量人力物力去盘清家底，短期内难出成效，再加上目前不少部门数据资源未实现内部统筹管理，甚至没有摸清自己的数据资源情况，政务数据全面汇聚困难。

三是数据共享推进不力。第一，由于缺乏共享标准规范，各部门间的数据兼容性欠佳，业务系统开发没有统一标准指导，数据共享和应用难度倍增。第二，数据共享程序烦琐，数据共享授权需通过公文往来方式处理，整个流程至少要 1~2 个星期。第三，数据共享和应用项目维护成本高。同样的数据服务，不同的应用系统多次重复对接，没有形成集约化建设的合力。

3. 数据应用成效不佳

一是目录梳理不够细致。政务数据目录梳理是个复杂的系统工程，包括信息系统中的结构化数据和档案室内的纸质文本及其音视频载体。梳理工作要求大量政务数据集中存储，有些数据虽已汇聚但难以持续更新，不利于政务数据应用的开展。

二是应用系统未整合。从全省"一件事一次办"改革情况来看，由于各业务系统不能互通，企业和群众在网上录入的数据无法共享，200 余项"一件事一次办"事项，只有少数垂直部门在内部系统实现"一网通办"。国家、省级层面牵头开展的部分垂直业务系统建设中，业务数据直接传输到国家数据库，并未在省级层面整合共享，造成了政务数据应用困难。

三是数据深度挖掘应用不够。全省政务数据深度挖掘、关联整合应用不够，基于大数据的应用、管理和决策亟待加强。如交通领域，亟须建设交通大脑来支撑和实现智能控制红绿灯设置。

4. 综合保障不到位

一是财政资金亟待统筹。据湖南省财政厅统计，2017~2019 年省级政务信息化项目财政投资约 47 亿元，且增长迅速，但政务数据共享与应用的水平没有显著提高。一些部门热衷于政务信息化项目建设，不同业务处室同时申报多个信息化项目，有的项目投资动辄人民币几千万元、上亿元，甚至几十亿元。调研反映，个别部门建设运维了 20 个以上的应用系统。

二是人才队伍建设需加强。大数据相关人才极为缺乏，既懂得政务具体业务又精通计算机技能及拥有大数据思维的复合型专业人才异常匮乏，特别是专门从事数据挖掘开发利用的企业少，人才缺乏，限制了数据的开发利用。湖南省机构改革后，各厅局信息中心全部改事业编，既封闭了上升通道，工资也远低于市场平均水平。

三　国内外数据共享应用的经验及启示

1. 欧美政府数据共享应用经验

一是明确数据归属权。美国《消费者权益保护法》明确消费者对自身数据的所有权和控制权，也明确消费者有权控制企业对个人信息的收集和使用。欧盟法令在规定数据的归属权基础上，制定了严格规范的个人信息保护法律框架，要求各加盟国保证个人数据在加盟国之间自由流通。

二是建立良好的数据管理体制。欧盟有专门的数据机构和官员（数据保护官）进行管理，通过数据保护官（Data Protection Officer，DPO）对不合规的数据控制者给予相应的责任追究和惩罚，加强数据监管机构的建设。美国采取由政府引导，通过建设性的行业指引、网络隐私认证计划等形式，引导行业自律进行管理。

三是以法治保障数据安全。美国出台的《网络安全法》规定了安全信息共享的参与主体、共享方式、实施和审查监督程序、组织机构、责任豁免及隐私保护等。欧盟高度重视个人数据安全保障，如规定数据被遗忘权、可携带权等，全面提升个人数据保护力度。

四是创新数据应用模式。英国政府提供跨部门共性通用服务平台，部门和民众可在这些应用和服务上开发附加应用。美国通过"数据+平台+应用系统"模式推进服务，包括开放原始数据和部门二级数据，构建内容管理、机构网络、应用程序等平台，开发面向政府、企业、个人的数字服务。

五是严格考核。美国通过数据分析项目对行政部门和网站进行评价，衡量服务有效性。德国明确如某一政府机构不能履行相应的职责，那么这一机构不能得到相关信息服务，其职能也将被其他部门取代。

2. 国内部分省市数据共享与应用经验

一是整合职能。第一，高位推动。浙江、广东、福建和上海等地都成立了由省长或市长任组长的相应领导小组，广东每月定期召开一次由省长调度的政务数据共享与应用协调会，定期对各部门工作进行调度。第二，设立专门机构。浙江、上海和贵州等地通过设立专门机构，明确其组织协调推进政务数据资源共享和开放、推进政府信息资源整合利用等职能，实现数据共享和应用协

221

调统一。第三，整合数据管理部门。多地通过整合数据管理部门，实现数据管理职能整合，如福建整合到数字福建云计算中心，广东整合到政务数据管理局。第四，出台法规政策文件。江苏、上海、广东等地通过地方法规和政策文件，明确数据分类、推进步骤等，对数据共享和应用各项工作实施进行指导。

二是强化数据共享要素支撑。第一，实行项目集约建设。福建等多省建立了电子政务项目统一审核、部门协商和集约化建设机制，对电子政务项目进行统一布局，提高了财政资金利用效率，并有效促进数据共享。第二，组建专家团队。广东、福建和浙江等地通过组建专家委员会，推进基础理论、重大政策、前沿技术等方面的研究，对政务数据共享及服务项目的建设实施给予技术指导，对相关规划和年度建设计划进行指导。第三，建立技术标准。广东等地通过完善相应标准体系，统一规范数据，明确数据共享分类标准，规定数据管理和应用要求。第四，加强数据安全保障。广东建立政务共享数据资源安全运营、安全管理、安全监管的三方工作机制，提升数据安全管理能力。第五，保障数据质量。上海市按照"谁采集、谁负责""谁校核、谁负责"原则，明确采集和校核两方责任，提高数据质量。

三是强化数据应用。首先，推进政务服务整合。浙江和广东等地通过部门数据共享和数据归集，整合各部门审批、服务等职能，进行统一平台、统一窗口，实现全网通办、单窗通办。其次，完善应用平台体系。广东根据政务数据服务群体，开发针对政府公务人员、企业法人和民众的不同产品，达到提升行政效能、优化营商环境和智能化改善民生的目的。最后，以需求为导向拓展应用服务事项。广东"粤省事"程序以用户需求为导向，不断拓展服务事项，集成了两百多项高频民生服务，有效提升了群众获得感。

四是强化考核。首先，实行清单管理。浙江、四川和贵州多地整体推进政务数据共享和应用工作，定期发布数据清单和责任清单，使各部门在落实相应工作时职责明确，便于考核。其次，创新责任落实机制。重庆市等地建立"云长制"架构体系，进一步细化"管云、管数、管用"工作任务，层层压实责任。最后，完善考核制度。广东等地建立了较完善的政务数据共享和应用考核制度，对各部门政务数据资源共享管理进行评估，并公开结果，省级政务部门政务数据资源共享管理情况纳入省级政府机关绩效考核内容。

3. 对湖南省的启示

根据国内外先进地区政务数据共享和应用经验，湖南省推进相关工作应着重关注以下四个方面。一是注重框架设计。以规划为引领，完善政策法规体系，完善政务数据共享和应用的机构体系。二是注重要素支撑。强化标准体系建设、平台建设、专家团队建设，提升数据管理集约性、数据安全性，强化财政支持。三是以应用为导向。整合清理政务服务平台，以提升政务服务效率、减少办事流程为目标，促进数据共享。四是严格考核机制。建立共享清单和责任清单，建立部门间既相互竞争又协同发展的数据共享考核机制。

四 推进湖南政务数据共享与应用的对策和路径

总体思路：以"双轮驱动（技术创新、制度创新），重构供给"方针为基础，坚持需求导向和问题导向，修订完善法规体系，创新政务数据共享与应用的体制机制，整合政务数据共享有关管理职能，深化大数据、区块链等新技术应用，打通制约政务数据共享与应用的堵点，推进湖南省政务数据共享与应用工作跨越式发展，推进湖南省治理体系和治理能力现代化，为建设富饶美丽幸福新湖南贡献力量。为此建议如下。

1. 注重顶层设计，创新工作机制

一是提高认识。在省级国有资产管理相关法规中明确政务数据资产是国有资产，其所有权归各级政府，纳入国有资产管理的范围。通过传统媒体、政府网站、政府公众号等加强对政务数据共享和应用相关政策法规的宣传解读，提高公众认知度，促进民众监督。定期组织各级政府、各单位数据管理负责人培训，重点学习习近平国家大数据战略思维、最新政策、相关标准、安全保障等，进一步树立政务数据资源共享理念。

二是完善制度体系。制定出台《湖南省"数字政府"建设"十四五"总体规划》，明确湖南省"数字政府"建设的思路、总体框架、重点任务等，为推动全省政务数据共享与应用明确方向。推进政府数据共享开放地方立法，尽快修订《湖南省政务数据资源共享管理办法（试行）》，并配套出台《湖南省政务数据资源共享管理实施细则》《湖南省政务信息化工程建设项目管理办法》《湖南省政务数据资源治理专项规划》等专项规章办法。

三是坚持高位推动。根据当前形势需要，建议将省党政信息化工作领导小组调整升格为省"数字政府"建设领导小组，明确领导小组办公室设省政务管理服务局，整合政务数据共享工作的统筹协调、前置审查、技术支撑、效能评估等职能，代表省委、省政府管理全省政务数据资产，推动政务数据共享开放与应用。建立联席会议制度，定期召开由省直相关部门负责人和各市（州）长参加的联席会议，部署和统筹协调政务数据共享开放工作任务、重点工程和推进情况等。各地各部门应相应建立主要领导负责制，统筹推进本级本部门"数字政府"建设工作。

四是成立专家咨询团队。邀请国内外知名专家组建湖南数字政府专家咨询委员会，建立以专家咨询与行政管理相结合的决策机制，负责对全省数字政府建设工作的顶层设计和总体规划，以及在技术层面的设计、论证、指导和评估等方面提供咨询和建议。支持省政府发展研究中心成立湖南省政务大数据研究院，开展政务领域大数据的共享、应用和开放研究，协助行业主管部门制定政务大数据标准，参与大数据示范工程建设，为政府重大决策提供大数据支撑；综合借鉴院校和专业公司项目规划设计经验，为湖南省各级政府部门提供政务大数据、智能应用等项目规划设计与技术服务。

五是强化考核监督。建议尽快制定出台湖南省政务数据共享与应用考核指标体系和考核方案。政务数据主管部门通过随机抽查、日常考核和第三方评估等方式对各部门政务数据资源的编目、挂接、共享、应用等情况进行考核评估和监督。定期发布省直各部门数据共享开放日常工作完成情况、阶段目标实现情况，对问题及时督促落实整改。年度考核结果纳入部门绩效考核，并向媒体公布，接受社会监督。

2. 依托省政务大数据中心，推进政务数据服务

一是进一步完善政务大数据治理体系。组织数据提供部门、需求部门及行业专家共同制定数据标准，建立涵盖政务数据采集、处理、使用等全流程的标准体系。优化现有政务数据资源目录，结合"三定"职能和数据确权制度，落实"一数一源"，明确各部门数据质量维护责任。建设政务数据管控协调机制，促进政务数据共享，完善数据共享交换体系，制定数据共享规则。通过数据生命周期管理，提高数据访问效率，通过数据资源分类，有效实施数据分布的规划和治理。

二是强化省级政务大数据中心建设。整合省级各部门信息中心相关职能，强化省级政务大数据中心建设，统筹政府数据和社会数据采集、汇聚、治理和服务职能。加强大数据中心数据库建设，进一步完善基础数据库，增建部分主题数据库，实现基础数据和使用频率高的数据集中存储和调用。加强与部门对接，推进各部门政务数据资源全面、安全、实时接入省级共享交换平台，实现共享数据按需调用。全面梳理政务数据需求清单、供给清单、负面清单，建成一个权威、可靠、有效的资源目录管理系统，进一步推进政务数据共享。

三是以新技术推进数据共享。探索建立基于区块链的政府数据共享开放平台，构建政府各职能部门的联盟链，政府面向公众的公有链，有效解决数据共享与应用的信任难题和安全责任划分难题；借鉴北京经验，利用区块链将各厅局的职责、目录及数据联结在一起，依托"目录区块链"将厅局间的共享关系和流程上链锁定，建构起数据共享的新规则，所有的数据共享、业务协同行为在"链"上共建共管，建立起部门业务、数据和履职的全新"闭环"。充分利用区块链技术帮助数据明确权属，准确记录数据流通过程中的所有变化，构建安全可靠的数据共享通道。

四是强化平台安全保障。严格政务数据资源的安保管理，细化对信息进行分级管理和访问权限控制。建立健全安全规章制度，加强对人员、组织和流程的管理。建立多部门联动的安全保障机制，保障集中存储的数据安全。加强安全技术管控，采取用户身份认证、签署安全承诺协议、全程操作日志审计等全方位综合性管控措施。依托湖南省政务云平台"两地三中心"的灾备架构体系，保障数据的安全存储、相关平台的运行安全。

3. 突出需求导向，推动政务数据共享与应用

一是服务领导决策。依托政务大数据中心，通过数据可视化技术，实现数据的直观展现，在城市运行、地区生态环境监测和行业经济运行等方面提供模型预测与分析研判等综合应用，提升政府科学决策能力；汇聚投资、消费、就业、财税和能源等经济运行领域的监测数据，建立经济运行大数据分析模型，对区域经济运行趋势进行分析和预判，为各级政府调节经济发展目标提供及时、精准和有效的决策信息。

二是服务民生需求。加快推进政务大数据与服务民生深度融合，以现有"新湘事成"App为基础，进一步整合与民众生活密切相关的各种服务功能，

在身份证、驾驶证和出入境证等电子证照基础上，推进社保卡、居住证和不动产证等电子凭证上线。在电子证照基础上，针对民众反应强烈的证照办理、金融服务、社会治理和社会保障等高频政务服务事项，推进公安、民政、人社、卫健、教育和税务等部门政务服务事项平台化和集中化。

三是优化营商环境。加强政务数据共享应用与放管服改革的协调，升级改造网上办事大厅，推进政务数据在服务企业领域的应用开发，针对企业开办、税费缴纳、项目审批、不动产登记和招投标等高频事项，加快涉企平台整合，实现企业政务服务"马上办""掌上办""就近办""一窗办"，建立多元化的政务服务模式。

4. 强化要素支撑，提高保障能力

一是加强基础设施建设。首先，加强政务外网建设，加快构建高速、移动、安全和泛在的新一代网络，推进信息网络技术广泛运用，形成万物互联、人机交互的政务网络空间。其次，统筹信息安全基础设施建设，集中建设，综合利用，能力共享，避免重复投入。最后，建设完善、统一的信息共享平台，整合厅局和市州数据，提供共享数据的发布、订阅、审批、获取和反馈等功能。

二是强化资金保障。加大"数字政府"建设资金支持力度，将"数字政府"建设项目纳入政府财政预算，出台专门的"数字政府"建设资金管理办法。在全省"数字政府"建设的总体框架下，统筹安排省级政务信息化建设各类资金，建立支撑政务信息化项目快速迭代建设的资金审核程序和机制，不断完善各级财政资金购买服务的流程和机制。采取措施切实提高各类政务信息化项目的财政资金使用效率，明确规定各部门在申请新建、扩建和运维既有业务系统等信息化项目时，要同步规划编制有关政务数据资源共享目录作为项目立项审批条件。业务系统建成后，应将系统数据资源纳入全省政务数据资源目录，以政务数据汇聚主管部门出具项目数据共享证明作为验收要求。将使用财政资金建设的系统数据库对接前置，纳入验收流程，利用项目管理的最后一道关卡，保障新增政务数据资源的实时对接和互联互通。

三是加强人才队伍建设。定期组织政府各部门相关工作人员进行开班授课、在线学习等形式的大数据知识培训，培养拥有现代信息技术的政务服务复合人才。加强人才引进，以项目引进带动、高等院校及企业人才引进等方式，重点引进大数据、区块链、数据分析等方面的人才。完善人才激励办法，允许改革后的各部门信息中心结合部门实际，完善有利于激励人才的绩效工资内部分配办法。探索在专业性较强且工作需要的关键岗位设置聘任职位，实施聘期管理、协议工资和项目工资制等分配形式。借鉴福建等省的做法，依托湖南省高等院校和重点特色职业院校，建设若干家不同专业领域的大数据研究院（所），定期对研究院（所）建设进度和成效开展评估，对符合评估要求的研究院（所）予以授牌并给予资金补助。

加快发展能源互联网
助推湖南省高质量发展*

湖南省人民政府发展研究中心调研组**

建设能源互联网①是落实习近平总书记关于推进能源安全新战略、构建国内和全球能源互联网等有关要求的重要举措，也是湖南省实施"三高四新"战略，探索高质量发展的新路径。湖南省要抢占机遇，在能源互联网发展方面探索一条"网络－产业－应用"一体化的生态协同发展之路，为湖南省补能源之"痛"、育产业之"新"、夯基建之"实"、树生态之"途"。

一 发展能源互联网是支撑湖南省
高质量发展的重大举措

能源互联网不仅是实现能量双向流动的能量对等交换与共享网络，还是连接多类产业（电力设备制造产业、大数据产业、新能源汽车、新能源装备、建筑）、多个网络（能源网、数据网、智能交通网）、多个终端（上网终端、用电终端）、多种能源（太阳能、风能、氢能、生物能、传统能源）的颠覆性生态体系。

1. 能源互联网是第三次工业革命的核心，是湖南省抢占未来产业发展先机的关键

能源互联网是"互联网＋"的重要组成部分，也是第三次工业革命的能

---

* 本报告获得湖南省委常委、省政府常务副省长谢建辉的肯定性批示。

** 调研组组长：谈文胜，湖南省人民政府发展研究中心党组书记、主任；调研组副组长：唐宇文，湖南省人民政府发展研究中心副主任、研究员；调研组成员：左宏，湖南省人民政府发展研究中心研究人员。

① 能源互联网是综合运用先进的电力电子，信息和智能管理技术，将大量由分布式能量采集装置、分布式能量储存装置和各种类型负载构成的新型电力网络、石油网络、天然气网络等能源节点互联起来，以实现能量双向流动的能量对等交换与共享网络。

228

源基础。能源互联网是一个永续供应、绿色低碳、经济高效、开放共享的能源系统平台，聚集了新能源、新材料、特高压、储能、电动汽车、5G、大数据等重点领域和关键技术（见图1）。发展能源互联网将有力推动这些领域技术创新和高端装备制造，促进产业链升级、价值链提升，有利于湖南省抢占高端产业发展先机，为湖南省实现高质量发展奠定坚实基础。

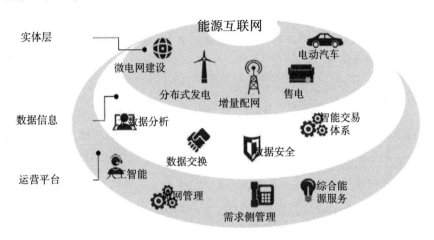

图1　能源互联网内涵解析图

资料来源：调研组根据相关资料整理。

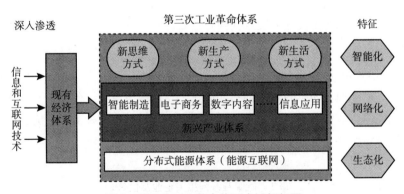

图2　第三次工业革命体系内涵解析图

资料来源：调研组根据相关资料整理。

2. 能源互联网是新基建的重要部分，能有效投资带动湖南省经济社会发展

国家提出加快5G网络、特高压、充电桩等七大领域新型基础设施建设，

并出台一系列支持政策。其中，能源基础设施是新基建的重要组成部分和核心驱动力。预计到2050年，全球能源互联网电源及各电压等级电网总投资约34万亿美元，其中电源投资24万亿美元，电网投资10万亿美元。预计"十四五"期间，我国能源互联网投资可达9万亿元，其中电源、电网投资分别为7万亿、2万亿元，增加就业岗位900万个，带动相关市场主体发展，稳企业、稳投资、保就业作用显著，能给湖南经济注入强劲动力，有效带动经济社会发展。

3. 能源互联网是绿色能源对传统能源的替代，是解决湖南省"缺煤少电"能源短板的重要方案

湖南省能源禀赋不足，缺煤无油少气，能源对外依存度超过50%。其中，省内火电用煤超过80%靠外省输入，能源发展不平衡不充分问题较为明显。因此，探索具有湖南特色的能源互联网的建设是补齐湖南省能源短板的重要举措。一方面，在新能源发展上探索一条自力更生的路子，通过太阳能、风能、生物能、氢能等新能源发展与互联网相结合；另一方面，发展特高压，加强跨省跨区输电通道建设，大幅引入外省电力入湘，增强湖南省电力供应问题的输入渠道。

二 湖南省布局能源互联网有基础、有条件

湖南省发展能源互联网具备产业、资源、政策等方面的基础和优势。

1. 湖南省具备发展能源互联网的产业基础

湖南省围绕能源互联网具有众多产业基础。例如，以中电科技48所、红太阳为代表的光伏产业，以湘潭电机、株洲时代为代表的风力装备制造，以中车时代、比亚迪、北汽为代表的新能源汽车，以威盛电子、衡阳特变为代表的智能电网等企业都是组成能源互联网的重要支撑；以湖南建工、远大住工为代表的绿色建筑产业，在建筑物发电站改造方面具有产业基础。（见表1）

表1 能源互联网相关企业及优势

新能源发电	全省新能源相关企业100多家，培育形成了中电科技48所、湘电集团、南车时代、南车电机等一批核心骨干企业。太阳能电池形成500MW产能，太阳能电池制造装备居全国第一，产业链全线拉通。2兆瓦以上风机产能及配套能力全国第一，株洲时代是国内唯一掌握整机控制系统的厂商，时代新材是我国南部最大的叶片产业化基地，五凌电力成为湖南省电力市场清洁能源的主要提供者

智能电网	威盛电子为我国知名电表企业,具有载波集抄技术。 湖南开关厂、长高高压开关厂、常德开关厂、益阳开关厂等能生产 220kV 及以下普通高中压开关。 衡阳特变、长高变压器厂、益阳变压器厂等能生产 220kV 及以下变压器。 衡阳互感器厂等能生产常规 PT、CT。 特高压输变电、智能配电和用电优势明显,特高压电抗器、变压器、开关设备、智能电表终端等产品居国内领先水平
动力电池	湖南省拥有国内最大的正极材料产业集群。 桑顿新能源是中南地区最大的高科技新能源产业基地,公司业务覆盖锂电池正极材料、前驱体、电芯生产;电池管理系统、电池封装、电池云平台研发;"互联网+"二手电池回收、二手电池梯级利用、废电池再生技术等领域,拥有完整的锂电生态链。 妙盛动力是国家重点领域高新技术企业,专业从事动力聚合物锂离子电池及高品质高功率启动电源的研发、生产和销售,妙盛动力的电池产品具有高能量密度、长寿命、安全可靠等多项优势。 科力远是国内镍氢动力电池领域的龙头企业,拥有完整的混合动力产业链,拥有世界最先进的车载镍氢动力电池制造体系,形成了一条从储能原材料、电池材料到先进电池、汽车动力电池、储能系统的完整产业链体系。 杉杉户田新材是国内第一、全球第三的锂离子电池正极材料生产研发基地,连续五年保持锂电正极材料销量国内第一、世界第三。 瑞翔新材是国内唯一一家集上游原材料冶炼加工、下游产品研发生产于一体的高新技术企业,从铜钴合金的分离到四氧化三钴的制作,再到锂离子电池正极材料的生产,在各个环节都拥有独特的专业技术和国家发明专利
新能源汽车	湖南省拥有长沙比亚迪、长沙众泰、中车时代电动、长丰集团等 13 家新能源汽车生产企业和全国产品齐全的电池材料产业集群,初步形成了新能源汽车完整产业链。 中车时代电动能生产纯电动微型车、并联式混合动力、串联式混合动力、混联式混合动力、增程式纯电驱动等多种车型。 长沙比亚迪 2019 年在新能源汽车各种核心技术的研发上投资超过 9 亿元,推出了四款新能源汽车产品,即纯电动高档车型 e1、e2、e3 和纯电动 SUV S2。 中联重科的纯电动扫路车,南方宇航的纯电动低速观光小车,长丰的混合动力 SUV、纯电动车,娄底大丰的轻型电动汽车、中小巴、观光车、特种车,梅花汽车的纯电动的客车、轿车、物流车、高尔夫球车、警用车

资料来源:调研组根据相关资料整理。

2. 湖南储存着较丰富的可再生资源

湖南拥有较丰富的可再生资源。其中,太阳能全年日照数为 1400 ~ 2200

小时，年热辐射为 885.3×1015 千焦，太阳能利用主要原料硅蕴藏量达 2 亿吨以上，且品位比较高；风能的经济可开发量达 100 万千瓦/年左右；生物质能可开发总量约 3150 万吨标准煤/年；纤维生物质资源年产 5000 万吨；地热资源属全国较丰富的省域，地热面积为 13.5 平方千米，可采量为 1012×183.3 千焦；页岩气储量丰富，约 9.2 万亿立方米，可采资源量达 1.5 万亿到 2 万亿立方米，预计占全国储藏量的 10% 以上，主要分布在湘西、湘北的洞庭湖区和湘东南。

3. 湖南省探索智慧绿色能源网已有成效

一是形成了一批制度成果。2008 年以来，长株潭城市群一直是国家"两型社会"试验区，在绿色能源发展方面形成了一系列的制度成果和应用成果。二是清洁能源应用不断提升。2016～2019 年，湖南省共消纳清洁能源 2936.8 亿千瓦时，相当于节约标煤 11747 万吨。截至 2019 年 11 月底，全省电网总装机 4697 万千瓦，其中可再生能源装机容量 2541 万千瓦，占装机容量的 54.1%。水电、风电、太阳能发电和生物质发电累计并网装机容量分别为 1743 万千瓦、400 万千瓦、324 万千瓦和 75 万千瓦。三是电网体系不断完善。2019 年起，湖南省电力公司推进电网建设"三年行动计划"，规划投资 1008 亿元，至 2021 年底将基本建成以特高压为骨干网架、各级电网协调发展的坚强智能电网，将形成特高压"华中环网"。2019 年底，湖南省智慧能源综合服务平台正式上线，标志着湖南省泛在电力物联网建设取得阶段性成果。四是部分地区布局氢能源体系。岳阳拟打造成为氢能区域中心；株洲发布了《氢能产业发展规划（2019～2025 年）》，计划打造高规格氢能源示范园区。

4. 湖南省能源互联网相关科技具备优势

湖南省拥有国防科技大学、中南大学、湖南大学、南华大学、湖南农业大学等一批在新能源领域具有较强创新能力的高等院校，拥有国家级工程（技术）研究中心、重点（工程）实验室、企业技术研发中心 11 个，部省级重点实验室和工程研究中心十多个。风电叶片制造技术、燃料乙醇制备技术等处于国际先进水平。光伏装备制造技术、彩色太阳能电池组件制造技术、兆瓦级直驱永磁发电装备制造技术、核工程及铀矿开采技术、特种变压器制造技术、能源计量及智能电网设备制造技术等居国内领先地位。

三　湖南省发展能源互联网还有瓶颈

总体来看，湖南省乃至我国能源互联网仍处于发展初期，互联网与能源融合还比较浅，在基础设施、核心技术、智能设备等方面存在一定制约，应用有限。

1. 能源互联网基础设施薄弱

湖南省乃至我国信息基础设施（数据中心、云计算平台）和能源基础设施（储能、电力电子控制、电网等）一体化不足，输电线路和光纤通信融合层次较浅。分布式能源接入有限，一些分散的分布式能源项目长期不能并网。此外，当前能源网络实时性、安全性、可靠性不足，对能源开发、配置和利用的优化作用有限。

2. 体制机制还面临一些瓶颈

一方面，在探索和落实国家上网电价补贴政策和建筑物太阳能改造补贴等方面仍然存在不到位的情况。另一方面，在探索能源的市场化改革方面，还需要进一步加强。此外，能源数据开放共享不够，难以形成一体化的能源数据中心。

3. 核心技术还需突破

特别是能源智能感知、大数据、云计算、微网等核心技术发展不足，相关的计算设备（计算机、服务器等）、数据采集设备（传感器、电源管理芯片）等智能装备部署有限，导致能源系统建模、分析与优化能力薄弱，能源互联网组合扁平化、操作智能化程度不高。

4. 消费和应用相对不足

欧美等国家和地区非常强调对新产业的应用和消费带动经济发展，例如，英国政府测算，仅将全国 2600 万家庭装上能有效利用能源的隔热装置，就可以创造多达 2.5 万个就业机会。湖南省在新产业的本土应用上有待进一步提升。2019 年，湖南可再生能源消费量占全社会能源消费总量的比重达到 50% 左右，但其中绝大多数还是传统的水电（37.4%），其他新能源仅占 10% 左右。

四 打造能源互联网的几点建议

高度重视能源互联网发展，将此作为湖南"十四五"期间的重大战略，统筹推进能源互联网产业和应用的发展。

（一）高度重视，以"三个纳入"将能源互联网发展确定为湖南省重大战略，加强顶层规划和整体推进

第一，将能源互联网发展纳入湖南省"十四五"规划的重点方向和主要任务，加快研究出台专项规划。第二，将能源互联网发展作为湖南省新型基础设施的重点，梳理一批重大项目纳入"十四五"项目库。第三，将能源互联网纳入全省重点培育的20条新兴工业产业链中，具体可以考虑在"新能源装备产业链"基础上，提出"能源互联网产业链"，链长由省主要领导担任。

（二）明确定位，以"三个基地"定位引领湖南省能源互联网快速发展

定位一：将长株潭城市群定位为全国能源互联网产业创新孵化基地。着力建立国内领先、特色鲜明的技术开发体系和产学研金紧密结合的创新成果转化体系，成为全国的能源互联网创新资源集聚孵化中心。定位二：将湖南省定位为全国极具竞争力的能源互联网装备制造基地。提前布局光伏产业、智能电网、新能源汽车等领域，形成一批具有核心竞争力的产业集群。定位三：将湖南省定位为全球标杆性的能源互联网应用示范基地。以新型基础设施建设为契机，以应用场景打造为核心，打造若干具有全球影响力的能源互联网示范性城市、示范性园区、示范性工厂、示范性社区（村庄）。到2030年，建设成为全球标杆性的综合性新能源应用和智慧电网示范基地。

（三）统筹配套，重点围绕"四个一"构建能源互联网生态体系

能源互联网是一个生态体系，必须系统推进，在产业配套、制度配套、基础设施配套等方面综合设计，建立涵盖"网络－产业－能源－应用－制度"一体化的发展路径。重点发展以下几个方面。

——升级"一张网络"。第一，智慧综合能源网建设。争取国家电网支持，在湖南省加快建设以智能电网为基础，与热力管网、天然气管网、交通网络等多种类型网络互联互通，多种能源形态协同转化、集中式与分布式能源协调运行的综合能源网络。第二，能源微网建设。加快建设一批接纳高比例可再生能源、促进灵活互动用能行为和支持分布式能源交易的综合能源微网。第三，"智慧能源大脑"建设。争取国网支持，建设具有全国标杆性的湖南省"智慧能源大脑"。省工信厅与国网湖南电力在《数字新基建（能源大数据中心、工业互联网、人工智能）战略合作协议》基础上，计划未来五年加快在能源大数据中心、能源工业互联网、能源行业人工智能等领域深度合作，建设湖南"智慧能源大脑"。

——壮大"一批产业"。以长株潭衡为重点，培育整合一批具有核心竞争力的能源互联网制造业集群。①发展智能电力装备产业链。借助威盛电子、衡阳特变电等企业，加速培育智能电力设备国家产业集群建设。完善特高压交直流输变电装备的成套优势产品研发生产，包括特高压现场组装式变压器、特高压直流换流变压器、直流断路器、特高压开关、电缆附件、换流站晶闸管和IGBT 元件、绝缘材料等，努力实现年产值突破千亿元。②新能源汽车产业链。以比亚迪、中车、北汽等为核心，加速新能源车的发展；以科力远、杉杉等为核心，加快动力电池研发，引进和培育电池产业。③智能绿色建筑产业链。以远大住工、湖南建工等为核心，推动住宅工业化，开展标准体系建设，加快绿色建筑发展。④新能源产业链。围绕中电科技 48 所、红太阳等企业，加快光伏产业链条整合，形成优势产业集群；大力发展以湘潭电机、中车等为代表的风能装备制造业。

——铺开"一批应用"。①以智慧城市建设为契机，在"十四五"期间，建设一批以智能终端和能源灵活交易为主要特征的智能家居、智能楼宇、智能小区和智能工厂，建设家庭、园区、区域不同层次的用能主体参与能源市场的接入设施和信息服务平台。②以老旧小区改造为契机，实施屋顶太阳能并网光伏发电计划和金太阳计划，在公共设施照明中推广使用风光互补电源，开展智能电网改造工程。③继续加快新能源汽车的应用推广工作，在《湖南省 2016～2020 年新能源汽车推广应用奖补政策》基础上，出台"十四五"的政策举措。加快布局建设一批新能源充放电站等基础设施，提供电动汽车充放电、换电等业务。

　　——推动"一批改革"。按照"三分技术、七分改革"的发展要求，探索能源体制机制改革，构建有效竞争的市场结构和市场体系，推动能源消费、供给和技术革命。具体而言，可以率先考虑三个方面：①加快"互联网＋"智慧能源的电力交易政策制定和实施，包括开展和落实国家上网电价补贴政策和建筑物太阳能改造补贴，开展阶梯电价，实施政府采购等。建立健全相关法律法规，保障能源互联网健康有序发展。②加强电力与油气体制改革，以及碳交易、用能权交易等市场机制与能源互联网发展的协同对接，完善天然气供应、管网和配气相关政策与市场机制，鼓励"互联网＋"智慧能源产业相关综合智慧服务和智能交易管理平台的建设，不断创新智慧能源发展模式。③能源数据开放共享改革。在湖南省 2020 年 11 月发布的《湖南省政务信息资源共享管理办法》基础上，率先开展能源公共数据分级利用改革试点，研究制定能源数据使用管理和交易共享规范，推进能源信息的分级分类。

基于口碑大数据的湖南省旅游业发展分析与建议[*]

湖南省人民政府发展研究中心调研组[**]

在线旅游产业是疫情后托起旅游业发展的重要增长点，而线上旅游好差评直接影响旅游业能否迅速恢复。为进一步了解湖南省旅游的口碑情况，湖南省人民政府发展研究中心调研组结合湖南省联通大数据平台，获取湖南省所有景区和酒店的网评数据、手机漫游数据，综合分析，为后疫情时代湖南省旅游行业高质量发展提供参考。

一 湖南省旅游业口碑大数据分析

调研组依托联通大数据平台，以马蜂窝、美团、去哪儿、大众点评、携程、驴妈妈、同程、猫途鹰、百度旅游、途牛、艺龙等 OTA[①] 平台网络评价数据为基础分析。入境游客分析以联通漫游平台与部分 OTA 数据为主。

1. 总体口碑情况

游客对湖南省景点总体评价良好，但在中部低于安徽、湖北和河南，近年还出现了总评价数、好评数"双降"趋势。以疫情前旅游旺季 2019 年 10 月数据为例，湖南省旅游指数[②]为 67.85，位列中部第 4 位，总体高于江西（57.14）、

---

* 本报告获得时任湖南省政府副省长吴桂英的肯定性批示。

** 调研组组长：谈文胜，湖南省人民政府发展研究中心党组书记、主任；调研组副组长：唐宇文，湖南省人民政府发展研究中心副主任、研究员；调研组成员：左宏、闫仲勇、李迪，湖南省人民政府发展研究中心研究人员。

① OTA：即"online travel agent"，是指在线旅行社。

② 旅游指数：联通公司基于主流 OTA 互联网评论数据，综合口碑热度、好评率等指标，通过科学合理的指数模型，构建的旅游口碑指数，真实、客观反映省市、景区、酒店的旅游品牌建设综合水平。

山西（60.08），略低于安徽（68.73）、湖北（69.22）、河南（72.51）。2019 年，全省景区共产生 122074 条评论，比 2017 年（221354 条）减少了近 45%；比 2018 年（214415 条）减少了近 43%。其中，好评数占总评论数的比例从 2017 年的 89.1%，下降到 2018 年的 83.45%，再到 2019 年的 83.33%。总评价数的大幅下降一方面可能表示旅游宣传渠道，已经从传统的 OTA 转移到现在热门的短视频；另一方面也可能是因为全国游客对湖南旅游热度和关注度下降。好评数的下降则可能是在旅游服务等方面出现了下滑趋势。（见图 1、图 2）

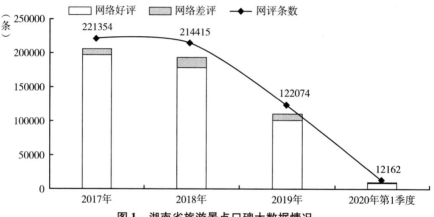

图 1　湖南省旅游景点口碑大数据情况

数据来源：联通公司大数据平台。

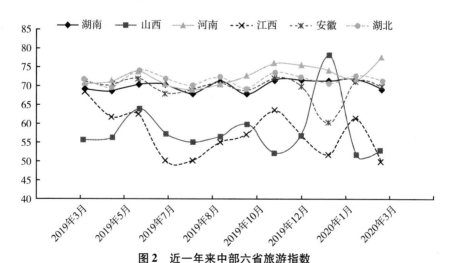

图 2　近一年来中部六省旅游指数

数据来源：联通公司大数据平台。

2. 各景区口碑情况

一是热门度排名前列的是张家界武陵源—天门山旅游区、长沙世界之窗、张家界国家森林公园景区。这三个景区获得最多游客关注，2017～2019年都维持在最受关注景点的前三名。二是关注度上升最快的是岳阳市平江石牛寨景区、省博物馆、郴州市东江湖旅游区。三是游客满意度较低的景区，2017年是天后宫、中国白银第一坊、株洲大京风景名胜区，2018年是大韩民国临时政府活动旧址、天后宫、神州祖庙景区，2019年是营盘寨、风车谷·童话小镇、洞庭花海景区。（见表1、表2）

表1　2017～2019年湖南省年度十大热门旅游景点

排名	2017年		2018年		2019年	
	景区名称	热度	景区名称	热度	景区名称	热度
1	张家界武陵源—天门山旅游区	27517	张家界武陵源—天门山旅游区	24813	张家界武陵源—天门山旅游区	12248
2	长沙世界之窗	17305	长沙世界之窗	12299	张家界国家森林公园	6450
3	张家界国家森林公园	9717	张家界国家森林公园	9781	长沙世界之窗	5676
4	株洲市方特欢乐世界	9044	长沙海立方海洋公园	8946	长沙市石燕湖生态旅游景区	5015
5	张家界大峡谷景区	8379	长沙生态动物园	8294	长沙生态动物园	4565
6	长沙生态动物园	7996	长沙市石燕湖生态旅游景区	6555	湖南省博物馆	3957
7	株洲方特梦幻王国	6157	株洲市方特欢乐世界	5518	岳阳市平江石牛寨景区	3912
8	长沙海立方海洋公园	6047	张家界大峡谷景区	5252	湖南省岳阳市岳阳楼—君山岛景区	3545
9	凤凰古城旅游区	5859	衡阳市南岳衡山旅游区	4683	株洲市方特欢乐世界	2890
10	宁乡炭河古城	5190	湖南省岳阳市岳阳楼—君山岛景区	3983	郴州市东江湖旅游区	2874

数据来源：联通公司大数据平台。

表2　2017～2019年湖南省年度满意度较低旅游景点

排名	2017年		2018年		2019年	
	景区名称	热度	景区名称	热度	景区名称	热度
1	天后宫	24	大韩民国临时政府活动旧址	7	营盘寨	6
2	中国白银第一坊	6	天后宫	19	风车谷·童话小镇	16
3	株洲大京风景名胜区	6	神州祖庙	8	洞庭花海	26
4	岳阳文庙	6	凤凰山滑雪场	11	老道湾旅游度假区	11
5	天桥天锁	8	西洞庭稻野寻湘旅游景区	8	神州祖庙	7
6	便江风景区	6	唐生智公馆	6	常宁百万樱花园	14
7	风车谷·童话小镇	87	砂岩峰林地质公园	6	湘西州苗人谷—老家寨景区	30
8	衡阳回雁峰旅游区	10	矮寨镇	6	凤凰源	11
9	凤凰源	14	风车谷·童话小镇	45	融城欢动世界游乐园	33
10	福地洞天篝火晚会	14	石鼓公园	13	德夯国家重点风景名胜区	17

数据来源：联通公司大数据平台。

3. 游客景区关注点

根据网友评论词频大数据，景色优美、地方不错、取票方便、服务好、环境不错成为游客在景点好评使用频率最高的5个词。门票贵、景色一般、排队时间长、票价高、消费水平高成为游客差评使用频率最高的5个词。游客对湖南省景点的文化特色、景点景色等方面好评率较高，说明这是湖南省的优势，可以继续巩固。而客流状况、门票物价等方面差评率较高，说明湖南省这些方面有待改进。对比全国平均水平，调研组发现旅客对湖南省景区点评内容关注点主要分布在景点景色、景区管理、服务质量、门票物价等方面，对文化特色、旅游交通、卫生环境关注较少。（见图3）

4. 酒店口碑分析

调研组发现旅客对湖南省酒店点评内容关注点主要分布在服务、卫生、设施、位置等方面，而对餐饮、性价比关注较少。其中卫生、位置等方面好评率较高。设施、舒适度等方面差评率较高，有待改进。大数据显示长沙异国风情御尊酒店、衡阳南岳君雅洲际酒店、长沙华瑞和酒店是湖南省近年来最热门的三大酒店。

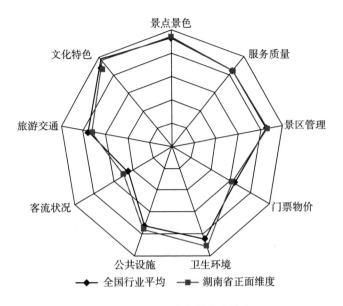

图3　游客对湖南省的关注维度

数据来源：联通公司大数据平台。

5. 在入境游客方面

湖南省80％境外游客为35～64岁，54.4％为情侣朋友型出游，33.7％为家庭亲子型出游。2019年境外游客来湘最常去的是张家界旅游景区、凤凰古城旅游区、长沙市岳麓山。境外游客对湖南省评价最高的景点分别是长沙市简牍博物馆、沙坪湘绣博物馆、衡阳市南岳衡山旅游区。

二　透过湖南省旅游口碑大数据看行业发展趋势

透过互联网数据以及实地调研数据，发现湖南省旅游产业变化趋势如下。

1. 湖南省旅游行业在疫情前阶段整体发展速度已趋于放缓，传统观光型的旅游景区吸引力逐步减弱，旅游消费更趋个性化、特色化

我国的国内旅游人次增长率从2016年的11％降到2019年的8.59％。湖南省的国内旅游人次增长率也已经从2016年的19.5％逐渐降低到现在的10.3％，与湖南省OTA网评数据整体下滑趋势一致。湖南省旅游业的增长速

度趋于放缓。同时，游客对一些粗放式投资的小镇、度假区等人造景点差评率较高，对一些"小而美"，具有文化内涵、充满个性特征的景点满意度较高，这反映出人们对休闲化、个性化旅游产品的需要在增长。

2. 旅游口碑传播的渠道已经发生变化

大数据显示，张家界景区一直维持较高关注度。调研组通过结合快手、抖音视频推送数据发现，在近年以短视频的传播为主的渠道中，张家界政府主动推送宣传频次，明显高于国内其他景区。通过主动推送带动被动播放，张家界成为典型的"网红景区"。这种以抖音、快手为代表的短视频的兴起改变了传统的口碑传播渠道。如旅游业第一代传播流量入口为旅行社、新闻媒体、传统广告，只能起到宣传、营销作用。第二代流量入口以 OTA（大众点评、马蜂窝、携程等）为主，通过搜索排名，口碑的作用显现。而第三代流量入口凸显社交、体验属性，主要包括短视频、小红书、微信朋友圈等，带动效应明显。旅游的口碑传播渠道发生了明显变化。

3. 湖南省在景区门票物价、客流管理、服务设施方面仍有改进空间

通过湖南省旅游业大数据，调研组发现湖南省的旅游景区在上述方面仍有待改进。特别是 2018 年 3 月以来，降低景区门票，促进旅游消费，拉动内需，一直是国家政策导向。疫情后为扶持遭受重大打击的旅游业，这个政策可能会进一步强化。例如，根据公开信息，截至 2018 年底，湖南省发改委已组织对44 个省内国有景区（点）实施了门票降价，包括武陵源核心景区等 5 个 5A 级景区（点）、桃花源等 29 个 4A 级景区（点）和 10 个 3A 级及以下景区（点），平均降幅为 21%。而不少省份打出了一套组合拳，如江西省，不仅降低景区门票价格达 10%～50%，而且还降低了景区的交通、索道、观光车船等费用。

4. 湖南省旅游行业在疫情期间遭受重创，疫情后阶段仍面临较大困难和不确定性

根据湖南省旅游协会 2020 年 3 月底调查数据，营业收入方面，春节期间退团人数 24 万多（全省 1159 家旅行社，纳入省旅游协会统计的只有 378 家，退团费 3 亿多元以上，按照全省 1159 家企业来计算，退团费约 9 亿多元，按照以往春节期间的营收占全年的比重计算，将造成全省全年旅行社营收损失约90 亿元）；团队预付损失方面，预付损失约 10 亿元，其中国际机票约为 4.5

亿元，食宿门票约为 5.5 亿元；运行成本方面，几近无经营收入的情况之下，全行业运营仅人工支出，按照 3500 元/人·月计算，30 万从业人员，湖南省旅行社每个月支出将达 10.5 亿元。疫情后阶段，湖南省旅游行业众多企业营收微薄，面临生存危机。旅游行业 30 万从业人员几乎没有收入，复工复产遥遥无期，导游纷纷转行。

三　加快湖南省旅游业口碑建设的对策建议

有专家预计旅游业要恢复到疫情前的状态，时间至少在一年以上，在疫情恢复期内，湖南省旅游业应在危中求变，苦练内功，为全面复苏打下坚实基础。

1. 落实帮扶行动，支持旅游行业恢复活力

一是建议由省文化和旅游厅牵头，在全省各地市文旅局成立专门的临时机构，统一协调处理市场、行业、企业、游客等各方在疫情期间出现的各类问题，包括退团退费、企业困难、市场稳定等。二是由湖南省贸促会统一发布通知，就新冠肺炎疫情为企业免费出具不可抗力证明。发布可接受公证委托的通知，省内公证处也可就新冠肺炎疫情出具不可抗力事件公证，为企业挽回合同无法履行等损失。请求外交部协调境外旅游部门和航空公司、酒店、景区、旅行社，帮助境内旅行社降低退订损失，缓解与游客的退款矛盾。三是对旅行社行业出现的劳资纠纷处理给予具体指导意见。对旅行社行业因疫情出现的大量失业人员给予疏导，帮助再就业；对全省旅游企业水费、电费、非国有企业租金适当补贴；对人社部〔2020〕30 号文件和国家新发布的免征中小微企业养老、失业和工伤保险单位缴费的政策延期到 2020 年底尽快出台具体执行办法。四是鼓励设立行业培育、培训专项资金，用于解决特殊困难和制度瓶颈造成无法解决的问题。

2. 紧抓黄金空窗期，做好"口碑"基础性建设

一是做好一批旅游设施的基础建设工作，抓紧新基建机遇，加速旅游公共服务信息化。提高旅游数据采集、分析、运用能力，实现旅游公共服务信息化、智能化。完善湖南省张家界、凤凰、衡山、岳阳、东江湖等游客集中区域的通信基础设施建设，加快 5G 网络建设速度，扩大无线网络覆盖范围。二是

提升湖南省旅游服务业整体卫生、设施、服务管理水平，提高游客满意度。促成企业积极贯彻防疫自律公约各项要求，并在平台进行透明化展示。敦促企业按照中国饭店协会、中国旅游景区协会陆续指导出台的《中国酒店客房防疫自律公约》《中国旅游景区防疫自律公约》要求，联动美团等互联网平台为参加公约的商家打上"安心住""安心玩"等标识，提升湖南省景区、酒店的防疫、卫生等级。三是做好湖南省旅游个性化 IP 品牌的塑造和运营工作。应用好 IP，讲好故事，是当前旅游核心竞争力。影视娱乐 IP 与旅游嫁接之后，就可以转化为超级旅游 IP。湖南省应借鉴韩国京畿利用影视 IP 发展旅游的思路，通过湖南省影响力较大的湖南卫视，利用《快乐大本营》《天天向上》等综艺电视节目以及一批热门电视剧和电影，营造一批热门旅游打卡地。借鉴迪士尼、熊本熊、灵山大佛等虚拟 IP 运营经验，加快研究湖南省旅游行业的虚拟 IP。

3.科技赋能旅游发展，扩大"口碑"辐射性范围

利用互联网、5G、物联网、AR、VR 等技术，赋能旅游行业发展。一是依托"芒果 5G 超高清频道"，加快设立高新视频制作播出分发基地。发展 5G + AR/VR 直播、5G + 4K/8K 直播等 5G 高新视频直播等新业态，重点开展 5G + 4K/8K 超高清视频直播活动，扩大 4K/8K 超高清视频在文化创意设计大赛、国际文化旅游节、网络艺术节等演出赛事直播应用。完善 5G 内容生产平台，建议省广电通过摄影大赛征集"魅力湖南"的优美景区和人文的摄影图片，并将这些优美图片，通过省广电的超高清频道进行推送，提高湖南省旅游业的影响力。二是用数字新技术赋能湖南省旅游的发展。加快推进"互联网 + 旅游"战略，建议在长沙建成湖南省数字旅游体验博物馆，将长沙建设成国家智慧旅游城市，争取将湖南省 5A 级景点创建成智慧旅游景区，尽快将湖南省传统村落数字化，上线中国传统数字博物馆（截至 2020 年 3 月，湖南省传统村落数量全国排第 3 位，达到 658 个，2019 年数字化的村落仅 1 个，全国传统村落入馆占比全国倒数第 3）；推进"数字潇湘文旅"战略，将湖南省博物馆资源深度开发整合，以"实景直播 + 主播讲解 + 文化讲座 + 现场卖货"等形式，带动湖南省博物馆的发展；另外建议把湖南省景区图做成 VR 全景图，做成二维码、链接等多种形式，放在景区官网以及各大平台上，帮助游客做好游览前的辅助决策，用最小的成本获得最大的宣传度和信任度，提高下单率。三

是优化湖南省在线导游导览"游潇湘"平台。增加获取省内景区"电子通行码"、查看景区瞬时最大承载量、当前客流情况、查看剩余购票数等功能。借鉴云南省经验（疫情期间，"游云南"App 不间断直播，获得 2000 万网友在线观看），与中国移动、中国联通、中国电信合作，接入 5G 湖南省景区直播，对多个特色景区和部分城市进行直播。还可以作为内容资源库，与抖音、斗鱼、快手、学习强国等平台合作，持续导流直播湖南省特色景区、乡村旅游景区、红色旅游景区。建议将导游导览、购买门票、直播、文化学习、购物退货、旅游投诉等旅游服务功能在一个平台上进行统一。

4. 打好价格营销组合拳，用好"口碑"传播性效应

一是启动文旅消费差异化价格政策，综合考虑疫情后公共卫生评估程度与文旅业细分市场敏感度，分区分级实施差异化价格政策。山水风光景区、田园风情景区、主题公园等观光和体验游景区类景点可尝试推广"免费日"实施阶段性零费政策，率先抢占旅游市场。如 2020 年 4 月初黄山宣布景区免费，就吸引了大量人来黄山旅游，有效带动了周边消费。部分盈亏平衡压力较大、消费带动性一般的文娱类景区、场馆类景区可推行"低价日"。二是发挥短视频在口碑传播中的"种草"作用。加强对短规频平台运用，政府应借鉴"网红城市"发展战略设计与系统规划，找准本地定位，主动、持续产出有品质、有温度、有情感的网红旅游目的地视频。以政府主导、企业参与的原则，通过短视频开展各类个性化挑战赛活动，提升旅游目的地营销推广力和品牌吸引力、影响力。研究"抖音美好打卡地"文旅认证品牌服务的做法和经验，综合线上传播数据评估和线下专家、旅游达人调研评审的方式，对旅游目的地分级认证，降低短视频用户在选择目的地时的选择成本。三是结合假日精心策划，合理"引爆"旅游热情。针对端午节、中秋节、国庆节等传统重大节日和职工疗休养、师生暑假、职工年休假等主要假期，景区要提前进行网上特色活动筹划和营销宣传，利用多种形式迅速恢复旅游景区的人气。在节假日前通过在抖音、快手、游潇湘 App 等各大平台线上发放一批旅游消费补贴券，特别是对打卡完湖南所有景点的游客，还给予湖南省虚拟运营 IP 形象布偶奖励。

区域协调发展

立足优势　一体化推进　探索洞庭湖生态经济区产业发展新路径[*]

湖南省人民政府发展研究中心调研组[**]

2014 年《洞庭湖生态经济区规划》获批以来,湖南省坚持生态优先、绿色发展,洞庭湖生态经济区产业发展取得了一定成效,但也面临湖区产业特色不突出、结构不优、价值链低端、要素制约等问题。未来洞庭湖生态经济区产业发展应依托自身优势,在优化区域协同、强化互补发展上,以一体化的思路和举措推进产业发展,着力做好"树绿色品牌、健补偿机制、促结构转型、补基础短板、重要素支撑"等五项工作,探索湖区经济新的发展路径。

一　洞庭湖生态经济区产业发展成效

2019 年,湖南洞庭湖生态经济区生产总值 10006.480 亿元,相较于 2014 年的 6906.506 亿元,增长了 44.88%(见图 1)。产业结构由第二产业占据主

---

[*]　本报告获得湖南省委常委、省政府常务副省长谢建辉的肯定性批示。

[**]　调研组组长:谈文胜,湖南省人民政府发展研究中心党组书记、主任;调研组副组长:唐宇文,湖南省人民政府发展研究中心副主任、研究员;调研组成员:袁建四、王颖,湖南省人民政府发展研究中心研究人员。

导，逐渐向第三产业偏重，形成了三二一产业发展格局（见图2）。在积极践行"生态优先、绿色发展"理念下，现代工业和特色农业"双轮驱动"，现代服务业加速发展，产业格局多点支撑作用增强，集聚效应逐渐显现。

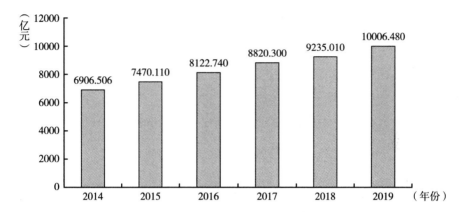

图1　2014～2019年洞庭湖生态经济区（湖南省部分）生产总值趋势

数据来源：湖南省统计局。

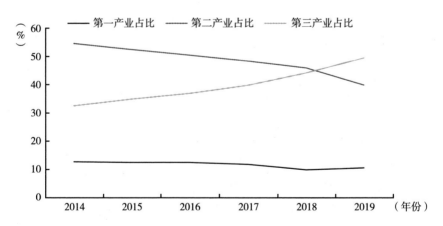

图2　洞庭湖生态经济区（湖南省部分）三次产业结构占GDP比重趋势

数据来源：湖南省统计局。

1. 现代工业竞争力不断提高

洞庭湖生态经济区继续壮大石化、食品和装备制造三大千亿产业，重点发展电子信息、生物医药、新材料能源、数字经济等新兴产业，着力打造优势产业链，竞争力不断提高。岳阳强力打造了石油化工、食品产业、现代物流等七大千亿产业集群，部分核心基础零部件、关键基础材料、先进基础工艺和产业技术基础"四基"方面具有一定的优势和特色。常德产业发展重点向"多点支撑"转变，装备制造与军民融合产业完成产值同比增长30%，已拥有装备制造与军民融合产业首个千亿产业集群，工程机械产业已形成仅次于长沙的较大规模。益阳狠抓纺织、船舶制造等传统产业转型升级，延伸装备制造产业链，培养发展新能源、新材料、节能环保、生物医药等战略性新兴产业。望城区加强新型工业提质升级，形成了以中信戴卡、晟通科技为代表的金属材料暨先进制造产业集群，以澳优乳业、中粮可口可乐为代表的食品医药产业集群，以华为、比亚迪电子等为代表的电子信息（智能终端）产业集群。

2. 特色农业活力开始凸显

洞庭湖生态经济区立足资源优势和农业基础，按照"一县一特""一区一片"产业格局，培育发展了安化黑茶、南县稻虾、桃江竹笋、沅江芦笋、大通湖蟹、赫山大米、石门柑橘、澧县葡萄等一批特色农业。其中，安化黑茶已成为湖南省实现千亿湘茶战略的重要组成部分，2019年安化全市茶产业综合产值260亿元，位列全国茶叶百强县榜首。南县稻虾生态种养面积105万亩，产值165万亿元，获巴拿马太平洋万国博览会金奖，南县获批"中国生态小龙虾之乡"。石门柑橘被誉为"中华名果"，获得"国家地理证明商标"，连续51年对外出口，远销20多个国家和地区，石门县跻身全国柑橘产业30强县。澧县葡萄种植面积5.95万亩，其中种植规模3.45万亩的"阳光玫瑰"葡萄享誉业内，产业逐渐做大做强。

3. 第三产业逐渐提质增效

洞庭湖生态经济区持续推动生产性服务业向专业化衍生、生活服务业向高品质升级。2019年，洞庭湖生态经济区第三产业增加值达到4855.88亿元，增速超过8%，常德、望城区第三产业对经济的贡献率达到50%以上。文化旅游业加速发展。2019年洞庭湖生态经济区旅游总收入达到1673亿元，"八百里洞庭游"品牌打造进程加快，"楼岛湖"资源逐步开发。物流业加快发展。现已开通了城陵矶港至上海洋山港、外高桥港"五定班轮"、至湘资沅澧沿线港口的"水上穿梭巴士"，至东盟、澳大利亚等国的集装箱接力航线，建设了广铁集团无轨站，打造了覆盖全省、辐射全球的国家级多式联运示范工程，加快建设现代物流集散区。电子商务、信息技术等产业开始壮大。加快发展数字经济产业，深化与华为、58集团、京东亚洲一号、苏宁等企业务实合作，加速推动5G、区块链、大数据、云计算等新一代信息技术与制造技术融合。

二　洞庭湖生态经济区产业发展面临的问题和困难

虽然湖南省在推进洞庭湖生态经济区产业发展方面取得了阶段性成效，但客观来看，在顶层设计、结构调整、产业链延伸、要素保障方面仍然存在一些困难和问题。

1. 湖区产业特色概念不突出

作为同属洞庭湖生态经济区的三市一区，文化同源，产业禀赋和发展基础大体相近，这为生态经济区产业整体发展奠定了一定的基础。但由于湖南省洞庭湖板块产业整体性发展思路细化不足，三市一区的产业联动性不强，一体化发展明显滞后，洞庭湖品牌弱化，各市区产业发展低水平竞争、重复建设现象较普遍。以农业产业为例，东北的五常大米、阳澄湖的大闸蟹、湖北的小龙虾等品牌、品质得到广泛认可，相比之下的湖南省洞庭湖生态经济区农业产业发展，板块品牌概念不突出、中高端产品开发不足，洞庭湖区鱼米之乡的产业宣传不到位，影响了产业高质量发展。

2. 产业结构不优

湖区发展以传统产业为主。一方面，囿于区位制约，湖区传统产业占大头，"原"字号、"初"字号产品较多。以岳阳、常德为例，岳阳石化、食品等传统产业占比超过50%，装备制造、生物医药等新型产业占比仅占25%左右；常德工业稳增长依靠卷烟厂，烟草产业增加值占工业增加值比重达到50%左右。在供给侧结构性改革、高质量发展背景下，传统产业增长空间有限，迫切需要培育壮大新兴产业。湖区中小企业较弱，"叶茂干不强"，呈现既"散"又"小"的状态。以岳阳为例，全市约有中小企业2万余家，其中规模工业企业1440家，但无产值过百亿元的地方工业企业；食品产业虽然产值过亿，但企业规模普遍不大。

3. 产业价值链低端

具体表现在产业链环节不完整。除烟草、装备制造等产业外，缺乏真正意义上的产业集群，中联、太阳鸟等龙头工业企业产业配套均不在本地，且企业大多处在产业链的中低端。产业融合度不深。一二三产业之间协同不足，农业与加工业的关联、融合不够，精深加工率较低，仓储、冷链物流体系不健全；农业与旅游、文化产业融合不紧密，创新点不突出，呈现零乱、分散的现象。产业创新不足。湖区的大企业总部和研发中心基本不在本地，而中小企业因缺乏资金、人才，产业技术创新不足。调研发现，部分地区对新兴产业、新兴市场理解不深，推动产业创新、业态创新、管理创新、政策创新的意愿不强、办法不多；部分园区内部创新平台建设滞后，多数企业没有研发机构，自主创新能力不强，未形成有效的科研成果转化机制。

4. 要素制约明显

资金保障弱，基础设施建设和配套受制约。受政府债务风险防控和平台公司转型的影响，财政资金在实现"三保"的基础上，大规模推进基础设施建设和项目拆迁十分艰难，资金已经成为推进产业发展的根本性难题。尤其是在交通基础设施方面，洞庭湖区内部"毛细血管"干线道路未完全实现互联互通，普通公路存在许多汽车渡口，常德、益阳两市未开通高铁。配套设施方面，多家园区水压不足和停水现象时有发生，平垸行洪区基础设施严重滞后，如澧县官垸镇86公里村道未硬化，近300公里渠道严重淤塞，电力设施损毁严重。中小微企业融资难问题难以得到根本性缓解。中小企业融资门槛高、难度大，本地金融机构因投放贷款内生动力不足，大多是"本地吸存款、外地放贷款"。土地供应紧。大部分园区用地缺口大，项目建设用地相对趋紧，拖慢了项目落户、建设的进度。人才引进难。作为三、四线城市，对战略人才、高端人才、高学历人才的吸引力不够，引不来、留不住、用不上问题比较突出。

三 进一步推进洞庭湖生态经济区产业发展的建议

为进一步推进湖南省洞庭湖生态经济区产业发展，须坚持优化区域协同互助发展机制，以一体化的思路和举措统筹推进绿色产业发展，强力打造洞庭湖品牌，健全利益补偿机制，加大产业结构调整，补齐基础设施短板，保障产业要素支持。

1. 以一体化的思路和举措推进产业发展，强力打造洞庭湖绿色品牌

一是优化区域协同互助发展。建立健全洞庭湖区域协作发展和一体化治理新机制，提升洞庭湖生态经济区联席会议机制的政治高度。加强与长江经济带发展有效对接、协同推进。深化长株潭地区对洞庭湖区的对口支援，强化长沙对湖区产业的带动效应，积极探索省内"飞地经济"模式。二是加快湖区产业一体化发展统筹衔接。加快推进洞庭湖区产业协同发展，强化空间规划与产业规划的衔接联动，以增强产业集聚度和关联度为重点，形成一批特色鲜明、优势突出、分工合理、配套完善的产业集群和块状经济。三是打响洞庭湖绿色产业品牌。启动湖区绿色发展专题研究，谋划洞庭湖区绿色产业发展项目，明确东、南、西洞庭湖地区绿色产业发展重点，明晰产业负面清单，划定产业布局范围，制定行业发展标准，整体系统性推进湖区绿色产业高质量发展。积极构建湖区绿色产品文化，大力推进湖区产业品牌整合，强力打造"洞庭湖"区域公用品牌，尤其是湖区地理标志农产品品牌，支持龙头企业依托区域公用品牌，发展生产、加工、销售及品牌相关配套服务，构建完整的产品区域公用品牌经济链。

2. 健全利益补偿机制，促进产业链和价值链融合

一是加快出台流域层面生态补偿实施意见。在继续抓好生态环境治理的基础上，按照"破坏者赔偿、受益者补偿、保护者受奖"的原则，建立国家和流域层面的资源环境补偿机制和生态补偿专项资金，建议将洞庭湖纳入国家层面的流域生态补偿试点和列入三峡后续生态补偿范围，探索建立跨流域的生态补偿合作机制，出台流域生态补偿办法。二是建立湖区粮食主产区的利益补偿机制。立足保障粮食安全的现代农业基地，调动种粮积极性，建立健全粮食主产区利益补偿机制，制定粮食产量大县的奖补政策，取消洞庭湖区粮食风险基金配套。

3. 加快产业结构转型，鼓励技术创新

一是着重发展现代农业。坚持以"高产、优质、高效、生态、安全"为目标，重构湖区现代农业发展体系，推动湖区成为绿色食品、有机农产品主产区。重点支持洞庭湖区高标准农田建设，以及油、猪、禽、鱼等大宗农产品规

模化和标准化种养基地建设，加大对育种科研、产品研发的扶持，建立农产品生态种植研发试验基地、土壤修复研究中心，提高农业综合生产能力。加强对农产品加工业的支持力度，重点优先大型农产品精深加工项目向益阳、岳阳、常德三市的倾斜，促进现代农业程度高、科技含量高、产业链条长的农产品加工项目落户洞庭湖区，支持本土中小微加工企业整合，不断提高农产品本地加工转化率、品牌转化率。同时，建议通过专项转移支付的方式，对农产品加工企业地方税收差额部分予以适当补助。二是大力推进新型工业化。积极推动石化、食品、纺织等传统产业提质增效，引导重点企业加大技术改造和新产品开发力度，着力提升智能化水平。大力发展装备制造、电子信息、新材料、生物医药、节能环保等新型产业，加强对 3D 打印、工业机器人、共享经济、平台经济等新业态模式发展的指导。支持科技企业与高校、科研机构合作建立技术研发中心、产业研究院、中试基地等新型研发机构，引流湖区加工企业的外地研发副中心的落户，重点扶持北斗卫星导航应用院士工作站、国家磁力检验检测中心、巴陵石化合成技术中心进行科技创新。三是加快发展现代服务业。继续加大发展现代物流业。建议向交通运输部长江航道局申请提升城陵矶至武汉段航道水深，大力支持淞虎航道、澧水流域航道整治工程等重点项目，加强对洞庭湖区港口码头及岸线的统一规划、建设和运营管理。加快农产品仓储、冷链物流、大宗商品商贸物流基地项目建设。加大对城陵矶港航运发展，在开辟国际航线、集装箱运输航线、长江上游区域航线、省内航线以及公路、铁路集散货物等方面提高奖补政策标准。加快推动文旅业发展。构建环湖生态旅游圈，开发打造洞庭水上游、湘楚文化游、世外桃源游等精品线路。培育健康文化产业和体育医疗康复产业，重点打造健康中医药旅游示范区。提升三产联动新业态。积极探索发展基于农业的高端生产性服务业，把规模化、专业化、集约化种养业与农产品精深加工第二产业，与休闲体育农业、农产品物流业、农产品电商直销等第三产业相互融合，注入湖区农耕文化，实现农业一体化发展和立体式发展。

4. 以织就"三张网"为重点，补齐基础设施短板

以"三张网"为重点，强化基础设施对湖区产业支撑保障能力。一是湖区交通网。加快洞庭湖区内外路网通达互联，支持常岳九铁路、呼南高铁建设以及 S322 沅江漉湖特大桥、S223 安乡陈家嘴大桥等环湖区域桥梁建设，在岳

阳、常德、益阳三市之间形成"半小时经济圈"或"一小时经济圈"。二是湖区防洪网。重点支持库区移民、湖区堤垸、城镇防洪圈、大中型灌区、沟渠清淤、水库扩容及病险水库出险加固建设。三是湖区生态网。重点支持湖区水环境治理、实地保护与修复、生物资源保护、河道采砂治理、"三大片区"治理等工程。鼓励工业污染源治理第三方运营，健全完善第三方治理责任体系。加快环境保护基础设施建设，支持新建、改造覆盖城乡的垃圾和污水处理厂（站），加强雨污分流排水管网体系、再生水回用网络等城市生态工程建设。

5. 加大金融政策支持，增强产业要素保障

一是加强金融政策的倾斜。建议发行洞庭湖生态经济区专项债，重点支持沿江化工企业转型升级和引导退出；参照湖北省长江经济带产业基金的做法，建立湖南省洞庭湖生态经济区产业发展基金，用于支持各地产业转型发展、基础设施建设、生态补偿等。协调省一级银行机构，下放一定的信贷审批权，加大对湖区产业、企业资金、金融政策的倾斜。二是加强土地保障。做好指标用地分配，重点保障园区在重点产业、重点企业、重点项目用地需求。创新开发区内项目的调整、退出机制，加大对项目土地的清理处置力度，推进低效用地再开发。三是加强人才保障。设立洞庭湖人才引进基金，对引进的领军创新团队给予奖励。推动企业与省内高校联合培养专业技术人才，支持企业设立专家工作室、大学生实习基地。注重技术人才的继续教育，加大对决策层、管理层的培训力度。

粤苏湘三省经济发展比较分析*

湖南省人民政府发展研究中心**

粤苏两省是我国首屈一指的经济发展强省，分属全国性的珠三角、长三角经济增长极，占全国经济总量的20%。两省为成为我国"经济一哥"，追逐较量40年，广东独领风骚30年。截至2020年5月，广东是全国第一经济大省，江苏是全国第一工业强省，服务业广东第一，江苏第二。对湖南来说，粤苏是发展的榜样，它们发展的一些特点值得湖南研究借鉴。本文对三省的经济发展做了比较分析研究，分析了粤苏两省在产业、区域、人口、科技发展方面的特点和优点，在重视发展制造业和互联网产业、国内市场作用提升和应对粤港澳大湾区建设挑战等方面有四点启示和思考。提出了将长沙打造成更加突出的区域性发展高地、大力加强对传统产业的现代化改造、提升湖南省外向型经济发展水平、努力维持区域间平衡发展、持续不懈地改善营商环境等五条政策建议。

一　粤苏湘三省发展比较

1. 湖南省与粤苏两省在 GDP 上有十年的差距

2019年，广东省 GDP 10.76万亿元，江苏9.96万亿元，湖南3.96万亿元，湖南省与粤苏两省在 GDP 上大致有十年的差距，除固定资产投资相差相对不大外，主要经济指标方面差距较大，特别是进出口方面（见图1、图2、表1）。

2. 粤苏两省产业发展特点

一是各具突出特点。广东：①外向型经济发达，进出口总额是江苏的

＊　本报告获得湖南省委常委、省政府国有资产监督管理委员会党委书记姚来英的肯定性批示。

＊＊　徐涛，湖南省人民政府发展研究中心研究人员。

1.65 倍。②第三产业中以互联网为特点的信息传输、软件和信息技术服务业发展强劲，2015～2018 年年均增速达 30%，营业收入实现翻番，2018 年达 9000 亿元，是江苏的 2.8 倍。③针对终端消费者的制造业优势突出，有较多知名品牌。江苏：①产业集群优势突出。江苏工业经济规模总量连续 8 年位居全国

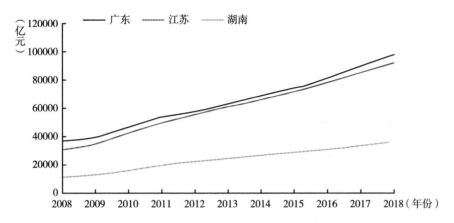

图 1　粤苏湘三省 GDP 增长情况

数据来源：三省统计年鉴。

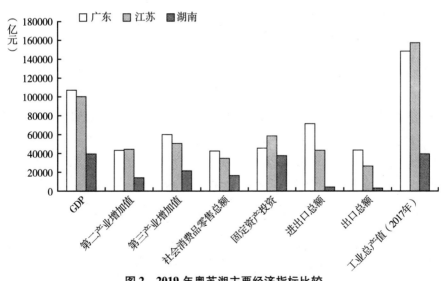

图 2　2019 年粤苏湘主要经济指标比较

数据来源：三省统计年鉴。

表1　粤苏湘主要经济指标比较

单位：亿元

省份	GDP	第二产业增加值	第三产业增加值	社会消费品零售总额	固定资产投资	进出口总额	出口总额	工业总产值（2017 年）
广东	107671	43546	59773	42664	46093	71437	43379	148174
江苏	99632	44271	51065	35291	58767	43380	27209	156344
湖南	39752	14947	21158	17240	37941	4342	3076	39463
广东	17314	10062	70	94172	33.6	63.8		
江苏	12574	7340	71	123607	42.9	54.8		
湖南	8034	2062	57	57540	44.4	52.0		

数据来源：三省统计年鉴，国民经济和社会发展统计公报。

第一，电子、机械、石化、冶金、纺织、轻工、新材料、新能源等产业产值达万亿级以上。电子、机械、高端纺织等8个先进制造业集群产业规模居全国第一，6个产业集群入围全国制造业集群培育对象，占全国的1/4。②县域经济实力强大。2018 年，全国 29 个千亿县中，江苏占 11 个，昆山、江阴、张家港、常熟等苏南 4 县位居前四强。昆山和江阴 GDP 均突破 3000 亿元。③传统产业高端化转型改造。江苏纺织业曾困难重重，目前，高端纺织集群作为全省先进制造业集群建设之一，有 3 个千亿基地、2 个千亿市场、1 个千亿企业、16 个百亿特色名镇和 13 个百亿企业，主要分布于南京、无锡、常州、苏州和南通等地，高端纺织产业集群规模居全国第一。二是产业高级化不断推进。2017～2019 年，广东高新技术企业数从 2 万家提升到 4.5 万家，居全国第一。近十年来，江苏省的新能源装备、工程机械、物联网、高端纺织（含服装）、集成电路、海工装备和高技术船舶、节能环保、汽车及零部件（含新能源汽车）等先进制造业发展迅速。

表2　2018 年粤苏湘产业集群及产业高级化有关数据

单位：%，万家

项目	广东	江苏	湖南
万亿级产业集群	电子信息、石化、家电制造	电子信息、机械、轻工、纺织、冶金（有色）、石化、新材料、新能源	装备制造、农产品加工、材料
高新技术产业产值占工业总产值比重	40	45	25

项目	广东	江苏	湖南
R&D 支出占 GDP 比重	2.5	2.7	1.9
高新技术企业数	4.5	2.4	0.45

数据来源：根据公开信息整理。

3. 区域发展表现出不同程度的不平衡性

区域发展方面，广东在沿海省份中最为失衡，并且几乎没有改善。江苏较为均衡，并且仍有改善。江苏城区经济发达，长三角九城中占有五城，全国百强城市排行榜中，江苏 13 个市全部上榜。广东省虽有 2 座 "2 万亿城市"，但 21 个城市中上榜不到一半。粤东、粤西、粤北面积占全省的 70%，GDP 只占 20%，全省 2/3 的城市人均 GDP 低于全国平均水平。珠三角地区内，广佛及珠三角东部地区的深莞惠发展要强于西部四市，粤港澳大湾区发展有望补上西部这一缺口。

表 3　三省区域经济 GDP 占比变化情况

单位：%

	年份	珠三角(9 市)	东翼(4 市)	西翼(3 市)	山区(5 市)
广东	2010 年	80	7	7	6
	2018 年	80.1	6.6	7.4	5.9
	年份	苏南(5 市)	苏中(3 市)	苏北(5 市)	
江苏	2010 年	60.2	18.5	21.3	
	2018 年	57.2	20.1	22.7	
	年份	长株潭(3 市)	洞庭湖区(3 市)	湘南(3 市)	湘西(5 市)
湖南	2010 年	41.1	22.9	20.0	16.1
	2018 年	42.0	22.8	19.2	16.0

数据来源：根据三省统计年鉴相关数据计算整理而得。

4. 广东对人口有巨大的吸纳能力

1990 年，粤苏湘三省人口差不多，江苏 6700 万人，广东 6200 万人，湖南 6000 万人。经过近 30 年发展，广东人口 1 亿 1300 万人，显示出巨大的人口吸纳能力。广东新增人口中，珠三角地区占 75%，广佛及珠三角东部地区的深莞惠占珠三角新增人口的 85%，以深圳、广州更为突出。江苏的苏南人口增加，苏北、苏中地区减少，苏州占苏南五市新增人口的 44%。

表4　2018年粤苏湘三省常住人口情况

单位：万人

项目	2018年全省人口	区域人口变动情况			
广东	11346	珠三角	东翼	西翼	山区
		2011	259	275	276
江苏	8051	苏南	苏中	苏北	—
		903	-41	-116	—
湖南	6879	长株潭	洞庭湖	湘南	湘西
		263	35	26	28

数据来源：三省统计年鉴。

二　四点启示及思考

1. 制造业发达是支持粤苏发展的决定性基础

粤苏两省GDP总量大约领先湖南十年，但从产业结构来看，其第二产业占比仍要比湖南省高，第三产业水平仍在50%多的水平，江苏甚至还低于湖南，没有出现第三产业发展随GDP增长占比畸高的情况，这表明在产业发展过程中，要将制造业作为产业发展的基础，在制造业发展上下功夫，即使面临各种激烈的市场竞争，也不能动摇这种理念，偏移发展重心，一味追求提升服务业的占比。服务业要有服务对象，如果没有制造业的发展，生产性服务业会缺少服务对象而成为无本之木，二、三产业之间应形成一个和谐的结构。

表5　2018年粤苏湘三省产业结构状况

广东	江苏	湖南
4.0：40.5：55.5	4.3：44.4：51.3	9.2：37.6：53.2

数据来源：三省统计年鉴。

2. 以互联网为基础的信息服务业发展可以作为第三产业发展的重要抓手

粤苏两省以2015年为分水岭，江苏与广东的差距先缩小，最小相差2600亿元，随后又逐渐拉大。究其原因，在工业上两省不相上下，主要是2015年以后，广东的第三产业增长明显快过江苏，广东以信息传输、计算机服务和软件业为主要内容的信息服务业增长很快，年均增速达30%，产值规模由2015年的4000亿元增长到2018年的9000亿元，2018年江苏的信息服务业产值为

3300 亿元，不及广东的 40%。以互联网为基础的信息服务业有一个特点，就是通过互联网，它的服务对象可以扩大到全国乃至世界，这样一个特点，使得信息服务业的服务对象极大地扩大，从而具有更广大的市场和发展潜力。广东信息服务业强势发展对粤苏两省竞争态势变化有重要影响。

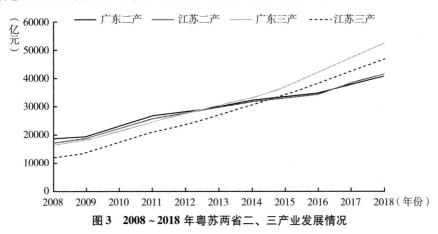

图 3　2008～2018 年粤苏两省二、三产业发展情况

数据来源：两省统计年鉴。

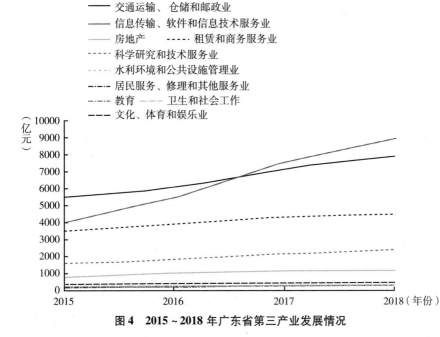

图 4　2015～2018 年广东省第三产业发展情况

数据来源：广东省统计年鉴。

3. 国内市场的作用在提升

广东、江苏均是我国外向型经济强省，广东省作为第一大省，2019年进出口总额占全国的22.6%，但从发展过程来看，它们的外向经济依存度都有显著的下降，国内市场对其发展重要性增加。2018年，广东、江苏出口占工业总产值比重分别为28%、15%，2010~2018年，比重下降6个百分点左右。国内市场的重要性增强，对外向型经济先天不足的湖南等内陆地区而言，既是机遇也是挑战，机遇是进入国内市场不再有先天劣势，挑战是在国内市场上要与粤苏等经济强省、产业强省争夺市场份额。

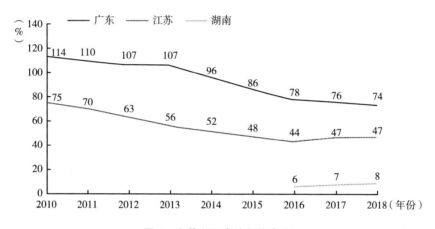

图5 粤苏湘三省外贸依存度

数据来源：三省统计年鉴。

4. 粤港澳大湾区建设对湖南省发展的挑战不容忽视

相比江苏，广东对湖南省有更大的影响。广东是湖南省劳动力的主要输出地，粤港澳地区是湖南省农产品的重要输出地。当前，粤港澳大湾区建设已经提上日程，对标纽约、旧金山、东京等世界三大湾区。从实际情况来看，粤湘两省经济差距很大，广东珠三角对湖南省的辐射带动作用远不及上海对苏南地区的辐射带动作用，与之毗邻的湘南地区相较省内其他地区，并没有获得明显的发展优势，同时湖南省还面临资源特别是劳动力、人才向粤港澳地区流动的压力，粤港澳大湾区发展后，马太效应可能会更加突出。在省内调研中，一个县域经济强县的企业反映招不到员工，本来安排的订单生产只能被迫转移给在深圳总部的企业生产，不仅没降低生产成本，投资的本地企业也陷入窘境。缺

图6　粤苏湘三省出口占工业总产值的比重

数据来源：三省统计年鉴。

乏劳动力，转移来的产业也搞不好。因此，在粤港澳大湾区建设带来机遇时，也应该看到它带来的挑战。

当前，湖南省发展面临的压力很大。2019年，从全省来看，经过数据调整，福建在GDP排名上超过湖南省。从长沙来看，人均GDP被武汉超过，GDP总量上被郑州超过，而且武汉、郑州均列入国家中心城市名单。在面对粤港澳大湾区建设及周边省份发展的时候，要努力建设好自己的发展高地，多方位地寻求支持，吸纳住更多的资源为我所用。

三　政策建议

1. 将长沙打造成更加突出的区域性发展高地

从跨省的范围来看，长沙的发展高地地位尚不突出，对资源的吸附能力还不强，如果长沙发展高地失守，全省都将成为发展低地。在这种情况下，将长沙打造成更加突出的区域性发展高地更加重要，通过确立长沙的区域中心地位和实力，可以防止虹吸效应，防止边缘化和大规模的资源外流。一是要提升长沙发展定位。要按照国家中心城市的标准规划未来发展，建设产业之城、消费之都、文创中心、生活福地。以制造业和互联网相关产业发展为支撑，积极招商引资，大力发展高新技术、战略性新兴产业和高成长性产业，加速新基建实施，夯实产业发展基础。合理规划产业布局，将产业布局和人口布局统筹安排，做好产城融合。创造良好的消费环境，挖掘消费潜力，打响全国消费之都、娱乐之都的名气，建设轻奢旅游之城，扩大消费规模。发挥院校优势和文创产业优势，保持文创产业在全国的领先位置。加大对人口和人才的吸纳能力，提升城市包容力，保持合理房价，保持足够大的人口规模。二是要加强融合能力。长沙的发展要惠及株洲、湘潭，推动长株潭城市群发挥各自特点，突出集群培育，做大做强特色产业链和产业集群，加快融合发展。进一步加强长株潭交通基础设施建设，发挥高铁、轻轨、地铁、城市公交、水运的综合优势，提高长株潭城市群内通勤的便捷性，提高同城化水平。

2. 大力加强对传统产业的现代化改造

传统产业在湖南省分布范围广，产值占比大，同时，市场竞争激烈。发展传统产业，不应有夕阳行业、夕阳企业的夕阳思维。做好传统产业的现代化改造对促进经济发展，发展县域经济有重要意义。一是促进传统产业集群和产业链发展。针对农产品加工、机械、化工、有色、轻工等传统产业，依托现有基础，跨地区推动建设若干万亿级、千亿级、百亿级的产业集群和市场，积极招商引资，支持本地企业发展壮大，建设一批龙头企业，引导企业兼并整合，存优汰劣，提升产业集聚度。二是走传统产业高端化道路。组织推动科研院所、企业的联合，在传统产业中推进高新技术和互联网运用，以智能制造推进产业跃升，全面提升产品、设计、生产、工艺、品牌、销售水平，实现传统产业转型发展。三是县域特色产业特长化发展。形成一批"专精特新"中小微企业，围绕县域特色、区域特色形成集中度大、关联性强、集约化水平高的产业集群，推进一二三产业融合发展。

3. 提升湖南省外向型经济发展水平

一是鼓励企业引进来、走出去。要利用"一带一路"、中欧班列、粤港澳大湾区、长江经济带建设、中国－东盟自由贸易区等有利条件和环境，大力开拓海外市场，主要是东盟和欧洲市场，增强产业链价值和贸易竞争力。支持民营企业走出去扩大出口规模。二是加强水运通道能力建设。要挖掘"一湖四水"通江达海的通航能力，配套建设高等级航道网、现代化港口、船队。充分利用长江黄金水道，发展多式联运，提升长江东西双向的货物运输能力。

4. 努力维持区域间平衡发展

区域间发展的不平衡是当前客观存在的现象，长此以往，欠发展地区在财政、经济社会上会面临一系列问题。从全局来看，面对需求不足的问题，区域间发展不平衡的状况是导致问题的原因还是解决问题的手段？发达地区和城市有吸引力，就业机会多，但高房价也带来一些问题，如日本病，通常会降低货币流通速度，影响宽松货币政策的刺激效果。湖南省欠发展地区普遍获得了大量的转移支付支持，推动了这些地区基础设施、社会事业的发展，但一些地方产业发展仍是弱项，在积极推动这些地区招商引资、项目建设、新基建的同时，要通过全国人大、政协提案呼吁国家通过立法对欠发展地区差异对待，按照程序，给予县（市）政府一定的税收优惠权限，吸引和扩大产业投资，缩小发展鸿沟。

5. 持续不懈地改善营商环境

一是要建设严肃的法治环境。依法办事，法律规矩面前人人平等。发挥市场机制作用，放开市场竞争，逐步消除一些潜规则性的利益垄断和制度安排，实现各市场主体实际平等。不仅要依法保护各类型企业、个体户等市场主体的合法权益，也要保护广大从业劳动者的合法权益，不能迁就在工作时间、工资、五险一金等方面侵蚀、损害劳动者权益的行为。偏废一方都会影响经济运行。二是构建亲清的政商关系。时刻保持反腐工作的高压态势，坚决杜绝各级公职人员吃拿卡要行为，禁止乱检查、乱收费、乱要求。三是建立方便快捷的政务服务机制。精简行政审批事项，深化"放管服"改革，加快"互联网＋政务服务"深度融合，构建"只进一扇门、最多跑一次"和"网上办、马上办、一次办、就近办"的服务新模式，健全"放管服"的督查考核机制，强化跟踪问责，激活民营经济主体活力，切实降低商事成本。

湘浙两省民营经济发展比较研究及对湖南省的建议[*]

湖南省人民政府发展研究中心调研组[**]

浙江是我国民营经济发展第一大省，以制造业为代表的实业是浙江民营经济的主阵地。改革开放后浙江的经济发展史就是民营经济的发展史，诞生了民营经济众多的"第一"。中国民营企业500强中，浙江企业数量连续22年居全国首位，其中小民营企业的发展更加突出，数量全国最多。与湖南相比，浙江民营经济发展成就更显著，规模更大，技术水平更高；对县域经济发展作用更明显，形成的块状经济有很强的产业集聚力和配套能力；让浙江人生活更富裕。浙江民营经济成功发展的原因主要有：强烈的经商致富意识，抓住工业化的发展机遇，不断实现转型升级，"重商亲商扶商"的民营经济发展环境。对湖南省来说，在新行业正在催生、传统产业正被改造、产业格局正在重塑的新时代，湖南省民营经济发展要抢抓以新科技为代表的产业发展及"双循环"和"一带一路"等新机遇，努力营造良好营商环境，着力解决民营经济发展中的突出问题，培植营商文化，增强民营经济社会责任感，推动湖南省民营经济发展取得更大成绩。

一 浙江发展情况分析[①]

1. 发展成就更显著

浙江位于长三角地区，毗邻上海，土地面积10.55万平方公里，是我国的

---

[*] 本报告获得湖南省政协主席李微微，湖南省政府副省长朱忠明的肯定性批示。

[**] 调研组组长：谈文胜，湖南省人民政府发展研究中心党组书记、主任；调研组副组长：唐宇文，湖南省人民政府发展研究中心副主任、研究员；调研组成员：徐涛，湖南省人民政府发展研究中心研究人员。

[①] 本文数据来源于湘浙两省统计年鉴、国民经济和社会发展统计公报、政府工作报告及政府发布的信息资料。

经济强省，2019 年地区生产总值 6.24 万亿元，居全国第四位，常住人口 5850 万人，人均 GDP 10.8 万元（见表 1）。

从湘浙两省的发展情况来看，20 世纪 90 年代后，两省发展差距逐步拉大。目前浙江 GDP 是湖南的 1.57 倍，人均 GDP 是湖南的 1.88 倍。2000 年以后，两省人口差距不断缩小，2019 年，湖南比浙江多 1100 余万人（见图 1、图 2、图 3）。

表 1 2019 年湘浙两省主要经济指标比较

省份	土地面积（万平方公里）	常住人口（万人）	城镇化率（%）	GDP（万亿元）	人均GDP（万元）	三次产业结构	固定资产投资（万亿元）	社会消费品零售总额(万亿元)	进出口总额（亿美元）
湖南	21.18	6908	57.2	3.97	5.75	9.2:37.6:53.2	3.79	1.67	628.8
浙江	10.55	5850	70.0	6.24	10.8	3.4:42.6:54.0	3.67	2.73	4470.2

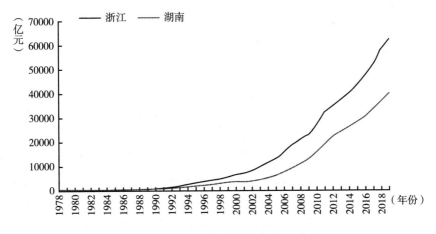

图 1 1978～2019 年湘浙两省 GDP 变化

2. 民营经济规模更大，发展水平更高

40 多年来，湘浙两地的民营经济都得到了极大的发展，都在本省经济中占据重要地位。从总体格局来看，浙江的民营经济占 60% 的经济总量、70% 的税收、80% 的就业人数、90% 的企业数量。湖南民营经济占 60% 的经济总

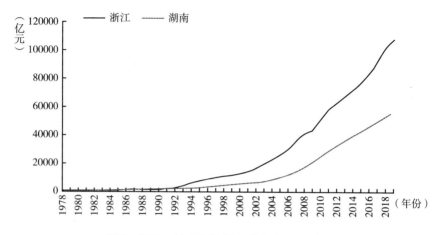

图 2　1978～2019 年湘浙两省人均 GDP 变化

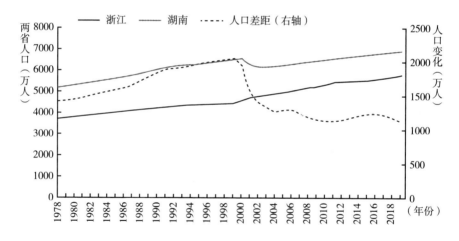

图 3　1978～2019 年湘浙两省人口变化

量、60% 的税收、80% 的就业人数、90% 的企业数量。

浙江民营经济的规模更大，发展水平更高。2019 年，浙江个体、私营 699 万户，其中私营 235 万户；湖南个体、私营 415 万户，其中私营 87 万户。2019 年，全国工商联发布的中国民企 500 强榜单中，浙江数量排名全国第一，有 92 家企业进榜，其中工业企业占 85 家，湖南有 7 家企业进榜。2019 年，规模以上工业企业中，从非公经济资产占比的趋势看，浙江占比呈下降趋势，从 2010 年的 94.2% 下降到 2019 年的 83.8%，湖南呈上升趋势，从 2010 年的

52.0%提升到2019年的65.8%。浙江外商经济和其他类型非公经济发展要好于湖南，湖南私营经济资产占比在稳步提升（见图4）。从两省规模以上工业资产/营收比来看，浙江资产/营收比明显高于湖南，反映浙江工业的资本密集度水平更高，工业化更充分，生产技术水平更高。

图4　2010~2019年湘浙两省规模以上工业企业中非公经济和
私营经济资产占比变化

表2　2019年湘浙两省民营经济主要指标比较

单位：%

省份	GDP占比	税收占比	投资占比	进出口占比	就业数占比	企业数占比	研发（创新）占比
湖南	61.4	62.0	74	77	80以上	99	70以上
浙江	64.3	74.4	61.5	79.8（出口）	87	92	77

表3　2019年湘浙两省个体、私营户数及从业人员数

单位：万户，万人

省份	个体、私营户数		规上工业企业人数	个体、私营从业人数	
	总户数	其中：私营企业		总人数	其中：个体户从业人数
湖南	415	87	1.30	886	535
浙江	699	235	3.68	2336	968

3. 县域经济发展更充分,产业配套能力强

民营经济是浙江县域经济的主力军,县域经济表现出以民营经济、产业集群、专业市场为特色的"浙江模式"。其发展有四个突出特点。

一是实力很强。2019 年全国综合竞争力百强县(市)中,浙江占 21 席,湖南占 3 席。一些强县,比如杭州萧山、余杭,宁波鄞州,绍兴柯桥,温州洞头等,均撤县设区,成为城区经济的一部分,但后起之秀频出,迅速补位。同时,一些工业强镇也具备百强县的潜力。许多县(市)人均 GDP 接近或超过城区水平。湖南仅有长沙县、资兴市等个别县(市)高于市区人均 GDP,其他大部分县(市)均远低于市区。2019 年,浙江全省人均 GDP 过 10 万元的县(市)有 18 个,其中,宁波、嘉兴所属县(市),人均 GDP 均过 10 万元。湖南仅长沙县人均 GDP 过 10 万元。二是分布较平衡。从整体来看,浙江县域经济强县主要分布在金华 – 义乌(浙中)、杭州(浙北)、宁波(浙东)、温州(浙南)四大区域,地域范围比较广。三是产业集中、配套能力强。块状经济是浙江县域经济的显著特点,数百亿规模的"块状经济"集群就有 300 多个,在块状经济内,上、下游相关产业密切联系,人力、技术资源集中,提升了产业发展的能力。如慈溪小家电、义乌小商品、诸暨袜业、南浔木地板、桐乡蚕丝被、上虞伞业、海宁皮革、金塘螺杆、永康小五金、乐清低压电等产业集中区,均有鲜明的地方特色,市场占有率很大。四是县(市)对人口有较强的吸纳能力。2010 ~ 2019 年,浙江省 58 个县(市)中(包括 2010 年后的县改区),常住人口正增长的 29 个县,人口增长 22.9%,人口负增长的 29 个县,人口下降 15.3%。同期,湖南人口正增长的 66 个县,常住人口增长 5.9%,负增长的 19 个县(市),人口负增长 2.6%。表明浙江县域对人口有较强吸引力,湖南县域间人口流动水平较低,县(市)人口吸引力整体较弱。

4. 老百姓富裕水平更高

浙江的民富水平非常高,是民富第一省。2019 年,浙江人均 GDP 1.58 万美元,高于广东省。人均居民可支配收入 5.0 万元,仅次于上海、北京两大一线城市,比江苏高出 8500 元。住户人均存款 8.8 万元,位居全国第三,在各省区中最高。浙江所有地级市的城镇居民人均可支配收入全部超过全国平均水平,全国唯一。

二 浙江民营经济发展经验分析

1. 有强烈的经商致富意识

浙江人口密集，七山二水一分田，农耕为生难以为继，被迫另寻工商业谋生，长期熏陶和潜移默化，练就了商品经济交易技能，形成工商文化传统，成为浙江民营经济发展的内在推动力。浙江商人敢于吃苦，有强烈的外向性，"走遍千山万水，说尽千言万语，想尽千方百计，尝遍千辛万苦"。浙江商人抱团取暖相互帮助，一人经商带动家人和亲戚邻人，经商之人越来越多。改革开放后，去除了体制制约，利用沿海开放的先机之利，浙江人再一次创造了发展奇迹。浙江民营经济从最初的马路市场到买卖全球，把小商品做成大产业、以轻工产品成就重量经济，"无中生有"创造出"零资源现象"，创造出"温州模式""义乌经验"，成为全国民营经济发展的高地。

2016～2019年，浙江私营企业从业人数减少144万人，减少了9.5%，湖南私营企业雇工人数增加154万人，增长了78%。个体经济方面，在从业人员较多的制造业、批零、餐宿、居民服务中，浙江全部保持上升，并且幅度较大。湖南在批零、制造业方面基本未变，尤其是制造业，个体从业人员远远落后浙江（见图5）。

2. 抓住大机遇实现工业化的大发展

改革开放后，我国工业化发展取得了巨大成就，收获了巨大红利。在这个过程中，以工业为主的浙江民营经济充分抓住了这个大机遇。从1992年开始，浙江第二产业明显超越第三产业，直到2015年，时间跨度有20多年，湖南从2008年开始第二产业明显超越第三产业，到2016年结束，时间跨度8年（见图6）。

此外，改革开放后，浙江外资、港澳台资经济也迅速发展，成为非公经济的另外一支重要力量，与民营经济协同发展，相互学习，共同推动了浙江外向型经济的大发展。

3. 努力实现转型升级和可持续发展

一是实现生产经营主体由公到私的转变。这一转型主要发生在20世纪八九十年代。1985～1999年，工业企业中，国有经济由3800家下降到1400家，

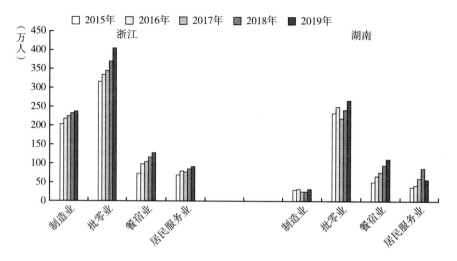

图5　2015～2019年湘浙两省个体经济主要从业行业人员变化

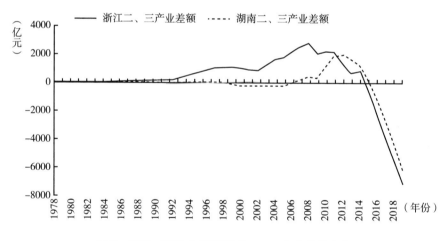

图6　1978～2019年湘浙两省二、三产业差额变化

集体经济由14.6万家下降到6.1万家，城乡个体私营经济由11.8万家上升到62.1万家，其他工业由70家上升到近1万家（见图7）。与2000年相比，到2019年，国有及国有控股规上工业企业数由2000年的1400家降为832家，占工业总产值的比重由19%降为15%，集体企业由2200家降为24家，占工业总产值比重由16.3%降到0.03%，非公规上企业由1.1万家上升到4.5万家，

工业总产值占比由 64% 增加到 85%，其中，私营企业由 4100 家增加到 3.68万家，产值占比由 16% 提升到 47.4%，外商及港澳台企业由 2100 家增加到 4400 家，产值占比由 18% 增加到 20%。在社会消费品零售方面，1989~2000年，私营零售业由 38% 提升到 82%，公有经济由 62% 下降到 18%。二是推动产业结构的升级演进。主要是完成由农业社会向工业社会、后工业化社会的转进。在内外压力陡增情况下，浙江主动调整转型，省委提出"四换三名"战略，加快腾笼换鸟、机器换人、空间换地、电商换市的步伐，大力培育名企、名品、名家，民营经济发展放弃拼资源、拼环境、拼价格的"三拼"路径，以高端替换低端、智能替换人工、集约替换粗放、新型替换传统，落实腾笼换鸟、凤凰涅槃，推广亩均论英雄改革，以新的体制机制和新的增长方式提升浙江的产业竞争力，迈向高质量发展。截至 2020 年 11 月，浙江的三次产业结构中第三产业已达到 54%，以数字经济、人工智能、高端制造为龙头的新型工业、新型服务业发展迅速。三是推进区域发展转型。县域经济向都市区经济转型、块状经济向产业集群转型，以块状经济为基础，将产业、文化、旅游和社区四大元素有机融合起来，推进多种模式的特色小镇建设，推动工业强县省级高新区全覆盖，探索县域创新发展新路径。四是转换观念绿色发展。2003 年，习近平主政浙江时提出"八八战略"，创建生态省，打造"绿色浙江"，2005年 8 月，提出"绿水青山就是金山银山"的科学论断。浙江民营经济发展改变了发展初期"村村点火、户户冒烟"的状态，民营企业加快形成节约能源资源和保护生态环境的发展模式，由灰色向绿色发展转变，带动技术水平、管理理念的提升。水体、空气质量和能耗水平已大幅好转。

4. 良好的政策环境支持

"重商亲商扶商"是历届浙江省委、省政府制定民营经济发展政策的出发点和根本原则。出台多项政策支持、鼓励民营企业发展，做到"不限发展比例，不限发展速度，不限经营方式，不限经营规模"。不断改善政府服务，加大"放管服"改革力度，减轻民营企业负担，为民营经济发展提供宽松环境。认真解决民营经济发展中出现的一些偏差和问题。鼓励民营经济参与国企混改。促进民营经济"高精尖"发展。积极引导在外浙商资本、资源、人才、信息、技术等优质生产要素回流。强化价值观引领，引导民营经济人士树立正确的国家观、法治观、事业观、财富观，履行社会责任。

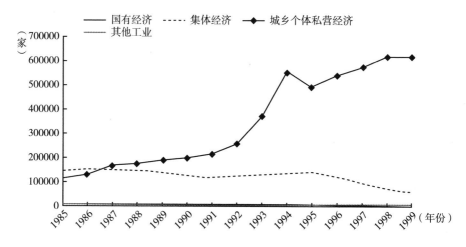

图7　1985～1999年浙江工业不同所有制企业数变化情况

多方施策，把民营企业家搞得香香的，把民营经济做得壮壮的，扎实推进民营经济实现新飞跃。

三　对湖南省民营经济发展的建议

发展民营经济是改革开放后的历史抉择，是提升经济效率的有效手段，民营经济是我国市场经济发展壮大必不可少的参与者。要落实习近平总书记"帮助民营经济解决发展中的困难，变压力为动力，让民营经济创新源泉充分涌流，让民营经济创造活力充分迸发"的要求，在减轻企业税费负担、融资难融资贵、营造公平竞争环境、完善政策执行方式、构建亲清新型政商关系、保护企业家人身和财产安全等6个方面做好政策举措的落实。

1. 抢抓机遇，促进湖南省民营经济新发展

经过改革开放40多年的发展，我国国民经济的发展布局已经成型，传统产业布局已经固化，扩张空间已经不大。在"十四五"期间，湖南省要充分利用以数字经济为代表的新型产业发展机会，落实"三高四新"战略和《关于促进民营经济高质量发展的意见》，抢抓新机遇，开辟新领域，促进湖南省民营经济进一步发展。一是要抓住创新发展的机遇。新常态下，创新发展是引领经济可持续发展的不二路径。湖南省要抢抓5G、人工智能、工业互联网

等为代表的产业发展新机遇，在新行业正在催生、传统产业正被改造、产业格局正在重塑的新时代，发展实体经济，支持科技型中小微企业加速成长壮大，加快科技成果的产业化步伐，以增量发展促存量发展，实现民营经济发展的大跨越。传统产业要增强研发能力，提升企业发展后劲和转型升级能力。要引导民营经济建链补链延链强链，提升产业的本地配套率，提高产业链供应链的稳定性和竞争力，提高产业集聚水平。二是要抓住"双循环"发展新机遇。"双循环"发展将扩大国内市场和释放内需潜力，对发展外向型经济先天不足的内陆省份有利，有利于内地吸引外来投资，承接产业转移。三要抓住"一带一路"的新丝路机遇。既重视国内市场，又不失时机地"走出去"，开拓民营经济发展空间。继续扩大对外开放，加强与东盟、中亚、欧洲地区的陆上经济交流，融入长江经济带发展，提升货物通江达海水平。

2. 求实效，营造良好的营商环境

一是要建设良好的法治环境。依法依规办事，为民营经济发展提供一视同仁的平等发展环境。消除体制性障碍，鼓励民营经济进入混合所有制国有企业改革，放宽民营资本进入领域。二是建设良好的政务环境。精简行政审批事项，深化"放管服"改革，加快"互联网＋政务服务"深度融合，构建"只进一扇门、最多跑一次"和"网上办、马上办、一次办、就近办"的服务新模式，大幅减少政府对微观事务的管理和干预，激活民营经济主体活力，切实降低商事成本。三是建设良好的政商环境。时刻保持反腐工作的高压态势，坚决杜绝各级公职人员吃拿卡要行为，禁止乱检查、乱收费、乱要求。四是建立良好的舆论环境。营造尊重民营经济、尊重民营企业和个体户、尊重民营经济从业人员的良好氛围。

3. 寻突破，着力解决当前突出问题

在融资方面，支持实体经济发展，鼓励金融机构增加对民营以及中小微企业、个体商户信贷投放，积极主动对接，满足他们的金融需求。主动减费让利，降低他们的融资成本。创新担保方式，发展直接融资，推进产融合作，拓宽融资渠道。加大对暂时困难民营企业的信贷支持。民营企业要加强风险意识，保持健康的资产负债水平，保持流动性充足。在用工方面，适应新一代从业人员的新特点，着力解决结构性用工矛盾。一方面，民营企业要改善工作环境和待遇，注重对员工的培训和关爱，主动提供社会保障支持，稳定从业预期，减少员工流失率。政府要加大职业培训力度，特别是针对短缺工种，方便从业人员学习职业技能；加强用工信息平台建设，协助民营企业多渠道吸纳劳动力。另一方面，全社会要破除职业偏见，改变就业观念，尊重制造业和"蓝领"从业者。在成本方面，落实对中小微企业和个体工商户的普惠性税费减免政策，着力减轻他们的税费负担。在融资、用电、运输、土地使用等方面，尽力减轻企业负担。政府部门和国有企业不能无故拖欠中小企业账款。在转型升级方面，要推动民营企业加快转型升级步伐，帮助企业适应新经济、新技术、新商业模式，向信息、环保、健康、旅游、时尚、先进制造转型发展，做精做强企业。

4. 转观念，形成浓厚营商文化

要形成办实业受尊重的营商文化氛围。提供创业支持，鼓励"大众创业，万众创新"。加强商会建设，学习浙商，倡导抱团取暖、互帮互助、互通有无的商会文化。要继续保持和发扬吃苦耐劳、奋进敢干的民营企业家精神，并向年轻一代传承。要帮助民营企业家学习现代经营理念，提升企业管理的制度化、规范化水平，延长企业生命周期。

5. 要共赢，提升民营企业社会责任感

一是民营经济发展要服务于国家经济发展。民营经济要为社会再生产的持续性做出贡献。要防止两极分化固化。提升广大从业人员的收入和福利，扩大消费等方面的社会总需求，保持国家经济的健康发展，实现民营经济的可持续发展。民营企业应依法依规保障员工工作权益和物质权益，不能滥用强势优势地位损害员工权益。各级政府要加强有力监管，实现社会、企业、员工互利多赢。二是民营企业家要增强社会责任感。民营企业家有丰富的经营经验，掌握着社会生产的经营管理技术要素。在个人成功的同时，民营企业家要保持正确的政治方向，注重生态环保，为社会提供高品质的产品和服务，关爱员工，帮扶供应链上下游企业，参与社会公益慈善活动。

强化湘－粤港澳科创对接，
助推湖南省高质量发展[*]

湖南省人民政府发展研究中心调研组[**]

科创对接是实现湘－粤港澳高质量对接的核心内容、关键目标和当下重点。统筹推动科创对接，有利于"具有核心竞争力的科创高地"和"创新引领开放崛起"两大战略任务的互动共生，有利于湖南在构建新格局中展作为、显担当。2020 年，湖南省人民政府发展研究中心调研组先后赴广州、深圳、长沙、郴州、衡阳等地进行了深入调研，提出六点对策建议。

一 合力建设科技创新平台

一是加快创新对接。强化创新主体对接。湖南省学科门类齐全、科研人才丰富、科技产业特色鲜明，然而对接进度缓慢。应当积极探索推动湖南省与大湾区的大学、研究机构、企业等创新主体之间，建立科技创新项目联合资助、大型科学仪器开放共享、科技成果转移转化等磋商机制，积极推动两地科技创新主体共建研发平台。深化创新资源对接。围绕湖南工程机械、轨道交通、航空动力、粉末冶金材料等重点发展产业与大湾区国家重点实验室、工程技术研究中心等探索共建重大科技基础设施、重要科研机构和重大创新平台。重点依托长株潭国家自主创新示范区，推动湖南企业与香港各所大学和科研机构合

---

* 本报告获得湖南省政协主席李微微，湖南省政府副省长朱忠明的肯定性批示。本报告为湖南省社科基金重大委托课题"对接粤港澳大湾区综合研究"（19ZWA36）阶段性研究成果。
** 调研组长：谈文胜，湖南省人民政府发展研究中心党组书记、主任；调研组副组长：唐宇文，湖南省人民政府发展研究中心副主任、研究员；蔡建河，湖南省人民政府发展研究中心党组成员、二级巡视员；调研组成员：袁建四、陈琨、曾万涛、王颖、屈莉萍、刘海涛，湖南省人民政府发展研究中心研究人员。

作。加强与香港科学院、数码港的合作，支持湖南省的企业在港建立联合研发中心，积极加入香港科技园的企业孵化和产业化培育建设。

二是建设湘－粤港澳科创园。紧抓粤港澳大湾区的发展机遇，在创新资源集聚的深圳南山区购置一个 2 万平方米左右的楼宇，设立"湘－粤港澳科创园"，使之成为湖南对接大湾区、连接广深港澳科创走廊、承接科创成果转化和聚集国际高端产业的"科创飞地园区"。建设一个基地：设立技术转移孵化中心。以科创园为平台，针对大湾区的技术、人才和项目出台专门"政策包"，吸引大湾区企业、高校院所在科创园设立研发中心、孵化基地，促进粤港澳大湾区优质创新创业项目在湖南完成产业化落地。搭建一个桥梁：设立湘－粤港澳产学研金创新联盟。依托科创园，推动与香港大学、香港科技大学、南方科技大学、中山大学等大湾区高校院所合作，设立湘－粤港澳产学研金创新联盟，每年开展 3~5 次科技成果和人才对接专题大会；联合粤港澳大湾区高校举办"双创"大赛，组织对湖南省有意向的高校专家和项目负责人到湖南考察交流，促进大湾区高校积累的前端技术和专利成果技术在湖南省应用。出台一个规则：研究泛珠三角区域科技创新平台共享的规则。制定共享办法，研究共同扶持的政策，推动开放国家级和省级重点实验室、中试基地等试验平台。同时，同步召开区域内"大型科研仪器共享机制研讨会"，作为推动开放国家级和省级重点实验室、中试基地等试验平台的"试水"。

三是打造粤港澳大湾区创新服务云平台。构建在线创新生态系统，在开放基础上实施大数据导向的协同创新活动，打造在线创新服务云平台，吸引更多的湖南、大湾区创新主体参与到在线创新体系中，根据研发机构类型、所在行业领域等，为其提供精准化的科技资讯推送服务并支持个性化科技研发资金服务，以加快创新资源供需双方的精准对接。

二 扎实推进科技成果转化

一是建设科技成果转化平台。以打造湖南粤港澳产业转移服务中心等大湾区科技成果转移转化基地为重要抓手，强化科技创新对接，探索构建"研发基地放在大湾区，中试和孵化器放在湖南""大湾区孵化＋湖南加速"等新模式。积极推动湖南－香港科技创新技术转移工作站各项工作扎实开展，加强工作站项目库建设。加快设立湖南－澳门科技创新技术转移工作站。

二是完善科技成果转化制度。开展科技成果权属改革试点。探索成果处置权、收益权、分配权落地问题，将事后成果转化收益奖励前置为事前国有知识产权所有权奖励。设立"粤港澳大湾区使用、湖南兑付"的科技创新券使用新模式，吸引大湾区优秀科技服务机构为湖南科技企业开展创新活动提供服务，推动湖南与大湾区建立创新创业交流机制，共享科技企业孵化器、众创空间等创新创业服务资源。

三是丰富科技成果转化手段。利用各类金融工具服务科技成果转化。强化财政科技投入联动机制，引导各地商业银行加大对科技信贷的支持力度，争取建立国家科技重大专项成果转化基金，争取中科院科技成果转化母基金和清华大学科技创新母基金等落户湖南。完善和发展技术经纪人体制。培育和发展市场化技术经纪人体制，以湖南粤港澳产业转移服务中心为重点打造一批知名科技中介服务机构，发展研发设计、创业孵化、知识产权、文化创意、检验检测认证、技术交易、科技咨询、科研众包、科技服务外包等科技成果转化服务。打造区域创新成果产业对接数据库。在推动湖南各地与大湾区各市联合举办科技成果展、创新论坛等合作交流活动的基础上，打造湖南与大湾区创新资源数据库，形成多元化深度创新资源产业对接平台，促进科技成果转化。

三 稳步完善科技合作机制

一是建立科技协同创新的组织机制。建立泛珠会议科技分会合作联席会议制度，由各省市区分管科技的领导轮流担任科技联席会议的召集人，定期召开包括各地方政府科技管理部门负责人、高新技术产业园区的负责人、高新技术企业的代表、高校与科研机构的代表在内的主题会议。共同协商探讨大湾区科技协同创新的发展规划、区域科技合作政策机制和科技资源平台的共享共建等重大问题。

二是加强科技发展规划对接。建议在"十四五"科技创新规划中加强湖南与大湾区科技发展规划和粤港澳国际科技创新中心建设规划的对接。推动长株潭自主创新三大核心增长极，即长沙"科创谷"、株洲"动力谷"、湘潭"智造谷"，在科技创新发展规划、顶层设计上延伸对接"广州－深圳－香港－澳门"科技创新走廊。围绕推动湘南湘西承接产业转移示范区建设，加强面向大湾区的科技创新合作。实施湖南与粤港澳大湾区科技联合资助计划。完善科技计划管理制度，扩大科研项目经费"包干制"范围，完善重点领域研发计划、基础与应用基础研究计划等项目管理办法。

三是建立和完善一体化的科技要素市场。针对与大湾区对接创新要素流通不畅、科技创新资源开放共享不足这一问题现状，全面清理大湾区各政府阻碍科技协同发展的地方法规和政策，实施科技创新政策的普适化，突破区域内部阻碍创新要素合理流动、创新资源合理配置、创新功能互补协作的瓶颈，形成有利于技术、资金、人才、成果等各类科技要素自由流动的政策法规体系，建立和逐步完善一体化的科技要素市场。建立科技追踪制度。加强对前沿领域先进技术的预见和跟踪分析，紧密结合湖南省产业发展基础和优势，做到前沿布局、重点突破，推动先进技术在湖南的产业化落地。

四是建立科技金融服务空间体系。充分利用大湾区在资本与金融上的优势，探索以各级公共服务平台、园区或孵化器等为物理载体，以市场化方式引导其联合大湾区投资机构、银行、券商等相关金融机构，开展科技金融工作站建设，通过"飞地"模式，将大湾区科技金融服务网络逐步延伸至湖南，将服务网络延伸至湖南企业"家门口"，建立从大湾区到省、市、区、园区的"一条龙"科技金融服务空间体系。

四　大力提高人才培养与引进力度

一是加大人才培养力度。对引进的大湾区及本地科技平台管理及科研人才，进行定期的科技交流培训，开展各项平台业务，建立可流动、可接续的两地管理与科研人才奖励激励制度，吸引科技人员积极投身于平台管理，进一步加快先进科技成果的转移转化。积极开展高层次人才分类认定工作，例如，对长沙认定的 A、B、C、D 类高层次人才，发放人才绿卡，给予相应的后续服务政策支持。完善科技人才集聚和激励机制。优化提升芙蓉人才计划，引进和培养一批创新领军人才和高水平创新团队，借鉴大湾区个人所得税优惠政策，向中央申请在长沙同样试行高层次人才个人所得税降至 15% 的制度。

二是创新"飞地引人"模式。运用市场手段柔性引进高层次人才、领军人才和创新人才，营造良好的"不为所有，但为所用"人才环境氛围，比如湖南在建立港澳科创园的同时，在香港成立"三湘科创研究院"，积极推进人才联合培养，着力优化提升服务企业和人才能力，为打造一流的国际化营商环境提供人才要素支撑。在实现人才共享之后，临时聘任人员增多，要完善人才流动保障体系以及相关的人才管理法律制度，避免人事纠纷加剧，保障科技人才合法权利等。

三是建立人才共享平台。充分对接重视广州、深圳、香港和澳门等地已有的国际化人才大数据中心，并做到数据的共享和共建，打造全球范围内具有国际影响力的高端人才培养、引进以及精准匹配的共享平台。另外还要重新发挥政府人才市场的交流作用和猎头公司强大的人才信息搜集和寻访优势。推动创新创业人才对接。依托大湾区在金融、知识产权保护、技术经纪人等方面的优势，组织湖南省专业人员赴大湾区开展培训，积极营造人才引进的良好创新生态，服务香港科技人才来湘创新创业和交流合作。

五　全力补齐交通互联互通短板

一是优化拓展物流通道和网络。整合湖南省与周边地区的公路、铁路、水运、航空等干支线运输资源，加强出省通道建设，打通断头路，畅通与大湾区的干支线运输线路。制定政策，加快推进物流业降本增效行动，推动城市和县乡村三级物流配送体系建设，优化收费公路通行费政策，开展高速公路分路段差异化收费试点，简化车辆检验检测、异地年审考核，推进通关流程"去繁就简"，加大对大湾区转移企业物流的支持和补贴。

二是畅通国际航班通道。支持黄花机场增开多条国际货运航线，突出长沙市作为长江中游城市群重要国家物流枢纽的地位。加快推进长沙四小时航空经济圈建设，作为对接大湾区战略的重要路径。

三是加快推进高速互联通道的建设。力争京港澳高速耒宜段扩容工程年内取得工可批复，加快道县至连山高速公路规划研究。同时争取京港澳高速湖南段扩容工程、道县至连山高速公路纳入交通运输部和省"十四五"规划，协调开通湘粤港直通公路运输通道，构建完善的省际干支线运输网络。加快推进广清永高铁建设，待疫情过后，积极增设来往香港的班次。加快对湘桂运河可行性的论证工作，在条件成熟时启动建设。

六　多层次推进开放平台与机制建设

一是完善顶层设计。尽快建立多层次宽领域的对接对话合作机制，利用泛珠会议或者探索建立与粤港澳大湾区直接对话机制，建立制度化、常态化的议事机制和决策机制，就协同发展中可能遇到的障碍提出解决方案，明确落实部门。建立对接协调机构。与大湾区建立类似"湾区合作办公室"的机构，落实工作责任，明确对接的重点项目、工作任务分解表、牵头领导、责任单位和配合单位等。在合作城市设立办公室，安排专门人员负责推进合作工作。完善与大湾区各城市的跨区域协调机制，设立综合性区域管理组织，并赋予一定的功能定位，加强政府高层、核心部门间沟通协调。

二是扩大民间参与程度。支持社会各界参与对接大湾区，建立由骨干企业、大学、研究机构等组成的对接粤港澳大湾区战略咨询委员会，就对接大湾区发展问题向中央和湖南建言献策。粤港澳三地湘籍人士较多，可通过湖南商会、协会对接粤港澳三地商会，建立商会、协会联席会议制度，广泛吸纳行业、社会意见。

三是支持开放口岸建设和发展。积极争取国家政策支持，进一步扩大口岸开放，比如支持常德桃花源机场口岸永久开放，支持黄花机场、张家界荷花机场建设水果、食用水生动物、冰鲜水产品等指定监管场所建设并投入运行。加快释放中欧班列运能，增开多城市中欧班列站点，进一步提升口岸开放水平。加大财政投入，提升口岸运营管理效能和信息化水平，支持湖南省航空、水运、铁路、公路多式联运业务发展，不断促进口岸提质升级。提高口岸通关的便利性，加强湖南省与粤港澳口岸部门协作，扩展和完善口岸功能，推动在粤港澳口岸实施更便利的通关模式。

四是发挥功能型开放平台作用。一方面利用中非经贸博览会、矿博会等平台做大做强展会经济，大力宣传"港洽周"成果和积极影响，进一步巩固和提升湖南影响力。关注签约项目后续报道，对"港洽周"签约合同项目落地开工情况、协议意向项目转化情况、客商跟踪对接情况进行专题、专版报道，为吸引各类投资者关注湖南、投资湖南打好基础、营造氛围。另一方面充分利用综合保税区、保税物流中心、"两仓"等保税功能性平台，整车进口、药品进口指定口岸以及水果、粮食、食用水生动物、冰鲜水产品等指定监管场所等平台功能，围绕各类平台打造产业集群，增强其辐射带动作用。持续加强长沙、岳阳跨境电商综试区建设，在出口跨境电商中欧班列运输试点的基础上，推动开展邮件、快件中欧班列运输等试点，支持跨境电商做大做强，支持高桥大市场采购贸易发展。

社 会 民 生

改善民生和维护社会稳定[*]

湖南省人民政府发展研究中心调研组[**]

2020 年 9 月，习近平总书记来湖南考察时强调，要坚持以人民为中心的发展思想，着力办好群众各种"急难愁盼"问题，不断增强人民群众的获得感、幸福感、安全感。为深入学习贯彻习近平总书记考察湖南重要讲话精神，湖南省政府发展研究中心成立调研组，深入湖南省人社厅、省民政厅、省卫健委以及长沙、株洲、常德等地开展调研，提出改善民生和维护社会稳定的建议。

一 湖南民生社会事业取得显著成绩

"十三五"时期，湖南省不断加强保障和改善民生，积极探索社会治理创新，取得显著成效。

一是民生保障持续增强。财政民生支出比例连续四年稳定在 70% 以上，普遍提高企业退休人员基本养老金及乡村教师、退役军人待遇，提高最低工

---

　* 本报告获得湖南省政协主席李微微，湖南省委常委、省政府常务副省长谢建辉的肯定性批示。

　** 调研组组长：谈文胜，湖南省人民政府发展研究中心党组书记、主任；调研组副组长：唐宇文，湖南省人民政府发展研究中心副主任、研究员；调研组成员：彭蔓玲、文必正、彭丽、黄晶，湖南省人民政府发展研究中心研究人员。

资、城乡低保、困难残疾人生活补贴和重度残疾人护理补贴标准，城乡居民收入差距持续缩小。

二是就业实现稳中有进。城镇就业人数年均新增约 78 万人，高校毕业生初次就业率 2019 年达 86.31%，连续 9 年高于全国平均水平。

三是教育质量与水平稳步提升。各级各类教育普及程度均超过全国平均水平，"入园难、入园贵"问题大幅缓解，2016～2019 年四年新增幼儿园 1773 所，2020 年以来增加公办幼儿园学位 27.72 万个，学前三年毛入园率 2019 年实现赶超全国达到 84.95%，截至 2020 年 9 月累计消除义务教育大班额 4.15 万个、超大班额 1.9 万个，建成启用芙蓉学校 40 所。

四是医疗卫生服务体系逐步完善、服务能力增强。三级医院由 2015 年的 65 家增加到 2019 年的 119 家，百万以上人口县（市）三级综合医院、行政村卫生室、乡镇卫生院全科医生、县市二甲公立医院实现全覆盖，二、三级公立医院患者住院总死亡率居全国第三低，在国家基本公共卫生服务项目绩效考核中最近两年位列中部第一、全国第五。

五是住房保障水平大幅提升。累计开工建设公租房 105.46 万套，居全国第二位；累计开工建设各类棚户区 261.3 万套，帮助近 1000 万住房困难群众"出棚进楼"；累计完成农村危房改造 172.05 万户，推动 718 个贫困村出列、20 个贫困县摘帽。坚持住房不炒，长沙及各市州房价远低于全国同类城市。

六是社会治理水平不断提高。"网格化＋信息化"社会治理广泛推行，"一村一辅警"实现全覆盖；公共安全视频监控基本实现重点区域、重点领域、重要部位全覆盖，2019 年底各类监控点达 137 万多个；群体性事件、刑事案件、治安案件、矛盾纠纷数量连年下降，人民群众获得感、幸福感、安全感不断提升。

二 短板和问题仍然存在

湖南省民生社会事业虽然取得了很大进步，但与习近平总书记对湖南的要求以及人民群众的期盼比，仍有一定差距，还存在一些薄弱环节和突出问题。

一是就业供需矛盾突出。一方面，全省劳动力近 4000 万人，每年城镇新增劳动力 75 万人左右，农村新增富余劳动力转移就业 40 多万人，高校毕业生年均 35 万人以上，长江十年禁渔产生退捕渔民 2.7 万人；另一方面，"十四五"湖南省经济增速将有所放缓，传统就业岗位需求减少，充分就业压力凸显。此外，发展方式转变对劳动者素质要求越来越高，劳动者技能与岗位需求不匹配矛盾将愈发突出。

二是教育资源布局不均。城乡、区域、校校之间教育发展差距较大，农村和欠发达地区教育发展薄弱。公办幼儿园在园幼儿占比较低，高等教育高质量发展作用发挥不够，"双一流"大学和学科的数量及质量仍待提升。

三是医疗卫生供给服务质量和水平待提升。重大疫情防控体制机制、公共卫生应急管理体系存在明显短板和不足。分级诊疗推进偏慢，居民个人卫生支出占卫生总费用比重较高。基层人才引进难、留住难。财政投入总体不足，公立医院财政补助占医院总收入的比重仅为 5% 左右。

四是社会保障供给总量不足、保障水平总体偏低。养老保险、医疗保险等社会保障制度仍然存在政策不完善、机制不健全、发展不平衡不充分等问题。社会保障服务的便利可及性较弱，人口老龄化与养老服务供给矛盾突出，湖南省城、乡低保标准偏低，分别排全国第 30 位和第 19 位。

五是应对风险挑战的能力有待提高。湖南省洪涝灾害频繁，伴随的地质灾害数量多年来排全国前三位，危险废物产生量也居全国前三位，但防范抵御重大灾害事故的能力相对不足，应急管理体制机制也不够完善。外部环境巨变内部转型加速，各类矛盾风险交织叠加，维护社会大局和谐稳定的压力增大。网络诈骗等新型违法犯罪打击任务愈发繁重、难度增大，如 2020 年上半年本省电信网络诈骗案件同比上升 382.8%。基层治理体系和能力建设滞后，网格管理服务体系建设水平参差不齐，一些地方网格门类较多、缺乏整合。部门之间信息壁垒难以打破。

三 改善民生和维护社会稳定的对策建议

"十四五"时期，湖南要围绕习近平总书记赋予的新定位、新使命、新任务，牢固树立以人民为中心的发展思想，用心用情解决群众就业、教育、医疗等"急难愁盼"问题，实施就业优先政策，努力实现更充分更高质量就业；

全面落实教育优先发展战略,服务打造"三个高地"人才培养需要,优化配置城乡教育资源,有效解决"入学难""择校热"问题;深化"三医"联动改革,补齐公共卫生服务体系短板,着力缓解群众"看病难、看病贵"问题;织密扎牢民生保障网,不断提高城乡居民最低生活等保障标准,解决好养老、托幼等群众反映强烈的忧心事、烦心事;扎实推进社会治理现代化,提升风险防控和公共服务水平,建设更高水平的平安湖南、法治湖南,让人民群众的获得感、幸福感、安全感更加充实、更有保障、更可持续。

1. 大力实施就业优先政策,实现更充分更高质量就业

一是实施更加积极的就业政策。做好高校毕业生、农民工、残疾人、转产渔民等重点群体就业工作,深入开展高校毕业生专业转换及技能提升培训计划、新型职业教育培训合作行动、稳就业精准帮扶等各类就业专项行动计划。加强劳动者自主就业、兼职就业、副业创业、多点执业等多形式创业就业。降低线上、线下创业就业成本,扶持更多有创业意愿和创业能力的人自主创业、灵活就业。健全就业援助制度,对就业困难人员实行实名动态管理和公益性岗位兜底帮扶。二是促进打造"三个高地"与扩大就业的良性互动。大力实施制造业人才、科技创新人才等专项人才开发培养计划,加速建立围绕留住人才的"一条龙"服务体系,引导优质人力资源流向"三个高地"领域。发挥"三个高地"建设扩大就业作用,加大政府公共投资、重大项目、产业园区对就业的拉动力度。三是健全覆盖城乡的公共就业服务体系。利用互联网、大数据等信息化技术手段,进一步整合提升就业服务平台和体系,建立省级集中统一的就业信息资源库,完善覆盖全省的人才公共服务网和公共招聘网,推进各类就业信息共享开放。推行终身职业技能培训制度,完善社会化职业培训网络,进一步规范就业培训市场,扩大免费就业培训覆盖面。

2. 坚持教育优先发展,办好人民满意的教育

一是落实立德树人根本任务。深入推进"三全育人"综合改革试点省建设,积极构建大中小幼德育一体化体系,配齐思政课教师,研究制定思政课教师激励机制。深入实施素质教育,补充音体美、技术和综合实践活动课程教师,完善学生全面发展的评价办法,促进学生德智体美劳全面发展。二是加快基础教育均衡优质发展。推进学前教育普及普惠优质发展,大力发展公办幼儿

园，多渠道增加普惠性学前教育资源供给，重点提升农村学前教育普及水平。推动城乡义务教育一体化优质均衡发展，重点加强乡村小规模学校和乡镇寄宿制学校建设。全面普及高中阶段教育，推动普通高中优质特色发展，推进个性化学程、"走班制"教学，建立普通高中和中等职业教育互通机制。三是大力支持高校"双一流"建设，服务湖南"三个高地"人才培养需要。实施一流大学和一流学科建设推进计划，支持省内高校深化与境内外高校在特色学科专业建设方面的交流合作，引进境外优质教育资源，举办高水平中外合作办学机构和项目。服务湖南打造"三个高地"需要，构建创新人才培养新体系，建立科研攻关和成果转化新机制，依托岳麓山大学城高校和优势企业资源，建设领跑世界的工程机械等智能制造产学研协同创新中心。建设高水平国际学校，为引进国际化高层次人才解决子女教育方面的后顾之忧。四是深化产教融合，着力打造国家职业教育发展高地。实施现代职业教育质量提升计划，创建国家职业教育改革试验区。推动职业院校和行业企业形成命运共同体，建设长株潭国家产教融合示范区。五是建设高素质专业化创新型教师队伍。创新教师编制管理，完善教师资格准入、岗位设置和考核评价制度。重点解决基层特别是乡村教师短缺突出问题，有序扩大公费定向培养规模，继续实施"特岗计划"、"三区"支教和"银龄讲学计划"。加大"县管校聘"改革力度，统筹调配城乡教师资源，盘活编制存量。着力提高基层教师的工资、社保医保和继续教育培训、职称评定等待遇。

3. 提高医疗卫生服务供给质量和水平，增进人民健康福祉

一是强化支撑湖南"三个高地"建设。围绕"三个高地"，推进健康产业发展，打造生物医药千亿产业，打造中医药千亿产业链；依托全国顶尖的优质医疗资源，加快国家医学中心、区域医疗中心，国家区域中医（专科）诊疗中心建设，加强医疗卫生核心关键技术攻关，积极推进"互联网＋医疗健康"，通过互联网促进湖南医疗资源开放，推动湖南中医药走出国门。二是深化医疗卫生体制改革。深化"三医联动"改革，扩大药品集中带量采购范围，建立医保目录动态调整机制，完善医保支付方式。深化公立医院改革，加强县级医院综合能力建设，加强标准化村卫生室和城市社区卫生机构建设，推动公立医院薪酬制度改革试点扩面提速，放宽临聘人员招聘限制，解决空编和临聘人员并存问题。强化政策落实机制，确保基层医疗卫生机构实行一类事业单位

财政全额保障、绩效工资"两个允许"等政策落地。三是健全公共卫生和疾病预防控制体系。完善公共卫生事业稳定投入机制，改善疾病预防控制基础条件。建立健全疾病预防控制机制，完善多渠道监测预警、多维度应急响应、联防联控、群防群控机制。建立健全分级、分层、分流的重大疫情救治机制，完善应急医疗救治体系。四是推动优质医疗资源共享和下沉基层。积极探索总结分级诊疗制度落地的有效形式，切实加大推进力度，争取"十四五"基本形成基层首诊、双向转诊的分级诊疗就医秩序。做好长沙等7个城市的国家医疗联合体试点，全面推进区域中医医联体建设，构建"区域＋专科专病"点面结合、全专互补的中医医联体新模式。推动网格化布局医联体。推进县乡村医疗卫生机构一体化改革。

4. 聚焦群众"急难愁盼"，兜牢民生保障底线

一是建立群众"急难愁盼"问题的发现、解决、评价等机制。做深做实做细广泛收集社情民意工作，以"线上＋线下"等群众喜闻乐见、易于接受的形式，开展"民生实事群众定"的专题问计活动，从群众的呼声中聚焦方向、找到着力点，提升为民服务的精准性和实效性。二是全面实施全民参保计划。重点扩大中小微企业和广大农民工、灵活就业人员、新就业形态人员、未参保居民等群体参保覆盖面，对各类人员参加社会保险情况进行登记补充完善，建立全面完整准确的社会保险参保基础数据库。三是加快完善养老保障体系。积极构建基本养老保险、职业（企业）年金与个人储蓄性养老保险、商业保险相衔接的养老保险体系，完善城镇职工基本养老保险和城乡居民基本养老保险制度。四是深化医保制度改革。加强基本医保、大病保险和医疗救助的有效衔接，探索建立长期护理保险制度，切实提高医疗保障水平，缓解困难人群的重特大疾病风险。深化支付方式改革，建立完善适应不同人群、疾病、服务特点的多元复合支付方式。五是统筹城乡社会救助体系。大幅提高最低生活保障标准，争取"十四五"达到全国平均水平，实施困难群众价格临时补贴联动机制。建立健全残疾人基本福利制度，完善扶残助残服务体系，全面提升儿童福利服务水平。六是加强住房保障。坚持"房住不炒"，建立多主体供给、多渠道保障、租购并举的住房制度，推进老旧小区和棚户区改造。

5. 提高防灾减灾能力，筑牢安全防线

一是强化风险意识和底线思维。牢固树立总体国家安全观，切实防范化解各领域风险。加强政府债务风险、互联网金融风险防范，把控制企业杠杆率和地方政府债务作为防范化解风险的重点，并加强对影子银行、互联网金融等薄弱环节监管。二是着力提升安全生产治理能力。全面强化风险源头管控，强化安全生产风险监测预警，推广在线监测监控预警系统，提高危化、危废等高危行业安全生产治理水平。深入开展安全生产专项整治，压实企业安全生产主体责任。三是着力提升灾害风险防控能力。全面强化自然灾害监测预警，加强灾害链全过程监测，强化针对特定区域、特定人群的精准发布能力，第一时间将灾害预警信息发布到村组农户（社区居民）。切实提高应对洪涝灾害的能力，针对防汛中暴露出来的短板和薄弱环节，加快推进重大水利工程、堤防和蓄滞洪区、病险水库除险加固和城市地下综合管廊等防灾减灾工程建设。统筹提升自然灾害防治能力，提升重大基础设施抗灾水平，提升极端自然灾害条件下抗损毁和快速恢复能力。全面加强自然灾害统筹救助体系建设，协同推进灾后恢复重建工作。四是全面提升应急救援能力。加强应急预案的统一规划、分级分类、衔接指导和动态管理。提升应急指挥协调能力，加强部门间调度协调，推动各方信息第一时间归口汇总、各类情况第一时间综合研判，增强各方联合快速处置突发灾害事故的能力。提升应急队伍救援能力，提升应急物资保障能力。

6. 加强和创新社会治理，维护社会和谐稳定

一是建设更高水平的平安湖南、法治湖南。加快构建立体化、信息化、精准化社会治安防控体系，打击各种违法犯罪活动，尤其是黑恶势力、黄赌毒、网络诈骗等突出违法犯罪。全面推进依法治省，加强专业化法律人才队伍建设，深化政法领域各项改革，推动严格规范公正文明执法。二是构建现代化社会治理格局。推动坚持和发展新时代"枫桥经验"，深入推进信访依法分类处理，加快信访工作专业化、法治化、信息化建设。健全重大决策社会稳定风险评估机制，建立畅通有序的诉求表达、心理干预、矛盾调处、权益保障机制，多元预防、调处和化解社会矛盾问题。三是提高基层治理能力。一体推进市县乡村四级社会治理创新试点，完善常态化疫情防控条件下社会治理机制，从机制、力量、素质等方面加强城乡社区建设，筑牢维护社会和谐稳定的第一道防线。认真总结疫情防控经验，以基层党组织建设为核心，进一步完善职责法定、协同有力、平战结合的基层治理组织体系和健全多网合一、标准通用、智慧集成的网格化治理工作机制，推行新时代党员群众互联互助的基层治理模式，清单化管理依法自治事项、协助政府工作事项，完善网格化管理和服务。创新基层社会治理体制和方式，构建权责明晰、高效联动、上下贯通、运转灵活的社会治理指挥体系，推进社会共建共治共享。

抢抓机遇，补齐湖南省医疗卫生短板[*]

湖南省人民政府发展研究中心调研组[**]

湖南认真贯彻落实习近平总书记提出的"坚定信心、同舟共济、科学防治、精准施策"的总体要求，全力以赴做好新冠肺炎疫情的防控，在应对疫情上取得了积极成效，在确诊超过千人省份中率先实现病患清零，治愈率高达99.6%。2003年SARS过后，国家加大了医疗卫生的投入，此次新冠肺炎疫情后，我国医疗卫生投资将迎来新一轮高峰，医疗卫生补短板将成为各省工作重点。湖南省人民政府发展研究中心调研组通过调研和数据比较，发现湖南省医疗卫生服务供给在机构、人员、信息化方面存在短板，应抢抓机遇，补齐短板，推动湖南省医疗卫生服务水平再上新台阶。

一 抢抓机遇：机遇在哪

（一）机遇一：医疗投资加大

从历史来看，SARS过后，国家加大了对医疗卫生的财政投入，我国医疗卫生支出占总财政支出的比重由2003年的3.2%提高至2018年的7.1%。新冠肺炎疫情暴露出我国医疗服务供给不足、公共卫生体系的质量和效率有待提升的问题，医疗行业补短板将成为政策引导的重要方向。国家发改委明确将重点加大对公共卫生服务的投入，医疗机构建设、重症监护及检验相关科室发展将迎来机遇。在此次疫情的催化下，医疗领域的新基建将

---

  * 本报告获得湖南省委副书记乌兰，时任湖南省政府副省长吴桂英的肯定性批示。

** 调研组组长：谈文胜，湖南省人民政府发展研究中心党组书记、主任；调研组副组长：唐宇文，湖南省人民政府发展研究中心副主任、研究员；调研组成员：李学文、龙花兰、黄君，湖南省人民政府发展研究中心研究人员。

推动新一轮医院建设潮，远程医疗基础设施、生物医药和高端医疗设备等投入也会增加。

（二）机遇二：医疗需求增多

居民对医疗卫生服务的需求和消费能力逐年上升，医疗服务市场规模不断扩大。2018年末，湖南省常住人口中，60岁及以上人口为1276.27万人，占18.50%，老龄化程度加深，增加了对医疗的需求。湖南省卫生总费用逐年增加，2018年人均卫生总费用达到3359.7元，比全国平均水平（4148.1元）低788.4元，不到全球人均卫生总费用（7500元左右）一半，湖南省医疗卫生需求还有很大空间待释放。此外，新冠肺炎疫情让人们更加重视健康，中医药治疗在疫情中展现出独特的优势，中医药需求增加。

（三）机遇三：医疗信息化加快

2003年SARS疫情后，我国正式启动了区域卫生信息化建设。2009年H1N1疫情暴发后，要求在省级层面进行试点，建立区域卫生信息化省级平台、健康档案和电子病历资源库，通过试点为国家、省、地市三级平台建设奠定基础。2020年2月4日，国家卫健委发布《关于加强信息化支撑新型冠状病毒感染的肺炎疫情防控工作的通知》，提出充分发挥信息化在辅助疫情判断、创新诊疗模式、提升服务效率等方面的支撑作用，强化数据采集分析应用，积极开展远程医疗服务，规范互联网诊疗咨询服务等工作要求。随着5G、大数据、人工智能等技术快速发展，数字技术推动医疗从信息化走向智能化、智慧化。而健康码跨省互认的推进，也为打破信息孤岛积累了成功经验。

二　医疗短板：短在哪里

湖南省医疗卫生服务质量不断提高，但医疗卫生供给相对人民群众的需求还不足，部分人均指标在全国排位偏后。

（一）机构短板："一少一低"

人均拥有医院数量少。2018年，湖南拥有医院数1552家，居全国第7位；

但每万人拥有医院数 0.22 家，比全国平均少 0.02 家，比中部第一的山西少 0.15 家，居全国第 22 位，中部第 2 位（见图 1）。

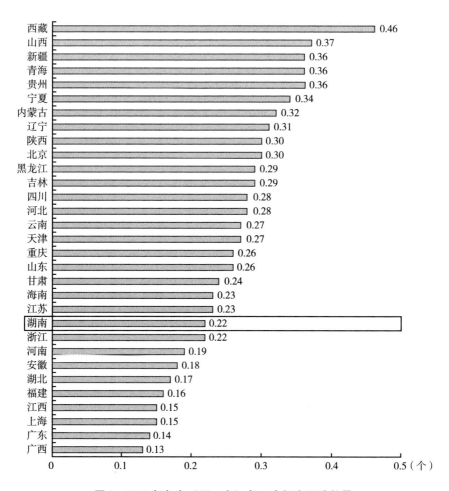

图 1　2018 年各省（区、市）每万人拥有医院数量

数据来源：中国卫生健康统计年鉴 2019，下同。

三甲医院占比较低。2018 年拥有三甲医院 50 家，排全国第 11 位，中部第 3 位。但从三甲医院占医院比重来看，湖南为 3.22%，比全国平均低 1.15 个百分点，比中部第一的湖北低 3.82 个百分点，居全国第 25 位，中部第 5 位（见图 2）。

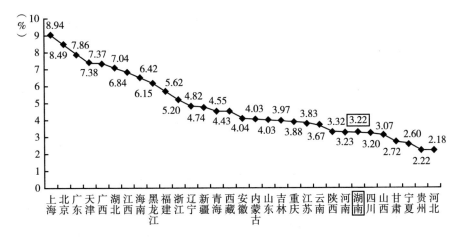

图2　2018年各省（区、市）医院中三甲医院占比

（二）卫生技术人员短板：人均拥有执业医生、护士、全科医生少

人均拥有执业医师少。2018年，湖南共有执业（助理）医师18.09万人，居全国第8位，在中部仅低于河南；每万人拥有执业医师26人，与全国平均水平持平，与湖北并列中部第一，但在全国仅居第14位（见图3）。

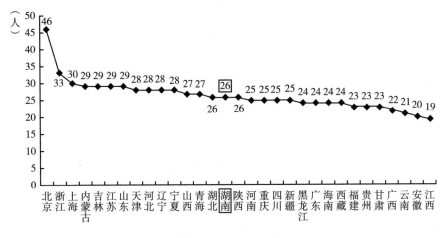

图3　2018年各省（区、市）每万人拥有执业（助理）医师数

人均拥有护士人数少。2018 年，湖南共有注册护士 18.40 万人，在中部低于河南和湖北；每万人拥有注册护士 27 人，比全国平均少 2 人，比中部第一湖北少 5 人，居全国第 23 位，中部第 3 位（见图 4）。

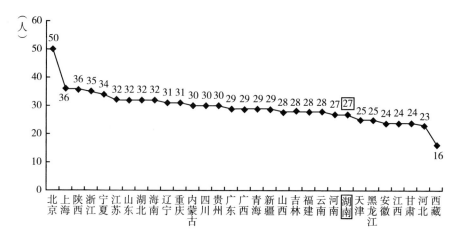

图 4　2018 年各省（区、市）每万人拥有注册护士数

人均拥有全科医生少。2018 年，湖南每万人全科医生数 1.28 人，比全国平均水平少 0.94 人，比全国第一的江苏少了 4.66 人，比中部第一的河南少 0.85 人，居全国第 29 位，中部第 5 位（见图 5）。

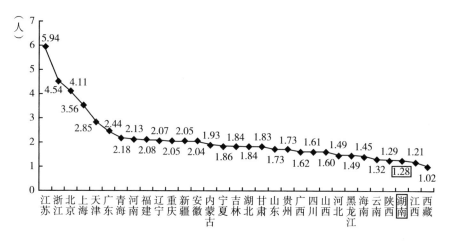

图 5　2018 年各省（区、市）每万人拥有全科医生数量

（三）信息化短板：共享难

从医疗信息互联互通来看，湖南普遍存在跨区域就诊电子病历不互通的情况，2013～2018 年，湖南通过国家卫健委信息中心信息互联互通测评的仅有湘潭市卫健委、中南大学湘雅医院和中南大学湘雅附三医院。部分医院信息化水平低于医疗水平，以三甲医院互联网水平为例，eNet 研究院发布的"2019三甲医院互联网指数"湖南居前 100 的三家，为中南大学湘雅医院、湘雅附二、湘雅附三，分别居第 29、38、72 名，低于其医疗质量第 15、17、70 名的综合排名。

分析短板产生的原因具体包括：一是原有基础较弱，投入不足。湖南省原有医院数量少，部分欠发展地区医院和人口不匹配，基层医院建设不够，医疗资源缺乏，儿科、传染病、结核病、心脑血管等部分专科医院数量不足。2018年湖南医疗卫生支出在财政支出中占比为 8.38%，在全国排第 15 位，中部排第 4 位，比全国第一的江西低 1.95 个百分点。2018 年湖南医疗卫生支出同比增长 7.0%，比全省一般公共预算支出增速低 1.9 个百分点。二是人才激励制度不完善，留人难。感染科、中医科、皮肤科、五官科、儿科等专科医生待遇相对较低；护理人员的薪酬还未实现与岗位、工作强度等因素的完全对接；全科医生尤其是欠发展地区全科医生待遇不高。基层医生、护士交流、培训机会少。三是信息化建设标准不统一，共享难。医疗机构之间存在"信息孤岛"，区域医疗信息化平台对接、信息集成和共享难度大。医疗信息化的医疗责任、个人隐私保护、病人信息所有权以及医疗机构取得收益的分配等方面目前还没有明确的规定，阻碍医疗机构信息流通。

三　医疗短板：如何补齐

（一）扩大投资，增加医疗服务供给

谋划一批医疗卫生项目，增加医疗供应。积极储备医疗项目，建立重大项目库并实行动态管理。密切跟踪国家政策，积极争取国家的资金支持。经验表明，财政投资到卫生领域的效率，大致 60%～70% 可以转化为当年的 GDP，

高于投资铁路、公路的基础设施（只有30%左右转化为当年的GDP）。加大医疗卫生投入，逐渐提高医疗卫生支出占湖南省财政支出的比重，建议医疗卫生财政支出增长速度不低于一般公共预算支出增长速度。加大公共卫生与防疫基础设施等方面投资力度。发挥财政支出的杠杆作用，吸引社会资本办医。通过贷款贴息等方式引导金融机构为医院项目建设、生命科学、生物技术、医疗设备等提供支持，满足医院不同阶段的融资计划。支持建立预防型的卫生防疫体系，建立城市公共卫生"防火墙"。梳理现有的公共卫生与防疫机构，建立一个独立的卫生防疫体系，包括按照收治传染病标准来设置的具有足够床位数的各种医院，也包括与控制传染相关的其他基础设施。

建设一批区域医疗中心，打造中部地区医疗高地。加大国家和省级区域医疗中心建设力度，提升医疗服务水平。依托湘雅等大型三级医院重点专科优势，打造一批在全国有影响力的专科（技术）品牌，建设国家区域医疗中心，引领区域内医院水平整体提升。以长沙、衡阳、怀化、常德、邵阳为核心推进湘东、湘南、湘西、湘北与湘中地区区域医疗中心建设。加大"内联外引"力度，集聚省内外优质医疗资源。重点发展医疗集团，推广湘雅"开门办院"模式，进一步支持高等级医院与社会资本合作办医，推进省内优质医疗资源扩散和等级医院增长。支持各地区根据城市发展和医疗资源需求，强化项目建设和引进，通过跨省医疗联合体设立分院的方式，吸引外省优质医疗资源。建设紧密型县域医疗共同体，强化基层医疗服务能力。每个县结合辐射人口、医疗资源配置等实际情况，组建1~3个由县级医院牵头，其他医院及乡镇卫生院、社区卫生服务机构为成员单位的县域医疗共同体。支持社会办医疗机构参与县域医疗卫生服务共同体建设。加大对口帮扶，重点推进省儿童医院、省妇幼、省肿瘤医院等专科医院优质医疗资源下沉基层。

（二）引育并重，加强医疗卫生队伍建设

增加医护人员编制。增加基层医疗卫生单位的专业技术人员配备。把全科医生队伍建设纳入基层医疗卫生机构建设统一规划并进行动态调整，在核定的编制内保证全科医生的配备。严格护理人员配比。

加强医护人员培养。引导医学院加大儿科、传染科、防疫等专业人才的培养数量，鼓励高校设立公共卫生学院。依托中南大学湘雅医院、省人民医院等

单位，加快"湖南省全科医学师资培训基地"与"湖南省全科医学研究基地"建设；加强县级全科医生培训基地建设。优化护理人员培养。建立院校教育、毕业后教育和继续教育相互衔接的护理人才培养机制；欠发展地区开展订单式培养。增加基层医疗人员发展机会。增加基层医生到优质医疗机构或高等院校交流、进修的机会，在评定职称、执业考试政策方面给予一定倾斜。

加大人才引进力度。打造一批国家级、省级医学研究中心、实验室等，通过科研平台和优秀研究团队增加高端医学人才吸引力。灵活采取"柔性"方式引进人才。引导部分医院尤其是欠发展地区医院与省外高端医疗机构、专家签订合同，邀请知名专家到院指导等方式帮助开展学科建设、科研活动、基地建设等，促进技术、设备及人才引进。

（三）打通堵点，提升医疗信息化水平

建立一个全省统一的医疗大数据平台，整合相关平台信息资源，按照"医疗机构－区域医联体－全省"步骤逐级进行对接，推进医疗、教育和研究协同发展，打通医疗信息堵点，实现医疗信息互联互通。探索建立基于区块链的医疗数据共享平台。开发诊断、查房、教育、双向转诊、患者服务等典型示范应用。支持有条件的医疗机构推广应用以5G为基础的远程医疗。支持疾控中心提高信息化水平，运用数字技术，加强智能监测，提高疾病预测预警能力。强化信息安全保障，出台《湖南省医疗数据共享管理办法》，明确医生、医院、第三方的责任，出台责任追究制度，建立规范的监督标准，形成一个多方参与的监督体系。

补齐学前教育"民生短板"
打造"惠民样板"*

湖南省人民政府发展研究中心调研组**

学前教育是基础教育的基石,对儿童早期发展至关重要。党的十九大报告指出,要办好学前教育,努力让每个孩子都能享有公平而有质量的教育。湖南省学前教育发展迅速,但学前教育发展不平衡不充分的矛盾表现仍比较突出,特别是农村学前教育资源短缺,部分地区甚至"无园可入"。各级政府和部门应进一步加大财政投入,加强农村学前教育师资队伍建设,补齐湖南省学前教育短板。

一 湖南学前教育发展现状

湖南按照国家决策部署,深入实施学前教育三年行动计划,大力发展学前教育,成效显著,突出表现在"三增一优"方面。

1. 园所增加

重点是覆盖范围进一步扩大。一是在园幼儿持续增加。截至2019年底,全省在园幼儿人数达到227.61万人,比2015年增加10.98万人。幼儿园个数达到15717所,比2010年增加1773所。二是学前教育普及率大幅提升。2019年湖南学前教育三年毛入园率达到84.95%,比2015年的73.2%提高11.75个百分点。基本达到国家提出的到2020年,学前三年毛入园率达到85%目标。

---

* 本报告获得湖南省委副书记乌兰,湖南省委常委、省政府常务副省长谢建辉,时任湖南省政协副主席袁新华的肯定性批示。

** 调研组组长:谈文胜,湖南省人民政府发展研究中心党组书记、主任;调研组副组长:唐宇文,湖南省人民政府发展研究中心副主任、研究员;调研组成员:袁建四、屈莉萍、刘海涛,湖南省人民政府发展研究中心研究人员。

2. 师资增强

重点是师资力量进一步增强。一是教职工队伍不断扩大。2018 年，全省学前教育教职工人数达到 22.83 万人，比 2015 年增加 5.26 万人；其中专任教师 10.86 万人，比 2015 年增加 2.26 万人。二是公办园师资结构进一步优化。从全省 2019 年公办园教师学历结构来看，研究生占比为 0.27%，本科为 24.1%，专科为 60.3%，高中为 14.5%，高中阶段以下为 0.72%。84.67% 的教师学历在大专以上。

3. 投入增多

重点是经费投入机制进一步完善。一是生均经费拨款制度基本建立。湖南省基本建立了省与市县共担公办和民办普惠全覆盖的生均公用经费拨款制。2019 年 7 月，省财政厅、省教育厅联合下发了《关于建立学前教育生均公用经费拨款制度的通知》（湘财教〔2019〕24 号），决定从 2019 年起建立学前教育生均公用经费拨款制度。核定学前教育生均公用经费基准定额拨款标准，现阶段为每生每年 500 元，以后视情况动态调整。二是生均公用经费保障范围逐步扩大。公办幼儿园生均公用经费基准定额从 2019 年起落实，2019 年全省投入公办幼儿园生均公用经费拨款 2.67 亿元，其中省财政 1.75 亿元；普惠性民办幼儿园在完成重新认定工作后，从 2020 年起落实。2020 年，省财政新增学前教育生均公用经费 2.44 亿元，用于落实覆盖完全达标的普惠性民办园，省级财政投入总额将达到 4.19 亿元。

4. 结构更优

重点是办园结构进一步多元化。湖南着力构建以普惠性资源为主体的办园体系，大力发展公办幼儿园，同时加大普惠性民办幼儿园综合奖补力度，公办园占比进一步扩大，社会力量参与办学意愿增强，2019 年，全省公办园和普惠性民办园在园幼儿占比为 76.2%，比 2018 年提升 3 个百分点，公办园在园幼儿占比由 2018 年的 23.75% 上升到 28.87%。

二 存在的主要问题

虽然湖南省学前教育取得了显著成绩，但学前教育发展整体起步晚，基础比较薄弱，仍然是教育体系中最为薄弱的环节，发展仍面临不少困难和问题。

1. 政府主导作用不突出

一是公办园占比偏低。2018年11月，党中央、国务院发布了《关于学前教育深化改革规范发展的若干意见》，提出公办园在园幼儿占比到2020年全国原则上达到50%。从湖南现状来看，2019年公办园在园幼儿占比只有28.87%，仍有不小差距。公办幼儿园资源相对短缺，致使大多数幼儿入园需要民办园去解决，部分幼儿园打着贵族化的旗号以外教和国外教育理论实验班等为噱头吸引家长，收费每月动辄几千上万，"入园难、入园贵"问题一定程度上仍然存在。二是学前教育专业管理力量较弱。党的十八大后，教育部设立了学前教育办公室。据了解，贵州省教育厅、浙江省教育厅也已设立学前教育处，专门管理学前教育。截至2020年5月，湖南省学前教育管理工作仍与义务教育、普通高中和特殊教育一道由基础教育管理部门承担，没有设置专门管理机构，学前教育成为基础教育的副业。

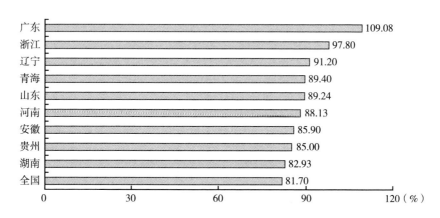

图1 2018年全国及部分省份学前教育三年毛入园率情况

资料来源：根据各省教育统计公报整理，安徽为2017年数据。

2. 师资队伍建设不硬

一是教职工队伍配备有待加强。2013年，教育部研究制定了《幼儿园教职工配备标准（暂行）》（见表1）。幼儿园教职工与幼儿比为1:5~1:10，幼儿园师生比为1:10~17.5。2019年，湖南幼儿园教职工与幼儿比为1:9.87，幼儿园师生比为1:20.74，教职工队伍配备与国家标准仍有一定差距（见表2）。从职称结构看，正高占比为0%，副高为1.3%，中级为11.8%，初级为

20.5%，未定职级的占66.4%，师资力量总体较为薄弱。二是公办幼儿教师配备编制紧缺。截至2020年5月，全省公办幼儿园在园人数为65万人，按照平均班额30人计算，约22000个班级，按每个班级配备2名教师的标准配齐师资，需44000个公办教师左右，而2019年省编办核定的公办幼儿园教师编制只有9863个，与公办幼儿园教师编制实际需求存在较大差距。三是教师队伍稳定性不足。湖南省公办幼儿园教师主要是通过调剂事业编制解决编制来源，公办园编外聘用教师占据了幼儿园教师队伍的主体。由于公办园收费实行政府定价，收取的保教费中大部分用于人员经费和日常运转，编外聘用教师待遇与在编教师待遇有一定差距，致使编外教师队伍稳定性弱。尤其农村地区条件相对艰苦，一些刚刚参加工作的学前教育教师，多数不想去农村，更多的只是暂时选择，现有农村幼师队伍流动性也较大。

表1　不同服务类型幼儿园教职工与幼儿的配备比例

服务类型	全园教职工与幼儿比	全园保教人员与幼儿比
全日制	1:5~1:7	1:7~1:9
半日制	1:8~1:10	1:11~1:13

数据来源：教育部文件。

表2　幼儿园班级规模及专任教师和保育员配备标准

单位：人

年龄班	班级规模	全日制	半日制
		专任教师	专任教师
小班（3~4岁）	20~25	2	2
中班（4~5岁）	25~30	2	2
大班（5~6岁）	30~35	2	2
混龄班	<30	2	2~3

数据来源：教育部文件。

3. 经费投入效率不高

一是总体投入不足。湖南省建立了覆盖义务教育到高等教育的生均拨款制度体系，明确了各级政府的投入责任，划定了共担事权范围和财政分担比例。但在学前教育阶段，由于起步相对较晚，又是以民办为主，加之市县履行投入主体责任的意识不强，导致学前教育投入规模与其办学体量不相匹配。据了解，湖南省学前教育办学体量接近义务教育的 1/3、普通高中教育的 2 倍，但财政支出中学前教育支出大体相当于义务教育支出的 1/24，高中教育支出约 1/5。部分市县除保障在编幼师工资和贫困幼儿资助经费外，对学前教育几乎没有投入。二是支出结构不合理。中央和省财政加大了学前教育专项投入，每年安排约 9 亿元按因素法分配给市县，但部分市县没有科学设计资金投向，分配资金存在简单化、随意化现象，导致有限的资金使用效益不高，对学前教育发展的引导性不强。

4. 农村地区存在短板

一是农村幼儿园数量较少，一些乡村甚至"无园可入"。在边远贫困地区，仍有不少农村幼儿面临入园难的局面。2019 年，全省共有 23736 个行政村，农村幼儿园只有 11027 所，超过 50% 以上的行政村没有幼儿园覆盖。二是农村教学质量难以保障。现有的乡村幼儿有些是农村小学增设的幼儿班，办园场所、设施设备乃至师资队伍不独立，小学化倾向比较严重；部分是农村闲置校舍改建而成，办学条件差，教学设施相对落后，教学质量难以保证。三是农村教学配套环境亟待改善。一些幼儿园餐饮条件不够卫生，桌、椅、板凳、玩具不符合标准，午睡室、卫生间等必备设施不足，户外活动场地较小，户外玩乐设施短缺，还有少数是私人租用民房开办，作坊式、看护式运营，不仅无法保障教育质量，而且存在安全隐患。

三　促进湖南省学前教育高质量发展的几点建议

办好学前教育事关国家教育发展的战略，是重要民生问题，也是促进社会公平、阻断贫困代际传递的重要举措。应加快补齐学前教育短板，推动湖南省学前教育高质量发展，打造"惠民样板"。

1. 强化政府主导地位，提升学前教育公共服务水平

一是推动学前教育立法，以法律形式保障学前教育发展。我国的四个教育阶段，唯有学前教育还没有专门、独立的法律来保障发展。应加快学前教育立法进程，以法律形式明确学前教育公益普惠性质，坚持学前教育作为国家基础教育、国民教育体系的重要组成部分的基础地位不动摇。二是强化政府主导责

任。强化政府在发展学前教育、提供学前教育公务服务中的主导责任，提升公办园比重，发挥公办园保基本、兜底线、引领方向、平抑收费的主渠道作用。鼓励社会力量参与办园，加快构建以公办园和普惠性民办园为主体的学前教育公共服务体系。三是提升学前教育专业管理水平。参照贵州、浙江等地做法，省教育厅设立学前教育处，专门管理学前教育，地市相应设立学前教育行政管理机构，县级应有专门机构或专职干部负责。

2. 加强教师队伍建设，夯实学前教育发展基础

一是优化公办园幼儿教师编制管理。按照国家学前教育师资编制标准，逐步增加公办园学前教育教师编制，稳定幼师队伍。二是完善教师补充机制。健全公办园幼儿教师补充长效机制，结合幼儿教师编制、幼儿教师减员缺额情况、学校用人需求等，及时补充教师队伍。乡村幼儿教育应加强本土化培养，采取多种方式定向培养"一专多能"的乡村幼儿教师，稳定乡村幼儿教师队伍。三是健全激励保障机制。进一步提高学前教育教师待遇，改革职称评审制度，适当增加中级以上职称比例。

3. 加大学前教育经费投入，多渠道改善办学条件

一是健全经费保障机制。加快建立省级财政投入为主、市（县）配套为辅的财政投入体制，逐步提高公办园的生均经费标准，争取学前教育生均公用经费达到每生每年1000元。二是建立学前教育财政经费增长机制。加快建立财政性学前教育经费正常增长机制，确保学前教育投入水平不下降。学前教育经费应单列，保持其在同级财政性教育经费中的合理比例，新增教育经费应向学前教育倾斜，确保财政性学前教育经费投入占教育经费比重不低于5%，并逐步提高至8%左右。三是提高经费使用效率。公共财政资金应优先保基本、兜底线，杜绝用于举办高档、奢华的幼儿园。增加幼儿园经费使用自主权，逐步整合各种"专项"性质的经费拨款，允许幼儿园根据办园需要，合理安排经费项目，避免出现有的项目经费不足、有的项目经费"花不了"的问题。加强对幼儿园资金使用情况进行审计，确保资金使用效益。

4. 规范学前教育管理，确保教学质量

一是加强幼儿教学质量管理。实施县（市）教育局统筹管理的幼儿园质量评价体系，建立学前教育质量评价制度，加大对各级幼儿园的教育质量评估和监督，防止学前教育小学化和繁杂化。建立科学的学前教育课程体系，建立

视导、督导和问责制度，明确对学前教育机构的监督部门及违法行为的处理机构。二是构建具有农村特色的学前教育课程体系。著名的幼儿教育专家陈鹤琴曾提出"活教育理论"，指出了农村学前教育的优势，让孩子回归自然是发挥农村学前教育优势的重要途径。应积极构建具有农村特色的幼儿园课程，避免教学内容城市化，办出农村学前教育的特色。三是推广幼儿园"手拉手"活动。开展各级学前教育论坛，加大公办与民办、城市与农村幼儿园"手拉手"活动，加大交流和培训力度。尤其鼓励县级幼儿园与农村中心镇、中心村开展结对子活动，创新更多因地制宜的各类学习活动和教育管理模式。

进一步促进湖南省高校毕业生
充分就业的对策建议[*]

湖南省人民政府发展研究中心调研组[**]

高校毕业生是新增就业的重点群体，是稳就业的重中之重。2020 年湖南省应届高校毕业生数量约 40.1 万人，再创历史新高。然而，受新冠肺炎疫情影响，就业岗位大幅减少，高校毕业生就业难上加难，成为全社会关注的焦点。为进一步促进全省高校毕业生充分就业，湖南省人民政府发展研究中心开展了专题调研，通过与湖南省人社厅、省教育厅、长沙市政府、高校、园区、企业、学生、市场主流招聘平台的座谈交流，结合相关问卷调查结果，深入分析，提出几点对策建议。

一 当前湖南省高校毕业生就业情况

（一）整体就业率同比下降，实际签约率较低

根据省大中专学校学生信息咨询与就业指导中心对全省 38.59 万名应届高校毕业生实名参与的就业创业调查问卷数据（以下简称"问卷数据"），截至 2020 年 5 月 14 日，湖南省高校毕业生就业率为 45.45%，较 2019 年同期下降约 10%，其中，已签约的毕业生比例仅有 21.75%（见图 1）。

---

* 本报告获得湖南省政协主席李微微，湖南省委副书记乌兰，时任湖南省政府副省长吴桂英，湖南省政府副省长朱忠明的肯定性批示。

** 调研组组长：谈文胜，湖南省人民政府发展研究中心党组书记、主任；调研组副组长：唐宇文，湖南省人民政府发展研究中心副主任、研究员；调研组成员：彭蔓玲、黄晶、文必正、彭丽，湖南省人民政府发展研究中心研究人员。

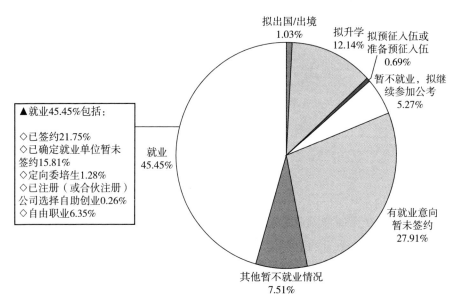

图1 湖南省普通高校 2020 届毕业生实名调研反馈就业状况

数据来源：调研组根据调查问卷结果整理。数据截止时间：2020 年 5 月 14 日。

（二）就业形势呈逐月回升、改善态势

受新冠肺炎疫情影响，2020 年春季招聘时间整体后移，2020 年一季度市场供求人数出现双下降。随着复工复产与稳就业政策的有效实施，湖南省毕业生就业情况呈向好态势，2020 年 3 月底应届高校毕业生就业率为 35%，5 月 14 日增至 45.45%。

（三）本科、博士毕业生就业形势较严峻，专科、硕士毕业生相对较好

根据问卷数据，各学历毕业生拟就业最大人数占调研相应学历毕业生总数的比例中，从高到低依次为：专科 65.08%、硕士 62.26%、本科 52.83%、博士 39.52%。

（四）普通高校的毕业生就业情况明显不如"985""211"院校，部分高职院校就业困难

全省 122 所高校中，4 所"985"和"211"院校（中南大学、湖南大学、国防科技大学、湖南师范大学）拟就业最大人数比例，本科生为 71.77%，高

于平均水平近 20 个百分点，硕士生高于平均水平近 8 个百分点。部分高职院校就业形势较严峻，如，长沙卫生职业学院就业率仅 24.74%，衡阳师范学院南岳学院就业率仅 26.84%。

（五）工科类专业就业情况较好，护理、人文社科及旅游等专业就业困难

根据问卷数据，机械制造与自动化、轨道交通、电子信息、计算机、工业机器人技术、机电一体化技术、建筑工程技术等工科类专业就业情况较好，就业率普遍在 50% 以上。护理类专业就业情况最不理想，整体就业率不到 30%。人文社科类专业就业形势不佳，如截至 2020 年 5 月，湖南师范大学社会学专业硕士毕业生的签约率为零。旅游等受疫情冲击较大行业相关专业就业情况不容乐观，如湖南省劳动人事职业学院导游专业毕业生已签约到岗比例仅为 7%。

（六）创业人数少、占比低

全省 2019 届毕业生自主创业的共 1635 人，只比 2018 年增加了 82 人。根据问卷数据，2020 届毕业生中选择自主创业的为 989 人，占比仅 0.26%，毕业生创业仍有很大提升空间。

二　面临的突出问题与困难

（一）供需矛盾加剧

一是供给增至峰值，但需求下降明显。从供给看，湖南省 2020 届高校毕业生 400229 人，比 2019 年增加了 1.7 万人，创历史新高。从需求看，受疫情影响，企业用工需求减少，不少企业缩招、缓招甚至停招。从各大招聘平台数据看，智联招聘称 2020 年一季度大学生招聘需求减少了 16.77%；猎聘称 33.33% 的企业表示将会缩招，26% 的企业已暂停校招。从湖南省内情况看，长沙经开区 2020 年 5 ~ 7 月园区用工需求中，高校毕业生同比下降 22.2%，供需矛盾加剧。二是新经济相关专业需求缺口大，而人文社科类专业供大于求。一方面，部分专业人才需求缺口大。智联招聘预测 2020 年底我国信息基础设

施产业核心技术人才的缺口将达到 417 万人，中国信通院预测 2020 年至 2025 年我国因 5G 将新增就业岗位 300 万人。另一方面，人文社科等专业真正能报名求职的机会少。三是用人需求量大的基层、偏远地区、中小微企业等，毕业生求职意愿低。一些企业尤其是成长型企业，以及在业界知名度较高但毕业生认知度相对略低的企业，招不够甚至招不到想要的毕业生，如长沙 2019 年引进的惠科光电，需要招 500 人，截至 2020 年 5 月只招到 200 人。小微企业因薪酬福利待遇吸引力不高，校招时收到的简历少。此外，毕业生省内求职大多首选长沙，其他市州的中小微企业招聘难，边远地区则更难。根据湖南省历年公务员公开招考数据，报名人数未达到最低开考比例的绝大多数是基层岗位，稍有门槛的甚至无一人报名。四是毕业生对岗位薪酬待遇的期望值偏高。据就业吧调查数据，84% 的毕业生理想月薪在 5000 元以上，而长沙市高新区 31.33% 的企业愿意提供给毕业生的月薪为 3000～5000 元。80.2% 的毕业生想去国有企业，44.7% 的想去上市公司，但除一线岗位外，大中型企业更青睐 "985、211" 高校毕业生，或是有相关要求（如注册会计师证）。不少学生与工作接触得太晚、深度不够，求职时才发现自身条件达不到招聘要求。

（二）就业政策待优化

一是就业政策待整合与细化。调研中一些企业反映，"知道政策很多，但是没弄清楚全部都有哪些，了解政策要花大量时间和精力"，"有些政策缺乏实施细则和实操指引，不知道具体该如何操作"，"要提交的资料太多、有些是重复的"。就业吧调查结果显示，42.3% 的大学生表示对政府部门近期出台的各项就业优惠政策不清楚，60% 的大学生希望多渠道获取就业信息。二是创业政策待进一步完善。湖南省已出台一系列促创业的好政策，但在高校毕业生创业的资金、项目、场地、氛围等方面仍存在一定不足。如创业资金方面的政策以担保贷款为主，一次性创业补贴需要企业正常运营 12 个月以上才能申请。学生创业启动资金获取仍然较难。

（三）就业服务待提升

一是就业服务平台供需对接不紧密。当前湖南省线上招聘平台不少，但各平台信息没有共享互通。面对数量众多的平台，企业反映公共服务平台精准匹配度不够，而使用智联招聘等社会平台的成本又太高；学生则普遍感觉"选择困难"。二是就业服务力量薄弱。高校就业指导教师队伍人员少且基本是兼职，因工作量大、缺乏晋升通道和职称评定机会，队伍的稳定性和工作积极性有待提高。基层人社部门人少事多，可投入高校毕业生就业服务的力量有限。三是高校就业指导效果待加强。调研发现，高校就业指导课多是以理论课为主的大班制课堂，缺乏专业化、具体化的求职指导，与学生的实际需求有差距。

（四）学生就业心理过度紧张与过度放松并存

部分学生求职压力大，焦虑情绪加剧。调研中，截至 2020 年 6 月，仍未落实工作的毕业生普遍感觉心理压力过大、焦虑不安。就业吧调查结果显示，64.1% 的毕业生对就业感到担忧和烦恼。部分学生求职不积极，"慢就业""不就业"现象进一步显现。高校反映，学生的求职主动性低，需老师督促。湖南省人力资源服务中心数据显示，一季度应届高校毕业生求职人数同比下降27.05%。问卷数据显示，7.51% 的毕业生明确表示暂不就业，人数达 29002 人。

三　对策建议

（一）梳理制作"政策包"，推动政策落地落细

建议对涉及高校毕业生就业的相关政策和服务进行全面梳理，制作高校就业政策清单、服务清单、服务机构联络清单"三张清单"，针对每项政策制作简明清晰的操作"流程图"，形成完整的"政策包"，打包集中发布。在省人社厅门户网站及"湘就业"微信平台上增设"高校毕业生就业创业"专题窗口，开设在线咨询服务功能。强化就业政策宣传，提高政策知晓度。对仍未出台实施细则的政策，抓紧制定配套实施细则和具体工作方案。

（二）深度挖掘各方面潜力，拓展就业渠道

一是抓住新基建扩大就业机遇。新基建无疑是疫情背景下创造新就业岗位的重要渠道。努力争取更多的新基建项目落地湖南，早开工早建设，增加湖南省就业岗位。组织新基建专场招聘会，积极邀请相关企业来湘招聘，建立校企

精准对接机制。二是把握新业态、新职业灵活就业机会。疫情影响之下，燃爆了直播经济，红火了地摊经济，灵活就业成为当下备受追捧的就业方式之一。湖南省应加紧完善鼓励灵活就业的政策，健全相关法规制度，积极搭建各类灵活就业平台，支持高校毕业生主动拥抱新业态、新职业，释放灵活就业巨大潜力。特别要因地制宜地为传统制造业与高校毕业生灵活就业搭建有效对接平台。如，可以在株洲市芦淞区建设"高校毕业生直播＋服装行业"就业平台，免费为毕业生提供直播工具与直播培训，协助毕业生与区内服装企业、批发市场建立联系，鼓励营销、服装设计、国际贸易类等专业毕业生积极入驻。三是大力支持高校毕业生创新创业。从资金、项目、场地、氛围营造等方面加大支持力度。建议借鉴湖北做法，安排 1000 万元大学生科技创业专项，扶持大学生创办科技型小微企业。建议支持高校加快利用社会募集资金设立学生创业基金；鼓励大学生创业园与湖南省金融中心建立长效合作机制，持续向风投等机构推荐优秀创业项目及优质企业。支持有条件的高校和社会机构开发适合大学生的创业培训项目。加大政府开发的创业载体向高校毕业生提供免费场地的比例。组织优质初创企业进校分享经验，营造浓厚创业氛围，激发学生创业热情。四是积极引导毕业生到基层和偏远地区就业。建议扩大基层招聘规模，加大大学生村官、农村中小学、公立幼儿园教师的招聘力度，特别要放宽偏远地区招聘条件和名额。建议制定并实施"高校毕业生乡土人才培养计划"，选拔任用一批愿意长期扎根基层的优秀毕业生，因地制宜地持续培养其基层工作的能力，从职业成长通道和权益保障等方面，建立大学生持久扎根基层的动力机制。鼓励各市州制定"归雁计划"，对毕业生到边远农村以新职业、新技术促进农业新业态发展及其他产业转型升级的，给予一定奖励。五是针对就业困难专业及时开发城乡社区服务、基层医疗养老等岗位。建议人社、卫生、民政等部门进一步放宽公立医院、社区卫生服务中心以及养老服务等机构的管理限制，增加基层社区管理、基层医疗护理、公共卫生、养老服务等岗位，重点吸纳人文社科类、护理类应届毕业生。建议加大政府购买面向乡镇（街道）、村（社区）的公共管理和社会服务事项工作力度，鼓励承接主体优先吸纳公益性岗位安置高校毕业生。六是扩大实习见习规模。借鉴浙江经验，增设一批机关事业单位实习岗位，为实习人员提供适当实习补助。在三年 3 万青年见习计划中，见习规模大幅扩大。在 2020 年的大规模人口普查工作中，为旅游、国际贸易等临时就业困难专业的大学生提供实习机会。前置并延长实习时间，让大学生提前与工作建立深入联系，制定职业规划。

（三）线上线下齐发力，提升促进就业效果

一是凝聚力量、创新模式。建议由湖南省委组织部、省委宣传部、省人社厅、省教育厅等部门联合湖南卫视、智联招聘等市场主体共同举办高校毕业生就业创业促进行动。充分发挥各方面优势，集聚政府和社会各类资源，搭建供需对接平台。有针对性地策划组织好百场创业培训、百场职业指导、百场校园招聘"三个百场"就业服务专项行动，切实推动校园企业人才供需精准对接。打造湖南"直播带岗"新名片，建议由湖南卫视联合各大知名招聘平台，以电视、网络、新媒体同步直播形式，广泛宣传推介湖南优秀企业、优势产业，打造湖南就业创业品牌。二是大力推进线下招聘。在做好疫情防控的同时，加大力度推进线下招聘与就业服务活动。在百场校园招聘中，一方面，重点围绕湖南省新基建、智能制造等人才缺口大的优势行业，知名度不高和成长型特色企业，以及用工需求多的中小微企业，分类组织大型招聘专场活动；另一方面，围绕就业情况欠佳的本科生及人文社科、护理、旅游、国际贸易等相关专业，有针对性地组织供需对接。三是智能化升级线上招聘。加强资源整合与省级统筹，全面准确摸清全省高校毕业生就业情况和企业用工需求情况，建立广覆盖的高校毕业生就业大数据，大幅提升线上平台的智能化水平，打造升级版湖南"云招聘"、升级版"湘就业"平台。推动全省范围内毕业生信息数据与用人单位招聘数据资源的互联互通、共享共用。利用"互联网＋就业"、大数据等手段，实现精准匹配，精准推送。四是推动"线上＋线下"招聘的有效结合。鼓励所有用人单位发布线上招聘需求，针对"云招聘"效果不佳的，从校内宣传、相应专业毕业生的集中组织等方面，加大线下招聘服务力度。

（四）完善就业创业指导制度，提高指导服务水平

一是完善高校就业指导教师管理制度。畅通创业与就业指导教师的晋升通道，建议参照高校辅导员的做法，通过单列职称序列，或在思政系列区别细化创业与就业指导教师的职称评定要求、条件及指标等方式，提高其职称评定机会，稳定指导教师队伍。二是推动高校师资力量下沉到就业帮扶指导一线。非常时

期，建议把专业课教师和行政管理人员也纳入就业指导工作队伍，除对家庭贫困高校毕业生、残疾毕业生等困难群体实行"一对一"帮扶外，对护理、人文社科、旅游等就业困难专业的毕业生也实行"一对一"帮扶指导。三是建立校、企、人力资源服务机构共同参与的就业指导课程体系。在百场职业指导活动中，开发系列职业发展与就业创业指导精品课程，为毕业生提供求职方法、素质测评、职业规划、心理咨询等辅导。考虑以企业需求为导向，以人力资源服务机构作为求职技能的专业指导，以高校教师作为就业政策、学生事务、行业就业情况的宣导与咨询，三者有机结合，形成高水平的就业指导课程体系。实施就业指导队伍培训计划，面向全省高校和公共就业服务机构开展培训，提升队伍专业化水平。

（五）强化就业观念引导，提升毕业生就业能力

一是加强对毕业生就业观念的引导。加强学生、家长正确就业观的宣导，引导其树立合理的就业期望，鼓励"先就业、后择业，先生存、后发展"；引导学生树立"自力更生、吃苦耐劳"观念，减少对家长及老师的依赖；引导就业困难专业的学生跨行业求职、到基层锻炼。二是加强对用人单位合理用人观念的引导。引导用人单位转变招聘观念，由"招名校的、招最优秀的"转为"招与企业、与岗位最合适的"，并"因岗制宜"地放宽专业限制，给广大普通高校生参与竞争的机会。三是加强对学生的心理疏导与帮扶。开通毕业生就业心理咨询与帮扶热线，开展求职相关心理健康教育。对于严重焦虑的学生，根据具体原因给予精准帮扶，给辅导、给方向、给岗位，解决焦虑产生的根源。对于挫败感强烈的学生，要主动进行心理疏导，加强抗挫折抗压教育。四是实施高校毕业生专业转换及技能提升培训计划。依托符合条件的职业院校等各类培训机构，面向毕业3年内离校未就业高校毕业生以及2020届、2021届毕业学年高校毕业生，大规模开展电子信息、机械制造、软件编程、工业互联网、数据安全、检验检测等湖南省高质量发展急需的相关行业职业技能培训和创业创新培训。五是持续增强学生专业技能和职业能力。针对人才需求缺口大的行业领域，加大职业培训补贴力度，对于行业企业认可度高的证书，开放相应线上课堂资源，并对成功考取证书的发放补贴。鼓励学生边求职边考证，提升毕业生就业能力。

推进农业农村现代化[*]

推进农业农村现代化[*]

湖南省人民政府发展研究中心调研组[**]

2020 年 9 月习近平总书记来湘考察时强调，因地制宜推进农业现代化，要一以贯之抓下去，坚持农业农村优先发展，推动实施乡村振兴战略，持续深化农村改革。"十三五"以来，湖南省农业农村建设呈现"产量高、产业兴、农村美、农民富"等特征，但也存在"品质不高""大而不强"等不足。"十四五"时期，我国农业农村发展将出现系列结构性、趋势性和转折性变化，湖南省应重点围绕满足居民高品质农产品需求、乡村功能发挥、生活品质提升和农村内生动力激活，推进产品、产业、基础设施、公共服务及体制机制的现代化。

一 "十三五"现状：呈现"高、兴、美、富"特征

1. "产量高"：农产品供给能力稳定增长

主要农产品如稻谷、生猪、油料、烤烟、茶叶、棉花及柑橘等产量全国领先。2019 年，湖南省稻谷产量 2611.5 万吨，柑橘产量 560.5 万吨，稳居全国第 2 位、中部第 1 位；油菜籽产量 208.0 万吨，仅低于四川、湖北；烤烟、茶叶和棉花的产量分别排名全国第 4、第 5 和第 5 位，均居中部第 2 位。2019 年全年出栏生猪 4812.9 万头，超越河南跻身全国第 2 位（见表 1）。

2. "产业兴"：农业产业发展成效喜人

农产品加工业量质齐升。2019 年，全省农产品加工业销售收入 1.8 万亿元，是 2015 年的 1.5 倍，规模居全国第 7 位。省级以上农业产业化龙头企业

---

[*] 本报告获得湖南省政协主席李微微，湖南省委常委、省政府常务副省长谢建辉的肯定性批示。

[**] 调研组组长：谈文胜，湖南省人民政府发展研究中心党组书记、主任；调研组副组长：唐宇文，湖南省人民政府发展研究中心副主任、研究员；调研组成员：李学文、龙花兰、黄玮、黄君、夏露，湖南省人民政府发展研究中心研究人员。

表1　2019年中部六省稻谷等农林畜产品产量

省份	稻谷（万吨）	油菜籽（万吨）	茶叶（万吨）	柑橘（万吨）	生猪出栏（万头）	生猪存栏（万头）	猪肉（万吨）
湖南	2611.5	208.0	23.3	560.5	4812.9	2698.3	348.5
山西	1.8	2.2	0.0	—	739.9	451.4	56.8
安徽	1630.0	87.3	12.2	3.1	2292.6	1091.8	197.8
江西	2048.3	68.9	6.7	413.2	2546.8	1006.3	206.8
河南	512.5	44.2	6.5	4.6	4502.1	3170.5	344.4
湖北	1877.1	211.3	35.3	478.2	3189.2	1617.9	243.0
湖南排位	1	2	2	1	1	2	1

注：山西无柑橘数据。

数据来源：《中国统计年鉴2020》。

755家，较2016年增长16.3%，其中国家级龙头企业增至60家，居全国第7位；年产值50亿元以上龙头企业增至10家，上市公司增至20家。优势特色产业较快发展。据有关部门测算，2019年全省畜禽产业全产业链产值达3250亿元，粮食、蔬菜产业全产业链产值达2950亿元、1860亿元，茶叶、油菜、油茶、中药材、南竹产业增速均超过10%。一二三产融合发展态势良好。2019年，全省乡村旅游与休闲农业经营收入突破480亿元，较2016年增长60%；农产品网络零售额188.91亿元。新型经营主体蓬勃发展。2019年，全省家庭农场、农民合作社数量分别达4.79万户、10.62万个，分别是2015年的1.7倍和2.8倍。

3. "农村美"：美丽乡村建设成效显现

农村人居环境日益改善。全省92%的行政村农村生活垃圾、近60%的村生活污水乱排得到有效整治和管控。国家统计局湖南调查总队的入户调查统计结果显示，99.31%的群众认为目前农村人居环境良好。村镇颜值大幅提升。截至2019年底，全省共建成6757个美丽乡村示范村。基础设施加快补短板。信息进村入户工程已覆盖1.9万个行政村，农业综合信息服务体系覆盖率达95%；水利、道路、物流、信息网络等加快建设进度，有效支撑了农村产业的发展。

4. "农民富"：农民收入明显提高

农民钱袋子鼓起来。2019年，全省农村居民人均可支配收入15395元，较 2015 年增长 40%，其中工资性收入、经营净收入、财产净收入、转移净收入分别是 2015 年的 1.38 倍、1.44 倍、1.20 倍、1.54 倍；农村居民收入增幅连年高于城镇居民，2019 年城乡居民人均可支配收入比值降至 2.59。脱贫成效显著。2014~2019 年，全省 51 个贫困县农民人均可支配收入由 5137 元提高到 11344 元，增幅高出全省农民收入平均水平 67.2 个百分点；2020 年 3 月，51 个贫困县已全部脱贫摘帽，区域性整体贫困基本解决。

但湖南省农业农村现代化发展仍面临突出制约。一是存在"高产不高质"问题，难以满足群众对高品质农产品的需求。湖南省绿色、优质农产品供给相对不足，如优质稻产量占比偏低，高档优质稻种植面积占比仅 1/3 左右，其他农副产品中有品牌影响力的不多。二是存在产业"大而不强"问题，农业产业化水平有待进一步提升。农业龙头企业规模相对偏小，湖南省仅有 8 家企业入围"2019 中国农业产业化龙头企业 500 强排行榜"，数量居中部第 5 位，仅高于山西；全省涉农上市企业中，2019 年营业总收入排名第 1 的企业，收入总额只相当于河南双汇的 1/4；新型农业经营主体规模有差距，2019 年，湖南省家庭农场、农民合作社和农业社会化服务组织的数量只相当于河南的 83.2%、55.3% 和 37.4%。三是农民收入、基础设施等短板仍存。2019 年，全省农村居民人均可支配收入比全国平均水平低 626 元，收入排位由 2018 年的中部第 3 位滑落至第 4 位。部分农村基础设施及公共服务配套等面临提档升级、强化管理的多重任务，农田水利"最后一公里"、路网设施、饮水安全、污水处理、教育医疗、金融服务等问题亟待解决。

二 "十四五"趋势：农业农村发展面临重大结构性变化

1. 农业增加值增速和占比将进一步下降

我国农业已由高速增长阶段转向中速增长阶段。"十四五"时期，农业领域投入的边际报酬将进一步下降；随着农药和化肥的使用进一步减少、重金属污染耕地治理深入推进、耕地轮作休耕制度常态化、畜牧及水产养殖环保标准提高，不可持续的农业边际产能将逐步退出。国务院发展研究中心预计，"十四五"期末全国第一产业增加值占比将从目前的 7% 下降至 6% 左右。湖南也将在目前 9.2% 的基础上进一步下降。

2. 农产品供给将从"数量优先"向"数质并重"转变

受供需因素影响，"十四五"时期我国主要粮食品种供求关系"总量不足、品种分化"的新格局将进一步凸显，稻谷、小麦受消费量下降影响将逐步进入产大于需的阶段，玉米、大豆消费仍将面临缺口扩大态势。新冠肺炎疫情和"逆全球化"使得粮食安全在全球供应链中的重要性进一步凸显，对于作为粮食主产区的湖南来说，稳定粮食产量、保持粮食安全仍是"三农"工作的首要任务；同时，为了满足居民数量需求得到满足后对品质的新需求，必须着力提高农产品品质，推动主要农产品供给向数量与质量并重转变。

3. 农业功能和农村经济将向"多功能、多元化"加速转变

随着社会主要矛盾的变化，在实现了提供农产品、资金积累、富余劳动力和建设用地等功能的基础上，农业农村的生态、居住及文化功能将进一步得到挖掘，休闲农业、乡村旅游、共享农业、养生养老等新产业新业态将日新月异，休闲观光园区、康养基地、特色小镇、田园综合体等新载体不断涌现，乡村经济将呈现多元化、精细化、高端化、融合化的趋势。

4. 农村人口将从"单向流动"向"双向流动"转变

城镇化推动农村人口继续大量流入城镇的同时，由于产业结构的变动使工业用工数量继续减少、制造业向中西部地区转移、农村创业就业机会增加、农村人居环境改善对城镇居民吸引提升等因素的影响，从城镇向农村人口反向流动将会显著增加，城乡人口双向流动特征将更加显著。作为传统劳务输出大省，湖南省城乡人口双向流动态势将进一步呈现。

三 "十四五"任务：围绕激活内生增长动力推动 农业农村现代化

作为乡村振兴战略总目标，农村农业现代化是包括农村产业现代化、农业产品现代化、农民生活现代化、乡村治理现代化和农村制度现代化的有机整体。"十四五"时期推进湖南省农业农村现代化，要顺应农业农村发展的结构性、趋势性、转折性变化，充分利用社会主要矛盾变化为彰显农业多种功能和

乡村多元价值带来的历史机遇，以居民对高品质农产品需求为基础，以农业供给侧结构性改革为主线，以提质精细农业生产、提高农业农村融合发展水平、提升农民生活品质建设美丽宜居乡村为抓手，以"人、地、钱"制度性供给为保障，充分激活农业农村增长内生动力，推动实现全省农业农村现代化。具体应突出抓好以下四大任务。

1. 围绕满足居民对高品质农产品新需求，提升优质农产品供给能力

一是提升主要农产品品质，打造优质口粮、肉食、食用油和果蔬菜四大供应基地。推进粮食稳产提质。加大高标准农田建设投入力度，推进休耕轮作制度化常态化。完善粮食主产区利益补偿机制，稳定洞庭湖等粮食主产区的种植面积和产量；鼓励非主产区打造"一县一品"优质大米生产基地，扩大水稻优质品种种植面积。优化养殖品种和养殖模式。深入实施"优质湘猪工程"，推动宁乡猪、湘村黑猪等地方特色品种，以及三元猪等普通品种改良和养殖技术创新，提升自主育种水平和养殖品质。以国家水产健康养殖示范场建设为抓手，推动水产养殖向绿色化、优质化、高效化转型。提升油料作物附加值。进一步推进双季稻非适宜区推广"高档优质中稻＋优质油菜"模式，扩大油菜种植面积，创新油菜花节等各类文化旅游活动形式。推进油茶精深加工业发展，加强产品开发，充分发掘附加值。以"果蔬茶"为重点提升特色产业竞争力。将山地生态种植和富硒作为主要特色，将柑橘作为主导产业优先发展升级，带动其他水果产业发展。以建设城镇蔬菜基地和优势特色蔬菜基地方式，扩大蔬菜类地理标志产品种植规模。大力发展"高档优质茶"，推广茶叶绿色种植，提高茶叶品质，提高茶园鲜叶加工利用率和茶叶市场核心竞争力。

二是培育知名"湘味"品牌，提升农业价值创造和市场竞争能力。推进农产品区域公用品牌建设。依托龙头企业，每个产业选取一到两个品牌重点打造，严格控制品牌产品的品种、口味、营养标准。围绕打造湘米、湘猪、五彩湘茶等全省特色区域品牌，完善选种、种养、加工、精深加工、流通、营销产业链，通过产业链现代化提升品牌竞争力。进一步加强地理标志产品的培育和登记，同时开展绿色、有机农产品认证，提升产品认知度。完善农产品标准和监测体系。实施农产品标准化提升工程，构建从选种、种养、仓储到加工覆盖生产经营各环节的标准体系，全面推进标准化生产；全面建立强制性农产品产地合格证和可追溯证明制度，加强农产品质量安全追溯平台推广应用，以高标

准、严监管倒逼农产品质量提升和农业品牌打造。加强品牌宣传推广。充分发掘品牌产品的历史、特色和优势，结合湖湘文化，讲好品牌故事，打造品牌形象。继续推进"湘品出湘"，深化对非农业合作推广，通过各种新闻媒体、发布会、农展会、体验店等形式等对品牌进行推介，着力提升农业品牌溢价。

2. 围绕释放农业多种功能和乡村多元价值，提高农业农村融合发展水平

一是提升农业精细化水平，打造农业"百千万"工程和"六大强农"行动升级版。大力推进"机器换人"。加快农业机械化和农机装备产业转型升级，更加注重发展适合丘陵山地作业的小型农机和适应特色种养业需要的专业农机，着力调整完善农技补贴政策；加强农机推广服务，加大对水稻以外的其他特色农产品机械化生产的研发、推广；加大对机耕道、自动灌溉等基础设施的建设力度。大力发展智慧农业。完成全省农业农村大数据平台的开发和上线，搭建省、市、县、镇、村五级平台体系；构建养猪、养虾、养鱼、大棚种植等行业省级通用物联网平台；完善全省农业遥感和 GIS 地理数据资源，逐步建立并上线各类主要农产品生产分布地图，为优质农产品产销"导航"。大力提升设施农业水平。积极推动将日光温室、钢架大棚、养殖设备等纳入农机购置补贴范围，重点在长株潭周边地区建设都市设施农业区，在郴州、永州、衡阳建设"湘江源"有机蔬菜设施栽培区，在环洞庭湖、张家界建设生态水产设施养殖区，在大湘西建设优质果茶设施种植区。大力推广农业社会化服务，鼓励创新发展农业服务超市、为农服务中心、地方性专业农业协会等专业性农业社会化服务组织；在做好机耕、播种、植保、收割采摘等服务的基础上，支持发展储藏、烘干、清选分级、包装等初加工服务，通过专业服务规模化带动小农户参与现代农业生产。

二是加快发展农业新业态、新模式，挖掘产业内外融合增长潜力。发展新商业模式推动产品出村进城。以益农信息社为依托，不断完善线上线下相融合的乡情小店供销平台、共享服务平台、农特产品供销大数据平台等载体；搭建"认养农业"平台，以预订、预售、定制、众筹等新商业模式增强供需互动性。发展休闲农业和乡村旅游新业态。推进农业与生态、文化、创意等进一步融合，支持农业经营主体探索农村公园、农村游乐园、文化园、体验馆等休闲农业发展新方式。发展综合种养新模式。促进稻渔综合种养与美食餐饮、特色民宿、渔事体验和科普教育等旅游业态充分融合，提升稻渔综合种养经济效

益。在适宜地区，大力推广水果种植与养殖业等相融合的"林＋N"模式。

3. 围绕提升生活品质建设美丽宜居乡村，改善基础设施配套和管理服务质量

一是推进农村基础设施提质工程。进一步推进农村道路、供水、供电、网络等基础设施提档扩容。重点提高乡村道路到村组和农户的通达率。推进农村信息网络建设，进一步开展宽带入户工程，逐步在集镇、乡村集中居住区地区部署5G网络。不断健全农村垃圾收集、运转和处理体系，推进农村生活污水处理设施建设。加强与物流企业合作，结合供销社改革，促进冷链物流发展，逐步完善农村物流体系。完善基础设施管理和养护制度，进行所有权、经营权、管理权的分置，建立由政府主导、多方参与、市场运作的农村公共基础设施管护体制机制。

二是开展基本公共服务达标工程。探索制定城乡统一的基本公共服务建设标准，建立农村基本公共服务项目和服务标准清单，将其作为乡村振兴考核重要指标。制定鼓励和引导社会资本参与农村基本公共服务建设的相关政策，同时增加财政支持力度。重点加大农村教育经费投入，不断改善农村教育的硬件设施条件，建立健全城乡教师双向流动机制。进一步提高农村居民医疗保障水平，加强农村卫生服务站、服务网建设，改善乡村医生待遇，提高服务能力。加大对农村最低生活保障的补助力度等。

三是实施乡村治理能力提升工程。推进美丽乡村建设扩面提质，加强集中居住区乡村建设规划，对人口外流、空心化严重的村庄加强村内布局优化和环境美化，对搬迁撤并类村庄恢复田园自然景观和生态功能，对有历史文化价值的古村落古建筑全面修缮保护。顺应乡村治理主体和客体的深刻变化，构建自治、法治、德治相结合的乡村治理体系。推进信息技术与乡村治理融合，推广村级小微权力"互联网＋监督"平台应用，提高自治能力，探索建立"以方便农村居民为中心"的信息化治理平台。

4. 围绕激活内生增长动力，深化农业农村改革

一是着力盘活农村资源要素。建立与人口和资本流动相适应的土地资源配置机制。继续完善农地"三权分置"办法，加快放活土地经营权，探索建立进城落户农民土地承包权有偿退出机制。在总结浏阳试点经验的基础上，以落实集体所有权、保障成员使用权为基础，着力放活宅基地的流转使用权，赋予集体所有权、成员使用权、流转使用权不同的权能。深化农村集体建设用地入

市制度改革，拓展农村建设用地入市的范围，提高土地增值收益用于农业农村的比例。完善集体产权制度。根据改革试点进度，完善产权管理经营制度，将集体经济作为农民增收的重要方式，壮大农村集体经济，鼓励发展"公司＋合作社＋村集体＋农户"等合作形式，进一步盘活集体资产，逐步消灭集体资产空心村。

二是鼓励人才入乡留乡。创新人才引进方式。允许主要从事科技创新或科技创新成果转化工作的高校、科研院所等事业单位专业技术人员离岗下乡领办、创办、兴办农村集体经济项目，以知识产权、资金等要素入股、参股，获取股份收益。加强人才培养。做好乡村发展"带头人"队伍建设，建立乡村后备人才队伍培养机制；加强对农业生产技能的普及性培训，通过现场指导、在线教育等多种形式加强对农民生产技能的普及性培训，逐步建立职业农民认证体系，完善专业人才的职称评定制度。完善创业平台。打造一批农民创业园、农业创客空间、农村电商孵化园等平台，并完善配套服务体系，通过奖补政策鼓励创新创业。

三是完善资金支持政策。金融方面。鼓励金融机构针对村集体经济组织开展无抵押贷款业务，支持有条件的行政村创建"授信村"试点，合理确定授信额度，并给予适当的利率优惠。依法合规开展农村承包土地经营权、集体经营性建设用地使用权、宅基地使用权、林权、水域使用权、生物资产抵押等担保融资。财税方面。对农业生产者直接销售自产农产品免征增值税，从事农、林、牧、渔业项目的所得免征或减征企业所得税；省级财政每年以不低于20万元/每村的标准，扶持一定数量行政村的集体经济发展，补助资金不得用于基础设施建设，可作为村级集体经济与企业合作发展的股本金，获取股份收益。

政 策 评 估

《湖南省人民政府关于探索建立涉农资金统筹整合长效机制的实施意见》实施效果评估报告[*]

湖南省人民政府发展研究中心评估组[**]

建立涉农资金统筹整合长效机制，是财税体制改革和农村改革的重要内容，是创新财政投入方式、助力打赢脱贫攻坚战、支持乡村振兴的重要举措，对湖南省高质量发展意义重大。2018年10月，湖南省出台了《湖南省人民政府关于探索建立涉农资金统筹整合长效机制的实施意见》（湘政发〔2018〕24号，以下简称《意见》）。根据湖南省领导指示和《湖南省人民政府重大决策实施效果评估办法》（湘政办发〔2017〕45号），湖南省人民政府发展研究中心开展了《意见》实施效果的评估工作。评估情况如下。

一 政策概况

《意见》是根据《国务院关于探索建立涉农资金统筹整合长效机制的意

---

* 本报告获得湖南省委常委、省政府常务副省长谢建辉，湖南省政府副省长隋忠诚的肯定性批示。

** 评估组组长：谈文胜，湖南省人民政府发展研究中心党组书记、主任；评估组副组长：唐宇文，湖南省人民政府发展研究中心副主任、研究员；评估组成员：左宏、李迪、闫仲勇，湖南省人民政府发展研究中心研究人员。

见》（国发〔2017〕54 号）制定，紧扣中央决策部署，紧盯基层工作实际，以问题导向为抓手，坚持简政放权、统筹协调、分类施策的原则，从设定任务清单、建立绩效评价制度、集中投入涉农资金、建设管理制度体系、下放审批权限、建立完善涉农资金项目库、涉农资金监管机制、加大信息公开公示等方面提出了 16 条具体措施，具体如表 1 所示。

表 1　《意见》主要内容

涉及范围	主要内容
推进行业内涉农资金整合	一、归并设置涉农资金专项
	二、合理设定任务清单
	三、同步下达资金与任务清单
	四、完善绩效评价制度
推进行业间涉农资金整合	五、充分发挥规划引领作用
	六、加强涉农资金统筹协调
	七、促进涉农资金集中投入
改革完善涉农资金管理体制机制	八、加强制度建设
	九、进一步下放审批权限
	十、完善涉农资金项目库
	十一、加强涉农资金监管
	十二、全面推进信息公开
保障措施	十三、加强组织领导
	十四、加强协调沟通
	十五、鼓励探索创新
	十六、加强宣传培训

资料来源：调研组根据《意见》整理。

二　评估工作基本情况

为准确评估《意见》落实情况和实施效果，评估组重点开展了 4 个方面的工作。一是成立由湖南省人民政府发展研究中心领导牵头的评估工作小组。二是制定评估方案。明确评估目的、评估对象、评估内容、评估标准和评估方法。三是征集自评报告。评估组向 4 个相关省直部门、14 个市州发函征集自评报告。四是开展实地调研。评估组赴省财政厅、省农业农村厅以及株洲市、浏阳市进行了实地调研，召开了相关负责人（包含部分区县负责人）参加的座谈会。

三　评估主要内容

（一）政策总体评价

1. 完备性方面

体系完备，逻辑清晰，架构合理。《意见》基本覆盖了涉农资金统筹整合工作中职能职责划分、任务清单设定、部门审批权限、涉农资金监管、绩效评价制度等各个重点环节，形成了完备的政策体系。各条款间层次分明、逻辑清晰、架构合理。

2. 规范性方面

总体导向性较强，整合细化不够。《意见》所界定的政策范围、类别等严谨规范，对部门职能职责的划分明确、权责清晰，各个部门之间的目标任务、责任分工科学合理，为相关省直部门、市州政府建立涉农资金统筹整合机制提供了行动指南。但《意见》只是对涉农资金整合的原则、资金类型、整合范围和机制制定提出了指导性意见，而整合政策没有细化，且项目管理涉及部门较多，部门信息掌握不对称，监管责任不同，难以形成协调一致的意见。

3. 可操作性方面

原则性条款较多，存在操作性难题。《意见》中的大部分条款都属于原则性条款，约束性小。在调研过程中发现，政策的实际执行过程中存在一些操作性的难题，如缺乏统一的涉农资金整合标准、统筹协调性不够、部门政策打架、资金使用范围受限、项目供需错配、涉农资金难以监管等。

4. 有效性方面

针对性较强，资金整合调整较为困难。《意见》对涉农资金管理体制的改革完善提出了指导性意见，对涉农专项资金转移支付和涉农基建投资的整合范围进行了明确规范，对于下放资金审批权限、优化资金使用管理等具有很强的现实效应。但由于项目资金带有明显部门属性和行业特点，导致整合条件和环境不宽松，在资金使用过程中很难根据实际需要进行调整。

5. 知晓度方面

有待提升，宣传力度有待加强。调研显示，省级涉农资金主管部门及各市州政府通过资料发放、会议解读、业务培训等多种渠道对《意见》进行了深入的探讨学习，全面了解了涉农资金的相关动向及政策。但在调研过程中发现，《意见》在部分县及乡镇的宣传力度较小、知晓度明显不足，导致相关工作人员对《意见》及其精神理解不到位，对政策的执行造成了一定的困难。

（二）政策落实情况

政策出台后，湖南省财政厅、省农业农村厅等相关省直部门和市州统筹规划、协调推进，形成了较完备的实施体系，有效地促进了政策落地。

1. 建立了完善的政策体系

自 2018 年 10 月《意见》出台以来，各省直相关部门、市州政府均按照要求制定了相应的配套政策。省级层面，省财政厅、省发改委、省自然资源厅、省水利厅等部门陆续出台了农业专项资金改革管理办法、财政事权与支出责任划分办法、农业专项资金管理方式改革办法、水利发展资金管理办法等多个政策文件。省财政厅会同省农业农村厅联合制定了《湖南省现代农业发展专项资金管理办法》等，明确了专项资金的支出范围、分配方式、任务下达、使用程序、项目管理等规定。市州和县市层面，各市州政府配套出台了一系列政策措施。如岳阳市出台了多项专项资金管理办法，邵阳市出台了统筹整合使用财政涉农资金管理办法，株洲市出台了财政专项资金分配审批管理办法，浏阳市制定了整合涉农资金实施管理办法，溆浦县制定了扶贫资金项目实施细则等。总体来看，湖南省已经初步形成了科学合理的统筹整合涉农资金政策体系，有效提升了财政支农政策效果和资金使用效益。

2. 推进行业内涉农资金整合

一是归并设置涉农资金专项。省直相关部门按照涉农专项转移支付和涉农基建投资两大类对涉农资金进行了清理整合，重新归并设置专项。市州政府按照财政涉农资金整合政策和工作要求对涉农资金进行了最大程度的分类整合。如常德市明确统筹大思路，全面梳理、整合形成基础设施建设类、产业发展类、生态文明建设类、公共服务类 4 类基金。二是合理设定任务清单。自《意见》出台后，省直相关部门积极配合推行省财政厅进行"大专项＋任务清单"管理方式改革，打破原有的"大专项套小专项"、按内设机构设置使用方向的固有做法，区分约束性任务资金和指导性任务资金，实行资金与绩效目标、任务清单同步下达，推进了专项资金管理的科学化、精细化。各市州政府通过明确整合专项支持方向，设定任务清单和绩效目标。如石门县制定涉农资金整合任务方案，为脱贫攻坚工作提供了有力的资金支持。三是完善绩效评价制度。及时开展涉农资金的绩效评价，加强结果运用，建立了以绩效为导向的涉农资金大专项和任务清单设置机制及资金分配机制。将绩效管理嵌入涉农资金项目管理的全过程，对相关项目资金进行整体绩效评价和单项绩效评价，建立健全事前、事中、事后监督有效衔接的绩效管理机制。聘请第三方评估机构，对重点项目和资金使用管理薄弱环节开展绩效评价。

3. 推进行业间涉农资金整合

一是发挥规划引领作用。省财政厅编制了统筹整合财政涉农资金实施意见。各市州政府根据财政收支形势等情况编制了涉农资金统筹整合规划、专项发展中长期规划、农业可持续发展实验区建设规划等，并与国民经济和社会发展五年规划纲要及相关涉农专项规划进行衔接，以规划引领任务下达及资金分配。二是加强涉农资金统筹协调。建立联席会议制度，省财政厅建立了包含省发改委、省自然资源厅等五个部门的联席会议制度，加强部门之间的协商沟通。加大预算环节的统筹协调力度，针对多个部门安排的性质相同、用途相近的涉农资金，如各类支持高标准农田建设、农民培训的资金等，加大预算执行环节的统筹力度。三是促进涉农资金集中投入。市州政府根据改革任务、优势区域、重点项目等，统筹安排各类功能互补、用途衔接的涉农资金。如株洲市围绕脱贫攻坚、现代农业产业发展、美丽乡村建设三大整合平台，对性质相近、目标相似、投向一致的各类涉农资金，探索了"源头不变、渠道合并、统筹安排、形成合力"的整合模式，多渠道引水，一个池子蓄水，一个龙头防水，一把尺子量水。

4. 改革完善涉农资金管理

一是下放审批权限。推动"以县为主"整合涉农资金，积极推行市级财政将项目审批权和资金下放到县市区，扩大资金"切块"下达规模，推行因素法、公式法、备案制，大力减少"点鸳鸯、撒胡椒"的项目安排模式，提高区县（市）统筹涉农资金投入的能力。二是完善涉农资金项目库。为充分整合有限资金，集中支持区域特色产业，各市州政府按照"有利于产业发展、有利于农民致富、有利于村集体经济发展"和"助力脱贫攻坚、扶大扶优扶强、公平公正公开、项目发展可持续"的原则，在全县范围内自下而上择优遴选项目，预先建立了项目库。三是加强涉农资金监管。按照监管要求，每年对相关涉农财政专项资金开展监督检查。如南县设立涉农项目整合零余额资金户，转账核算、封闭运行，形成了"审批一个班子、使用一个盘子、支出一个口子"的新格局。四是推进信息公开。省直部门及市州政府均按照信息公开要求，在政府门户网站、机关刊物、主管部门网站上进行全面公开公示，做到广而告之，以此督促市级财政专项资金的公开工作。

（三）政策实施效果

自《意见》实施以来，进一步理顺了涉农资金管理体制，完善了各项政策措施，加强了资金管理监督力度，提升了涉农资金使用效益。

1. 提升了涉农资金使用效益，助力脱贫攻坚

围绕打赢脱贫攻坚战，因地制宜开展了多种形式的涉农资金整合改革，打破行业界限、部门壁垒，盘活了各层级、各部门、各环节"沉睡"的财政资金。据统计，省农业农村厅整合扶贫资金约150亿元，支持了51个贫困县脱贫攻坚，岳阳市整合870万元用以支持脱贫，平江县整合涉农资金17.66亿元用于精准扶贫。通过整合涉农专项资金用于精准扶贫，把着力支持贫困地区特色产业发展作为巩固脱贫成果和衔接推进乡村振兴的重点，进一步提高用于产业发展的财政专项扶贫资金和其他整合资金的占比，鼓励贫困村充分利用农村闲置土地、闲散劳动力、优势资源、特色产业等，引入社会资本投入，将专项扶贫资金、相关涉农资金、社会帮扶资金捆绑统筹使用，重点支持扶贫产业发展，进一步增强脱贫发展的造血功能。截至2019年底，全省51个贫困县全部脱贫摘帽，贫困县农民人均可支配收入达11344元。

2. 提高了农业现代化水平，推动农业高质量发展

通过涉农资金统筹整合等举措，2016~2020年湖南省累计投入财政资金301亿元，建设高标准农田1821万亩，显著改善了农业生产条件。通过统筹整合涉农资金，有力推动了现代农业"百千万"工程（即"百企千社万户"现代

农业发展工程、"百片千园万名"科技兴农工程）的实施，有效提高了农产品加工能力、农业机械化水平、农业规模经营水平、农业产业基地生产能力和农业科技服务水平。通过统筹整合涉农资金，有力推动了"六大强农行动"（即大力实施品牌强农、特色强农、质量强农、融合强农、科技强农、开放强农）的落地，培育了"安化黑茶"等四大省级区域公用品牌，累计创建各类省级园区 704 个，创建安化黑茶等 5 个国家现代农业产业园，推动了农业高质量发展。

3. 加强了农村基础设施建设，支持特色农业产业发展

整合涉农资金开展以来，各省市着重建立了"多条渠道饮水、一个龙头放水"的财政资金投入机制，集中解决制约农村主导产业发展和重点项目建设的瓶颈问题，推动社会资本流向乡村振兴，放大资金使用效益。部分村镇把握机遇，依托资源禀赋优势，将整合资金用于基础设施建设、农村产业发展、民生设施改善、农村人居环境治理等项目建设，掀起了乡村振兴的蓬勃热潮。如浏阳市澄潭江镇山下村围绕镇养老服务中心，打造月形湾"孝文化"屋场，建设景观池、大舞台、休闲游道、文化广场、孝星路、孝星墙等"六小景"，特色彰显；岳阳市统筹整合 960 万元重点支持黄茶产业发展，推广岳阳黄茶品牌，引进先进设备技术，建设全国知名区域公用品牌；娄底市双峰县三年来发展扶贫产业基地 300 个，永丰辣酱、清树淮山、青壳蛋鸡、黑加宝猪等特色产业规模和品牌效应稳步提升。

4. 改善了农村人居居住环境，提高农村生活水平

大量涉农资金的统筹整合，大力支持了农村"厕所革命"、贫困村公路、高标准农田建设、危房改造、安全饮水等农村人居环境整治工程，如娄底新化县通过统筹整合涉农资金累计改造农村危房 12816 栋，实施农村安全饮水项目 875 个，实施农村公路建设项目 2544 个，改造农村危桥 80 余座，极大地改善了贫困地区的生产生活条件；岳阳市每年整合资金不少于 2000 万元，用于规范集中建房和分散按图建房奖励补助，实现了生活污水"三格式"化粪池无害化处理，以点带面推动生态大修复、建房大集中、面貌大提升。

（四）政策实施中存在的问题及困难

1. 思想认识有待提升，落实情况不够理想

从评估情况看，一些市州政府在落实涉农资金政策时主动性不够，主要体

现在以下两个方面：一是思想认识有待进一步提高。部门、市县学习贯彻落实《意见》存在偏差。有的部门、市县思想认识还没有完全到位，主动应对、超前研究、积极作为的意识有待进一步增强。有些部门担心资金整合到其他领域，影响本行业规划任务的完成，期望继续通过明确约束性任务的方式，保证本行业领域的投入，而在适应新体制要求，完善管理、加强服务方面超前研究考虑得不多。有的市县存在等、靠思想，对上级部门是否真正放权仍然存有顾虑。二是部分市州政策落实不到位。部分市州并未出台涉农资金统筹整合的相关政策，也并未开展涉农资金统筹整合工作。

2. 缺乏统筹协调，涉农资金整合不到位

一是工作缺乏协调性。在实际整合推进过程中，主管部门之间相互沟通不足，整体协调不够，且部门间信息掌握不对称，监管责任不同，管理方式各有侧重。上级规划、部门专项规划不一致，部门合力作用发挥不明显，不能很好地调动部门的积极性和主动性，没有形成各负其责、密切配合、通力协作的工作格局。另外，部门职能的交叉有时导致同一资金、同一项目需应对多部门、多层级的检查考核验收，增加了重复迎检的工作量。二是缺乏具体的整合标准。在实际工作中，部分县市并未完全明确涉农资金统筹整合的具体标准，没有形成科学系统的项目资金整合流程，各相关职能部门在年初制定项目预算时，大多数没有很好地进行沟通协商，各个部门管的项目，各有一套要求和指标体系，整合效果难持久，经验难复制，没达到统筹谋划项目的效果，资金的集聚效应没有达到最大化。三是存在市县管不住、接不好的难题。涉农资金统筹整合长效机制采取"大专项＋任务清单"管理方式，任务清单分为约束性和指导性任务。整体看来，约束性任务多，指导性任务少，市县整合权限小，主要是相关资金的约束性任务比例过高，整合范围过小，市县面临想整而不能整的困局，大部分市县存在接不住、管不好的问题，造成事与愿违，未能有效发挥资金使用绩效。

3. 涉农资金使用受限，资金使用效益低

一是"大类间打通"使用难。部分省级部门在用于精准扶贫的涉农资金指标下达到县后，同时向本系统下达资金使用计划，安排具体的项目建设任务和相关考核措施，使县级统筹整合后继续专项使用，资金大类间打通、跨类别使用的聚集效应未充分发挥。二是资金精准适用难。各县市虽然建立了产业发展、基础设施建设等扶贫项目库，但部分乡镇、村上报的项目不细、不实、不准，造成部分资金无法落地，支出进度缓慢，未及时发挥效益。三是资金使用范围受限。从个别县市的情况看，部分整合资金只能用于精准扶贫，保障贫困户脱贫，改善贫困户家庭生产生活，重点用于贫困户的"两不愁、三保障""五个一批"等。而县乡环境整洁、河道清理治理、大中小型水利设施、通信等公共基础设施长期处于资金严重"饥渴"状态，得不到解决和改善，不仅影响群众生产生活，也会使脱贫的贫困户获得感、幸福感打折扣，满意度降低。

4. 资金监管难度大，项目考核验收难度大

一是整合资金脱离部门管辖范畴导致监管难。根据现行财政资金管理体制和相关制度，各行业主管部门对其参与审批并下达地方的专项转移支付资金负有监管职责，需要接受财政和审计部门的监督和检查。在具体的涉农资金整合工作中，整合用于其他行业部门的专项资金往往脱离了原行业部门的管辖范畴，无论对整合资金使用情况还是任务目标完成情况，原行业部门都难以实行有效监管。二是方案报备修订时间跨度大导致项目实施过程长。每年的涉农资金项目实施方案都是 3 月 31 日前报备至省扶贫办和省财政厅，待省反馈方案审批意见一般要到 5 月，直至到 8 月 31 日前对方案进行年中调整，省扶贫办和省财政厅在 10 月再次反馈意见，方案的报备修订时间跨度达大半年，在反馈意见之前许多项目都不敢动工，在一定程度上加大了项目的考核验收难度。三是项目库不完善导致资金无法及时支出。涉农资金整合工作开展后，还有部分县并未按要求开展工作，一些已经建立起项目库的县也存在建设不完善、不科学的问题。如未出台项目库的建立规则和流程、未出台项目建议书和科研报告等。项目库不完善，项目推进比较慢等原因，导致统筹整合资金无法及时支出，直接影响到相关项目的进展，最终对项目的考核验收造成不利影响。

四　评估结论

通过全面评估，评估组认为，《意见》紧扣中央决策部署，紧盯基层工作实际，以问题导向为抓手，进一步理顺了涉农资金管理体制，完善了各项政策措施，加强了资金管理监督力度，发挥了涉农资金集中力量办大事的优势，提

升了涉农资金使用效益，又避免了行业内部、涉农行业之间资金交叉重叠安排的问题，其意义重大、作用明显，有力有效地支持了湖南省脱贫攻坚与乡村振兴工作。但从评估情况来看，政策实施效果还有待强化，主要体现在：《意见》约束性不够、涉农资金整合不到位、涉农资金使用受限、资金使用效益低、资金监管难度大。下一步，要从推动涉农资金管理机制改革、加大资金整合力度、赋予基层政府更多的自主权和灵活性、加强规范管理等方面进一步提高涉农统筹资金政策效果。

五 对策建议

（一）高位推动涉农资金管理机制改革

1. 建立协调工作机制

打破部门条块分割的局面，推动从上至下建立"政府统一领导，部门协调配合"的组织管理机制，构建齐抓共管、互联互动、协调有序的推进格局，形成投向科学、结构合理、管理规范、运转高效的涉农项目管理新机制。另外，推动省、市、县各级成立涉农资金整合领导小组，定期对省、市、县的资金整合情况进行会审。对做得有效、具有示范作用的县或项目进行推广，节约探索时间。

2. 及时出台操作细则

省级部门要继续对涉农资金管理制度进行清理、修订和完善，统一制定省级涉农资金统筹整合专项目录，明确每类资金牵头部门，并实行动态调整。同时，省级部门要指导各县市制定出台涉农资金相对应的管理细则，明确资金适用范围、方向。还要加强现行各项管理制度的衔接，使《意见》各条政策得以落实到位。

3. 加大督查力度

省级层面，加强对各地的指导培训，对约束性任务清单执行情况进行督导检查，对不支持涉农整合工作、工作进度慢、统筹整合效果差的市县政府主要领导、分管领导进行约谈，对存在严重问题的，及时报请省政府予以问责。省财政部门要定期对各地涉农资金使用进度进行通报，并实施财政监督检查。

（二）进一步加大涉农资金的整合力度

1. 搭建涉农资金整合工作平台

建议省级在归并设置涉农专项资金的基础上，搭建若干个涉农资金统筹整合平台，如乡村振兴等。省级相关部门围绕涉农资金统筹整合平台建立涉农资金统筹领导小组，进一步明确各部门的职责分工。各地也要因地制宜搭建各类涉农资金统筹整合平台，从根本上解决多头管理、交叉重复的问题。

2. 从源头做实做细项目库

主管部门要加强对县级统筹整合涉农资金的规划引领和工作指导。各级业务主管部门和财政部门要做实做细涉农资金项目库，至少提前一年储备具备实施条件的项目，并对项目库内的项目实施动态管理。对相同或相近的项目必须交由一个部门实施，不能重复交叉设立财政涉农资金项目。在项目管理中，各相关职能部门的管理职责边界也必须清晰，不能交叉重复，不能有模糊地带和真空地带。

3. 加强涉农资金源头整合

从源头上加强涉农资金统筹力度，尽量在省级层面对交叉重复的涉农资金予以清理，把用途相近的涉农资金打包，切块下达，防止将矛盾和难题下移基层。

（三）赋予基层政府更多的自主权和灵活性

1. 进一步推行项目审批权限下放改革

按照责权利对等原则，进一步落实简政放权、放管结合、优化服务改革的总体要求，在做好宏观指导和总体要求的基础上，下放涉农项目审批权限，赋予基层在项目和资金安排上更大自主权，强化县一级政府统筹使用涉农资金的责任，提高项目决策的自主性和灵活度。继续探索涉农整合资金项目审批权限下放到县级的有效途径，强化地方特别是县级政府的管理责任。建议明确规定省、市业务主管部门要依法将具体项目审批权限下放至县或用款单位，省、市业务主管部门要将具体项目审批权限从事前审批或复核改为事后备案，由县确定具体项目，赋予县级更大的统筹资金自主权。对于确需省级保留项目审批权限的资金，省级业务主管部门要在预算编制环节制定清单，报分管省领导批准。未列入清单的不得由省级审批具体项目。

2. 合理设定任务清单

减少约束性任务的设置。在设定任务清单时，要严格区分约束性和指导性任务，对于指定了具体项目的约束性任务，建议从原渠道下达资金和项目计划，不纳入统筹整合范围。对约束性任务要规定资金占比，避免出现无资金可统筹整合使用的情况。

3. 进一步拓宽资金的支持范围

首先，支持拓宽整合资金使用方向，适当调剂使用涉农资金，如除基础设施、农业产业发展外，允许整合的其他涉农资金用于急需的社会事业发展方面，以便能够按照"大类间打通""跨类别使用"的原则安排涉农资金，发挥资金的最大效力。其次，要加大对非贫困村的支持力度。允许湖南省除51个贫困县的地方，推广使用之前贫困县涉农资金统筹模式，支持非贫困县、非贫困村困难人口增收和乡村振兴。对已经实现稳定脱贫的贫困县，可统筹安排整合资金继续用于脱贫人口增收和乡村振兴。

（四）加强规范管理，提高资金使用效益

1. 强化涉农资金整合绩效考评

财政、审计、纪检、监察等部门，要采取事前、事中、事后的全过程监管，建立多层次、多方位、多形式的监督管理机制，避免借整合涉农资金名义挪用涉农资金的现象。建立区县级涉农资金整合考评验收的综合协调机制，将部门统筹资金配合程度、统筹资金额度及统筹项目实施效果列入年度目标责任考核。考核结果作为监督检查、考评验收和资金分配及对区县各单位和乡镇进行奖惩的参考依据。

2. 完善涉农资金监管

省级层面，各类涉农资金牵头部门要会同业务主管部门，加强对各地的指导培训，建议省级推动市县建立备案机制，各市县将涉农资金统筹整合实施方案报送省级涉农资金牵头部门备案，作为工作督导、财政监督检查和审计监督的依据。进一步明确县级按规定在统筹整合范围内将涉农资金跨类使用的，审计、财政等部门在各类监督检查中不作为违规问题处理。

《深化制造业与互联网融合发展的若干政策措施》实施效果评估报告[*]

湖南省人民政府发展研究中心评估组[**]

随着新一轮科技革命和产业变革蓬勃兴起，互联网日益成为驱动制造业转型升级的主导力量。为推动湖南省由制造业大省向制造业强省迈进，2018年12月湖南省政府办公厅出台了《深化制造业与互联网融合发展的若干政策措施》（湘政办发〔2018〕79号，以下简称《措施》）。根据湖南省政府政策评估工作安排，湖南省人民政府发展研究中心开展了对《措施》实施效果的评估工作。现将评估情况汇报如下。

一 政策概况

根据国务院《关于深化制造业与互联网融合发展的指导意见》（国发〔2016〕28号文件）和《关于深化"互联网＋先进制造业"发展工业互联网的指导意见》（国发〔2017〕50号）等文件精神，2018年12月，湖南省根据发展实际情况，出台了《深化制造业与互联网融合发展的若干政策措施》（湘政办发〔2018〕79号），从强化平台建设、增强创新能力、夯实基础支撑、加大保障措施四个方面提出了10项措施，具体如表1所示。

---

[*] 本报告获得湖南省政府副省长陈飞的肯定性批示。

[**] 评估组组长：谈文胜，湖南省人民政府发展研究中心党组书记、主任；评估组副组长：唐宇文，湖南省人民政府发展研究中心副主任、研究员；评估组成员：李银霞、戴丹、侯灵艺、贺超群、言彦，湖南省人民政府发展研究中心研究人员。

表1　《措施》主要内容

主要方面	政策内容
强化平台建设	一、推动企业级工业互联网平台建设
	二、培育行业性、区域性工业互联网平台
	三、鼓励中小企业"上云上平台"
增强创新能力	四、鼓励制造业与互联网融合创新
	五、建立数据驱动的制造新体系
	七、构筑工业互联网技术创新体系
夯实基础支撑	六、建设感知互联的基础网络
	八、完善工控安全保障体系
加大保障措施	九、加强专业人才队伍建设
	十、加大资金支持力度

资料来源：评估组根据《措施》整理。

二　评估工作基本情况

评估工作主要从四个方面展开。一是成立由中心领导牵头的专题评估小组，制定评估方案；二是收集湖南省工信厅、省发改委、省财政厅、省科技厅、省人社厅、省商务厅等6个相关部门和14个市州的自评报告，了解工作开展情况；三是面向湖南省内制造业企业发放和回收调查问卷，获得有效问卷442份；四是开展实地调研和座谈，先后赴长沙市、邵阳市、永州市等地开展调研，走访企业和园区，与企业家和一线工作人员进行深入交流。最后，综合各方面情况，形成本报告。

三　评估主要内容

（一）政策总体评价

1.知晓度较高

从企业调查问卷来看，92.08%的企业表示知道《措施》，仅有7.92%的企业表示没听过政策，可知政策知晓度很高。这一方面是因为企业自身比较关注"互联网＋制造业"的政策，另一方面也反映了政府政务公开比较及时透明，文件出台后第一时间在政府门户网站公开。

2. 满意度较高

78.28% 的企业认为政策支持力度基本上能满足企业需求，其中：18.55% 的企业认为政策支持力度很大，为企业推进"互联网＋"提供了充分支持；29.64% 的企业认为政策支持力度较大，为企业推进"互联网＋"提供了有力支撑。受访企业不满意的主要问题是政策资金支持力度不够大，77.38% 的企业没有获得过政策资金支持。

3. 协调性待加强

主要表现在政策的区域协调性不够，全省 14 个市州制造业和互联网发展基础有强有弱，但政策对所有市州"一刀切"，扶持资金按统一标准来评比发放，导致政策支持力度区域不均衡。如 2020 年湖南省智能制造示范企业（车间）奖励资金，长株潭三市占据 60.6%，大湘西四市（州）仅占 9.09%，受益程度相差较大。

4. 操作性待增强

《措施》多处采用"鼓励""支持""引导""加快推动"等表达，缺乏后续操作指引，对各项措施没有明确的分工和要求，资金奖励没有明确从哪支出，同时《措施》要求配套实施细则也未及时出台，导致政策可操作性大打折扣。

（二）政策落实情况

政策出台后，湖南厅局和市州统筹规划、协调推进，形成了多层次的实施体系，有效促进了政策落地。

1. 强化顶层设计及政策配套

一是强化顶层设计。《措施》出台后，湖南省政府先后颁布《关于加强信息安全产业发展的若干政策措施》《湖南省大数据产业发展三年行动计划》《湖南省人工智能产业发展三年行动计划》《湖南省 5G 应用创新发展三年行动计划》《湖南省工业互联网 App 培育三年行动计划》等政策文件，基本形成了较为完善的"互联网＋制造业"政策体系。

二是完善政策配套。针对《措施》中的相关支持政策，湖南省工信厅和财政厅联合制定了优惠政策的支持和认定办法。出台了《湖南省省级工业互联网平台验收管理办法》，将"上云上平台"的网络安全保障机制纳入考核内容。此外，各市州也做了积极探索，如常德市出台了《常德市工业扶持专项资金管理办法》，明确实施智能制造工程，鼓励企业实施智能化改造，对于列入市级智能制造示范企业、车间和首台套设备研发的给予奖励。

三是建立情况通报制度。对湖南省级工业互联网平台、移动互联网产业重点企业、软件产业重点企业、两化融合贯标企业采取季度通报制度；对大数据产业发展重点项目、工业 App 开发进度采取半年通报制度；对人工智能和传感器产业链、自主可控计算机及信息安全（含 IGBT）产业链、3D 打印及机器人产业链重点企业采取按月调度进度填写至工信云平台，及时跟进各类项目进度，确保建设成效。

2. 推进重点项目建设

一是开展省级工业互联网平台建设。2018 年，在 83 家申报省级工业互联网平台的企业中，选取了 20 家进入省级平台建设计划，2019 年在 103 家中选取了 40 家，两年总计 60 家企业入选，截至 2020 年 6 月已有 8 家平台通过验收，正式成为湖南省级工业互联网平台。

二是推动中小企业"上云上平台"。全省 14 个市州均成立了中小企业"上云上平台"工作领导小组，制定实施方案，积极开展知识宣讲、实务培训、现场问诊等对接服务活动，2019 年共计 500 余场次，基本实现湖南县市区、工业园区全覆盖。截止到 2020 年 6 月底，全省中小企业"上云"达 27 万家，"上平台"7172 家，在此基础上遴选 40 家深度"上云上平台"标杆企业全省推广。

三是开展两化融合管理体系贯标工作。征集省级两化融合管理体系贯标试点企业，2019 年公布了 104 家两化融合管理体系贯标试点企业，2020 年再次公布了 282 家；截至 2020 年 6 月 30 日，全省获得两化融合管理体系贯标证书的企业总数量达到 205 家，企业开展自评估、自诊断、自对标数量和企业启动贯标数量在全国均排第 8 名，中部地区排第 3 名。

四是组织申报工信部试点示范项目。在工信部评选的试点示范项目中，湖南省有 6 家企业入选工信部制造业与互联网融合试点示范项目，入选项目数量位居中西部第 1；11 家企业工业互联网项目入选工业互联网创新发展工程，中标金额超过 10 亿元，入围项目数量在中西部地区领先；5 家企业入选工信部工业互联网试点示范项目；4 家企业入选工信部大数据产业发展试点示范项目。

五是加强创新平台建设。2018 年以来，湖南省在制造业与互联网融合领域共支持建设了 20 多家省级工程技术研究中心和重点实验室；组织国防科大、湖南大学、中电互联、树根互联、山河智能等有关单位，联合申报国家工程技术研究中心。

六是推进产业和园区发展。开展大数据产业园建设，夯实数据中心基础设施建设，2019 年遴选发布了 12 家大数据产业园，涉及湖南省 8 个市州；聚焦数字经济相关工业新兴优势产业链，围绕人工智能和传感器、自主可控计算机及信息安全（含 IGBT）、3D 打印及机器人等确定了 67 家全省产业链重点发展企业。

七是加快信息基础设施建设。截至 2020 年 3 月底，湖南省共建成 5G 基站 1460 座，完成投资 8.3 亿元；争取国家专项投资，上报湖南快乐阳光传媒超高清视频制播及多场景应用平台、湖南电广传媒 5G 综合承载网工程、国网湖南省公司智能电网 5G 新技术规模化应用等项目。

3. 加强专业人才储备和培养

一是支持人才引进。2018～2019 年，围绕"四个 100"重大建设项目和地方特色优势产业，支持三一汽车制造有限公司等企业引进饶有福等 19 名制造业与互联网融合领域高层次人才；对引进人才，除享受"芙蓉人才计划"等相关政策外，全职引进的给予 100 万元、柔性引进的给予 60 万元的财政奖励性生活补助。

二是做好制造业与互联网融合领域人才评价。开展先进制造业人才专场评审，印发《长株潭衡制造业高质量发展产业人才高级工程师职称轮值评审工作方案（试行）》，共有 426 人获评质量技术监督、机械与动力工程、电子通信与自动控制技术、电气工程专业高级工程师。出台《湖南省创新民营企业专业技术人才职称评审 10 条措施》，聚焦制造业与互联网融合领域民营企业职称评审突出问题，提高民营企业职称评审政策的精准性和效能性。

三是做好人才培养。组织开展了工业互联网二级节点创新发展座谈会、制造业与互联网融合专题培训班、大数据产业推进会、人工智能产业发展研讨会、工业互联网平台建设与推广应用现场会以及人工智能创新发展专题培训班（英国）等多场培训研讨会。在湖南大学开展能源互联网背景下新电力系统装备及其关键技术高级研修班。

四是做好专业人才培训基地建设，依托高等院校、科研院所等机构，建立国家级专业技术人员继续教育基地 5 家、省级基地 12 家；依托职业院校，建设湖南省高技能人才基础能力建设项目 16 个，国家级高技能人才培训基地建设项目 6 个，助推培训基地开展制造业与互联网融合主题培训。

4. 加大资金投入落实优惠政策

一是落实奖励政策。湖南省已从制造强省专项资金中安排不少于 4000 万元的资金，用于支持工业互联网、制造业与互联网融合的关键技术研发、平台建设、试点示范及有关基础工作等。对 40 家"上云上平台"标杆企业奖励 20 万~50 万元不等，共计 1000 万元；对进入工业和信息化部工业互联网应用试点示范、制造业与互联网融合试点示范的 8 家企业，每家顶格奖励 200 万元；对 50 家通过两化融合贯标认定的企业，每家奖励 50 万元。

二是落实税收优惠政策。协助制造业与互联网融合类企业认真落实研发费用加计扣除，以及高新技术企业、软件产业和科技企业孵化器等国家税收优惠政策，做到"应报尽报，应享尽享"。

（三）政策实施效果

1. 形成了相对完善的工业互联网发展格局

截至 2020 年 6 月，全省各类型工业互联网平台近 100 个，具有一定区域、行业影响力的平台 20 多个；连接的工业设备超 100 万台，接入设备价值超 6000 亿元；汇聚工业 App 超 11 万个，占全省工业 App 总量的 86.9%。根云平台成为全国首批十大"双跨"平台之一，首家入选 Gartner 2019 工业互联网平台魔力象限的中国企业；根云平台、中电互联平台、中科云谷平台入选全国工业互联网平台 30 佳；湖南省 11 家企业获评工信部 2018 年、2019 年工业互联网创新发展工程项目，排中西部地区第一。从平台数量、服务能力、应用范围、获评荣誉和奖项来看，湖南省工业互联网创新发展已经位居中西部前列，并形成骨干龙头企业示范引领、优势产业链优先推广、产业集聚区建立生态的"点、线、面"特色发展格局。

2. 推动了企业数字化转型和降本增效

湖南省推动中小企业"上云",从企业内部模块"上云"、企业整体"上云"到推动行业"上云"三个层面全面发力,在助力企业降本增效、打破企业内部"信息孤岛"、推动产业链上下游协同发展等方面有力地推动中小企业数字化转型。问卷显示,"上云"后,64.47%的企业生产周期得到了压缩,67.42%的企业库存水平下降了,66.74%的企业实现了节能降耗,65.84%的企业成本降低了,64.7%的企业利润率提升了。如湖南省"上云上平台"标杆企业浏阳市颐和隆烟花集团有限公司,通过建立网络化的管理系统,大大降低了库存,产值是以前的10倍,库存却下降到之前的30%。

3. 催生了制造业与互联网融合新模式、新业态

互联网在制造领域的应用,不仅大大促进了生产力的提升,更重要的是,由于生产制造的网络化,原有的价值创造体系发生了革命性的变化,从而产生大量新模式和新业态的创新。中联重科、三一集团、远大空调等装备制造业领军企业实现了基于互联网故障预警、远程维护、质量诊断、远程过程优化等在线增值服务,拓展了产品价值空间,加快实现从制造向"制造 + 服务"的转型升级步伐。长城科技、中兴智能、威胜集团、华自科技等电子信息企业,走上了"硬件 + 软件 + 服务"的一体化发展道路。一些传统产业衍生出新兴业态,如浏阳市烟花产业,其中一批企业利用物联网技术,将烟花燃放与创意表演相结合发展成"数字烟花"产业。截至2020年6月,全市具备焰火燃放资质的企业90多家,占全国大型焰火燃放市场的85%,构建了完整的产业链。

4. 培育了产业协同、大中小企业融通发展的新生态

一批区域性、行业性平台和骨干龙头企业,面向产业集群提供的工业互联网通用解决方案更易落地,如醴陵市陶瓷行业通过建立陶瓷行业集中采购平台,整合了全国300余家陶瓷原材料供应商入驻,不仅将原材料采购成本降低了15%左右,而且建立了集中的供应链体系,减少了原材料库存,为中小企业降本增效提供了平台支撑;邵东智能制造研究院有限公司的"基于互联网的轻工行业智能装备'双创'共享平台"进入了工信部制造业"双创"平台试点示范,为邵东的打火机、小五金、箱包的传统特色产业的改造升级提供了技术支撑。反过来中小企业依托工业互联网平台,提升了产业链上下游协同发

展水平，如双峰农友集团为三一集团配套，与三一的供应链管理体系对接，倒逼了农友集团的管理信息化和机制创新。

（四）政策实施中存在的问题

1. 部分政策落实不够到位

政策执行存在标准不一、透明度不够的现象。调研发现，在两化融合贯标奖励政策兑现中，一些企业通过了认定，却拿不到政策中标示的奖补资金，而且对于没有获得奖励的原因是什么、问题在哪里，都没有给出合理解释。根据省工信厅网站公开信息，截止到 2020 年 6 月 30 日，全省有 205 家企业通过两化融合贯标认定，目前只有 50 家获得了该奖励。

表 2 《措施》未落实到位的条款

序号	政策事项	暂未落实情况及原因说明
1	对进入工业和信息化部两化融合试点企业，通过两化融合贯标认定的项目给予 50 万元奖励	截止到 2020 年 6 月 30 日，全省有 205 家企业通过两化融合贯标认定，目前只有 50 家获得了该奖励
2	对制造业企业的网络改造工程，按照技术改造相关政策给予支持	制造业企业的网络改造费用不易统计，暂未给予支持
3	对于工控安全试点示范应用项目，给予不超过项目投资 20%、金额不超过 100 万元的资金支持	工业互联网发展处于初期阶段，工控安全发展标准还在进一步完善。工信部还未开展工控安全试点示范应用项目征集，湖南省也在进一步研究
4	在制造强省建设领导小组下设立工业互联网专项工作组	因工作组清理暂未设立
5	省工业和信息化厅会同省财政厅制定本政策实施细则	未出台实施细则文件，工信厅和财政厅联合对政策内相关支持内容出台了支持和认定办法

资料来源：评估组根据厅局自评报告和政府门户网站公开资料整理。

2. 融合水平偏低，缺乏广度和深度

一是两化融合覆盖广度不够。湖南省贯标的企业数量还很少，需要加快推进，尤其是湘南湘西地区。邵阳市调研反映，邵阳市有 1561 家规模工业企业，纳入"两化融合"试点培育的企业仅十余家，2019 年进入省"两化融合"贯标试点培育的 8 家企业，通过国家工信部贯标认证的仅 3 家。

二是融合深度不深。湖南省制造业大部分企业还处在工业 2.0 阶段，有的甚至处于 1.0 阶段，"企业上云"也是简单的无纸化办公、电子商务等"初级上云"，而没有真正在设计研发信息化、生产装备数字化、生产过程智能化和经营管理网络化等方面进行转型升级。据国家工信部《中国两化融合发展数据地图（2019）》，2019 年湖南省两化融合发展水平指数是 49.0，低于全国平均水平（54.5），处于第二梯队，居全国第 16 位、中部六省第 4 位。

3. 工业互联网平台服务能力仍然不强，应用开发受限

一是平台本地化应用不够。因为"千企千面"，不同工业企业的需求千差万别，任何一个企业的通用平台都不能包打天下，需要不同细分行业的不同的产品、服务提供商配合落地。部分云平台和云服务机构专业性有待提高，对工业企业的流程不了解，提出的服务方案针对性不强，有的还是停留在类似"上网"的阶段。部分工业互联网平台定位不准确，特别是部分区域性平台，对本地区产业特点和企业需求理解不够全面和深刻，导致行业解决方案应用性不强。

二是工业 App 发展不均衡，且数量较少。湖南省工业 App 在不同行业、不同产品、不同生命周期阶段存在较大的不均衡，主要集中在一些局部专业领域开发和应用，未能大规模推广。如：状态监测、故障诊断类工业 App 多，预测预警类尤其是智能决策类工业 App 少；基于单一数据源开发的工业 App 多，基于设备和业务系统等多源异构数据开发的工业 App 少。其次，工业 PaaS 平台赋能不够，开发工具不足，工业 App 太少，远不能完全满足工业级应用需要。前瞻产业研究院数据显示，我国工业软件仅占到全球约 6% 的比重，在设计、加工和分析领域，工业软件被欧美厂商 100% 垄断。

4. 企业积极性不够，推进步伐较慢

一是企业资金压力大。疫情让企业家普遍意识到工业互联网的重要性，调研中企业普遍反映希望加强自身信息化建设，开展"互联网＋制造业"融合方面的业务，但受制于条件限制，真正能付诸行动的不多。问卷显示，88.11% 的企业"互联网＋"改造的资金来源为自有资金，56.11% 的企业认为推动"互联网＋"费用太高，企业无力承担。对于大部分中小企业来说，首先面临的是生存问题，而"上云上平台"的人财物投入较大，即使企业想投入，但苦于应对生存问题，对投入 3~5 年才能见效的项目，也很难提上日程。

二是对网络安全有顾虑。调研中不少企业认为当前工控安全保障体系存在短板，对网络安全存在顾虑，担心企业信息泄露。湘潭市反映，正在进行信息化改造升级的沃森电气、迅达科技、3D打印生产及方案服务商西交智造等企业都提出上云数据的保密性和安全性问题，存在"不敢上、不会上"等问题，导致推进步伐总体偏慢、应用层次有限。

三是专业人才缺口大。推动制造业与互联网融合发展，需要对互联网及制造业发展都有深入理解的跨界融合型人才，但在实践中企业往往面临人才难引进、内部储备少、培育周期长、流动速度快等困境。一些企业虽然引进了企业管理系统（ERP）、制造执行系统（MES）、产品生命周期管理系统（PLM）等信息系统，但因为人才问题难以得到实质性推进执行。问卷显示，约60%的企业表示专业人才缺乏直接制约了企业推进"互联网＋"的进程，尤其是中小企业，信息化的人才缺乏问题尤其突出。

四　评估结论

通过认真评估，评估组认为《措施》的指导性和针对性较强，得到湖南各地和企业肯定。政策出台后，湖南省直相关部门和市州积极作为，形成了多层次的实施体系，政策实施在促进工业互联网发展、推动企业数字化转型、催生制造业与互联网融合新模式新业态、培育产业新生态上，取得了明显的成效。但从评估情况来看，政策实施效果还有待强化，主要体现在：部分政策措施落实不够到位，制造业与互联网的融合广度和深度不足，工业互联网平台服务能力仍然不强，企业因基础条件所限推进步伐较慢等。下一步，建议从加强政策落实、统筹政策战略性布局、加大信息基础设施体系投入、强化要素保障等方面用力，进一步深化制造业和互联网融合发展。

五　对策建议

（一）进一步加大政策落实力度，发挥政策的最大效果

一是尽快完善《措施》实施细则。建立政策执行的流程图、线路表，明

确政策操作细则或操作指南，形成如何申报、找谁申报、具体解答、结果回复、保障政策执行到位的全流程工作责任。积极征询湖南省财政厅意见，确定奖补资金规模和资金出处，避免出现事后增设门槛、选择性兑现的现象；对于没有兑现或者是延后兑现的政策，要及时反馈给企业，向企业合理解释没有获得奖励的原因是什么、问题在哪里，做到公开透明具体。

二是整合奖补资源，简化政策补助资金的申请。通过对涉企重大专项扶持的资金整合，将分散在各部门的科技重大专项、技术改造资金、工业转型升级资金、专项建设基金，变为统一口径平台申请和结果公示，方便企业了解优惠政策，同时避免重复申报，最大限度减少申报流程，降低政策落实难度，扩大政策支持覆盖面。

三是补充区域协调发展的政策，充分考虑地区发展水平的差异，增强政策的相对公平性。湖南落后地区市、县财政对制造业和互联网融合发展的支持力度有限，发展迫切需要上级的支持，建议湖南省级部门在执行相关扶持政策时，在项目申报、资金支持等方面应给予落后地区适当倾斜，如可按"四大区域板块"分别制定不同的奖励门槛和标准，适当降低湘西等经济欠发达地区的奖励门槛，避免与长株潭经济发达地区直接竞争。

（二）加强战略布局，强化"互联网＋制造业"产业生态建设

一是进一步统筹工业互联网发展总体战略布局。出台全省工业互联网行动计划，编制全省"上云上平台"规划，将工业互联网作为新基建的重点，加快5G、工业内外网改造、标识解析体系建设、大数据中心等工业互联网基础设施建设速度，并纳入制造强省建设的重点支持领域，抓紧提升湖南省工业互联网平台的核心能力。提升工业互联网平台运营能力，开展面向不同行业和场景的应用创新，不断探索商业模式创新。推动"5G＋工业互联网"融合发展，落实工信部"5G＋工业互联网"512工程，争取把长株潭地区打造成产业优势互补、协同效应显著、辐射带动能力强劲的省级示范区，争取创建国家工业互联网创新发展示范区。

二是积极发挥大企业主导中小企业可用的行业共享平台作用。依托大数据、移动互联网等先进信息技术，加快培育和发展以大企业主导、中小企业共同参与的行业服务平台，充分发挥共享经济对于经济转型升级、创新驱动发展

的重要作用。重点制定政策鼓励建立制造业行业生产能力分享平台、产能设备分享平台、创新人才分享平台、新型科技仪器分享平台、教育培训分享平台、创新设计服务分享平台、供应链服务分享平台、数据分享平台、互联网金融分享平台、知识产权保护分享平台、电子商务分享平台、咨询服务分享平台等，为中小企业转型升级提供良好的外部支撑条件，降低中小企业转型升级的成本。

三是支持工业 App 生态完善。从开发、测试、分发、交易等环节，推动完善基础服务支撑体系，建立体系完整、分类明确、指导性强、滚动修订的工业 App 开发、测试、分发标准，围绕数据互通、应用移植、安全性、可靠性等测试需求，建设工业 App 测试和开发标准，支持工业 App 开发者进行自测试、自评估，加速工业 App 的应用推广。实施工业技术软件化工程，支持有实力的大型工业企业投入自主工业 App 研发和商业转化，依托三一重工、中联重科、中电互联等核心企业，进行工业技术和工艺的软件化封装，加快应用迭代，形成一批重量级工业 App。

（三）加大新型基础设施建设力度，强化信息安全支撑体系

一是持续加大数字"新基建"建设力度。充分发挥工业互联网、5G、数据中心等新型基础设施的"头雁效应"，建设全省一体化的制造业大数据平台，建立制造业关键数据采集分析体系，提升现代产业智能治理水平。推进光纤和4G 移动通信网络深度覆盖，加快 5G 基站及配套设施建设，优化升级骨干网络基础设施，推进智慧园区建设，打造低时延、高可靠、广覆盖的新一代通信网络，提升互联网技术水平。

二是制定湖南省工业互联网安全防护等专项规划，编制设备安全、数据安全、平台安全等标准规范，明确安全管理、技术、运维、测评工作指南。建设工业互联网安全应急处置平台，培育专业工业互联网安全管理服务机构，指导企业开展工业互联网安全保障体系建设。打造工业互联网安全信息共享、监测预警、攻防演练等平台，收集并及时发布工业安全漏洞、风险和预警信息，运用大数据手段实现重点行业工业互联网整体安全态势感知、评估评测和风险防范，提升两化融合信息安全公共服务能力。

三是将信息安全产业作为湖南省"十四五"主导产业，做好区域布局规

划，构建以国家网络安全产业园区（长沙）为核心，以长沙高新区和株洲高新区为两翼，以长沙、株洲、湘潭为产业支撑区域的"一核、两区、三城"产业空间布局。立足国防科大作为飞腾 CPU 和麒麟操作系统技术策源地的优势，完善湖南"PK"体系自主可控适配中心的功能，建立适配认证体系，优化产业生态①。要推动信息安全产业与工程机械、轨道交通、航空航天、新材料等优势产业集群跨界融合，带动相关产业转型升级和高质量发展。

（四）加大人才、资金帮扶力度，增强要素保障能力

一是强化紧缺人才培养制度，建设"经营管理人才＋专业技术人才＋技能人才"的"互联网＋"人才发展体系。建立互联网人才培训基地，面向制造业企业开展互联网技术应用的人才培训，协助企业升级人才机构。支持先进制造企业、工业互联网平台企业设立培训机构，或与科研院所（校）合作建立教育实践基地，开展职工在岗、转岗技能培训。鼓励和引导高等学校和职业教育学校围绕重点产业和市场需求设置相关专业，开展"互联网＋"、制造转型升级以及新兴业态学科体系建设，培养一批紧缺的跨学科、复合型、应用型人才。

二是推动金融平台助力制造业深度融合。加快培育和引进诸如深圳思贝克集团等集工业品、互联网、供应链金融服务于一体的综合性企业，构建以"工业品＋互联网＋供应链金融服务"为主体制造业企业转型升级新模式。依托产业链和供应链上的企业大数据资源，设立开发金融科技信息服务平台，引进金融合作伙伴，为中小企业转型升级提供金融服务，降低金融机构风险，打通资金供给与企业需求的安全通道，使虚拟经济更好支撑实体经济的发展。

---

① "PK 体系"：以飞腾（Phytium）CPU＋麒麟（Kylin）OS 为基础，支撑 IT 应用的软硬件环境及其关联的产品和技术的总集，是绿色、开放、共享的技术架构和商业模式。

《统筹推进"一湖四水"生态环境综合整治总体方案（2018～2020年）》实施效果评估报告[*]

湖南省人民政府发展研究中心评估组**

"一湖四水"是长江生态系统的重要组成部分，在维系湖南省生态安全方面举足轻重。2018年2月，湖南省出台了《统筹推进"一湖四水"生态环境综合整治总体方案（2018～2020年）》（湘政办发〔2018〕15号）（以下简称《方案》）。经省领导批准和根据《湖南省人民政府重大决策实施效果评估办法》（湘政办发〔2017〕45号）的要求，湖南省人民政府发展研究中心开展了《方案》实施效果评估工作，评估情况如下。

一 政策概况

《方案》主要包括总体要求、主要任务、保障措施等三方面内容；其中，主要任务包含十二大工程（见表1）。

表1 《方案》主要任务

序号	政策内容	序号	政策内容
1	养殖污染整治工程	3	城镇与园区污水处理提升工程
2	非法采砂整治工程	4	黑臭水体整治工程

---

* 本报告获得湖南省委常委、省政府常务副省长谢建辉，时任湖南省政协副主席戴道晋的肯定性批示。

** 评估组组长：谈文胜，湖南省人民政府发展研究中心党组书记、主任；评估组副组长：唐宇文，湖南省人民政府发展研究中心副主任、研究员；评估组成员：唐文玉、刘琪、田红旗、周亚兰、罗会逸，湖南省人民政府发展研究中心研究人员。

序号	政策内容	序号	政策内容
5	湖区清淤疏浚工程	9	人居环境综合整治工程
6	湿地生态修复工程	10	水源地及重点片区保护治理工程
7	生态涵养带建设工程	11	湘江流域重金属污染治理工程
8	河道整治与保洁工程	12	防洪减灾能力提升工程

资料来源：评估组根据《方案》内容整理。

二 评估工作概况

成立由中心领导牵头的专题评估小组，综合采用自评、实地调研等方法，对《方案》实施情况进行了深入细致评估。一是请湖南省生态环境、水利、农业农村、住建、发改等相关部门和14个市州开展自评。二是赴岳阳、益阳、常德等地实地调研。在此基础上认真评估，形成评估报告。

三 评估主要内容

（一）对政策的总体评价

《方案》的规范性、完备性较好，但知晓度和部分条款的可操作性需进一步提高。一是知晓度不高。调研中，部分省直部门和大部分市州对本《方案》的知晓度不高，往往是按照污染防治攻坚战、湘江保护和治理"三年行动计划"、洞庭湖生态环境专项整治等工作的要求推进相关工作。二是部分指标需调整。如，目前对县级及乡镇建成区黑臭水体已不再提具体目标要求；又如，农业农村部已将"农村厕所污水治理和资源化利用率"变更为"卫生厕所普及率"或"无害化卫生厕所普及率"指标。

（二）重点目标完成情况

《方案》目标总体完成情况较好，河湖水质优良率和洞庭湖总磷浓度已达标。在重点目标中，2项没有统计数据，2项指标调整，11项完成，11项按进度推进，1项滞后，完成和按进度推进及调整的指标占全部指标的88.9%（见表2）。

表2　《方案》重点目标完成情况

序号	重点工程	指标	2020年目标值	截至2020年6月完成情况	进度情况
1	养殖污染整治工程	规模养殖场粪污处理设施装备配套率(%)	95	92.5(至2019年底)	按进度
		畜禽养殖废弃物资源化利用率(%)	75	83.22(至2019年底)	完成
		洞庭湖区国有渔场池塘水环境改造(万亩)	50	49.83	按进度
2	城镇与园区污水处理提升工程	新建城市污水管网(千米)	3000	—	—
		新增县级以上城市污水处理能力(万立方米/日)	100	—	—
		新建(改造)乡镇污水处理设施(处)	500	394	滞后
3	黑臭水体整治工程	地级市建成区消除比例(%)	95	93.5	按进度
		洞庭湖县市区消除比例(%)	100	98.3(市建成区)	指标调整
4	湖区清淤疏浚工程	完成沟渠清淤(万千米)	5.93	4.43	按进度
		完成塘坝清淤(万口)	10.91	7.48	按进度
5	湿地生态修复工程	修复全流域被侵占破坏湿地(万亩)	65	62.9	按进度
		湿地保护率(%)	72	75.77	完成
		洞庭湖自然保护区内杨树退出(%)	100	76.4	按进度
6	生态涵养带建设工程	治理水土流失面积(万平方千米)	1380	641.3(至2019年底)	按进度
		坡耕地水土流失综合治理(平方千米)	43.8	57.91(至2019年底)	完成
		沿路、沿江河湖岸造林绿化(万亩)	60	60	完成
		沿路、沿江河湖岸提质改造(万亩)	30	30	完成

续表

序号	重点工程	指标	2020年目标值	截至2020年6月完成情况	进度情况
7	人居环境综合整治工程	城镇生活垃圾无害化处理率(%)	95	99.58	完成
		设区城市生活垃圾焚烧处理率(%)	50	70	完成
		县以上城镇生活垃圾资源化利用率(%)	50	45	按进度
		新增餐厨垃圾处理能力(吨/日)	1100	1210	完成
		完成存量垃圾填埋场治理(座)	46	43	按进度
		生活垃圾有效治理行政村占比(%)	90	91.8	完成
		农村厕所粪污治理或资源化利用率(%)	70	80.88(卫生厕所普及率)	指标调整
		稻草"五化"利用率(%)	85	86.4(至2019年底)	完成
8	湘江流域重金属污染治理工程	湘江干流和主要支流水质全面达标并稳定在Ⅲ类标准内(%)	100	98.7(至2019年底)	按进度
		重点行业重金属排放量比2013年下降(%)	13	13.5	完成

资料来源：评估组根据部门提供自评报告整理。

（三）政策落实情况

1. 加强水污染防治

（1）推进农业农村污染治理

一是扎实推进畜禽污染防治。严格执行畜禽养殖分区管理制度，截至2020年11月，全省确定禁养区2913个，各县市区均已制定了畜禽养殖禁养区划定方案。加强规模养殖场粪污处理，支持第三方畜禽粪污资源收集利用机构发展，已建成投产126家，在建47家。二是推进渔业健康生态养殖。全省14个市州、有编制任务的102个县市区已完成水域滩涂规划的编制工作，天然水域全面禁止投肥养鱼，饮用水源一级保护区的养殖网箱已全部清理拆除完毕。大力推广稻鱼综合种养模式，2019年全省稻田综合种养面积达到470万亩，居全国第二位。三是开展农村人居环境综合整治。出台了《湖南省农村人居环境整治三年行动实施方案（2018～2020年）》。大力推进"厕所革命"，生活垃圾"村收集、乡转运、县处理"的模式基本形成。四是推进农业废弃物综合利用。推广"五化"（肥料化、燃料化、饲料化、原料化、基料化）为主的秸秆综合利用模式。以湘江流域和环洞庭湖区为重点，每年在8个县市区开展农药包装废弃物回收处置试点。在张家界、郴州等地开展试点，创新地膜回收和再利用机制。

（2）加强城镇与园区污染治理

一是推动垃圾处理产业转型升级。截至2020年6月，全省已建成垃圾焚烧发电厂12座，在建项目11个，生活垃圾焚烧处理量已达到生活垃圾处理总量的40%以上；已经完成43座存量垃圾填埋场的治理工作，3座正在开展治理。二是大力推进城镇污水治理设施建设。启动乡镇污水处理设施建设四年行动，截至2020年5月底，全省170个全国重点镇中，已有116个建成（接入）污水处理设施；长沙市已实现乡镇污水处理设施全覆盖；常德市、岳阳市、益阳市共计302个乡镇中，已有158个建成（接入）污水处理设施。推进雨污分流，2018年以来，全省新增污水收集管网2291千米、雨水管网1729千米，截至2019年底，合流制管网总里程达7405千米，占总排水管网的比例从27.3%降到23%。吸引社会资本参与有成效，如岳阳、益阳等地与长江生态环保集团合作，采用PPP模式推进城镇污水处理项目。三是加快工业园区污水治理力度。全省144个工业园区已配套202座污水处理设施，199座连入省级监控平台，基本实现"全覆盖"。按照"一园一档""一园一策"的要求，强力推进问题整改，因污水处理设施建设运营导致的系统性、长期性超标排放问题已基本解决。四是深入开展黑臭水体整治。纳入国家考核任务的184个地级城市建成区黑臭水体，截至2020年6月，已完成整治172个；岳阳市、湘潭市成功申报国家黑臭水体治理示范城市。在环洞庭湖地区开展县级城市建成区黑臭水体整治，截至2020年6月，已完成整治50个。推进村镇黑臭水体治理，出台了《湖南省农村黑臭水体整治技术指南》。

（3）开展河道污染综合整治

一是全面加强河道采砂管理。印发了《湖南省湘资沅澧干流及洞庭湖河道采砂规划（2019～2022年）》，规划在2019～2022年将97%的省管河道划为禁采区或保留区。划定了可采砂船集中停靠点180个，完成了1369艘运砂船的 AIS（Automatic Identification System，船舶自动识别系统）或北斗定位设备加装及信息固化工作，建成运行运砂船监管信息系统。将河道采砂纳入河长制工作内容，加大河道采砂联合巡查执法力度，河道采砂秩序明显好转。规范砂石码头管理，督促市州关停非法砂石码头 831 处；除张家界、郴州 2 市不建砂石码头外，湘潭市已完成规范建设，其他 11 个市州砂石码头规范建设正在推进。二是积极推进船舶污染治理。全省已建成船舶污染物收集点 58 个，组建了污染物接收单位 19 家，配置船舶污染物收集船 32 艘。建设船舶污染物固定接收设施，岳阳城陵矶港的胶囊形散货仓库是全国内河港口环保改造的标志性工程。强化危化品水路运输监管，加快岳阳港化学品洗舱站建设。三是加强河道保洁。将河道保洁纳入河长制工作，落实河道保洁属地管理责任制，湘潭、衡阳等地积极探索河道保洁的市场化机制。建立健全全省河道保洁监控系统，共设置覆盖全省 122 个县市区的 620 个前端监控点，及时督促打捞，保持水面清洁。

（4）开展湘江流域重金属污染治理

株洲清水塘于 2018 年底全部关停、退出 153 家企业。湘潭竹埠港 28 家重化工企业全部退出，正在推进污染场地修复。衡阳制定了《衡阳市园区循环化改造推进计划》，围绕铜、铅、锌三条产业链推动循环化改造项目，2018 年以来实施了 13 个土壤修复治理项目。郴州三十六湾完成矿山开采秩序整治，甘溪河－陶家河流域水质明显好转。娄底锡矿山强力推进涉锑行业企业整治整合，完成 5200 余万吨矿区废渣的治理，流域水环境质量逐步改善，与 2017 年相比，2019 年青丰河万民桥断面、涟溪河民主桥断面锑浓度分别下降 31.1%和 33.3%。湖南省有 15 个土壤污染治理与修复技术应用试点，已完工 13 个，修复污染场地 29.68 余万方。清洁生产审核范围扩大到化工、有色和其他涉重金属企业，确保实现重金属污染物达标排放和总量削减。

2. 保障水生态安全

（1）加强水源地保护

一是有序开展水源地突出环境问题整治。市级、县级水源地突出环境问题整治工作基本完成；启动了"千吨万人"饮用水水源保护区突出环境问题整治工作，累计排查环境问题 818 处。二是推动超标饮用水水源限期整改。推动郴州市对超标的山河水库进行更换。针对孙水河锑超标问题，指导娄底市完成涟水河和双江水库替代大科石埠坝水源地。益阳龙山港断面水质已经达标。二是全面开展水源水质监测。建立了饮用水安全管理信息平台，基本实现饮用水水源地信息共享。全省县级及以上集中式饮用水水源水质监测已实现全覆盖。

（2）实施洞庭湖区清淤疏浚

制定了《洞庭湖生态环境专项整治三年行动计划（2018～2020年）》，实施沟渠塘坝清淤，逐步恢复了沟渠连通性能和塘坝蓄水能力，改善了水生态环境。

（3）开展湿地生态修复

一是开展退耕还林还湿试点。在洞庭湖开展1.45万亩退耕还湿，在"一湖四水"流域开展3.2万亩退耕还林还湿，在四水源头区域开展小微湿地保护与建设试点。湘潭市涟水流域退耕还林还湿试点，采用"田—塘—渠—河"系统修复模式，取得了试点区流出水质达Ⅲ级以上的良好成效。常德市成功创建国际湿地城市，是全球首批18个国际湿地城市之一。二是实施湿地保护修复工程。2018年以来，全省累计清理洞庭湖区自然保护区杨树23.65万亩，其中，三年行动计划任务完成了15.87万亩，占三年行动计划目标的76.4%。南洞庭湖已完成调优确界工作，东洞庭湖、横岭湖自然保护区调优确界已完成摸底调查、评估论证等前期工作。加快实施西洞庭湖、东洞庭湖国际重要湿地保护与恢复工程和三峡后续项目，指导南洞庭湖等申报国际重要湿地保护与恢复工程、三峡后续项目。三是实施生态涵养带建设工程。2018～2019年，湖南省共完成人工造林面积570万亩、退化林修复656.7万亩。制定了《湖南省省级生态廊道建设总体规划（2019～2023年）》。完成长株潭城市群生态绿心地区总体规划调整修订工作，夯实绿心保护基础。

3. 提升防洪减灾能力

（1）加强重点工程建设

完成洞庭湖6个重点垸658千米一线堤防加固达标，改造穿堤建筑物231处、建设堤顶防汛道路482千米。莽山水库完成并网发电等阶段目标，毛俊水库于2018年5月开工，椒花水库主体工程计划于2020年8月开工建设，宜冲桥水库、大兴寨水库正开展前期工作。洞庭湖北部分片补水8个应急工程已完工。

（2）提升基层防洪能力

实施了11个农村基层防汛预警体系建设。开展山洪灾害防御演练1万余场次。开展超标洪水防御专题培训200余次。

（四）政策实施效果

1. 水环境质量稳定向好

2019 年，"水十条"国考断面水质优良率 91.7%，高出全国平均水平 16.7 个百分点，比 2017 年上升 3.4 个百分点；省考断面水质优良率为 95.4%，比 2017 年上升 1.8 个百分点。长江干流湖南段和湘、资、沅、澧四水水质总体为优，108 个省控及以上断面中，除 1 个为Ⅲ类，其余 107 个全部达到Ⅱ类。洞庭湖总磷浓度为 0.066 毫克/升，比 2017 年下降 9.6%。

2. 水生态持续改善

大通湖水质已退出劣Ⅴ类，除总磷外其他指标均值达到Ⅲ类，东风湖水质提高到Ⅳ类。2019 年，洞庭湖区越冬候鸟超过 24.6 万只，创下 10 年之最，江豚稳定栖息达 220 头，麋鹿 164 头，生态环境质量不断改善。

3. 饮水安全得到有效保障

2019 年，全省地级水源水质达标率为 96.5%，县级水源水质达标率为 98%。

（五）存在的主要问题和原因

1. 部分区域水环境质量有待提升

一是部分流域水质未达标。大通湖短期内难以达到国家"水十条"Ⅲ类水质要求；资江桃谷山断面短期内难以达到Ⅰ类水质要求。洞庭湖枯水期面积萎缩，水环境承载力不足。涟水、沩水等出现枯水期水质大幅下降现象。二是黑臭水体治理难度大。株洲市、邵阳市黑臭水体消除比例还未达到目标要求。由于污染来源复杂、雨污分流不彻底等原因，湘潭、益阳、怀化等地部分黑臭水体存在"返黑返臭"。三是村镇水源水质不稳定。部分区域乡镇、农村水源水质超标，部分水厂出水水质不稳定，洞庭湖区地下水的铁、锰、氨氮超标。

2. 农业农村面源污染治理任务重

农业农村面源污染是湖南省 COD（Chemical Oxygen Demand，化学需氧量）、氨氮和总磷等污染物的主要来源，是洞庭湖总磷浓度超标的重要原因，体现在：一是大肥大药的传统种养方式没有得到根本转变。二是养殖污染整治存在薄弱环节。"一湖四水"流域出栏生猪 50~100 头的小、散养殖户仍占一定比例。部分规模化养殖场治污设施建设标准不高、运行不到位。部分生猪养殖密集区没有配套足够的消纳用地，粪污还田利用渠道不畅。大多水产养殖户仍采用粗放型养殖方式，养殖尾水处理不够。三是生活污染治理滞后。受不良生活习惯和落后观念影响，不少地方还存在河道乱建乱占、垃圾乱倒、动物粪便和生活污水直排现象。

3. 环境基础设施建设存在短板

大多数城市老城区仍是雨污合流制，但雨污分流改造需要结合旧城改造同步实施，雨污混排问题短期内较难彻底解决。由于选址设计不科学、配套管网建设滞后等原因，部分县以上城市污水处理厂进水 BOD（Biochemical Oxygen Demand，生化需氧量）浓度达不到设计标准，污水处理设施运行效果欠佳。乡镇污水处理设施建设进度滞后，2020 年底前实现重点镇和常德市、岳阳市、益阳市重点区域建制镇污水处理设施全覆盖的目标难度大，而且部分已建成污水处理厂没有实现"厂网一体"。部分污水处理厂运营困难，如娄底市已建成 6 个工业园区污水处理厂，但由于园区企业少或涉水企业少，大多数污水处理厂处于低负荷、低效运行状态。大湘西地区的垃圾焚烧发电厂建设滞后，部分项目的选址和运行存在邻避现象。

4. 配套机制有待健全，部分考核指标设置不合理

畜禽退养、采砂整顿、禁捕退捕等政策影响群众生计，但转产转业配套政策不完善，如长江休渔未考虑未办理捕鱼证渔民的补偿和生活安置，又如西洞庭湖范围内数千林农在停种杨树后由于缺乏谋生技能、转产困难，导致部分地区存在复养复采复捕等反弹现象。缺乏处置采砂、运砂船舶过剩产能的支持政策，虽然，船舶集中停泊在规定水域，但一方面船体锈蚀会污染水环境，另一方面汛期容易走锚影响防洪安全。缺乏对船舶污染物接受企业的支持政策，企业建设运营成本高，部分处于亏损状态，导致实际运行效果不理想。部分考核指标设置不尽合理，如对资江桃谷山断面水质的考核要求是Ⅰ类水质，但对于上游断面的水要求是Ⅱ类、下游断面的水质要求是Ⅲ类。

5. 支撑保障能力不足

一是资金缺口较大。"一湖四水"流域存量污染治理、环境基础设施建设等需要投入大量资金，而湖南省大多数市县属于"吃饭型"财政，加上社会资本参与生态环保建设的项目不够多、范围不够广，短期内完成水生态环境整

治的资金压力大。如根据《大通湖水质达标方案》要求，大通湖完成水环境治理需投入 21 亿元左右；又如怀化市已制定雨污分流改造计划，但由于资金保障不足推进困难。二是科技支撑不够。水污染防治领域的总体创新能力不强，多数龙头企业缺乏研发能力，关键技术和设备水平整体比较落后。畜禽养殖污染治理、池塘养殖尾水净化等先进适用技术研发和示范推广不够。三是基层力量薄弱。乡镇环保机构和队伍建设刚刚起步，小马拉大车的问题严重，难以适应日趋繁重的工作任务。

四 评估结论

《方案》出台以来，以湘江保护和治理"一号重点工程"和洞庭湖水环境综合整治为抓手，同时协同推进四水流域水污染治理、水生态修复和水安全保障，湖南省"一湖四水"生态环境综合整治取得积极成效，人民群众的获得感和幸福感不断提升。在《方案》的实施过程中也存在一些问题，主要有：部分区域水环境质量有待提升、农业农村面源污染治理任务重、基础设施建设存在短板、配套机制待健全、支撑保障能力不足等。基于上述问题，建议根据生态文明建设新形势和新要求，与"十四五"时期相关规划做好衔接，出台更具知晓度和可操作性的政策措施，并在健全体制机制、补齐环境基础设施建设短板、解决重点难点问题、强化支撑保障等方面加大工作力度。

五 对策建议

（一）健全"一湖四水"流域生态环境整治体制机制

一是加强顶层设计。建议与污染防治攻坚战、洞庭湖水环境综合治理规划等做好衔接，突出工作重点，以"1＋N"的方式（总体规划＋各流域专项规划）对"十四五"时期的"一湖四水"生态环境整治做好谋划。建议将涉及"一湖四水"的岸线利用、河湖综合整治、岸线分区管理等内容纳入正在编制的省级国土空间规划，实行统一的国土空间用途管制。二是健全协调机制。采取定期通报、联席会议等形式加强沟通，建立健全迅速、便捷、高效的协调联动工作机制，特别是加强岳阳、常德、益阳三市的统筹协调，加大湘江流域上下游工作衔接力度。推进省际合作，加强"一江两湖"（长江、洞庭湖、鄱阳湖）流域治理合作和经验互鉴。三是建立统一的生态考核机制。探索建立洞庭湖流域的统一环境监测和考核评价体系，统一开展湘、资、沅、澧四水和藕池、松滋、太平三口等洞庭湖入湖断面监测，通过奖优罚劣，促进洞庭湖区的县市区在污染治理上步调一致。四是完善生态补偿机制。鼓励在洞庭湖流域、四水干流和重要支流，建立水质水量奖罚机制、横向补偿机制，流域上下游相邻市县政府间签订横向生态补偿协议。争取将洞庭湖纳入国家层面的流域生态补偿试点，加快建立湖南省湿地生态效益补偿制度。

（二）补齐环境基础设施建设短板

一是加快老城区雨污分流改造。拓宽融资渠道，加大对欠发达县市区的资金支持，避免因资金短缺影响工程进度。对于不符合雨污分流改造条件的，因地制宜采取截流、调蓄等措施。加强智慧管网建设，在环洞庭湖地区探索开展城市排水系统数字模型建设试点。二是加强乡镇污水处理设施建设。合理安排乡镇污水处理厂建设进度，对于基础差、任务重的乡镇可适当放宽期限要求，避免因赶工影响工程质量。加强配套管网建设，确保厂网同步设计、同步建设、同步验收。鼓励具备实施条件的地区，采取 EPC + O（工程总承包 + 运营）等建设模式，节约运营成本。加强督促指导，加大乡镇污水处理收费政策落实力度。三是加强农村生活污水治理。继续推进"厕所革命"，大力推广三格式化粪池等技术。在人口集中的自然村落，探索推广生物接触氧化 + 人工湿地、PE（聚乙烯塑料）固定床生物膜等先进适用技术。

（三）聚焦重点难点问题，提升整治成效

一是加强船舶污染治理。加快港口码头生活污水固定接收设施建设，完善固定和移动设施相结合的接收模式，建议以政府购买服务或予以补贴等方式实现免费接收，促进接收转运处置环节相互衔接、设施高效利用、经济可靠运行。出台政策支持过剩采砂运砂船舶去产能。加快岸电设施和 LNG（液化天然气）加注站建设。二是推进养殖尾水治理。推进洞庭湖地区精养鱼塘改造提标扩面。以国家级水产健康养殖示范场创建为抓手，遴选推广一批养殖尾水

处理技术模式。严格执行水产养殖尾水排放标准。三是加强黑臭水体整治。强化系统思维，将黑臭水体整治与河道清淤疏浚、海绵城市建设、小微湿地试点等工作协同推进，推进沟塘河渠共治，避免出现返黑返臭。创新整治模式，推进水生态修复与城市景观、文化有机结合，将已整治完成的黑臭水体打造成为城市景观廊道。四是完善转产转业政策。对接产业发展和就业需求，开展职业教育培训，对贫困劳动力、就业困难人员等给予一定生活补贴。探索开发"护鱼员"等公益性岗位，拓宽转产就业渠道。对无技术、无资金、无劳动能力的苇农、渔民及退出企业职工等，在就医、养老等方面出台相关支持政策，可以借鉴江苏经验，将退捕渔民按照失地农民标准纳入社会保障。

（四）强化支撑保障能力

一是加大资金支持。加大对欠发达地区在乡镇污水处理设施建设、黑臭水体整治、山水林田湖草生态修复等方面的资金支持力度，出台省级财政相关补助方案。加大资金统筹，建议适当扩大市县对环境保护领域转移支付资金分配的自主权，支持市县对中央和省级下达的涉环类专项资金，在不改变资金使用大类的情况下，统筹整合使用。在有效防范风险的基础上，支持地方政府适度发行生态环保治理地方债券。积极参与国家绿色发展基金筹建，探索设立土壤修复基金。将市场前景较好、有一定盈利能力的治理项目纳入 PPP 项目库，推行"容缺审批"，吸引社会资本参与投资、建设和运营，拓宽资金来源。二是加强科技支撑。依托国（省）级工程技术中心和产业技术创新战略联盟等平台，加大在农业农村面源污染防治、重金属污染治理等领域的科技攻关力度。归集水文、水资源、水质、经济社会等基础数据，加强大数据发展和应用，提升水环境治理的可视化、网络化和智能化水平。建立健全水环境水生态监测预警体系，运用在线监控、无人机、卫星遥感等技术实施全面监控和重点监管。加强对基层的技术指导，提升环境整治工作水平。三是加强社会监督。健全举报制度，充分发挥"12369"环保投诉热线和网络平台作用。公开曝光环境违法典型案例，邀请公众、环保志愿者参与重要环保执法行动和重大水污染事件调查。积极执行环境公益诉讼。

湖南省人民政府办公厅《关于加快推进粮食产业经济发展的实施意见》实施效果评估报告[*]

湖南省人民政府发展研究中心评估组[**]

手中有粮，心中不慌。2020 年 9 月，习近平总书记在湖南考察时指出，湖南要扛稳粮食安全重任，稳步提升粮食产能。作为国家粮食主产区之一，湖南省始终把保障粮食安全放在突出位置。根据国务院的文件，2018 年 10 月 16 日出台了《湖南省人民政府办公厅关于加快推进粮食产业经济发展的实施意见》（湘政办发〔2018〕63 号，以下简称《意见》）。经省领导批准和《湖南省人民政府重大决策实施效果评估办法》（湘政办发〔2017〕45 号）要求，近期湖南省人民政府发展研究中心开展了对《意见》实施效果的评估工作。

一 政策概况

《意见》包括了加快推进湖南省粮食产业经济发展的指导思想、发展目标、主要任务和保障措施四个部分，分解落实到相关部门，其中主要任务如表 1 所示。

---

* 本报告获得湖南省委常委、省政府常务副省长谢建辉的肯定性批示。

** 评估组组长：谈文胜，湖南省人民政府发展研究中心党组书记、主任；评估组副组长：唐宇文，湖南省人民政府发展研究中心副主任、研究员；评估组成员：李学文、龙花兰、黄玮、夏露，湖南省人民政府发展研究中心研究人员。

表1 《意见》主要任务

政策项目	具体内容	
主要任务	(一)着力打造品牌	(二)实施"优质粮油工程"
	(三)培育龙头企业	(四)推动产业联盟组建
	(五)发展产业物流园区	(六)培育新的发展动能
	(七)发展精深加工	(八)推广绿色发展模式
	(九)完善质检体系	(十)推进主食产业化
	(十一)建设粮食产后服务体系	(十二)强化科技支撑

资料来源:评估组根据《意见》整理。

二 评估工作概况

评估工作主要从三个层面展开。一是收集相关省直部门自评材料,评估组向省粮食和物资储备局、省农业农村厅等17家直接责任部门收集落实情况和意见建议。二是面向市场主体发放调查问卷,向全省粮食加工企业发放调查问卷,共回收有效问卷296份。三是开展实地调研和举办座谈会,前往省粮食和物资储备局、衡阳、益阳等地就政策落实情况召开省直部门、市直部门和企业、种粮大户代表座谈会,深入多家粮油加工企业开展实地调研,了解企业对政策的反馈和需求。

三 评估的主要内容

(一)政策评价

1. 知晓度较高

受访企业中,98.31%的企业表示很熟悉或了解文件的具体内容;其中通过政府工作人员知晓的比例为79.04%,通过网络知晓的比例也较高,既反映了政府部门对政策宣传的积极性,也反映了企业对本行业政策的关注。

2. 满意度较高

95.95%的企业认为政策的出台具有积极作用;58.78%的企业对当地政府

落实政策的工作非常满意，36.82%的企业比较满意，1.35%的企业不满意，不够满意的主要原因集中在政策优惠力度不强、政策没有清晰的执行程序、政策宣传解读不足（见图1）。

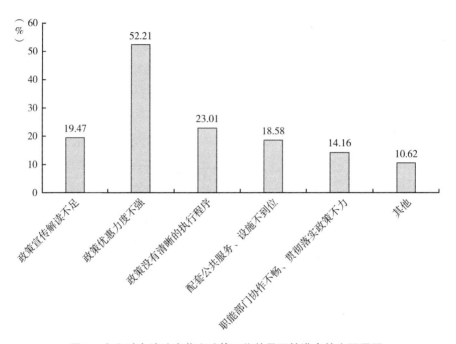

图1 企业对当地政府落实政策工作效果不够满意的主要原因

数据来源：评估组根据问卷调查结果统计。

3. 完备性较好

94.93%的企业认为，政策设计能基本满足湖南省粮食产业经济发展的现实需要；97.3%的企业认为政策内容基本符合湖南省粮食产业经济发展的需求；也有相关部门认为政策在支持力度上有改进空间。

4. 规范性较好

受访企业认为政策流程公开、操作透明、程序便捷方面规范性较好。在流程公开方面，86.49%的受访企业认为政府政策执行过程中流程公开，认为部分公开的企业占11.82%。在操作透明方面，83.45%的企业认为政策操作流程透明，认为透明度一般的企业占14.86%。在便捷性方面，79.05%的企业认为政策执行程序便捷，认为便捷性一般的企业占19.26%。

5. 协调性有待增强

《意见》仅明确了各主要任务和保障措施的责任单位，但未明确牵头部门、进度安排和任务划分，责权界定不够清晰，对部门协作的机制和落实政策的方式没有提出明确要求和具体考核指标，也缺少相应的监督和追责机制，导致部门间合作层次不深、规划对接不畅、政策协同不强。

6. 操作性有待提高

《意见》具有较强的指导性，但文件内容多是原则性、鼓励性条款，大多采用"支持""引导"等表述，缺少强制性要求和实施细则，导致整体推进《意见》的具体落实难度较大。受访企业中，72.97%的企业认为政策的可操作性很好，而认为操作性不强的主要原因集中在申请流程烦琐、部门配合不力、申请条件苛刻等方面（见图2）。

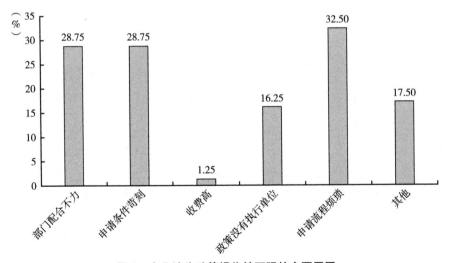

图2 企业认为政策操作性不强的主要原因

数据来源：评估组根据问卷调查结果统计。

（二）政策落实情况

1. 着力打造湖南粮油品牌

一是大力推介湖南"好粮油"。通过组织企业参加农产品博览会、展销会等活动，集中展示湖南好粮油，巩固和发展省际粮食产销协作关系。湖南广播电视台通过策划专题、推出报道,结合融媒传播,扩大"湘"字号系列粮油品牌影响力。二是组建产业联盟打造省级公用品牌。2019 年,湖南省先后成立"湖南省环洞庭湖地区稻米产业联盟""湖南省食用植物油产业联盟",分别有 32 家大米企业和 18 家油脂企业加盟,实行"政府引导 + 行业主导 + 企业主体 + 市场化运行"模式,重点打造了"洞庭香米""湖南菜籽油"区域公用品牌,为香米、菜籽油发展搭建平台。

2. 大力实施"优质粮油工程"

在每年安排不少于 1 亿元粮油千亿产业发展专项资金、深入实施粮食产业"五扶"工程的基础上,2017~2019 年,累计争取中央财政专项资金 12.95 亿元,分年度实施以"中国好粮油"行动、粮食质量监管体系和粮食产后服务体系建设为主要内容的"优质粮油工程"。截至 2019 年底,粮食质量监管体系和粮食产后服务体系建设全部完成,新建、提质省市县三级粮食质量安全检验机构 63 个,覆盖 14 个市州和 70% 的产粮大县。在 72 个县市区建设 430 个粮食产后服务中心,实现产粮大县全覆盖,日烘干能力达 8.1 万吨,2019 年累计烘干粮食 425.2 万吨,实现经济效益 3007.23 万元,节粮减损 30 万吨左右。祁阳县、桃源县等 22 个县市区纳入"中国好粮油"行动计划国家级示范县。

3. 培育壮大粮食产业主体

一是大力培育龙头企业。通过"个转企、小升规、规改股、股上市"等途径培育粮食产业小巨人企业。实施千亿产业标杆龙头企业打造、"百企"培育等项目,引导加工龙头企业采取兼并重组、股份合作、资产转让等形式,建立大型企业集团。二是降低企业经营成本。2019 年,共减免粮食产业增值税 12.4 亿元。加大对粮食企业金融支持力度,通过对涉农企业贷款实行基准利率或下浮利率,取消、调降收费项目,创新粮食贷、油茶贷、特色贷等金融产品,有效缓解企业融资难题。三是支持企业集聚发展。2018~2020 年,累计争取中央预算内投资 2.59 亿元,支持 7 个市州建设粮食现代物流项目 18 个。其中,争取中央预算内投资 1.06 亿元,支持在益阳、常德、衡阳布局建设粮食产业物流园项目。

4. 强化粮食科技支撑

一是加快培育优良品种。科技兴粮的第一步是培育好的种子。湖南已建成立足湖南、辐射全国的岳麓山种业创新中心，加大对优良稻种的培育。已培育米质达到国标一等的杂交稻新品系2个，第三代杂交水稻双季稻亩产突破3000斤。新选育的油茶新品种比传统品种增产6倍以上，亩产值超过5000元。二是推广绿色发展模式。2019年，水稻耕种收综合机械化水平达到76.45%，农作物化肥使用量同比减少1.57%，化学农药使用量同比减少4.1%，降低粮食熏蒸药物用量，有效提高粮食品质。2019年全省共建设有国家绿色食品原料（水稻）基地县14个，总面积210.5万亩；粮食类绿色食品企业145家，绿色食品产品380个，绿色食品面积198.5万亩，销售收入达64.5亿元。三是"云智慧"赋能粮食产业。通过将云技术、人工智能、大数据等前沿科技与传统的粮食生产融合，实现了全流程优化和精细化管理，提升品质和质量。如金健米业包装线人工就由原来每班28人减少到每班14人，减少50%，包装损失减少了1%，能耗下降了10%，产能增加了15%～20%。

5. 延伸粮食加工产业链

一是推进主食产业化。自热米饭、速食猪油拌粉、速冻米饺等速食产业自新冠肺炎疫情以来得到迅猛发展，满足了"宅经济"的消费需求。常德市成立了米粉产业发展工作领导小组和米粉行业协会，启动建设常德米粉产业数字化暨智慧监管平台，支持米粉产业做大做强。截至2020年11月，全市有米粉生产企业19家，日生产能力160万斤，从业人员近10万人，年产值约20亿元。二是发展精深加工。如以茶油茶籽为主要原料，生产茶籽洗护产品、茶油化妆品、营养食品及保健品等，提升茶油价值近10倍。三是提高副产品综合利用率。将菜枯、秸秆加工为生物有机肥，精炼稻米油、硬脂酸、植物沥青、米糠蜡等副产品，粮油副产品综合利用得到有效提高。

（三）政策实施效果

1. 粮食产业经济整体向好

2019年，湖南粮食播种面积和产量分别为6924万亩、595亿斤，均居全国第10位，其中水稻播种面积和产量分别为5782万亩、522亿斤，分别居全国第1位、第2位（排在黑龙江之后）。全省各类粮油加工能力达到6243.5万吨，粮油加工业总产值达到1553亿元，位列全国第8位；全行业全年实现利润总额58亿元。截至2019年底，全省示范县、省级示范企业粮油优质品率达到 61%，优质粮油产品市场占有率突破 40%。优质优价提升了农民种粮效益。据农情统计，全省绿色、有机食品大米平均售价 8.1 元/公斤，比普通大米平均售价高 50% 以上，农产品地理标志大米平均销售价格 6.9 元/公斤，比普通大米平均销售价格高出 30%。

2. 龙头企业培育成效显现

截至 2019 年底，全省粮油类国家级农业产业化龙头企业达到 19 家、省级龙头企业 146 家，14 家企业跻身全国米面油食品 50 强，分别比 2017 年增加 1 家、5 家、1 家；粮油类上市公司达到 10 家。形成了以金健、道道全、克明、长康等全国粮食行业领军企业，拥有粮食集团、中粮米业（岳阳公司）、角山米业、精为天等一批实力雄厚的龙头企业，影响力不断增强。省级龙头企业的优质米销售比重由原来不足 10% 提高到 50% 以上。

3. 粮油品牌矩阵初步形成

以省级公用品牌为引领、以区域公用品牌为骨干、以知名龙头企业品牌为支撑的"湖南好粮油"品牌矩阵初步形成。

重点打造了"湖南菜籽油""洞庭香米"2 个省级公用品牌，培育了"南县稻虾米""常德香米""赫山兰溪大米"等一批具有一定影响力的区域公用品牌，"常德香米"等 11 个粮油产品获得国家农产品地理标志登记，其中"南县稻虾米"荣获 2019 年巴拿马太平洋万国博览会金奖，实现了我国同类产品的"零"突破。

（四）政策实施中亟待解决的主要问题

1. 支持政策仍有待完善

一是后续配套专项政策缺乏。对稻谷、油料等产业链发展的专项支持政策不多，而河南省已经出台了小麦、玉米、稻谷、油料发展专项政策；四川省也出台了对粮食和菜油发展的专项政策。二是政策支持力度不强。湖南省支持粮食生产的资金，大部分来源于争取中央财政资金支持。产粮大县多是农业大县，财政能够给予的支持有限。省内粮油企业大多数属于小微企业，抗风险能力弱，普遍面临贷款期限短、门槛高、融资额度较低等问题，民营粮食企业贷款更难。此外，对粮食行业人才队伍的引进和培养不够，存在人才队伍整体素质偏低、年龄趋于老化、缺乏优质的人才汇集平台等问题。三是政策合力有待提升。粮食全产业链发展涉及产购储加销等多个环节，所涉及的政府部门较多，省粮食和物资储备局、省农业农村厅等部门间协同合作机制有待进一步完善。

2. 粮食生产制约因素增多

一是重金属超标问题凸显。湖南省部分地区种植的稻谷依然存在镉等重金属超标问题，导致种植户面临价格低或滞销困境，产粮大县为收储镉超标大米使本就捉襟见肘的财政"雪上加霜"，使得种粮积极性下降；此外，一旦镉超标大米及大米加工食品流入市场，将威胁消费者健康并影响湘米口碑，严重制约湖南省粮食产业的可持续发展。二是水稻品种"多乱杂"问题突出。截至2020年11月，全省种子市场销售的水稻品种超过1300个，不少县市区内销售的水稻品种超过100个，有的甚至达到300多个，同一区域内多品种混种，导致稻谷收储、加工等环节品种混杂，生产出来的大米外形不一、口感不纯，不利于"好谷出好米"，也不利于打造市场竞争力强的湘米品牌。三是种粮成本刚性上升。2020年生产的早籼稻、中晚籼稻和粳稻最低收购价分别为每斤1.21元、1.27元和1.30元，较2015年分别下调0.14元、0.11元、0.25元，而且由于收购网点少、运输成本高、排队时间长，稻谷实际售价比国家最低保护价低10%左右；但粮食生产物化成本和劳动力成本呈刚性增长，调研中有种粮大户反映，将劳动力成本计算在内，种粮收益艰难维持在盈亏平衡点，2020年种双季稻的效益甚至不如种一季稻，极大地影响了农民种粮积极性。四是种植效率不高。以油茶种植为例，湖南省油茶经营以农户自主、分散经营为主，如益阳市散户经营占比达66.3%，普遍存在低产油茶林多、品种混杂、专用机械设备较为缺乏、单位面积产量低、采摘难等问题。

3. 粮食加工新动能有待培育

一是产业链条较短。湖南省大多数粮油加工企业产业链偏短，精深加工能力不强，附加值较低，粮食加工仍然停留在大米、米粉、面及酒类等初级产品阶段。主产的稻谷综合价值利用不足，稻谷精白米出米率只有50%～60%，剩余部分仅能作为饲料低价售卖。二是航母级龙头企业缺乏。截至2020年11月，全省1万多家粮食加工企业中，主营收入过10亿元的企业仅16家，过50亿元的仅3家，过100亿元的仅1家，整体处于小而全、多而散的状态，缺乏像三全、思念等在全国有竞争力的大型知名企业集团，企业竞争力和抗风险能力相对较弱。三是加工企业集聚度不够。粮食物流基础设施不强，粮食产业物流园未成规模，产业集聚效应有限，2019 年仅赫山兰溪产业物流园产值过 20 亿元。

4. 粮食品牌建设有待强化

一是品牌影响力不强。中高档产品在湖南省粮油企业的销售中占比不高，每个粮食加工企业都有各自的品牌，但由于标准化程度低、品牌营销投入少，品牌竞争力普遍不强，真正有全国知名度的区域品牌、企业品牌和粮油品牌偏少，产业品牌带动力与影响力依然有限。二是品牌形象受损。"镉大米"是湖南大米的痛点，是影响湘米形象的不定时炸弹，受 2020 年 4 月镉米事件影响，部分市企业面临"生产信心不足、品牌竞争力下降、销售订单和经营收入锐减"产销两难困境，"湘米"省外销售受阻严重。据不完全统计，2020 年 1 ~ 9 月，全省"湘米"外调下降近 20%。

四 评估结论

综上所述，《意见》为加快湖南省粮食产业经济的发展指明了方向，给予了政策扶持，但政策的协调性和操作性有待提高，需尽快改进、补充和完善。要根据在政策实施过程中遇到的瓶颈和问题，按照国家深入实施"优质粮食工程"和国家粮食安全战略的要求，进一步扩大政策受众面，加大扶持力度。加强政策的可操作性和约束性，要结合实际情况，设定湖南省粮食产业经济发展更合理的预期目标，按年度分解到部门、市州政府，增强考核力度，确保政策落地见效，推动湖南粮食产业高质量发展，实现湖南由粮食生产大省向粮食经济强省转变，在扛稳粮食安全中贡献更多湖南力量。

五 政策建议

（一）完善政策支持，提升农民和基层政府粮食生产积极性

一是出台支持粮食产业高质量发展的实施细则。聚焦粮食高质量发展、产业链的现代化出台《意见》实施细则，科学谋划"十四五"粮食产业专项规划，统筹规划大米、菜籽油、茶油等重点产业的发展方向，打造"优质粮食

工程升级版"，围绕"五优联动"、"三链协同"和"六大行动"，注重项目预期绩效，狠抓政策落实，促进粮食产业高质量发展。二是优化粮食支持政策，提升农民和地方政府种粮积极性。在财政支持方面，优化粮食补贴政策，加大对种粮大户、家庭农场和农民合作社等新型经营主体的补贴，扶持粮食规模化生产，提高农民粮食生产积极性。"向上"积极争取国家政策和资金支持，加大粮食主产区农业基础设施建设和农业科技投入；"向下"完善粮食主产区利益补偿机制，统筹安排商品粮大省奖励资金、产粮产油大县奖励资金、粮食风险基金等，调动粮食主产县种粮积极性。设立粮食产业发展基金，撬动金融资本、社会资本加大对粮食产业的投入。在融资支持方面，吸取长沙、岳阳两市试点经验，推广建立"粮食收购贷款信用保证基金"，鼓励国资背景的担保公司为粮食企业提供担保；充分发挥政策性银行、地方法人金融机构支持新型农业经营主体的作用，支持供应链融资、订单融资、电商融资等金融服务；扩大农业保险覆盖面，将特色高效农业产值纳入政策性保险险种体系，发挥保险的资金融通功能，推进农产品产值产量保险、收益保险等试点。在人才支持方面，结合湖南省粮食工作实际，制定实施全省粮食行业中长期人才发展规划，加大人才引进力度；开展人才兴粮培训工程，加速推进省级粮食行业技能人才教育平台建设；与湖南农业大学等高校开展联合办学、"订单式"办学，深化"产学研"协同，培养新生力量；搭建技能比武等平台，选拔优秀人才。三是提升政策合力。完善组织制度，明确牵头部门、责任部门的主体责任，压实基层政府粮食安全责任，细化工作任务，及时跟踪工作任务推进情况，建立完善合作、沟通、协商、监督检查的长效机制。

（二）破解制约因素，推动粮食生产由"重数量"向"量质并重"转变

粮食安全包括数量安全和质量安全，我国粮食消费已经由"吃得饱不饱"向"吃得好不好"转变，湖南省粮食生产要适应这种消费需求，进一步提升品质。一是治理土地重金属污染。精准摸清耕地质量家底，对全省耕地土壤污染情况进行一次全面摸底，结合灌溉水源污染情况，按照污染程度实行分类管理，引入社会、企业等资源，共同治理污染土壤。对重度污染地区农田，积极争取纳入国家休耕计划，对中度污染地区农田，在治理的同时改种大豆等镉吸

附性较低的杂粮，对轻度污染地区农田，采取撒生石灰、水淹法、微生物降镉等方式把镉含量降到标准以内，对无污染地区农田，要加强保护、利用，进一步加大科技和基础设施投入，提高高标准农田建设标准，进一步提升单产和质量。建立土壤污染预警机制，抓紧修订土壤污染预警工作方案，加强分析研判和风险评估，加强舆情监测，及时有效化解风险，二是绘制湖南"优质水稻地图"。加快推出全省优质水稻生产分布电子地图，展示单品种集中连片 5000 亩以上种植单元，引导优质粮产销精准对接。继续加大优质水稻生产力度，实行成"片"种稻，推广"单一品种、规模化种植、标准化管理，单收、单储、单加工"的种植运营模式。三是实施优质品种推广行动。制定湖南优质水稻品种标准，编制优质品种推荐清单，每年由农业、粮食部门联合向社会发布，引导各地区结合各地的气候、土壤、耕作制度等，集中连片种植同一优良品种，推广"一县一品种"，推进同一生态区域内集中培育和种植优势品种，逐渐淘汰落后品种，切实整治水稻"品种多乱杂"问题，提升全省水稻优质品种的集中度。

（三）培育新动能，做强湖南粮食产业经济

一是强化创新引领。通过高新技术产业科技创新引领计划、省重点研发计划等，布局实施一批粮油精深加工领域重点研发项目；加快推进农业科技园区、星创天地建设，强化高校、科研院所服务功能，加速一批最新粮食产业科技成果的转化应用；鼓励企业组建研发中心，提升企业自主创新能力。二是培育航母级龙头集群。引进 1~2 家在全国有影响力的大型粮食加工企业，发挥好龙头企业的带动作用；借鉴山东省"龙头企业＋产业链＋产业集群"模式，以 3~5 家龙头示范企业的规模和技术优势，整合、兼并一些中小加工企业，形成以龙头企业为引领的省级粮油产业"航母集群"。三是打造从田间到餐桌全产业链。加快构建产购储加销一体化发展模式，因地制宜发展休闲观光、创意农业、农村电商等新业态，纵深推进粮食产业深度融合发展，延伸产业链，促进主食产业化，提高企业产品竞争力。鼓励推广实施"十代""十化"[①] 服

---

① "十代"：代育秧、代耕旋、代机插、代管理、代防治、代收割、代烘干、代存储、代加工、代销售；"十化"：专业化服务、区域化布局、集团化结盟、多元化解难、机械化作业、标准化操作、契约化约束、数字化管控、品质化溯源、规模化推进。

务新模式，开展产前、产中、产后全程社会化服务。四是加快粮食产业物流园区建设。构建现代粮食物流体系，推进水陆空综合立体的粮食物流大通道建设，打造长沙等主要粮食物流节点，积极建设面向全国的粮食物流中心、粮食产业升级示范园区，提高粮食产业集聚度。构建省市县三级粮食流通综合信息管理平台，提升粮食流通效率。

（四）擦亮粮油品牌，推动湘粮出湘出境

一是加快建立"南县稻虾米"标准体系，打造"北有五常、南有南县稻虾米"的品牌新格局。南县稻虾米是国内唯一获得巴拿马太平洋万国博览会金奖的大米，不存在镉超标的问题，建议以南县稻虾米为突破，借鉴"五常大米地方标准体系"经验，包括种子、环境、种植、投入品、仓储、加工、产品、管理8个方面标准经验，通过标准提升质量，优化质量打造国内一流稻米品牌。二是实施"洞庭香米+""湖南菜籽油+"战略。发挥好"湖南省环洞庭湖地区稻米产业联盟"和"湖南省食用植物油产业联盟"作用，严格控制产品品质，用大品牌带动小品牌，开发"洞庭香米""湖南菜籽油"统一标识下的"常德香米""南洲稻虾米""兰溪大米"等系列品牌产品，合力打造省级公用品牌。三是成立"湖南米粉""湖南挂面"等产业联盟。统筹全省米粉、挂面等主食产业的发展，积极打造湖湘特色的主食品牌，把湖南米粉打造成像广西柳州螺蛳粉一样的网红产品，扩大湖南米粉、挂面在全国的影响力。四是重塑湘米形象。加强粮油全过程质量检验监测，制定严格的稻谷、油料等产品质量标准管理体系，建立湘米湘油质量溯源服务平台，实行一物一码，加强粮油"产购储加销"全程质量监测，对接公共信用信息管理系统，实施"黑名单"制；对镉超标大米的售卖、加工、出售全过程进行监管，严禁流入口粮市场；加大对售卖劣质产品、镉超标大米的惩罚力度。持续实施"东进西拓"战略，开设线上线下"洞庭香米""湖南菜籽油"品牌形象店，打通销售瓶颈，发挥传统媒体和新媒体作用，加大湖南好粮油宣传，实现湘米湘油形象再造和重塑，回暖市场信心。

《关于继续深入实施湘西地区开发
战略促进全面建成小康社会的
意见》实施效果评估[*]

湖南省人民政府发展研究中心评估组[**]

为贯彻落实国家西部大开发战略重大决策，深入推进湘西地区开发，2016年3月，中共湖南省委、省政府出台了《关于继续深入实施湘西地区开发战略促进全面建成小康社会的意见》（湘发〔2016〕5号，以下简称《意见》）。根据省政府政策评估工作安排，湖南省人民政府发展研究中心对《意见》实施效果开展了评估。

一　政策概况

《意见》包括总体要求和主要目标、开发重点、支持政策、保障措施四个部分（见表1），主要内容如下。

表1　《意见》主要内容

主要部分	内容摘要
总体要求和 主要目标	1. 确保打赢湘西地区脱贫攻坚战，到2020年实现全面建成小康社会目标。 2. 到2020年，城镇居民人均可支配收入达到30600元，农村居民人均可支配收入达到11000元，人均财政收入达到3300元，人均地区生产总值达到31400元，38个贫困县全部脱贫摘帽，4934个贫困村全部退出，248万建档立卡贫困人口全部脱贫

* 本报告获得湖南省委常委、省政府常务副省长谢建辉，湖南省人大常委会副主任叶红专，时任湖南省政协副主席戴道晋的肯定性批示。

** 评估组组长：谈文胜，湖南省人民政府发展研究中心党组书记、主任；评估组副组长：唐宇文，湖南省人民政府发展研究中心副主任、研究员；评估组成员：袁建四、刘海涛、屈莉萍、曾万涛，湖南省人民政府发展研究中心研究人员。

主要部分	内容摘要
开发重点	1. 突出精准扶贫，打赢全面小康攻坚战。 2. 大力发展特色优势产业，提升区域造血能力。 3. 加强基础设施建设，提升发展支撑能力。 4. 统筹新型城镇化和新农村建设，推动城乡一体化发展。 5. 加快生态文明建设，筑牢生态安全屏障。 6. 完善基本公共服务，着力保障和改善民生
支持政策	从财税、脱贫攻坚、金融、土地、投资、产业、生态环境保护、人才等八个方面支持湘西地区开发
保障措施	加强组织领导、优化发展环境、加强考核奖惩

资料来源：评估组根据《意见》整理。

二 评估工作基本情况

本次评估旨在评价《意见》实施成效，找出湘西地区开发和《意见》实施中存在的主要问题，并提出相应对策建议。主要做了以下工作：一是成立评估组，制定评估方案。二是向怀化、邵阳、湘西州、张家界、娄底等四市一州征集自评报告，了解工作实况。三是到省发改委、省扶贫办等省直部门调研了解情况。四是赴怀化、邵阳等地市开展调研，实地走访园区、企业，并与一线工作人员交流座谈。五是撰写评估报告。

三 评估主要内容

（一）《意见》总体评价

《意见》是贯彻落实中央精神要求的重大举措，体现了省委、省政府对湘西地区开发工作的高度重视，是湘西地区开发战略在政策层面的具体体现。《意见》政治站位高，内容系统全面规范，有较高的知晓度和满意度，但部分支持政策细化量化不足，操作性有待提升。

（二）《意见》实施进展及成效

"十三五"时期，湘西地区 GDP 从 2015 年的 5043.58 亿元增长到 2019 年的 6876.53 亿元，湘西地区开发成效显著。

1. 区域性整体贫困基本得到解决

截至 2019 年底①，湘西地区 38 个贫困县全部摘帽，4238 个贫困村全部出列，贫困人口减至 9.8 万人，贫困发生率降到 0.51%，脱贫攻坚取得决定性进展。一是聚焦解决"两不愁、三保障"，大力推进精准扶贫和精准脱贫。如，教育扶贫方面，2016～2019 年，中央和省级向湘西地区下达的教育经费每年达 80 亿余元。全省 100 所芙蓉学校工程，61 所选点在湘西地区。资助贫困学生（不含高等教育）1137.33 万人次，发放资助资金总计 75.25 亿元。45.6 万余名义务教育建档立卡贫困学生无一人因贫失学辍学，资助率达 100%。住房保障方面，争取中央资金 38.8 亿元，筹集省级资金 24.7 亿元，完成湘西地区 35.9 万户农村危房改造，完成湘西地区 102477 户 396517 人的易地搬迁工作。二是积极创新脱贫攻坚机制。形成了市（州）、县（市）、乡（镇）、村四级书记带头抓，社会各界共同参与的脱贫攻坚大格局。如，邵阳市市县乡村层层签订脱贫攻坚责任书，明确任务、传导压力。全面推行脱贫攻坚述职评议机制、激励奖惩机制和常态化调研反馈机制。三是强化返贫致贫监测和帮扶。2020 年 4 月，湖南省出台《关于建立防止返贫致贫监测和帮扶机制的实施意见》，对脱贫不稳定户、边缘易致贫户全面开展返贫致贫监测和分类帮扶。截至 2020 年 8 月，湘西地区纳入脱贫监测人口 6.4 万人、边缘人口 6.7 万人，通过帮扶分别有 1.2 万人消除返贫风险、2.1 万人消除致贫风险。

2. 特色优势产业发展壮大

一是文化旅游业加速发展。大湘西地区文化生态旅游精品线路建设有序推进，全域旅游发展加快。湘西地区 2019 年旅游总收入达到 3034 亿元，2016～2019 年年平均增速超过 20%。二是农业现代化程度提升。张家界获批国家级农业科技园区。怀化市省级以上现代农业产业园增至 73 个，建成优势农产品产业带 10 个，优势农产品基地 16 个。邵阳市建成省级现代农业特色产业园 39

---

① 2020 年 2 月，湖南省政府批复同意 2019 年拟摘帽的邵阳县等 20 个贫困县脱贫摘帽。

个，2019 年农产品加工总产值达 1113 亿元。三是特色优势工业发展壮大。湘南湘西承接产业转移示范区正式获国家批复。怀化市新材料、先进储能材料及电动汽车、生物医药、电子信息等新兴产业快速发展，怀化高新区升级为武陵山片区首个国家高新区，高新技术产业增加值由 2015 年的 62.19 亿元增加到2019 年的 270.03 亿元。邵阳市轻工、装备制造、食品等特色产业优势明显，形成了一批在全国乃至全球都有影响力的拳头产品。如，一次性打火机稳占全球 70% 的市场份额，永吉红包占据全球红包市场 80% 的份额。彩虹特种玻璃、拓浦精工、富士电梯等智能制造产业优势逐步显现。湘西州锰锌钒、食品加工等传统产业转型升级加快，新材料、新能源、生物医药、电子信息等新兴产业发展势头强劲，新兴产业占规模工业增加值比重提升至 50% 以上。娄底市重点打造精品钢材及薄板深加工、工程机械及汽车配套和现代文印等 10 条工业新兴优势产业链。2019 年，钢铁及深加工产业集群产值达到 1128 亿元，成功跃上千亿台阶。四是商贸物流等现代服务业来势较好。怀化市成功入列全国性综合交通枢纽城市和商贸服务型国家物流枢纽承载城市，怀化海关正式设立，国家工商总局商标注册业务怀化受理中心、广州港怀化内陆港、公用保税仓、溆水出口监管仓、跨境商品展示交易中心等建成运营。张家界航空口岸开放落地签证。娄底率先在全省推进区块链技术应用，不动产区块链信息共享平台应用领先全国。湘西州新建商贸物流园（配送中心）14 个，基本形成布局合理、功能齐备的州县乡村四级流通体系，全州 2019 年电商交易额达到 66.57 亿元，是 2015 年的 5.5 倍。

3. 基础设施支撑能力不断增强

一是综合交通基础设施网络不断完善。铁路方面，怀化至明斯克中欧班列、怀化至德黑兰中亚班列开通，怀邵衡铁路、黔张常铁路相继建成通车，渝怀铁路增建二线、张吉怀客运专线等一批重大项目加快建设，邵阳、张家界正式步入"高铁时代"。公路方面，张桑、武靖、怀芷高速等建成通车，安慈、靖黎高速等加快建设，公路运输条件显著改善，基本实现县县通高速、乡乡通水泥路。农村公路进一步通畅通达，实现所有行政村通水泥（沥青）路，行政村客运班线通达率达 80% 以上。机场建设方面，张家界荷花国际机场 2019年旅客吞吐量达 287.08 万人次。武冈机场、铜仁凤凰机场等竣工投入使用，湘西机场建设加快。二是水利建设进一步加强。如，湘西州新建两座水利枢纽骨干工程，发展高效节水灌溉面积 3 万余亩，完成 43 座中小型病险水库除险加固。完成干支渠改造 115.7 公里，恢复和改善灌溉面积 5.5 万亩。全州农村居民安全饮水比率达到 100%；邵阳市水利薄弱环节建设全面启动，完成主要支流治理约 36 公里、中小河流治理 125.6 公里、小型病险水库除险加固 41 座，完成 4.92 万亩高效节水灌溉面积。三是信息基础设施进一步完善。基本实现光纤宽带、4G 信号网络覆盖所有城区、乡镇以及绝大部分行政村。怀化市智慧怀化云计算中心、智慧怀化指挥大厅建成投入使用，城镇光纤覆盖率 98%，行政村 4G 覆盖率 100%，自然村光纤通达率 77%。湘西州全面推进"智慧湘西"建设，智慧交通、智慧教育、智慧旅游、智慧农业等初具雏形。四是能源保障进一步强化。"气化邵阳""气化怀化"等工程进展顺利，花垣 - 怀化天然气主管网项目建设顺利完成，麻阳 - 辰溪 - 溆浦、邵阳县 - 隆回 - 洞口等天然气支线管网项目开工建设。电网建设三年行动计划加快推进，雅中至江西特高压输变电工程邵阳段建设有序推进，邵阳东、邵阳西 500 千伏输变电工程和长阳铺 500 千伏变电站扩建工程启动。

4. 城乡统筹发展水平不断提高

一是城镇化水平不断提升。2015～2019 年，湘西地区城镇化率由 42.46% 提高到 48.86%。二是居民收入稳定提高。2019 年，湘西地区城镇居民人均可支配收入达到 28971 元，比 2015 年增加 8291 元，年平均增速达 8.79%；农村居民人均可支配收入达到 11898 元，比 2015 年提高 3999 元，年平均增速 10.78%。三是美丽乡村建设有序推进。农村人居环境整治积极推进，乡镇垃圾集中转运率普遍达到 95% 以上，"厕所革命"成效显著。涌现出花垣十八洞、凤凰菖蒲塘、古丈龙鼻嘴、保靖陇木峒等一批乡村振兴典型。花垣县边城镇、龙山县里耶镇等入选"全国特色小镇"，邵东杨桥镇清水村、新邵严塘镇白水洞村等一批村落纳入国家名录范畴。四是基层组织建设加强。如，湘西州在 2017 年村级换届中，村党组织书记中致富带头人比例达到 52%。创新推行"互助五兴"农村基层治理模式，全州 10.3 万余名农村党员、干部和先进分子与 94.7% 的农户建立互助小组，逐步形成党员主联、群众互助、党群共治的基层治理生动局面。

5. 生态文明建设强力推进

一是生态建设加强。如，湘西州大力实施"绿色湘西"工程，全州森林覆盖率保持在 70.24%，成功创建国家森林城市，被国家林草局誉为"南湘西、北延安"两个绿色发展典范城市。二是生态保护力度加大。如，张家界市统筹推进碧水守护、蓝天保卫、净土攻坚、大地增绿、城乡洁净"五大行动"，开展自然保护区、饮用水源等重点领域环境风险排查，大鲵自然保护区86 座水电站停止发电，全市禁养区应退养养殖场全部清零，大鲵保护区入河排污口全部整治销号、网箱养殖全面取缔，城市黑臭水体整治任务全面落实。2019 年，张家界市中心城市空气质量优良率达 94%，荣获"2019 年美丽山水城市""2019 绿色发展优秀城市"等称号。三是环境治理力度加大。武陵山片区纳入国家重生态功能区转移支付补助范围。城乡生态环境质量明显改善，城镇污水、垃圾处理基本实现县城以上全覆盖。流域水污染防治建设加快，饮用水水源地达标率、水功能区达标率、空气质量达标率等均达到或超过目标值。凤凰、芷江等国家水生态文明试点城市建设进展顺利。

6. 民生福祉不断改善

一是教育和就业优先发展。实现超大班额清零，56 人及以上义务教育大班额大幅减少。学前三年毛入园率普遍达到 85% 以上，九年义务教育全面普及，高中阶段毛入学率普遍达到 90%。就业方面，着力保障建档立卡户、易地搬迁户、高校毕业生、退役军人等重点群体就业。如，怀化市 2016～2019 年累计新增城镇就业 15.07 万人，新增农村劳动力转移 23.6 万人，2019 年城镇登记失业率为 3.24%。二是文体卫生事业加快均衡发展。如，湘西州，2016～2019 年，共计投入 9.63 亿元用于农村公共文化服务设施建设。8 县市文化馆、图书馆实现全覆盖，完成 1567 个村综合性文化服务中心示范点建设。2019 年，全州公共文化基础设施面积达 486.09 万平方米，人均拥有公共文化设施面积达到 1.84 平方米，超过小康建设要求。全年参加全民健身活动人数达到 100 万人以上，经常参加体育锻炼人数达到 35% 以上。实现二甲医院县市全覆盖，引进医卫类高层次人才 200 余名，实现所有行政村村卫生室全覆盖，2019 年末医疗卫生机构拥有床位 21116 张，每千常住人口医疗卫生机构床位 8 张，比"十二五"期末增长 27.57%。基本医疗保险覆盖率达到 95% 以上。三是社会保险覆盖面扩大。启动城乡居民大病保险和机关事业单位养老保险制度改革，养老、医疗、生育、工伤和失业保险覆盖面进一步扩大。基本养老保险覆盖率、基本养老服务补贴覆盖率完成目标任务。

（三）存在的主要问题

1.《意见》实施存在的主要问题

（1）部分重点任务和支持政策操作性不强。《意见》共明确6大类17条重点任务和8大类23条支持政策，重点任务中安全饮水、电网改造、城镇化率及支持政策中税收、金融、土地等部分提出了量化目标，其余重点任务和支持政策未进行量化细化，大多是倾斜支持，加大力度，提高标准等措辞，在实施过程中缺乏衡量标准，操作性不强。如，投资政策中提出"加大投资力度，提高项目投资补助标准"，未进行量化细化，部门在实施过程不好操作，难以落实。

（2）缺乏明确的落实责任主体。《意见》中的开发重点和支持政策均未明确落实的牵头单位和责任部门，涉及多个部门共同实施的重点任务和支持政策，易形成互相推诿。部门在实施过程中，是否按照要求落实，难以追踪，市州在政策实施遇到困难时，难以获得相关部门有效支持。

（3）部分扶持政策未全面执行。如，取消配套资金方面，国、省两级均有明确文件规定减少或取消中央安排的公益性建设项目湘西州本级和县以下（含县）资金配套，但是在执行过程中，没有统一标准，有时执行补助政策，有时未执行。湘西州反映，普通干线公路、农村公路项目仍需地方配套30%，配套压力较大。

（4）扶持力度有待加强。以产业扶持为例，湘西地区开发产业发展专项资金是湘西地区开发扶持产业的主要途径，规模为5亿元。与江苏支持苏北地区、广东支持粤东西北地区等产业扶持政策相比，扶持力度相对较弱。如《广东省财政厅关于支持珠三角与粤东西北产业共建的财政扶持政策》（粤财工〔2016〕384号）提出，大型骨干企业、世界500强企业、中国500强企业、中国民营企业500强、中国制造业企业500强（含全资子公司及其控股的企业）在粤东西北省产业园投资（控股）制造业企业，按企业或项目在园区内实际新增的固定资产投资额不超过30%比例按年度予以奖励。每家累计最高不超过1亿元。

2. 湘西地区开发面临的主要问题和困难

（1）区域发展总体水平不高。一是经济规模不大。2019年，湘西地区

GDP 达到 6876.53 亿元，占全省比重 17.3%，经济规模在四大板块中最小。人均 GDP 32592 元，仅为全省（57540 元）的 56.64%。二是产业结构失衡。2019 年，第三产业占比 56.6%，一枝独大。第二产业占比 29.35%，发展不充分。三是城镇化水平不高。2019 年，常住人口城镇化率达到 48.7%，滞后全省（57.2%）8.5 个百分点。城乡居民人均可支配收入分别只有全省的 72.72%、77.29%（见表 2）。四是基础设施相对薄弱。一些县（市）道路交通、水利、能源、电力等基础设施条件还不完善，城市垃圾站、公共厕所、污水处理、网络通信等设施条件还不完备。一些园区污水处理、厂房、用电、用水、交通等配套不完善，辐射带动作用有限。五是民生领域欠账较多。个别地市学校、医院、文化场馆等社会民生项目建设还没有做到布局合理完善，城区教育"大班额"问题还比较突出，就业压力较大，社会保障尚未做到应保尽保，污染防治和生态环境保护任务艰巨。

表 2 2019 年全省四大板块 GDP 情况

单位：亿元，%

指　标	全省	长株潭	湘南	洞庭湖	湘西
GDP	39752.12	16834.98	7591.41	9197.07	6876.53
占比	100	42.35	19.10	23.14	17.30
增速	7.6	8.0	7.7	7.7	7.9

数据来源：2020 湖南省国民经济和社会发展统计手册。

（2）区域协调发展水平有待提升。从市、州层面来看，怀化作为增长极带动辐射能力有限。怀化经济总量居邵阳、娄底之后，增长极地位亟须强化。邵阳市经济体量快速扩大，区域辐射能力明显增强。2015 年，邵阳地区生产总值为 1387 亿元，分别只高出怀化 113.76 亿元、娄底 95.35 亿元。2019 年，邵阳地区生产总值为 2152.47 亿元，分别高出怀化 535.83 亿元、娄底 511.89 亿元。湘西州短板突出。湘西自治州经济发展基础条件差，发展底子薄，经济体量与怀化、邵阳、娄底差距显著（见表 3）。2019 年，湘西州地区生产总值 705.7 亿元，人均地区生产总值仅 26691 元，大幅低于同属大湘西地区的娄底市（41675 元）、张家界市（35767 元）、怀化市（32453 元）、邵阳市（29339 元）。

表3 湘西地区生产总值增长情况

单位：亿元

地区	2015 年				2019 年			
	一产	二产	三产	合计	一产	二产	三产	合计
怀化市	184.36	532.68	556.2	1273.24	224.52	448.26	943.86	1616.64
邵阳市	299.38	508.05	579.57	1387	351.31	595.61	1205.55	2152.47
娄底市	189.19	650.12	452.34	1291.65	174.44	632.69	833.45	1640.58
湘西州	75.66	158.91	262.87	497.44	94.86	198.26	412.59	705.71
张家界	51.83	101.89	293.98	447.7	69.46	81.36	401.28	552.1
江华县	24.37	27.22	42.64	94.23	28.17	43.35	59.84	131.36
江永县	18.61	14.87	18.83	52.31	23.31	18.53	35.83	77.67
湘西地区	843.41	1993.74	2206.43	5043.58	966.07	2018.06	3892.4	6876.53

数据来源：2020 湖南省国民经济和社会发展统计公报。

从县级层面来看，差距明显。地区生产总值方面，2019 年邵东市地区生产总值 605.64 亿元，是古丈县（31.18 亿元）的近 20 倍。人均地区生产总值方面，2019 年娄星区人均地区生产总值 92743.56 元，是永顺县（19420.09 元）的 4.78 倍。城镇居民人均可支配收入方面，2019 年冷水江市城镇居民人均可支配收入 37422 元，是桑植县（18546 元）的 2.02 倍。农村居民人均可支配收入方面，2019 年邵东市农村居民人均可支配收入 23014 元，是古丈县（8616 元）的 2.67 倍。此外，城乡间差距仍然较大，2019 年城乡居民人均可支配收入之比为 2.66。

（3）创新开放短板明显。一是科技创新投入不足。财政科技投入远低于全省平均水平，全社会研发经费投入总量少、占 GDP 的比重总体较低。二是创新动能不强。企业创新主体地位不突出，高层次创新人才和团队不足，创新创业平台和新型研发机构不足，国家级科研平台缺乏。高新技术产业规模小，2019 年湘西地区（四市一州）高新技术产业增加值 1029.45 亿元，占全省高新技术产业增加值（9472.89 亿元）比重仅 10.87%。三是开放水平有待提升。进出口体量较小，经济外向度低，外贸基础建设和综合服务平台相对滞后。开放意识不强，不想走出去、不能走出去、不会走出去等现象仍不同程度存在。

（4）疫情冲击影响明显。一是部分目标任务完成难度增大。如，人均财政收入要达到 3300 元的目标，2020 年需增长 3%。2016 ~ 2019 年，四市一州增速普遍在 6% 以上，但受疫情影响，2020 年上半年增速下降明显。邵阳市 2020 年上半年财政总收入同比下降 10.17%，张家界同比下降 20.1%；城镇居民人均可支配收入要达到 30600 元以上，2020 年需增长 6%。2016～2019 年，四市一州城镇居民人均可支配收入在 8% 以上，但受疫情影响，邵阳市 2020 年上半年城镇居民人均可支配收入同比增长 3.8%，湘西州仅增长 3.5%。二是文旅产业冲击较大。张家界 2020 年一季度旅游市场遭遇"断崖式"下跌，旅游人次、旅游收入、航空旅客吞吐量同比下降 68%、69%、63%，二季度虽有所回升，但国内旅游仅恢复到上年同期三成以上，境外市场仍处于停滞状态。三是禁养禁食野生动物影响相关群体脱贫。截至 2019 年底，湖南有涉贫野生动物人工繁育、经营单位 1148 家，其中贫困从业人员 2 万余人（含已脱贫人口 18263 人、未脱贫人口 2519 人），禁养禁食野生动物减少了相关贫困群体收入来源，增加了相关已脱贫人口返贫风险和未脱贫人口脱贫难度。

四　评估结论

《意见》主要目标完成截止时间为 2020 年。从 2019 年工作进展来看，《意见》提出的主要目标基本实现（见表 4）。受新冠肺炎疫情影响冲击，2020 年城镇居民人均可支配收入和人均财政收入等指标增速放缓，如期实现目标难度增大。但总体来看，湘西地区区域性整体贫困已基本得到解决，即将全面建成小康社会。应加快出台新时代湘西地区开发扶持政策，全面加大帮扶力度，推动湘西地区高质量发展。

表 4　《意见》主要目标完成情况

主要目标	2019 年完成情况	备注
城镇居民人均可支配收入达到 30600 元	28971.2 元	2020 年需增长 6% 以上，才能达到目标值
农村居民人均可支配收入达到 11000 元	11898.3 元	完成
人均财政收入达到 3300 元	3206 元	2020 年需增长 3% 以上，才能达到目标值
人均地区生产总值达到 31400 元	32570 元	完成

主要目标	2019 年完成情况	备注
38 个贫困县全部脱贫摘帽	已全部摘帽	完成
4934 个贫困村全部退出	已全部退出	完成
248 万建档立卡贫困人口全部脱贫	2019 年，贫困人口减至 9.8 万人，贫困发生率降到 0.51%	完成

资料来源：评估组根据调研结果整理。

五　对策建议

"十四五"时期是"两个一百年"奋斗目标的历史交会期，应进一步完善湘西地区开发政策扶持机制，强化政策扶持力度，围绕区域协调发展、脱贫成果巩固、发展环境优化、城乡统筹等重点任务，加快出台新时代湘西地区开发政策扶持文件，积极破解湘西地区发展不平衡、不充分难题，扎实推进高质量发展。

（一）强化政策支持，完善扶持机制

一是加大政策支持力度。全面强化对湘西地区财税、金融、土地、人才、产业等方面政策支持。如，扩大湘西地区开发产业发展专项资金规模，设立湘西地区区域协同发展投资引导基金，取消公益性建设项目市（州）本级和县以下（含县）资金配套，延长对口帮扶时间。二是明确责任分工。针对出台的重点工作和支持政策，逐一进行细化量化落实责任部门，明确相应目标，增强可操作性，实施效果评估，确保扶持政策落实落地。三是完善政策实施机制。定期对文件贯彻执行情况进行督查检查，及时掌握实施情况。畅通地市申诉申辩渠道，对执行不到位的及时提醒纠正，对拒不执行的进行追责问责，营造良好政策实施环境。

（二）优化区域发展格局，促进协调发展

一是推动形成"两主三副"发展格局。提升怀化增长极作用，强化邵阳发展带动作用，推动形成以怀化、邵阳为主中心，娄底、湘西州、张家界为副

中心的区域发展格局。二是优化产业发展格局。抢抓数字化、网络化、智能化融合发展契机，做好延链补链强链，打造以文化旅游、特色优势制造业、现代山地高效特色农业、商贸物流业为主的特色优势产业集群。三是优化整合产业园区发展。建立健全用地、用电、用水、用气、排污、信贷等资源要素与土地"亩产效益"挂钩的差别化政策和激励约束机制，对发展势头较好、产业集聚度较高、土地投资率较高的产业园区予以重点支持，引导和倒逼园区提升质量效益。

（三）强化脱贫成果巩固，增进民生福祉

一是完善防止返贫监测和帮扶机制。及时发现并识别存在返贫致贫风险的人口，采取针对性帮扶措施，防止脱贫人口返贫、边缘人口致贫。二是加快破解相对贫困。推动相对贫困地区、革命老区、民族地区等特殊类型地区振兴发展，着力补齐基础设施、公共服务、产业发展等短板。加快构建政府、社会、自身相结合的新型减贫治理格局，建立健全解决相对贫困的长效机制。三是提升城乡公共服务水平。全面落实就业创业扶持政策，持续扩大社会保险覆盖面。推进城乡义务教育一体化发展，率先在农村实施学前教育和高中阶段免学费，支持芷江师范升格和张家界旅游学院建设，加快吉首大学、邵阳学院、怀化学院等本科院校转型发展、特色办学。抓好历史文物、文化遗产、非遗设施和民族特色村寨等文化资源保护与开发，支持通道和绥宁侗族村寨、凤凰区域性防御体系申报世界文化遗产。

（四）优化发展环境，夯实基础支撑

一是促进基础设施通达通畅。加快推进呼南高铁邵永段、湘西机场等重大基础设施项目建设，推进5G等新型基础设施建设，加快构筑综合交通网，能源保障网、水利安全网和千兆通信网。二是优化营商环境。加快政府职能转变，推进精细化、差异化社会治理。深化"放管服"改革，加快推进"一件事一次办"，提升政务服务效能。三是打造一流生态环境。积极开展国家生态文明建设示范区和国家公园创建，打造张家界"世界绿谷"。加快城市黑臭水体治理、重点排污口整治和沅水资水流域水环境治理。推动农村人居环境整治和产业园区环保设施提质升级，完善垃圾分类、收集、转运和处理体系。推进

锰三角、锡矿山等重点区域环境治理攻坚，加快完成历史遗留废弃矿山恢复治理。

（五）深化改革开放和创新驱动，强劲发展动能

一是深化重点领域改革。落实农村土地征收制度改革，深化农村宅基地制度、集体产权制度改革。开展赋予科研人员科技成果所有权或长期使用权试点工作，支持扩大科研经费使用自主权。二是促进更高水平开放。积极融入西部陆海新通道建设，扩大湘桂、湘渝合作。优化中欧班列（怀化－明斯克）组织运营，深化与"一带一路"沿线国家经贸往来。主动对接粤港澳大湾区、长三角等发达地区，以沪洽周、港洽周等为平台，完善区域间产业、科技等项目合作机制。支持邵阳市、湘西州建设保税物流中心，推动符合条件的市州申报综合保税区，在承接产业转移比较集中的园区建设出口监管仓库和进口保税仓库，发展跨境电商等"保税＋"新型业态。三是强化创新驱动。支持关键核心技术研发和科研成果转化。支持科研机构申报国家级创新平台，定向支持一批省级创新平台创建。推进以高新区、湘西（长沙）"科创飞地"园区、农业科技园区、"双创"中心为核心的科技创新基地建设。

（六）双轮驱动，统筹推进新型城镇化与乡村振兴

一是加快新型城镇化进程。推进怀化鹤中洪芷、邵阳东部、娄涟双冷新等城镇群建设，推动基础设施跨区域互联互通、共建共享，形成良好竞合格局。推进城市"双修"，推进智慧城市建设，提升城市智能化管理水平。完善县城综合服务功能，增强人口经济集聚能力。二是推进乡村振兴。有序推进引领区、重点区、攻坚的县市区乡村振兴，打造一批宜居宜游宜业的美丽乡村，建设一批现代化的农村社区。精心打造天子山特色风情古镇、中国紫鹊界康养小镇、湘西边城风情小镇等一批特色小镇，使之成为发展县域经济的新支撑、乡村振兴战略的新典范。

"马上办网上办就近办、一件事 一次办"改革实施效果评估报告[*]

湖南省人民政府发展研究中心评估组[**]

为有效解决企业和群众反映突出的办事难、办事慢、多头跑等问题，2018年8月和2019年4月，湖南省先后出台了《关于全面推行"马上办网上办就近办一次办"改革深入推进审批服务便民化实施方案》（湘政办发〔2018〕50号，以下简称《"四办"方案》）及《"一件事一次办"改革工作实施方案》（湘政办发〔2019〕15号，以下简称《"一件事一次办"方案》）等文件，大力推动审批服务便民化改革。2020年底，湖南省人民政府发展研究中心对"四办"及"一件事一次办"改革实施效果进行了评估，评估情况如下。

一 概况

"四办"改革及"一件事一次办"改革主要涉及事项梳理、流程再造、标准规范体系、"互联网＋政务服务"及平台体系、集中办理、审批服务下沉、重点领域审批提速、事中事后监管、政务服务能力建设等方面，改革任务要点见表1。

为准确评估改革的推进情况和实施效果，湖南省人民政府发展研究中心成立专题评估组，综合采用自查、座谈会、实地走访、问卷调查等方法进行评估。一是请49个相关省直部门和14个市州开展自查自评。二是深入长沙、株

---

[*] 本报告获得湖南省委常委、省政府常务副省长谢建辉的肯定性批示。

[**] 评估组组长：谈文胜，湖南省人民政府发展研究中心党组书记、主任；评估组副组长：唐宇文，湖南省人民政府发展研究中心副主任、研究员；评估组成员：彭蔓玲、文必正、彭丽、黄晶，湖南省人民政府发展研究中心研究人员。

洲、常德、怀化等地及部分园区实地调研走访，召开多场座谈会，听取各方面的意见建议。三是在湖南省政府门户网站开展问卷调查，收到有效问卷6925份。四是综合评估，形成评估报告。

表1 "四办"及"一件事一次办"改革任务要点

改革事项	主要内容	
"四办"改革	1. 编制公布"四办"事项清单	2. 编制公布"四办"实施清单
	3. 深化行政审批中介服务改革	4. 持续深化减证便民
	5. 提升"互联网＋政务服务"水平	6. 推行审批服务集中办理
	7. 推行审批服务帮办代办	8. 提速重点领域重点事项审批
	9. 推动审批服务下沉	10. 切实加强事中事后监管
	11. 强化作风和服务能力建设	
"一件事一次办"改革	1. 编制目录清单	2. 再造流程
	3. 放权赋权	4. 制定各类技术标准
	5. 制定工作规范	6. 推进政务服务标准化规范化应用
	7. 推动一体化平台迭代升级	8. 建设全省统一的政务服务门户
	9. 强化实体政务大厅功能	10. 打造12345政务服务客服号
	11. 完善省级数据共享交换平台	12. 探索推行"三即"承诺制
	13. 完善事中事后监管	14. 提升政务效能

资料来源：评估组根据《"四办"方案》和《"一次事一次办"方案》整理。

二　评估主要内容

（一）改革实施情况

1. 事项梳理有序推进

省级层面，2018年9月编制公布了政府"四办"事项清单980项，2019年分两批编制公布了"一件事一次办"事项200件，2020年公布"复工复产"及"六稳""六保"政策兑现"一件事一次办"事项33件，截至2020年12月16日，共公布"一件事一次办"事项233项。实现了省本级依申请办理类审批服务事项"四办"全覆盖。各市州均梳理公布了"四办"事项清单，常德市最多1522项，湘西州最少386项；"一件事一次办"事项基本是200件。

2. 流程再造取得实质性成效

一是省级和市州减环节、减材料、减时间成效显著,2020 年省本级取消证明事项 53 项,全省申报材料平均减少 60% 以上,办理环节平均压缩 70% 以上、办理时间平均缩减 80% 以上。二是围绕"一次办",对办理流程进行革命性再造,取消、归并、压缩、优化审批环节,逐步变过去的一环套一环、互为前置条件审批为相互容缺、并联审批、联合评审,构建"一次告知、一次表单、一次联办、一次送达"的"一件事一次办"全闭环流程。

3. 构建标准规范体系,形成湖南品牌

一是完善技术标准。省级完成平台对接、数据交换、系统运行等多项技术标准规范、应用规范的编制,出台《政务大数据中心数据交换规范》湖南省地方标准。二是制定政府网站管理标准规范体系,出台《政府网站集约化管理规范》系列湖南省地方标准。三是制定"一件事一次办"标准规范。出台《"一件事一次办"服务规范》湖南省地方标准,包括 15 项标准内容,涵盖了"一件事一次办"全闭环操作流程,打造了湖南品牌。

4. 完善平台体系,提升"互联网 + 政务服务"水平

一是完成政务服务一体化平台国家、省、市、县、乡五级对接。完成与国家一体化平台对接,截至 2020 年 12 月 16 日,湖南省向国家平台汇聚个人和法人注册用户数据 2337.3 万个、电子证照数据 2155 万个、办件数据 3108 万个。大力推进省直部门业务系统对接,截至 2020 年底,湖南省一体化平台完成与 48 个省级自建系统对接,涉及事项 1235 项,占入驻事项的 85.7%。对接后省级网办事项达到了 1111 项,其中可以全程不见面网办的提高到了 176 项,整体网办率达到了 77%。长沙、湘潭、衡阳等市整体网办率近 90%。依托全国一体化政务服务平台,在省、市、县三级政务服务旗舰店建立网上"一件事一次办"专区。二是完成省市两级统一标准规范的政府网站集约化平台建设,建成全省统一的政府门户,政府网站数从 4255 家精简优化为 588 家,有效解决了"重复注册、反复登录"难题。政府门户网站成为政策解读的窗口、政民互动的平台、"一件事一次办"的总入口,排名全国前三。网站集约化建设形成了湖南经验,多个省市前来学习。三是进一步完善数据交换平台和网络。省级数据共享交换平台覆盖 15 个国家部委 45 个业务接口、75 个省直部门及 14 个市州平台。全省电子政务外网五级全覆盖,接入省直单位 155 家、

市州 14 个、县市区 124 个、村（社区）2.9 万多个，实现省、市、县、乡四级 100% 全覆盖。四是"掌上办"平台不断丰富。省级"新湘事成"手机 App，实现了近 1800 项应用服务"掌上办"，1440 项大厅业务"预约办"，300 项公共服务和行政服务缴费"指尖办"。长沙、岳阳、株洲、郴州等 12 个市州上线了"我的长沙""岳办岳好""诸事达""郴心办"等本土手机 App 或微信公众号，助力"让数据多跑路、群众少跑腿"。

5. 推行审批服务集中办理，政务大厅建出了特色

一是高标准建成省级政务大厅。2020 年 5 月湖南省政务大厅投入使用，设置办事窗口 148 个，进驻省直单位 32 家、审批服务事项 1440 项，结束了企业群众到省直部门办事跑多张"门"的历史，多个省前来考察学习。二是市、县政务大厅扩容提质。14 个市州本级政务大厅均已建好，平均进驻部门 44 家，进驻事项从 1455 项（常德）到 462 项（娄底）不等，长沙等部分市州对大厅进行了改造升级。市、县级政务服务事项进驻实体政务大厅比例从 2018 年的 52% 提高到 2020 年的 83%，"一窗受理"比例从 45% 提高到 85%。三是省、市、县、乡四级政务服务大厅全覆盖设立"一件事一次办"窗口，统一 Logo 标识，推行"一窗受理、集成服务"。长沙、株洲、常德、岳阳等市政务大厅设置了自助服务区和办理体验区。

6. 放权赋权，推动审批服务下沉

一是在 2019 年调整、取消、下放省政府工作部门行政权力 383 项的基础上，2020 年再调整、取消、下放省政府工作部门行政权力 170 项。二是积极推广省直管县赋权经验，向全省县（市）下放市级经济社会管理权限 33 项，向乡镇（街道）赋权 52 项。14 个市州平均下沉到乡镇政务服务事项 148 项，可办结 91 项；下沉到村 66 项，可办结 41 项。三是在郴州嘉禾县，长沙市芙蓉区、高新区、经开区，永州蓝山县等开展相对集中行政许可权改革试点。芙蓉区成立全省首家行政审批服务局，集中行使全区 21 个政府部门 158 项行政职权，实现"一枚公章管审批"。四是基层服务站点实现全覆盖，截至 2020 年底，全省 1940 个乡镇、29289 个村（社区）已建立便民服务中心/服务站。

7. 规范中介服务，推行帮办代办服务

一是清理规范中介服务，省本级行政审批中介服务由 146 项缩减到 115 项；全省 3500 多家行业协会商会与行政机关脱钩；行政审批前置服务收费仅

保留 2 项，较 2014 年减少了 33 项。衡阳、常德、长沙建成了网上"中介服务超市"，中介服务乱象有了很大改观。二是大力推行审批服务帮办代办服务。建立邮政快递免费寄件机制，截至 2020 年 12 月 16 日，省级政务大厅共免费寄件 5243 件，为企业群众累计减少办事成本 67000 多元。衡阳等市成立项目代办服务中心，免费代办服务。截至 2020 年 8 月底，全省市州累计开展帮办代办队伍培训 6800 多场，培训人数超 3 万人次，代缴代办代理 89 万多件。

8. 试点"三即"承诺制，提速重点领域重点事项审批

一是开展"三即"承诺制试点。张家界、郴州等地开展"领照即开业"试点，企业平均开办时间减至 1 个工作日。长沙、株洲、郴州、湘潭等市开展"交房即交证"改革试点，株洲 2.1 万户、郴州 1826 套房屋实现"交房即交证"。株洲、永州等地开展"交地即开工"改革试点，永州 58 个项目实现"拿地即动工"，株洲园区工业项目审批时限从 4~6 个月缩短至 28 天，审批效率提升 4 倍以上。二是重点领域重点事项审批提速。投资建设审批除法定程序外，行政审批事项已无其他环节。工程建设项目审批，省级下放、取消审批权限 12 项，砍掉证明事项 16 项；审批环节由 71 个串联审批整合为 4 个阶段并联审批，审批事项由 71 项压减至 47 项，审批材料由 316 份压减至 174 份，审批时限由 230 个工作日压减至 82 个（政府投资项目）、62 个（社会投资项目）、50 个（工业类项目）、40 个（带方案出让土地项目）工作日以内。建设用地审批，省级下放、取消审批权限 30 余项，审批环节由 6 个减至 4 个，审批材料减少 40%，审批时限由 39 个工作日缩减到 15 个工作日（单个项目审批办结时间不超过 10 天），压缩 30% 以上。"五个 100"等重大产业项目用地审批平均办结时限提速 50% 以上。市场监管领域，39 个审批事项共减少了 26 个环节，实现简易事项 2 个、一般事项 3 个、复杂事项 7 个工作日内完成，平均办结时间较法定时间减少了 57.36%。

9. 加强事中事后监管

上线试运行市场监管领域"双随机、一公开"监管工作平台。持续开展"双随机、一公开"抽查检查。建成湖南省"互联网 + 监管"系统，截至 2020 年底，省市县梳理完成监管事项目录认领 107965 条，向国家"互联网 + 监管"系统推送各类数据 5750 万余条，居全国前列。

10. 推行"红黄牌""好差评"制度，提升政务效能

深入开展行政审批时效度监管和政务服务满意度监管。通过行政效能电子监管系统，形成对行政审批事项与一体化平台政务咨询事项的"红黄牌"预警纠错常态化监管机制。通过"好差评"系统，实时监测、分析各级政府和各级政务大厅"好差评"工作情况。"好差评"系统目前共接入省市县三级政务服务部门 7855 个，汇聚评价数 440 万余条。加强政务大厅工作人员作风能力建设，设立监督投诉台和"12345"热线电话，启用电子监察系统，施行考勤打卡、值班巡查等举措，强化对窗口工作人员的监督管理。此外，各地基本落实了"一把手"负责制，将"一件事一次办"改革纳入优化营商环境指标和年终绩效考核，促进政务服务水平提高和政务效能提升。

（二）改革的成效

一是提升了群众的获得感和满意度。改革打通了企业和群众"办事难、办事缓、办事繁"的痛点、堵点，通过"数据多跑路"，实现了"群众少跑腿"，群众和企业普遍认为目前办事更方便、更快捷、更舒畅，改革得到了群众和企业的普遍认可。全省"好差评"系统好评率达 99% 以上。问卷调查结果，92.29% 的企业群众认为改革实施效果非常好和比较好，认为不好和不太好的仅占 0.79%（见图 1）。

二是激发了市场活力。截至 2020 年 10 月底，全省实有市场主体 475.40 万户，注册资本总额 9.97 万亿元，同比分别增长 11.71% 和 16.25%。新登记市场主体 64.10 万户，注册资本总额 11662.88 亿元，同比分别增长 2.46% 和 17.40%，其中新登记企业 17.65 万户，注册资本 10793.00 亿元，同比分别增长 8.62%、22.92%。

三是助力复工复产和"六稳六保"。疫情防控期间，线上线下开设"一件事一次办"政策兑现综合窗口，实行政策"直给直兑"。截至 2020 年 9 月底，全省政策兑现"一件事一次办"办件量超过 73.1 万件，惠及企业 39.2 万余家。

四是提高了行政效率。改革变过去以"政府部门"为中心为现在的以"企业群众"为中心；变过去企业群众"跑腿"为现在的部门和数据"跑路"；一定程度上实现了政府部门间审批由一环套一环、互为前置条件的"串

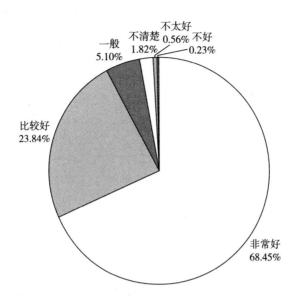

图1　改革实施效果满意度问卷调查结果

数据来源：评估组根据问卷调查统计。

联审批"为现在的相互容缺、协同推进的"并联审批""联合评审""跨层跨域联办"。截至2020年9月底，"一件事一次办"全省办件量超5200万件，办理环节平均压缩70%以上、申报材料平均减少60%以上、办理时间平均缩减80%以上。

　　五是打造了"一件事一次办"改革湖南样本。"一件事一次办"是湖南省推出的一项原创性改革，是政务服务模式的制度性创新，不仅成为湖南省探索推进"放管服"改革的重要抓手和优化营商环境的金字招牌，"湖南经验"还被14个省份、200多个城市复制推广。国务院简报先后五次推介湖南省改革的经验做法，中央电视台、《人民日报》、《新华日报》、网易、新浪等国内权威媒体均持续报道了改革的最新举措和成效，"一件事一次办"百度搜索结果达6170万个。

（三）存在的主要问题

1. 改革的整体性、系统性、协同性有待进一步增强

改革推进过程中，存在牵头单位统筹协调主动性不够，责任单位配合意识

不足情况，一些部门存在不想改、不愿改、不敢改的思想。信息共享壁垒导致网上可办率难以完成改革目标。市州之间改革的力度和深度差距悬殊，长沙、常德、郴州等地实现了部分高频事项全市域通办，而个别地区部分审批环节仍处于物理整合阶段。

2. 放权赋权、审批服务下沉不够精准配套

一方面，部分重点领域存在关键性审批权不放、审批前置条件不放、"分拆下放、打包截留"等情况。还有些部门对集中到政务大厅的事项授权不充分，存在"两张皮"情况，如有些地方反映市本级和部分县区设置了市政公用综合服务窗口，但没有事项进入，窗口形同虚设。另一方面，群众迫切期盼就近办理的社保、民政等事项，向基层下沉不够。

3. 网络平台体系不完善

一是网络平台尚未完全打通。纵向看，公安、人社、民政、税务、交通、教育等部门，很多业务使用的是国家垂直系统，不能与省级平台完全对接共享；省部级系统与各级"互联网＋政务服务"一体化平台端口也不能完全对接、兼容，一些高频事项，如商事登记、食品经营许可、教师资格认定等事项只能通过二次录入的方式解决。横向看，省直部门使用省"互联网＋政务服务"一体化平台比例不高，截至2020年11月直接或部分使用一体化平台审批的省直部门仅15个；各部门与条线系统相对独立，部门数据很少能实现实时共享，政务服务业务协同难，跨部门、跨地区、跨层级联动难。基层普遍呼吁将使用部省级业务系统部门的情况纳入"好差评"系统。二是系统平台老化。一些业务部门的自建系统未及时更新升级，与新的办事流程不相匹配。如中央明确要求取消"300平方米以下消防安全备案"，但教育、文旅、广体等部门所用业务系统仍需提供消防安全备案。三是网上平台偏多而可办事项偏少。部分市州的政务服务网平台整合不够，下面的市县区甚至有些乡镇也有自己的政务系统，还有如交管、人社、银行、电力、医院等与群众密切相关的部门也有自己的网上平台，群众办事需下载多个App和公众号，而有些群众真正想查、想办的事项网上却没有。

4. 数据共享开放程度低、协调难度大

一是有些部门本位主义思想严重，不愿提供数据，对"不予共享"和"有条件共享"类数据，没有按国务院文件要求提供法定依据。截至2020年

底，湖南省政务资源目录系统数据提供率为 54.52%。二是国家垂直业务系统的数据直接传输到国家数据库，并未在省级层面整合共享。三是各部门的业务系统开发没有统一标准也缺乏数据共享规范，部门间数据兼容性不强，共享率较低。四是数据更新不及时。在归集到库的数据中，只有将近一半的省直部门定期更新数据。五是数据开放程度低。据《2020 中国地方政府数据开放报告》，截至 2020 年 4 月底，我国有 17 个省级政府上线了数据开放平台，其中中部有三个省河南、江西、湖北，湖南省不在其列；副省级和地级政府上线的数据开放平台有 113 个，湖南省仅长沙、常德在列。

5. 办理流程优化、简化与再造还有空间

各部门虽然梳理了"一次办"事项，但有些事项只是逻辑上的"一次"，而不是实际上的"一次"；一些部门没有真正从群众办事角度出发重构办事流程，在"减材料、减时限、减环节"上还有余地。各地区甚至同一市州不同区县之间政务服务的标准规范都不统一，办事所需材料、办结时间存在较大差异性。有群众反映，在当地政务服务中心办理社保类事项时，跨区咨询业务事宜遭拒，理由是各区所需材料不同、流程不同。

6. 基层政务服务能力薄弱

一是硬件设施水平落后。部分基层政务大厅功能承载薄弱，像湘潭、怀化等市本级的政务大厅面积明显不足，很难实现各职能部门应进必进。公安、社保、产权登记等民生领域的政务服务事项，由于窗口有限，仍存在排队难、取号难、办理时间长等问题。走访还发现，一些地方的村级便民服务中心只挂牌并未真正运行，个别村因村部搬迁建设等客观因素未设"一门式"办事服务窗口，部分村存在电脑一机"多用"现象，导致办事效率较低。二是队伍力量不强。很多地方政务大厅工作人员是临聘人员，流动性大、文化水平相对较低，服务群众能力水平不足。如走访某地发现，某窗口的工作人员以"只能网上办理"为由，拒绝为带齐了资料的群众线下办理。一些乡镇（街道）、村（社区）因缺乏专业人员，赋权的事项承接不住。

（四）总体评价

1. 改革力度大、效果好、知晓度高

2018~2019 年，湖南省级发布改革相关文件数十个，各级政府和相关部门层层压实责任、细化分解任务，下大力气解决企业和群众办事难、办事慢、办事繁等突出问题，改革真正让企业和群众办事减环节、减证明、减时间、减跑动次数，极大提高了政务效率和群众满意度，得到各方认可。问卷调查结果显示，仅1.08%的人没听说过该项改革；认为改革力度"大"的占比，部门、市州均为100%，企业群众为91.5%；改革满意度，14个市州从2018年的48%上升到98%，问卷调查满意度达92.3%。

2. 改革方案稍欠规范

两套方案提出了明确的要求、目标、实施范围、具体步骤、重点任务和保障措施，完备性和可操作性较好，但《"一件事一次办"实施方案》没有明确每项任务的牵头部门和责任部门。

3. 改革仍有较大改进空间

问卷调查结果显示，相对而言，网上办（63.5%）和就近办（65.7%）的满意度低于"马上办"（83.6%）和"一次办"（71.7%）。不满意的原因排前三的分别是：网络不通畅、网上可办理事项少、递交材料多。进一步减环节、全程网办、减时间，成为目前最急需改进的三个方面，选择的比例分别为52%、38%、38%（见图2）。

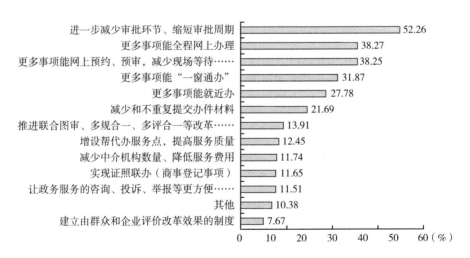

图2　改革需改进方面问卷调查结果

数据来源：评估组根据问卷调查统计。

三 评估结论

综上所述，"马上办网上办就近办、一件事一次办"改革力度大、效果好，极大缓解了企业和群众办事难、办事慢、多头跑、来回跑等沉疴顽疾，有效激发了市场活力，群众满意度和获得感越来越高。湖南省原创"一件事一次办"改革，已上升为2020年国家深化政务服务改革的内容，成为全国"放管服"改革的品牌。但从评估情况来看，改革还存在整体性、系统性、协同性待增强、放权赋权不够精准配套、网络平台体系不完善、办理流程仍可进一步优化、基层政务服务能力薄弱等问题。建议下一步继续加大改革力度，拓展改革内容，着力打破信息壁垒，推进流程再造，持续深化简政放权，提升基层政务服务能力，擦亮"一件事一次办"品牌，以高效政务服务优化营商环境推动高质量发展，为全国"放管服"改革提供湖南经验、贡献湖南力量。

四 政策建议

（一）打破信息壁垒，促进数据共享应用

建议建立由省政府领导牵头、各部门全面参与的系统对接和数据共享机制，健全完善调度、督促、考核机制。强力推动《湖南省政务信息资源共享管理办法》落地落实。制定涵盖政务服务数据采集、共享、使用等全流程的数据共享标准体系。借鉴贵州等地做法，立法明确人口信息、法人单位信息、自然资源和空间地理信息、电子证照等基础数据，通过政府数据共享平台在部门间进行无条件共享，依权限使用。研究出台政务服务"电子文件归档数据规范"和"电子文件管理办法"，明确电子材料的法律地位及档案管理等方面的要求规则，解决跨部门、跨地区材料流转认可问题。聚力做强省"互联网＋政务服务"一体化平台，加快建设全省统一的基层公共服务平台，逐步取消市县各级独立开发的"互联网＋政务服务"一体化平台。以梳理编制政务数据"三张清单"为切入点，加快推进部门业务系统对接整

合，在不涉及国家秘密和安全的前提下，明确向地方政府全面开放必要的系统接口的责任和义务，并将市县审批服务必要数据及公安、人社、民政、卫健、市场监管、税务等重要民生数据下发到市级平台，实现本地留存，尽可能避免各部门二次录入。进一步统一数据标准和技术规范，建立数据整理、评估、分类、审批、后评价等整套程序，建立跨业务信息授权使用制度，做到数据使用的可追溯、可查询，对数据收集、传播和应用进行全流程监督。加强电子证照汇集和应用，实现电子证照种类齐全、更新及时。聚焦身份证明、不动产登记、市场准入、民生保障等高频政务服务数据需求，开展相关数据在线调取与核验，探索推进"无证办""免证办"政务服务深度应用场景，进一步支撑全网通办、全程网办。加强信息基础平台建设，加快云平台扩容。

（二）聚焦用户需求，促进政务流程再造

基于整体视角，不简单追求单个业务流程的最优，对一件事的整体流程进行根本性的设计重构，通过"删（除）、合（并）、并（联）、串（联）"，变革清理与整体性流程不相适应或者不必要的环节。继续简化优化部门内部审批流程，重点压掉与新发展不相适应的程序、人为设置的程序、互为前置的程序，压缩部门之间模糊边界空间，规范自由裁量权，严格执行"一件事一次办"全流程办理环节标准化，进而推动政务服务标准化流程全覆盖，最大限度减少申报材料、缩减办理环节、缩短办理时间，编制形式直观的审批服务事项办理流程图，让企业群众一看就明白。持续开展体验式办理，以"用户"身份办一次手续、走一遍流程，对还不能"一次办""全程网办""一窗通办"的事项，逐个查找堵点，对症下药、靶向整治。

（三）转变政府职能，深度推进放权赋权

在全面评估当前行政审批事项的基础上，彻底取消非行政许可的政府审批事项，尽可能少地保留必要的审批事项。持续推动审批权力下放，最大限度地向区县（市）、园区放权，尤其是要推动园区投资项目、工程建设等领域关联事项整合和全链条下放，实现园区的事情尽可能全部在园区办结。探索推进个人事项与法人事项分离运行办理，个人事项尽可能多地下沉至乡镇（街道）、

村（社区）办理，法人事项分级分类在市县级办理。加强基层业务培训与指导，确保下放权限承接到位、平稳运行、有效监管。

（四）强化技术支撑，优化政务办理体验

持续迭代升级"互联网＋政务服务"一体化平台，丰富应用场景，提升平台界面友好，简便办事操作。加快移动端应用，以用户思维设计界面和操作系统，提升政务服务网友好性。推进政务服务掌上办，同时推进实体大厅与PC端、移动端无缝对接、深度融合，实现无差别受理、同品质办理。提升办理智能化水平，升级智能导办，实现在线框选、智能选办。持续跟踪、分析政务服务办理量等重要指标，精准把握群众"急难愁盼"问题，把握群众需求的热点和重点，以及时间、地点分布等信息，合理有效分配政务资源，为公众提供人性化关怀。

（五）规范制度管理，提升基层政务效能

推进政务服务场所标准化，规范工作人员的着装、言行举止，加快推进政务服务大厅办事指南、事项办理、功能配置、服务行为、监督评议、标识标牌标准化等，以标准固流程、促规范、提效率。加强责任考核机制，广泛运用物联网、大数据、云计算等信息化手段，推进线上线下一体化监管，推动审批监管向实时监管、事中事后监管、全面监管转变，实行全链条监督管理，封堵改革进程中的责任漏洞；加强以群众评价意见为中心的考核机制建设，全链条开展政务服务"好差评"，用群众评判检验改革成效。围绕企业群众办事过程中的痛点堵点，完善政务服务大厅科学化、人性化功能布局，既保证进场的导办、代办、即来即办等服务，又做到复印、银行、政务服务一体机、标识标牌、场外停车等配套服务。加大对基层改革工作业务培训力度，定期召集地市州相应部门开展业务培训、实地学习考察，加强与先进城市的经验交流，进一步革新基层政务服务理念、提高政务服务水平。

（六）深化改革，擦亮"一件事一次办"品牌

拓展改革应用，把公共服务纳入"一件事一次办"，持续收集老百姓心头事、身边事、难办事，纳入"一件事一次办"清单。加快推进跨域办理、跨

层办理、全省通办，探索跨省办理。选取部分城市，如与湖北相邻的岳阳、与广东接壤的郴州，架设湘鄂、湘粤"一件事一次办""连心桥"，打造政务服务快捷走廊。进一步拓展"互联网＋政务服务"，在企业开办、社保领域等更大范围推行"一网通办"。争取将"一件事一次办"标准规范体系、"政府网站集约化管理"标准规范体系上升为国家标准。总结湖南"一件事一次办"改革中可复制、可推广的经验，梳理形成系列成果的样板库，争取为全国"放管服"改革和"一网一门一次"改革提供湖南经验、湖南元素乃至湖南路径。